中亚地缘政治沿革

历史、现状与未来

许　涛◎著

时事出版社
北京

序　　言

许涛教授的新著《中亚地缘政治沿革：历史、现状与未来》即将付梓，他希望我能为本书写篇序，对此我感到有些不敢当。因为许教授本身就是中亚学界的知名专家，有很深的学术造诣，为他的大作写序恐难胜任。但出于多年的学术交往和彼此了解，我还是答应了。只是不能当作序，权当是我对本书的读后感。

地缘政治是相当复杂的问题，古今都有，各国都要面临，只是由于时代不同，其内涵有很大的差别。中亚地区由于多种原因，包括国内外形势使然，其地缘政治格局也在变化。但古今相比，今日的情况更要复杂一些。更为重要的是，中亚国家很少像今日这样能自主地处理地缘政治问题，使自己的国家能体面地面对国际社会，在纷争复杂的国际大环境中享有一席之地，并赢得国际社会的广泛关注。世界不少学者也为此著书立说，应该说，这是世界重大变化之一。

在论述中亚地域政治的著述中又有一部新著问世，这就是许涛教授撰写的《中亚地缘政治沿革：历史、现状与未来》。我有幸阅读了本书，感到这是一部值得肯定和推荐的著作，因为本书具有很多特点，读后定会对中亚地缘政治格局问题有深入的了解，会从中受益。

阅读本书的第一个印象是论述的内容相当宽泛和丰富。地缘政治格局演变问题从古至今都存在，但各国和各个时期都会有所不同，拥有自身的特点。中亚地缘政治格局发展也是如此。作者从中亚历史写到当前情况，并对未来发展作出展望。这是一件很不容易的事情，可以说，想了解中亚数百年来的地缘政治格局变化，只要阅读本书，就会一目了然，很多问题能从中得到解答。当然不能说是全部问题，但可以说是绝大部分。尤其可贵的是，作者还对该领域和中亚相关领域的研究成果，包括国内著作和国际著作作了梳理，读者可以通过浏览这些著作，加深对中亚地缘政治格局变迁过程和许涛教授论述的理解。

对本书的第二个印象是论述问题的深刻。书中谈到的问题，无论是涉及历史的，还是有关现实的，都言之有物，有理有据，分析到位。这反映许教授具有深厚的学术功底。许教授在莫斯科大学取得博士学位，且有在哈萨克斯坦访学和在中国驻乌兹别克斯坦大使馆多年工作的经历。这表明，他对中亚地区情况的了解不是停留在书本上，还有亲身体验。加之他多年从事中亚研究工作，在此前就有很多著述，这些为本书写作奠定了坚实的基础。本书是他多年潜心研究的结晶之一，其论述有独到见解，能够代表中国中亚研究学者的水平。

对本书的第三个印象是紧跟时代发展。本书不仅具有较高的学术水平，而且更为关注国际社会普遍关注的中亚地缘政治格局问题。学术研究既要服务于学科建设，也要服务于国家和社会需要，回答人们普遍关注的问题，发出中国学者的声音，本书做到了这一点。它不仅丰富了中亚问题研究，也为中亚政治研究献出了一部精品。另外，厚今薄古也是本书的重要特点。

当然，任何一部社会科学著作都不可能对研究的问题论述穷尽，因为时代在发展，社会在进步，人们对事物的认识总会不断深化，何况对于同一个国际问题不同的人会有不同的看法，同一个人也会对自己的看法有所补充和修正。本书也会面临这样的问题，例如，书中论述的问题有些还有待时间检验，有的论点或许会遇到质疑和挑战。这是正常的现象，并不妨碍本书是迄今为止中亚地缘政治研究方面的一部优秀成果。读过本书，我本人获益匪浅，仿佛上了一堂中亚地缘政治格局发展变化课，使我知识得到充实，拓宽了中亚地域政治格局研究的思路。

最后，我要为许教授奉献这样一部力作表示感谢。本文权当是我阅读本书的初步印象，希望广大读者能与我产生共鸣。同时，希望许教授能在中亚研究方面有更多成果问世，为中亚这块在国际问题研究领域经常被忽视的角落种花栽柳，使其能春意常在，生气昂然。

赵常庆

2016年2月5日

目　录

第一章　导　　论

问题的提出及其学术意义

如果倒推 25 年，中亚这个概念对多数中国人大概是很陌生的。尽管在现实生活里，“中亚地区是中国的西部近邻”这个概念不是今天才成立的，但是除了少数专门从事中亚历史、文化和原苏联中亚共和国问题研究的专家们，普通中国人在文化生活和政治生活中的确很难遇到与中亚有关的事情。然而，在苏联解体以后的二十多年中，人们对中亚了解的热情和程度迅速上升。这一变化的本身，恰恰也说明了地缘政治条件前后变化对一个国家和社会以及公众生活的影响。

中亚地区不仅是中国的西部近邻，而且地处欧亚大陆的中心。正是由于这样独特的地理位置，历史上曾经受到周围古希腊、波斯、匈奴、突厥、阿拉伯、蒙古、俄罗斯等强大的权力中心不同方式和强度的影响。这些强大的权力中心大多发育在欧洲、亚洲和非洲大陆板块周边濒临海洋的地区，当一个文明中心发展成熟后，它的影响力即开始向大陆腹地更加广大的空间拓展。这些在历史上不同时期存在（有些也曾同时存在）的强大权力中心如同在四面滚动的巨石，将欧亚大陆腹地的地缘空间碾压得支离破碎。这种过一段时间就发生的周而复始的历史过程，使中亚地区社会文明和民族文化形成的过程一次又一次地受到外力干预，并因之出现多次的中断、转向、分裂、融合，结果形成了中亚地区社会历史的间歇性发展特征和碎片化的现状。这样的特殊地理位置加上特殊的历史发展过程构成了中亚地区独特的地缘政治环境，而且这一环境在不断的发展变化中造就了中亚地区多元的民族文化、宗教传统和社会政治现状。这样的历史一直持续到20世纪90年代，持续到中亚各主体民族开始真正意义上的民族国家进程。

然而，中亚五国获得独立的现实，既是对历史上中亚地缘政治演变沿革历史的继承和清算，也是这一地区新的地缘政治结构变化的开始。虽然独立的民族国家历史开始了，但受周边强大权力中心影响的局面仍在继续。尽管与历史上中亚地区各个时期的处境不能同日而语，但是今天的中亚地区在不可能根本改变的独特政治地理条件下，还是摆脱不了被域外强大政治、经济、安全影响力挤压的状态。当然，民族自觉的过程伴随着民族国家的创立，从制度层面改变了中亚地区被动的地缘政治关系，具有自为能力的国际政治主体身份使其自主选择各自的社会发展模式和国家关系定位成为可能，这已足能让中亚各国在把握和处理所有历史遗产时拥有前所未有的主动权。这是当今的中亚与历史上相比表现出的最大不同，也是中亚各国主动平衡域外大国影响力的先决条件。然而，在中亚各民族国家作为独立的政治权力中心逐渐成熟的同时，能够对中亚各国内外政策构成影响的重大要素也在发生着急剧的变化。中国中亚学者潘志平教授认为，这种变化主要体现在三个方面：一是两个世界不存在了；二是经济发展成为可以向政治、安全、环境扩展的核心问题；三是大国干预的影响威胁着新生民族国家的稳定与发展。[①] 中亚各国独立二十多年来，正是这种方向和力度不断变化的内外合力，构成了地区地缘政治格局发展的动态矢量。这种看似变化无常的发展曲线，其实从分析其历史渊源和影响力构成的角度入手，应该是有规律可循的。

从20世纪90年代初中亚各国独立以来，我国学术界对中亚地区的关注度大大提高。在以往少量的中亚历史、文化方面的研究成果基础上，研究中亚当代诸多领域问题的专著和文章也开始大量出现。研究专著大致可以分为以下五类：一是基础研究类；二是地区安全类；三是对外关系类；四是能源战略类；五是区域合作类。第一类的主要专著有：王志来撰写的《中亚通史》、王沛撰写的《中亚五国概况》、马大正与冯锡时主编的《中亚五国史纲》、赵常庆撰写的《中亚五国概论》和《中亚五国新论》、胡振华撰写的《中亚五国志》、邢广程撰写的《崛起的中亚》、陈联璧撰写的《中亚民族与宗教问题》、吴宏伟撰写的《中亚人口问题研究》、包毅撰写的《中亚国家的政治转型研究》，以及中国社会科学院出版的“列国志”系列丛书中的中亚五国志等；属于第二类的主要有：孙壮志撰写的《中亚安全与阿富汗问题》和《中亚新格局与地区安全》、苏畅撰写的《中亚宗教极端主义研究》、陈继东撰写的《中亚—南亚的恐怖主义与地区安全》、王桂芳撰写的《中亚战略格局与中国安全》、张锡模（台湾）撰写的《中亚区域安全净评估》、古丽阿扎提·吐尔逊和阿地力江·阿布来提撰写的《中亚跨国犯罪研究》等；第三类的研究专著主要包括：孙壮志撰写的《中亚五国对外关系》和《中亚国家的跨境合作研究》、潘志平撰写的《美国的欧亚战略与中南亚五国》、赵华胜撰写的《中国的中亚外交》、赵常庆撰写的《中国与中亚国家合作析论》、柳丰华撰写的《俄罗斯与中亚》、梁超主编的《中亚

① 潘志平：《中亚的地缘政治文化》，新疆人民出版社，2003年10月版，第6页。

博弈新视角》等；第四类的专著主要有：许勤华撰写的《新地缘政治：中亚能源与中国》、张宁撰写的《中亚能源与大国博弈》、徐洪峰和李林河撰写的《美国的中亚能源外交》、柴莉撰写的《中国与中亚国家能源合作对策研究》、国家能源局编写的《中国与中亚能源合作的战略思考》等；第五类的研究专著主要有：邢广程与孙壮志撰写的《上海合作组织研究》、中国现代国际关系研究院民族与宗教研究中心编写的《上海合作组织——新安全观与新机制》、赵华胜撰写的《上海合作组织评析与展望》、朱星光撰写的《上海合作组织视角下的中亚地区治理理论与实践》、潘光主编的《稳步前进的上海合作组织》、吴宏伟撰写的《中亚地区发展与国际合作机制》、秦放鸣撰写的《中国与中亚国家区域经济合作研究》、曾向红撰写的《遏制、整合与塑造：美国中亚政策二十年》、王维然撰写的《中亚区域经济一体化研究》等。在这些研究专著中，也出现了一些学者以地缘政治视角和方法分析中亚地区现实问题和发展前景的尝试性成果。但是，这些研究大多数不是针对中亚地缘政治问题本身，或者并未就中亚地缘政治问题进行充分的研究，只是借用地缘政治的理论和方法说明当代中亚问题研究中的某一问题或某一领域的趋势，而不是研究中亚地缘政治原本的历史、现状和趋势，往往是借用地缘政治的观察视角和分析方法把某一问题、某一领域问题说清楚便浅尝辄止。尽管如此，这些成果的出现在近年中国中亚学界也是十分难能可贵的，因为它们以这种具有创新精神的尝试为中国中亚问题研究领域开辟出一块空间，为更多研究者的跟进奠定了基础、辟出了路径。这一类的学术著作有：文云朝撰写的《中亚地缘政治与新疆开放开发》、《中亚地区民族问题与中国新疆民族关系——基于地缘政治的视角》、潘志平撰写《中亚的地缘政治文化》和《亚洲腹地地缘政治文化研究文集》、雷琳主编的《冷战后中亚地缘政治格局变迁与新疆安全和发展》、李淑云撰写的《地缘政治与中亚五国民族问题》等。很明显，中国的中亚学界在二十多年的时间里对中亚地区进行地缘政治方面研究的成果并不多，甚至没能出现一部系统考察这一时期中亚地缘政治格局变化的专著。然而，相对世界上其他地区，中亚作为在冷战结束后开始进入国际社会关注视野的独立空间，它的地缘政治环境和民族国家进程在这二十多年中发生的变化却是巨大的。显然，相形之下的中国中亚学界现有的研究工作和已有成果是很不匹配的。鉴于此，本书将努力由这一领域入手，对中亚地区自独立以来地缘政治格局发生的变化进行梳理，并尝试从中提炼出具有一定规律性的线索，进而尝试对中亚地区今后的地缘政治总体发展趋势作出总体性评估，想必这一工作对于丰富当代中国中亚学研究应是有所稗益的。

关于中亚定义的历史沿革

几乎在所有中亚问题研究的专著中，关于中亚定义的问题似乎都是绕不过去的。这主要是因为，无论是作为地缘政治概念还是作为自然地理概念，“中亚”（Central Asia，或 Цетральная Азия）一词的含意在历史上都曾经有过不同的解释。而且即使是在今天，不同的语境下对“中亚”一词的解读仍然有所区别。第一次在世界上提出“中亚”这个概念的是德国学者亚历山大·冯·洪堡（Alexander von Humboldt，1769—1859 年），他在 1829 年 5—11 月受沙俄政府委托和资助在西伯利亚进行学术考察后，完成了一部三卷本的著作《中央亚细亚》。作为世界地理学的奠基人之一，亚历山大·冯·洪堡于 1843 年将里海和大兴安岭之间的狭长地带称为“Asie centrale”。[①] 可以体会到的是，他基本以自然科学的视角为这样一个地理概念做出了定义。这个地理概念被后人具体诠释为：东起大小兴安岭，西至里海，北迄阿尔泰山，南抵喜马拉雅山。[②] 这一定义很快被早期中亚学界所接受，成为了当时德国学术界的共识，并在后来影响着英国、法国等其他欧洲国家的学者。亚历山大·冯·洪堡以其地理学的知识储备和独特视角，对中亚概念的早期界定起了决定性的作用。然而随着中亚学在全世界的发展，后来的各国学者对中亚概念的认定逐渐增加了更丰富的元素和更广泛的视角，对这个概念的界定也因此发生持续的变化。尤其在西方国家完成了工业革命后，对欧洲大陆以外市场的需求使中亚学酝酿着新的突破。

推动中亚概念定义发生变化的动力，首先是中亚研究内容的丰富。后来的各国学者很快就不满足仅以单纯的地理学方法观察这个欧亚大陆中间的内陆地区，历史的、文化的方法被引进了中亚学研究之中。当人们用更加立体的视角研究中亚时，亚历山大·冯·洪堡最初提出的中亚定义开始受到挑战。英国学者加文·汉布里（Gavin Hambly）虽然仍遵循着洪堡的地理学原则，但他在自己的著作《中亚史纲要》中突出强调，“中亚最重要和最显著的地理特征，是它完全隔绝来自海洋的影响”。[③] 显然这是一个新的视角，在以原有的地理条件作为定义原则的基础上，又增加了气候的因素。不能不承认这是一次使原有中亚概念趋向完善和成熟的补充。在中亚这样一个独特的地理环境和气候条件下，不同的人类族群在共同的自然条件限定下，通过自己的生产活动和社会存在，形成了只有远离海洋和与海洋隔绝地区才可能产生的独特文化形态。类似的方法后来也被中国学者运用，他们用

---

① A. Humboldt, Asie centrale, Paris, 1843, Vol. 1, pp. XXVIII – XXIX.

② 马大正、冯锡时：《中亚五国史纲》，新疆人民出版社，2005 年版，第 2 页。

③ ［英］加文·汉布里：《中亚史纲要》，吴云贵译，商务印书馆，1994 年版，第 3 页。

400 毫米等量降水线（大兴安岭—张家口—兰州—拉萨—喜马拉雅山脉东部）对中国的自然地理进行了东部季风区与西部干旱、半干旱地区的重要区分，同时也用这条界线把中国的农业文明和游牧文明区分开。所以，后来有学者认为确定中亚概念的标准不应仅仅是自然地理的，人文地理的原则更应该在中亚地区的界定中起重要作用。自然地理区域的划分与人文地理区域的重合，是加文·汉布里研究方法创新的意义所在。除加文·汉布里外，后来的德国学者李希霍芬（Ferdinand von Richthofen）、俄罗斯学者哈尼科夫（Хаников Н.）继续作了许多补充和完善的工作，他们将中亚地区更加直观地界定为位于亚洲相对“中心”的地区。这些直观的特征仍然与海洋相关，中亚被描述成为“几乎没有一条河流从这里流向海洋的内流河区域”。这样一来，中亚就应该包括了蒙古高原的大部、准噶尔盆地、西藏北部、新疆天山南北麓和阿富汗北部。另一位俄罗斯学者莫什凯托夫（Мошкетов И. В.）甚至建议使用“内亚”（Inner Asia）的概念，来概括这一片具有共同特点的地区。①

其实在更早些时期，俄罗斯就出现了“Средняя Азия”（中部亚细亚）的概念。苏联时有学者认为，在俄罗斯的文献中这个术语的出现最早应该在 19 世纪初。② 也就是说，俄罗斯学者使用“中部亚细亚”的时间应该大约与德国人亚历山大·冯·洪堡相同，甚至更早。当然，这一说法的可靠性值得怀疑。其实，即便这时俄罗斯学者普遍使用了“中部亚细亚”这个学术概念，对这个概念的定义也不尽相同。苏联时期权威性工具书《苏联百科辞典》中是这样解释的：Средняя Азия“是苏联的一部分，西起里

① 联合国教科文组织：《中亚文明史》，芮传明译，中国对外翻译出版公司，2002 年版，第 366 页。

② 潘志平：《亚洲腹地地缘政治文化研究文集》，新疆人民出版社，2011 年版，第 336 页。

海，东到中苏边界，北起咸海—额尔齐斯分水岭，南达苏联同伊朗和阿富汗边界。"[①] 从这段表述中可以看出，俄罗斯学者提出的"中部亚细亚"与亚历山大·冯·洪堡的"中央亚细亚"并没有太大差别，只是一些重要地理标志互有替代。所以，似乎可以将苏联学者强调"中部亚细亚"的意义理解为俄罗斯学界对世界中亚学中"中亚"概念冠名权的质疑。然而在实践中，苏联时期对"中部亚细亚"的使用基本局限在中亚的阿姆河和锡尔河流域地区（因西辽王朝耶律大石 12 世纪时在中亚建立"河中府"，中国学者习惯上称之为"河中地区"，以此区别于北非的"两河地区"），即今天的乌兹别克斯坦、吉尔吉斯斯坦、塔吉克斯坦、土库曼斯坦和哈萨克斯坦南部部分地区。[②] 由此可以看出，苏联在国内行政区划观念中的"中亚"已经与《苏联百科全书》中的"中部亚细亚"不同了。而且，在苏联的政区划分中，又习惯把五个中亚共和国统称为"Средняя Азия и Казакстан"（"中部亚细亚与哈萨克斯坦"）。[③] 这种学术概念上的认识和行政实践上的操作不一致，大致可以说明以下几方面的问题：第一，从沙俄到苏联，对中亚概念讨论的学术意义已经出现了地理—人文—政治的实用性转变；第二，尽管哈萨克斯坦大部分地区包括在《苏联百科辞典》对"中部亚细亚"的定义中，但俄罗斯早期征服中亚时建立的要塞城市已经基本俄罗斯化，在苏联政治文化的背景下已不情愿承认它是中亚的一部分了；第三，由于第一个原则转化的原因，并不属于苏联版图的地区（如蒙古国和中国）自然不能纳入其中了。而苏联时期也在使用"Центральная Азия"（即"中央亚细亚"，或"中亚"）这个概念，苏联学术界认为这一概

---

① Советский Энциклопедический Словарь，Москва，1980 г. стр. 1227.

② История СССР，с древнейших времен до конца XVIII в.，под редакцией Академика Б. А. Рыбакова，Москва《ВЫСШАЯ ШКОЛА》1983 г.，стр. 226.

③ ГУГК при СМ СССРК：Атлас мира，Масква，1974 г.，с. 52 – 53.

念的使用是近一百多年才开始的，应该直译于德国人的“Centrarl Asia”（即“中央亚细亚”）。[1] 苏联学术界对这一概念的权威定义是，“中国和蒙古人民共和国的自然地区”。[2] 对所谓“自然地区”的解读虽然略有差别，但基本认为是指中国的小兴安岭和蒙古高原地区。“中部亚细亚”和“中央亚细亚”似乎是一种互相补充的关系，但实际上，在俄罗斯不同的历史时期和不同的国家政治文化背景下，其所包含的地域是有所不同的。例如，苏联解体后，“Центральная Азия”（“中央亚细亚”）出现在当代语境下，谁也不会再把中国和蒙古国考虑进去。反而，哈萨克斯坦却自然而然地被包含在其中。换句话说，此时的中亚几乎已经成为单纯的地缘政治名词（特指哈萨克斯坦、吉尔吉斯斯坦、塔吉克斯坦、乌兹别克斯坦和土库曼斯坦五个由苏联独立的国家）。

中亚学在欧洲各国的兴衰

德国

中亚学诞生于德国，并且在德国形成了独立的流派。从亚力山大·冯·洪堡到李希霍芬，传统的地理学正式进入学术殿堂前，博物学统治着最初中亚学的发展。亚力山大·冯·洪堡出身为一名矿物师，因为他特有的知识和才干，25 岁时就被提升为矿务部的总督察官。1797 年，因父母去世而继承了一大笔遗产，亚力山大·冯·洪堡决定开始他的科学考察工作。由于欧洲战乱，

---

① 潘志平：《亚洲腹地地缘政治文化研究文集》，新疆人民出版社，2011 年版，第 337 页。

② Советский Энциклопедический Словарь，Москва，1980 г. стр. 1481.

原准备首先要去亚洲、非洲的计划搁浅。随后，亚力山大·冯·洪堡调整了计划，将美洲纳入自己首选的考察目标。经过5年的游历，当亚力山大·冯·洪堡从美洲返回巴黎时，他已经35岁。运用已有的地质学、植物学和天文学知识，他系统地将考察成果整理出来。当后来这些成果一一问世的时候，亚力山大·冯·洪堡很快在欧洲成名。从此，亚力山大·冯·洪堡在巴黎长住了20年，继续整理和发表他的学术研究成果。19世纪初是德意志民族刚刚脱离神圣罗马帝国统治，努力发展自己民族文化的时期。这一时代背景带来了德国的学术繁荣，不同学科努力创造着自己民族的文化体系，同时也在经受着国家和社会重组的筛选和淘汰。然而这时亚力山大·冯·洪堡已经是一位在德国乃至在欧洲小有名气的学者。他的才华和学识受到了普鲁士贵族的青睐，名声甚至通过贵族联姻的关系传到了沙皇俄罗斯。1829年，亚力山大·洪堡接受了尼古拉一世的邀请，对俄罗斯广阔的疆域进行考察。这时，他已是60岁的老人，但是仍然凭借当时的交通工具，或骑马、或乘车对东起中俄边境、西达里海的地区开展了计划宏大的考察。途中，他考察了作为欧亚分界的乌拉尔山脉，考察了广袤的西伯利亚，又从叶尼塞河到中国北部边境的阿尔泰山脉，最后在归途中考察里海。这次漫长的科学之旅历时半年，行程达15480公里。这次考察为他对远东和中亚的地理研究提供了丰富的素材，其中包括对中亚学术概念的界定。

德国的另一位著名地理学家费迪南·冯·李希霍芬（1833—1905年），毕业于洪堡大学，自然继承了亚力山大·冯·洪堡精确、严格的计量地理学风格，同时也增加了对人类活动及其生存环境和条件的考察视角。他认为地理学不仅是研究地球表面自然结构以及与其有联系事物和现象的科学，而且也是研究人类生存环境和文明发展条件的科学。所以，李希霍芬的科学考察除了继续丰富传统德国地理学派的视野和方法外，还将人类文明发展的轨迹与世界地理主要特征相结合进行考察和研究。这一特点在他对德国中亚学的贡献上尤为突出。费迪南·冯·李希霍芬同样注重实地考察和长途游历，1868—1872 年间，他曾到中国做过七次考察。他在中国的考察除细致搜集各地的地理和地质资料外，同时注重调查物产、人口、交通、风土人情以及社会经济概况。他将在中国的经历著成《中国：亲身旅行的成果和以之为根据的研究》、《黄土与中亚环境》等专著传世。而李希霍芬学术生涯的另一个重大贡献，是提出了“丝绸之路”的概念。李希霍芬曾沿着历史上的东西交通走廊遗迹考察，在沟通东西方文明的古老商道上，他发现了一个十分具有典型意义的文化符号——丝绸。他认为“商人们运输的不仅仅是商品，在进行商品交换的过程中，古希腊的哲学、科学，中国的印刷术，阿拉伯人的数学等文化也相互交流”。这样的学术观十分典型地体现了李希霍芬的治学理念，也决定了他能够为新生的中亚学作出独特的贡献。当他决定用丝绸冠名这条古老的商道后，很快这一首倡的概念就被历史学界和文化学界所接受，并被世界文明史作为人类物质文化和精神文化交流与融合的辉煌典范而流传至今。虽然，在 14 世纪后，由于航海业的发展和中国明朝实行海禁，“丝绸之路”开始衰败。但是，至今在中亚的塔什干、撒马尔罕、布哈拉、希瓦、乌尔根奇、马雷等地，民众仍然普遍认为自己的祖先是靠古代“丝绸之路”生存和繁衍至今的，他们用古代“丝绸之路”上的驿站和商队的名字称呼自己的村庄、旅馆和店铺。德国学者严谨的开创性工作，使中亚学一诞生就建立在近代实证科学的基础上，这既是日耳曼文化精神的体现，也是 19 世纪德国在欧洲竞争霸权地位的客观结果。

法国

19 世纪中叶，法兰西第二帝国时代，中亚学也开始在法国兴起。这一时期，法国一改第一帝国时期孤立的外交方针，将争夺欧洲大陆的政治、军事优势和在海外扩大殖民地作为主要目标。1853—1856 年，法国与英国、土耳其在克里木战争中击败了俄罗斯，基本上确立了在欧洲大陆上的优势地位。同时，法国巩固和扩大了在中东、印度次大陆和中国的殖民地，而处在三者中间的中亚地区直接成为法国东方学界急于开发的热门领域。法国的突厥学和维吾尔学研究具有悠久的历史传统。20 世纪以前，法国的中亚学主要侧重于历史、语言方面的研究。如雷木扎（Abel – Remusat）的《鞑靼语言研究——满洲、蒙古、维吾尔、藏语语法、文献考》，克拉普劳特（K. Klaploth）的《回鹘语言文字考》，巴外·德·库尔泰依（Pauet de Courteille）的察合台语研究等。从 19 世纪末，法国的中亚学研究开始重视田野调查，杜特瑞·德·兰（Dutruils de Rhins）和格列纳（F. Grenard）的法国考察队在中亚和新疆的考古调查报告成为欧洲中亚学界颇受关注的成果。而将语言研究与田野调查相结合，在法国中亚学中成为集大成者的当属 20 世纪初崭露头角的伯希和（Paul Pelliot）。伯希和的成功似乎得益于他的语言天赋和丰富的东方学知识，而他在中国甘肃和新疆与盗窃无异的考古活动成为中国敦煌学历史上耻辱的记录。也正因为他所具备的纯熟东方学知识，使他得以将敦煌藏经洞中最有价值的文书几乎骗购一空。但是，伯希和在法国中亚学界曾经拥有的地位确是毋庸置疑的。他于 1934 年发表的《吐火罗语与库车语》、《卡尔梅克史评注》至今仍被看作法国中亚学的里程碑式的作品。20 世纪法国中亚学的另一位具有国际影响力的学者，是许多中国读者熟悉的勒内·格鲁塞（Rene Grousset，

1885—1952年）。勒内·格鲁塞毕业于蒙彼利埃大学历史系，第一次世界大战期间曾在法国军队服役。大概恰恰由于人生经历中的军旅生涯，他的中亚历史研究具有跨越地区的世界视角和战略谋势的地缘政治思维。他的代表作《成吉思汗》《草原帝国》不仅成为法国中亚学名作，而且也被视为世界历史经典名著。勒内·格鲁塞在他的研究中对中亚地区的地理形势及其与周边地区关系中受到的地理因素影响给予了特别的关注，并将这种因素的作用和关联体现在了他的学术研究中。这种有意识将自然地理和人文地理的影响纳入对中亚地区历史研究的观念，构成了世界中亚学研究早期的地缘政治观察视角。勒内·格鲁塞在他的名著《草原帝国》中，就中亚地区自然地理形势对曾经活跃在这里的民族及其文明产生的关键性影响，作了今天看来仍不失精辟的分析。他认为，在这一地区“西北的天山和阿尔泰同构成的凸形弧与南方在喜马拉雅山的凹形弧包围和孤立了突厥斯坦①和蒙古，使这两个地区好像是悬挂在周围的平原上。欧洲大陆的纵向草原地带直接与西伯利亚气候支配下的北极森林区域相连接，包括俄罗斯、西伯利亚中部，直到蒙古和满洲的北方边境。大陆中部的三个沙漠的中心地区在渐渐地变为荒原：河中地区的克齐尔库姆沙漠和阿姆河南部的卡拉库姆沙漠，塔里木河所环绕盆地中的塔克拉玛干沙漠，以及戈壁沙漠从西南向东北伸展的广阔地区，该地区在罗布泊与塔克拉玛干沙漠相连，一起延伸到满洲边境的内兴安岭。沙漠边的草原给今天被称为中国突厥斯坦②的塔里木盆

① 突厥斯坦是西方学术界对中亚地区的称谓，中国突厥斯坦则特指中国新疆地区。将中亚地区和中国新疆称为突厥斯坦源于6世纪后阿拉伯、波斯学者进入中亚时对草原民族使用语言的主观判断，其实这时的中亚诸民族已与唐朝时西迁中亚的突厥部落联盟所使用语言有了很大差别。而将使用这种语言的中亚各民族统称为“突厥人”就更加荒谬了，但由于18、19世纪时的西方学术话语优势，俄罗斯、日本等国的东方学界和中亚学界都使用了这一概念。本书将有专章涉及这一问题。

② 同上。

地带来变化。那里的人们脱离了游牧生活，发展绿洲上的城市和商业生活，这些绿洲连接起来，使得地中海世界、伊朗、印度和中国的各种伟大文明之间交流成为可能……。就在这条通往文明的大道北面，是一条完全不同的道路。它无边无际，道路又细又长，是通往野蛮的道路。在鄂尔浑或克鲁伦河与巴尔喀什湖之间，野蛮人的骑兵队的前进是无法阻止的，因为这里的大阿尔泰山似乎与天山的北部支脉更加靠近，在塔尔巴哈台的楚占查克附近的额敏河方向有一个更宽大的缺口，它在裕勒都斯河、伊犁河与伊塞克湖盆地之间是十分宽阔的，而在其西北向，来自蒙古的骑兵脚下，正伸展出无边无际的吉尔吉斯草原与俄罗斯草原。”①勒内·格鲁塞对中亚历史的研究扭转了法国中亚学仅侧重考古和语言考证的微观特点，将地理环境对中亚古代人类及以不同族群为载体的文明发展影响作用有机联系在一起，并以此作为区别于其他地区文明的依据。勒内·格鲁塞的研究方法和学术观点为近现代中亚学的地缘政治研究做出了早期的尝试，因而至今学界仍对其学术贡献保留较高评价。

英国

英国是中亚历史与文化研究具有深厚传统的国家，尤其在18世纪和19世纪后，英国在南亚以印度为中心的殖民活动越过兴都库什山，伺机向帕米尔高原以西和天山南麓扩张。由此，英国学术界对中亚地区的研究也开始由一门书斋学问向田野实证转型。19世纪和20世纪之交在中亚发生“大博弈”，英国作为主要的参与方之一，对中亚地区地理、文化、民族、宗教方面深入研究的需求大大上升，客观上也促进了英国中亚学在世界学术领域的发

① ［法］勒内·格鲁塞：《草原帝国》，黎荔、冯京瑶、李丹丹译，国际文化出版公司，2003年版，第2—5页。

展。两次世界大战及后来的冷战时期，英国对中亚的研究成为对苏联及东欧社会主义国家集团研究的一部分，不仅地缘政治研究成为主要方法，而且充斥了冷战思维。英国研究中亚问题的学术机构主要集中在各高等院校，几所著名的大学如格拉斯哥大学、伦敦大学、伯明翰大学、里兹大学和牛津大学等都设有从事包括中亚问题研究的苏联或东欧问题研究所及综合性国际问题研究机构。但至今对英国中亚学仍保持足够影响力的学者，还应首推加文·汉布里，以及他的著作《中亚史纲》。加文·汉布里对于中亚历史的研究，同样将关注点放到了中亚地区特殊的自然环境与中亚各民族文化形成的关系上。加文·汉布里对中亚地区地理因素的关注，首先集中于这一地区与周边地区相隔离而体现的独立性上。他认为“这种地理上与海洋隔绝的状况，历史上相应的表现为中亚各民族都被排斥在海上探险、贸易或政治扩张活动之外，而至少在 18 世纪以来，海上探险、贸易以及政治扩张等活动，在人类历史上起了重要作用。虽然中亚常与相邻地区保持着密切联系，但实际上在撒哈拉以北的东半球上没有哪个地区能像中亚那样不受到外部压力的干扰”。①中亚地区与欧亚大陆周边其他地区在地理环境上的独立性，决定了在这里生活与繁衍的各民族在活动方式上的特殊性。其次，加文·汉布里将中亚地区多元的地理因素和复杂的自然条件作为影响本地各民族文化和历史发展的重要方面。他指出，“尽管沙漠和草原在中亚地区占有显著优势，但中亚还是有其复杂的自然特色。这里有世界上最高的山脉和最低的凹地，例如位于里海东北部和新疆吐鲁番周围的凹地。而且中亚地区的气温差别也是极为悬殊的。大致位于北纬 35 度至 55 度之间的中亚地区，为了方便起见，可以沿锡尔河与天山山脉划一条假想的线，将它划分为南北两个部分。中亚北部虽然

① ［英］加文·汉布里：《中亚史纲要》，吴云贵译，商务印书馆，1994 年版，第 3 页。

有部分地区是干旱的，但其大部分地区是湿润的”。[①] 加文·汉布里沿用以往中亚学大家的成果，重复关于中亚地区远离海洋文明独立特性的基本定义，强调了这一地区过于广大、地貌特征过于多样、地理因素过于复杂。他在尊重前人主要研究方式和成果的基础上尝试着拓展了更多的考察视角，这种将地理要素影响中亚人类活动的历史观细化、深化的工作还是得到后来者认可的。应该承认，加文·汉布里的工作对欧洲中亚学的发展具有很重要的推动意义。基于遵循前人却有所不同的研究角度，加文·汉布里对中亚地区人类活动的历史特点也提出了不同以往的评价。他认为，“中亚在人类历史上起了两个独特的、从某种程度上说是矛盾的作用：一方面，由于中亚大部分地区的干旱以及缺乏交通上的自然凭借（中亚多数大河都向北流入北冰洋）的结果，中亚的主要作用是隔离开了其周围的中国、印度、伊朗、俄国等文明；但是从另一方面讲，中亚的古代商路，也为中亚周围的诸文明提供了一条细弱的，但又绵绵不绝的联系渠道。正是依靠这些渠道，中亚周围诸文明在各自得到一些重要商品之外，还得到了一些对方的有限的知识。如果不是中亚商路的话，它们就得不到这些，或者至少要困难得多”。[②] 多数中国学界同仁和中亚史读者认为加文·汉布里不仅在对中亚各民族纷繁历史线索的把控能力上高于法国同一时期的著名学者，而且在就地缘因素对中亚历史发展基本态势的观察上也略胜一筹。从这个意义上讲，加文·汉布里的研究对中国中亚学的形成与成熟是有着重要影响的。

俄罗斯

13 世纪末，当莫斯科公国由弗拉基米尔—苏兹达里公国分裂

① ［英］加文·汉布里：《中亚史纲要》，吴云贵译，商务印书馆，1994 年版，第 4 页。
② ［英］加文·汉布里：《中亚史纲要》，吴云贵译，商务印书馆，1994 年版，第 7 页。

出来并成为古罗斯地区的统治中心后，对外扩张就一直伴随着俄罗斯民族国家构建的全过程。由于远离海洋和英国、西班牙、葡萄牙等欧洲老牌海上列强的封堵，俄罗斯别无选择地走上了一条与其他欧洲列强不同的陆路扩张道路。到16世纪中叶，莫斯科大公伊凡四世自称“沙皇”后，强化了中央集权政体，俄罗斯综合国力上升。同时，也加快了对外扩张的步伐。俄罗斯扩张的路径针对东方亚洲地区，跃过乌拉尔山，沿伏尔加河，矛头首先指向广大西伯利亚地区。沙皇俄国首先吞并了位于伏尔加河中游的喀山汗国。接着沿伏尔加河继续南下，又吞并了位于伏尔加河里海入海口三角洲的阿斯特拉罕汗国。至此，沙俄东扩的总趋势出现了两个分支：一支越过乌拉尔山后继续向东，利用西伯利亚三大河流——鄂毕河、叶尼塞河、勒拿河向兴安岭—黑龙江—太平洋渗透；另一支沿伏尔加河下流和里海沿岸向中亚地区挺进。在沙俄当局特定方向的国家扩张需要下，俄罗斯的东方学迅速发展起来，并凭借其据有的独特地缘优势很快后来居上，甚至在一些领域替代了德国、法国等在东方学界原有的权威地位。

随着沙皇俄国进入西伯利亚后殖民扩张路径的分化，俄罗斯东方学研究也渐渐将中国学和中亚学的分野逐步厘清。但受到传统中亚学定义的影响，中国学和中亚学在德国、法国等学界就常常混淆在一起，俄罗斯也同样出现过许多涉足中国学和中亚学两个领域并成就斐然的学者。例如，普尔热瓦尔斯基·尼古拉·米哈伊洛维奇（Пржевальский Николай Михайлович，1839—1888年）和谢苗诺夫·彼得·彼得罗维奇—天山斯基（Петр Петрович Семснов - Тяншанский，1827—1914年）等，他们的学术活动不仅对俄罗斯及欧洲的中国学和中亚学有着同等的贡献，而且也为沙俄在亚洲地区不同方向开疆扩土提供了重要的学术支持。在这种类型的俄罗斯学者中，有一位是很值得一提的，他就是在中国工作过近14年的雅金夫神父。雅金夫神父的全名是比丘林·尼基塔·雅科夫列维奇（Бичурин Никита Яковлевич，1777—1853 年），出生在喀山省一个楚克奇（俄罗斯的一个少数民族）家庭里。因为早期俄罗斯平民和少数民族是没有姓氏的，雅金夫神父成名后就将其出生的村庄名当作了自己的姓。1807 年，比丘林出任俄国东正教驻北京第九届传教士团领班，1808 年开始在北京传教，直到 1821 年。在北京居留工作期间，比丘林表现出了惊人的语言天赋，深入研习并熟练掌握了汉、满、蒙等主要东方语言，广泛搜集了大批文献资料，为后来的研究工作奠定了重要基础。1821 年比丘林经恰克图返回俄罗斯时，仅图书资料就带回了 5 吨多。在此基础上，比丘林的学术研究影响了俄罗斯东方学的发展，成为“恰克图派”的创始人之一。他关于中亚学方面的著作颇具分量，如《准噶尔和东突厥斯坦志》《厄鲁特人或卡尔梅克人历史概述》《古代中亚各民族历史资料集》等，都对俄罗斯乃至欧洲的中亚学研究产生了深刻影响。尤其是《古代中亚各民族历史资料集》一书，是比丘林晚年的最后一部著作，倾注了他的毕生精力和学术积累。由于这部著作基于《史记》《汉书》等中国历代“正史”中的“西域志”或“四夷志”，首次将中国古代史料中关于中亚历史的资料整理、翻译、披露，从而改变了传统欧洲中亚学研究主要依靠考古资料和阿拉伯文、波斯文史料的状态，不仅大大丰富了中亚学研究的视角和年代，甚至可以说填补了欧洲中亚历史研究波斯时期与阿拉伯时期之间这一重要阶段的史料空白，而且在某些领域颠覆了在欧洲中亚学坚持了多年的陈腐观点。无论从比丘林对俄罗斯中国学的影响上看，还是从他对中亚学的贡献上讲，称他为俄罗斯东方学的奠基人之一是不过分的。

另一位值得关注的俄罗斯中亚学者是生活在“十月革命”前后的俄罗斯—苏联著名中亚历史学家巴尔托里德·瓦西里·弗拉基米洛维奇（Бартольд Василий Владимирович，1869—1930

年)。巴尔托里德是一个德裔俄罗斯人，同样凭借自己的语言天赋和毕生勤奋获得了俄罗斯中亚学大家的地位。他于19世纪末由圣彼得堡大学毕业后，发表了第一部中亚学研究专著《蒙古入侵时期的突厥斯坦》，从此受到全俄罗斯乃至欧洲中亚学界的关注。他精通德语、英语、阿拉伯语、突厥语，并基本掌握波斯语和鞑靼语，一生完成400多部学术著作，最终成为世界公认的最伟大中亚学家之一，也是俄罗斯中亚学的集大成者。九卷本的《巴尔托里德院士全集》（莫斯科，1963—1976年）是后来从事中亚学研究学者们必须研读的作品，他的《中亚简史》（新疆人民出版社，1980年版，耿世民译）和《中亚突厥史十二讲》（新疆人民出版社，1984年版，耿世民译）是现在试图进入中亚学殿堂的中国读者们必经的阶梯。尤其难能可贵的是，他在20世纪初曾经由哈萨克草原北部进入中亚，沿着“丝绸之路”北线进行了一次细致的考察。他率领考察队进入楚河流域，后沿纳伦河、伊犁河向东，沿途对托克马克、塔拉斯、霍尔果斯等旧址对照史料一一勘记，大大丰富了当时人们对这条经历数百年沧桑的古老通商走廊的认识。最重要的是，巴尔托里德在亚力山大·冯·洪堡提出的中亚定义基础上，依据自己多年研究过程中的深刻理解，提出了更加准确的中亚地域含意：以阿姆河和锡尔河流域为中心，西起里海沿岸，东至天山南北麓，南自兴都库什山，北抵阿尔泰山。[①]这一界定，将自然地理因素和人类活动条件有机地结合在一起，为中亚这一学术概念的发展引进了更加科学的原则。巴尔托里德是世界公认的中亚史学泰斗和突厥学界大家，研读他的著作几乎是进入中亚学领域必不可少的功课。因而，巴尔托里德的学术观点也是对中国中亚学界影响较大的学术流派之一。目前，中国中亚学界普遍接受以阿姆河和锡尔河两河流域为中心界定中亚地理

① 王治来：《中亚史》，中国社会科学出版社，1980年版，第一卷，第3页。

范围的方法。至于四向的边界以哪些重要地标为准，鉴于历史上这里人类活动的流动性似乎并无关紧要。目前，已有更多的中国学者认同这一重要的界定原则：中亚就应该是“阿姆河与锡尔河两河流域为中心，附带涉及其周围地区”。[①]

中国学者眼中的中亚

古代中国基于对世界认知不充分的“天下观”，将包括中亚地区在内的河西走廊以西广大地域空间笼统称为“西域”。但是，中国人对中亚地区的了解却由来已久，尤其是文字记载的历史中贮藏了大量反映古代中亚的信息。向达在《中西交通史》中认为，“汉以后张骞凿空，发现了西域这一大块地方”，“整个中国同外族发生关系，一天密似一天”。[②] 受中国传统史观影响，至今仍有学者愿以中原视角将中亚地区纳入西域这一笼统范畴中考察。如余泰山主编的《西域通史》即按照中国中原居民的认识习惯，将西域这一本来就相对含混的地理概念分为广义和狭义两种。广义的西域即指古代中亚地区，而狭义则仅指历史上的新疆。[③] 用这种视角研究中亚也有其学术逻辑，建立在中国古代丰富史籍基础上的西域史研究本身，并没有将中亚与新疆作地理上或文化上的严格区分。总之，中国学术史上西域与国际学术史上中亚的地理含义在某种特定的语境下是可以重合的，而在另外一种特定语境下又是不完全重合的。[④] 在近代意义上的国家主权、疆界、民族意识远未形成的古代中亚，以中原视角划出

① 王治来：《中亚通史》古代卷（上），新疆人民出版社，2004 年 2 月版，第 1 页。
② 向达：《中西交通史》，中华书局，1934 年版，第 2 页。
③ 余泰山：《西域通史》，中州古籍出版社，1996 年 11 月版，第 11 页。
④ 赵华胜：《中国的中亚外交》，时事出版社，2008 年 11 月版，第 3 页。

西北民族文化发展的主线，也不失为一种可取的观察视角和研究思路。

中亚学在中国还是一门十分年轻的学科，它应该是在苏联影响下起步于20世纪70年代末到80年代初。[①] 由于中华人民共和国曾经历过的特殊历史时期，中国文化、教育及科研系统的建立基本照搬苏联的既有体系。在这样的大背景下，中亚学作为一门“小众”学科在苏联学者已有的成果基础上完成了到中国的移植和本土化过程。因此，中国的中亚学发展在一开始就带有明显的俄罗斯中亚学流派的色彩，这也就不足为奇了。项英杰教授充分研究并吸取了巴尔托里德的中亚观，在界定中亚学研究范畴时作出了比较全面的概括，“我们研究的范围是以阿姆河与锡尔河两河流域为中心，以现今中亚五个共和国，即哈萨克、乌兹别克、吉尔吉斯、土库曼和塔吉克为主体。附带涉及其周邻的有历史上疆域盈缩关系的地区，如伊朗东部、阿富汗、巴基斯坦、印度北部、西伯利亚西部、乌拉尔西部，以及我国的新疆和西藏”。[②] 同一时期，北京大学的张广达教授提出，“关于中亚范围的大小，学界的说法因人而异。实际上，人们也难以划出固定的、确切的范围，因为在不同的历史时期，从政治形势来看，从四周几大文明的交互影响看，中亚的范围也确实可大可小。今天，人们比较一致的看法是把阿姆河、锡尔河流域的几个苏联中亚加盟共和国

---

① 赵常庆教授在《俄罗斯东欧中亚研究》2002年第4期发表“中国当代‘中亚学’的形成与现状”一文中认为，中国的中亚学“基本是在1991年苏联解体、中亚五国独立后起步的”。其实在苏联解体前，中国社会科学院及一些国内高等院校就已经有一批学者从事中亚历史、文化、民族研究，如贵阳师范学院的项英杰教授、北京大学的张广达教授、湖南师范学院的王治来教授等。包括中国研究中亚历史的早期成果《中亚史纲》《中亚近代史》也分别完成于1986年和1989年，而作为国内第一种中亚学研究的学术刊物《中亚丛刊》，第一期更是在1983年就已经问世。

② 项英杰：“《中亚丛刊》第1期编后记”，《中亚丛刊》第1期，1983年版，第172页。

看成是中亚的西部，而把与之毗邻的地区也包括在中亚范围以内。”[①] 1980 年代初期，在多数中国人尚不了解中亚为何处时，在中国中亚学从业者寥寥无几的情况下，这种学术共识是多么难能可贵。同时更加值得称道的是，张广达教授已将地缘政治和地缘文化的因素作为考察中亚地理范围变迁的重要变量提示出来。

尽管不得不承认，中国中亚学起步在很大程度上是建立在苏联（俄罗斯）学者成果之上，但是回顾中国学者们在中亚学领域中跋涉的路程，我们不能不感慨他们为我所用的智慧和化腐朽为神奇的功力。项英杰教授立足于中西交通史研究，兼容并蓄苏联、法国、德国学者学术优势，在贵阳师范学院带出一支中亚文化研究的团队。北京大学的张广达教授同样吸收了俄罗斯及苏联中亚学者的成果，将自己的唐史研究作为平台涉足中亚历史研究领域。南京大学的刘迎胜教授则凭借自己对蒙元历史研究的功力，将研究方向定位于蒙古征服和统治时期的中亚。兰州大学的马曼丽教授和新疆大学的冯锡时教授凭借对俄文资料和满清史料的把控能力，填补了西部蒙古（卫拉特蒙古，中国明朝史籍中称为“瓦剌”）及准噶尔部控制中亚与新疆时期的历史研究空白。南京大学魏良弢教授选择了对新疆维吾尔民族形成和发展产生了关键影响的喀喇汗王朝、西辽王朝、叶尔羌汗国历史，成为中国中亚学研究较高产的一位学者，并带出了一大批成为各领域学术骨干的中亚学人。这些中国学者的学术活动成熟期多数都在苏联解体之前，他们在中亚学各个独特领域取得的成就标志着中国中亚学雏形的出现，并为后来的发展与丰富奠定了重要基础。从这些早期中国中亚学研究及其成果来看，明显体现出这样几个特点：一是尚显零乱，还未形成学术系统和研究梯队，研究领域大多取决于研究者的特长和兴趣；二是多数集中于历史、文化等纯

---

① 张广达：“研究中亚史地的入门和参考书”，《新疆大学学报（哲学社会科学版）》，1983 年第 8 期，第 76 页。

学术领域，尚难形成基本的实用研究面；三是中亚当代问题几乎无从涉足，更鲜有中国学者从地缘政治角度研究和分析中亚地区发展前景（客观讲，在戈尔巴乔夫开始以“新思维”主导的改革后，中亚各共和国出现了许多政治结构发生变革前社会嬗动的一系列标志性事件，遗憾的是并没有引起多少中国学者重视）。造成这种学术局面和学科困境的原因，除了社会需求还没有上升到国家政策支持的层面外，还有以下几方面：首先，中苏关系解冻不久，作为苏联版图一部分的中亚地区还是相当封闭的领域，尤其对于刚刚结束敌对状态的中国而言；其次，中国的改革开放起步不久，除了中文史料外，涉及中亚问题的俄文、英文等外国学术资料还很难正常交流，获取渠道和文献成本都不是一般中国学者所能具备的；再次，“文革”后形成的学术断层，新一代学者尚在高校和研究院所受教育，研究力量（尤其是外语人才）受到严重限制。

20 世纪 90 年代初，以苏联解体为重要标志的冷战结束，不仅引发了欧亚地区地缘政治版图的大裂变，也为中国中亚学研究的全面发展提供了机遇。鉴于苏联对中国近现代史的特殊影响，以及 20 世纪六七十年代从意识形态对立到军事对抗的双边关系历史，中国学术界和党政军有关部门对苏联的研究经历了由全盘照搬到政策分析的转变。因而，在苏联解体前，中国对于中亚地区的当代政策性研究也就包含在对苏联的整体研究体系中。换句话说，中国在这一时期对中亚地区的政策研究，实际上是在对苏联整体研究前提下，针对其中亚部分的研究。20 世纪 90 年代后，当强大的苏联政治文化随着这个超级大国的解体而在中亚地区逐渐淡化时，中亚本土内生性的历史、民族、宗教、文化等传统因素的影响作用骤然上升，成为构成中亚地区地缘政治特色的核心要素。面对这种变化，中国长期针对苏联从事政策研究的部门和人员在及时调整工作重心时，明显感到对苏联时期以前的中亚了解不足。于是，对中亚地区的政策研究与传统的历史、文化、民族等问题的学术研究相结合的研究方法和梯队建设提上了日程。为了满足国内各重要研究机构和部门对中亚了解的需要，先后出现了新疆社会科学院王沛主编的《中亚四国概况》、哈斯木·霍加主编的《哈萨克斯坦共和国概况》（新疆人民出版社，1992 年版、1993 年版），以及在这两本书的基础上修订出版的《中亚五国概况》（新疆人民出版社，1997 年版），赵常庆著的《中亚五国概论》（经济日报出版社 1999 年版），邢广程著的《崛起的中亚》（香港，1993 年版）等这一类对独立后的中亚五国国情详细介绍和初步研究的作品。此外，在原有传统中亚学基础上向国内读者系统介绍中亚的历史、文化、民族等问题的一系列成果也应需而生。如马大正、冯锡时主编的《中亚五国史纲》（新疆人民出版社，2000 年版），王治来、丁笃本的《中亚国际关系史》（湖南出版社，1997 年版），马曼丽主编的《中亚研究——中亚与中国同源跨国民族卷》（民族出版社，1996 年版）等。学术研究与政策研究的共同需求，推动着中国中亚学研究完成更新换代。如何定义“中亚”这个一直颇具争议的学术概念，在中国学术界也出现了再一次厘清的要求。

当代中国学术界在苏联解体后实现了传统中亚学研究与中亚政策研究的结合，同时也经历了学术概念上的暂时混乱和研究范围界定上的一时困惑。无论是在学术著作或论文中，还是在相关的学术研讨会或报告会上，学者们在展开自己的观点和论述前必须开宗明义，说明将要涉及的中亚是个什么概念：是传统中亚学关于中亚的范围（甚至有必要说明是德国学者洪堡的定义，还是俄罗斯学者巴尔托里德的定义，或者干脆是自己另作划分的范围），还是苏联解体后新独立的哈萨克斯坦、吉尔吉斯斯坦、塔吉克斯坦、乌兹别克斯坦和土库曼斯坦五个共和国的总合。因为前后两者在研究者的学术出发点、论述内容、研究方法上既有着很大的不同，同时又是那么密不可分、无法割裂。有些学者为了划分方便起见，就以“地理意义上的中亚”和“地缘政治上的中亚”相区分。更有学者干脆用“大中亚”（或称为“广义的中亚”）指代前者，用“小中亚”（或称为“狭义的中亚”）指代后者，而且这种划分方法和简单的称谓在国内学术界得到了普遍的认可。如果面对中国广大读者，从普及中亚历史文化与国际政治常识的角度，做出这种简化的区分其实也未尝不可。但是，专门研究中亚问题的学者们习惯性地使用和普遍认可这种划分与称谓的话，就难免失之于简单和粗放了，因为这会使观察这一地区复杂历史与现状的视野和思路囿于形式上的便利。特别是对于考察历史上重要变革时期中亚地缘政治格局（包括考察今天在中亚地区正在出现的一系列重大地缘政治变量），这种简便的划分方式容易造成将一些潜在的关联因素割裂开来的效果。

可喜的是，随着中亚问题研究在中国的不断深入，中国的中亚学正在不断被充实、丰富和系统化。中国中亚学界（无论是从事中亚历史文化研究的学者，还是从事国际政治研究的政府智库）关于中亚学术概念的定义也越来越清晰、越来越完整、越来越精确。尽管到目前为止，中国中亚学界对中亚的学术定义仍不尽相同，但在以下几个基本的原则上却取得了广泛的认同：第一，应将中亚看作一个自然地理和人文地理的综合性概念，即中亚在学术上不仅是个地理概念，而且也是个文化概念；第二，在具体的研究实践中应将历史文化范畴的中亚与当代国际政治上的中亚相区分；第三，自然地理范畴的中亚与人文地理意义上的中亚以及地缘政治视角上的中亚之间存在着不可分割的联系，而且在不同历史时期中上述基本要素的变化又相互影响、甚至相互转化，构成有着内在联系和延续性规律的发展过程。基于这些重要原则，“中亚是历史上形成的综合概念，它并不是单纯的地理概念，它在很大程度上还是亚洲中部民族政权的历史、类同文化的地域和民族渊源关系发展而形成的一个特定的历史文化区域。中亚既然不是一个国家，又不是经纬度测出的亚洲中部，因此只能界定这个亚洲中部历史地域的大致范围。中亚，即人们对这一特定历史文化区域的习惯指称。所以，要比较科学地回答什么是中亚，主要应该是以中亚历史上大一统民族政权的基本活动地域，现代五国和有关民族无法割裂的活动地区为出发点，再结合文化类同等旁证，综合界定”。[①] 马曼丽教授这种观点提出后，虽然并未在中国中亚学界得到明显的反应，也没有引起大小范围内的讨论和争议，但是在苏联解体后的中国中亚问题研究工作实践中，大多数学者的研究思路或多或少地遵循着上述原则。

中国外交对中亚地区的定位

中国对中亚地区的外交定位离不开中国与中亚地区关系的历史，这一历史关系的不断变化，也势必决定着中国对中亚地区外交定位和外交政策的调整。如果回顾中国经略西域史或中国与中亚地区关系史，人们会很直观地发现，中国历届中央政府对中亚地区首先关注的都是安全问题。除了传说时期，在正式史籍中关于中国中央政府在中亚活动的最早文字记载，当属张骞出使西域。张骞这次被中国学者多年追捧为“凿空之旅”的初衷，却是汉武帝为了联系被匈奴人驱赶到大夏（今阿富汗附近）的大月氏，联合其由西向东“断匈奴右臂”。匈奴对中国的安全威胁，从先秦、西汉、东汉一直延续到了三国、两晋和南北朝时期。而后来突厥汗国崛起，构成了隋、唐两代二百多年里的北方强敌。明朝建立后，北元（“瓦剌蒙古”，即卫拉特蒙古，亦称西部蒙

① 马曼丽主编：《中亚研究——中亚与中国同源跨国民族卷》，民族出版社，1995 年版，第 9 页。

古）势力时时进犯中原，构成对明朝都城的一次次安全危机。到清朝时，卫拉特蒙古准噶尔部强大起来，威胁到满清贵族的战略盟友喀尔喀蒙古的传统领地，迫使康熙、雍正、乾隆三朝调动大量军力和资源平定叛乱。

自秦始皇完成中国统一后，在两千多年的历史中，强大的北方游牧民族南下一直是中原地区和中央王朝的安全威胁。这种缘于两大不同质文化区巨大差异的对立和冲突，是北方游牧民族屡屡进犯中原的动力。由于长年游牧生活状态，形成了以血亲部族维系的紧密社会关系和战牧不分的生存方式，一旦进入战争状态面对中原农耕地区自给自足个体农业形成的松散的社会结构，北方游牧大军南下的气势用日进百里、势如破竹来形容是毫不夸张的。但是在北方游牧民族势力不足够强大时，未必都具有如匈奴、突厥、蒙古等强大帝国统一整个漠北的规模。在这样的一些历史时期中，活动在中国北方的游牧部落联盟难以克服蒙古高原与中原地区之间的地理障碍。在游牧人口发展生成对更广大生存空间需求的动力之下，他们往往会相对轻易地向西迁徙到河西走廊，并继续西迁进入中亚地区。这些进入中亚地区的部落联盟有些经过与当地原住民族的融合逐渐强大起来，或成为中原王朝不得不建立合作关系的强大盟友，或索性直接成为向东威胁中原王朝西部边陲的地缘政治对手。另外，在中国北方民族史中还存在一种多次重复的现象：当一个强大的北方游牧民族政权与中原王朝经历长期对抗后，渐显后劲不足并在中原政权军事打击和谋略瓦解下发生分裂，这时往往会出现两条完全不同的发展路径：一条是部分向往定居安逸生活的部众归顺中原王朝，并逐渐融合到中华民族大家庭之中；另一条是避开军事打击和政治影响，向西进入中亚地区，在兼并当地大小民族后建立起新的强大政权，继续与中原王朝分庭抗礼（但往往经历时过境迁的变化后，原来与中原王朝的恩恩怨怨很快被统治中亚地区、甚至征服更加广大疆域的野心所替代)。这样的地域政治格局发展规律，典型地体现出了中国与中亚地区的特殊关系。

中亚地区处在欧亚大陆的中心，历史上发育于这个广袤大陆的每一个古代文明和权力中心大多地处周边沿海或介于海洋与内陆之间的草原地区。而每当这些中心发展到足够强大的时候，无不将扩张的矛头指向这片大陆的中心地带。波斯帝国、亚力山大大帝、匈奴帝国、突厥汗国、贵霜王朝、阿拉伯帝国、回鹘汗国、喀喇汗王朝、契丹西辽王朝、蒙古汗国、帖木儿帝国、准噶尔蒙古、沙皇俄国、大英帝国等等，这些在欧亚历史上强大一时的霸主无一不重复着这样的历史逻辑。有学者形容这一历史现象：中亚地区就像一片洼地，当周边出现了较强的降雨时，水就会向洼地汇集。随后，洼地的水位不断增高，终于涌出洼地向四周漫延。[①] 的确，中亚地区的地缘政治格局就是重复着这种现象，而中国虽也曾是向这个洼地排水的降雨区，但在更多的时期却是积水漫延的被涉及者。强大的权力中心进入中亚地区，战乱、征伐、动荡、难民成为历史上的常态。中国的统治者和战略家们如何经略西域，使发生在这里的事态不至于影响自己国家西部的领土和人民，或以更加高明的举措将中亚地区发生的社会过程引导致有利于自己安全的发展方向，这几乎是中国中央政权永远处在求解过程的重大课题。美国著名汉学家欧·拉铁摩尔在对中国与西域的关系做了长期的研究后，得出了与以往许多欧美学者将中国汉唐在西域作为看作欧洲式殖民完全不同的见解。他认为，中国历史上在中亚的活动不能称作征服，中国在中亚国家的措施“其实是一个政策的两个基本方面：或者是控制中亚的绿洲及部落，以建立对付草原游牧民族的同盟；或者是对绿洲进行防御性占领，以免游牧民族利用它们作为根据地。中国政治家们真正需

① 赵华胜：《中国的中亚外交》，时事出版社，2008 年 11 月版，第 23 页。

要的，亦即真正的目的，是造成一种情势，使绿洲小国王们认为附服中国要比做游牧民族的附庸更有利”。[①] 为了实现这种基本政策的两个方面，汉武帝联合西域小国“断匈奴右臂”是重要的一项措施，而汉景帝将“宗室女”细君公主远嫁乌孙王同样也是有效的策略之一。从春秋战国时期涌现出的各家谋略原则算起，中国战略家向来懂得“谋势”的重要性。在众多的外国汉学家中，能像拉铁摩尔这样看到个中奥妙的学者并不多。其实，这与中国传统哲学中“天人合一”、“和而不同”的理念是相通的。当中国强盛如汉唐时，西域小国的君主接受了中央政府的册封，既保留了其所在绿洲城邦国家的权势和尊严，又享受到了农业文明带来的物质生活水准。与此同时，中原王朝的君主们成功地造成了这样一种情势，使自己的西部国土免受战乱，使自己的边民远离动荡。这是以农业文明为本与游牧文明打了多年交道后积累的政治智慧，也是中国传统哲学在认知自己及周边民族过程中探索出的变通与睦邻的双赢边政观。不可否认，以中原为中心的“天下观”主导了中国中央王朝两千多年来与周边民族的关系定位，所谓“羁縻”外交本身就体现出了一种对自身文化的盲目自大及对周边“蛮夷”的藐视。从历史唯物主义的视角观察这种关系，文化的差异性和历史的局限性都是不容抹杀的事实。即使历史上的中国与中亚的关系摆脱不了这种时代的特征，源于中国传统文化的和谐观一直发挥着重要的作用，追求边疆地区的相安无事而非绝对的军事征服、追求政治上的一般认同而非绝对的政令统一、追求形式上的政治联姻关系而非致力于绝对的民族同化，成为了历代奉行并不断完善的“羁縻”外交基本原则。

当世界历史进入近代的工业和资本时代，以中国为中心的东亚农业文化圈对中亚地区的影响力大大衰退。从18世纪初开始，

① ［美］欧·拉铁摩尔：《中国的亚洲内陆边疆》，江苏人民出版社，2005年版，第315页。

接受了欧洲工业文明的俄罗斯向中亚地区扩张的欲望迅速膨胀。处在中间地区的中亚面临的周边地缘政治形势发生了重大变化：一边是以千疮百孔的自然经济为基础的封建王朝，一边是经历了社会改革后咄咄逼人的新兴帝国，影响中亚的权力天平再次发生倾斜。17 世纪末，准噶尔蒙古噶尔丹部入侵哈萨克草原，刚刚统一的哈萨克汗国又面临解体危险。利用哈萨克头克汗要求“保护”和“结盟”的书信，俄罗斯加快了吞并中亚的步伐。先是沿着额尔齐斯河沿岸修筑了鄂木斯克、塞米巴拉金斯克、乌斯季卡缅诺哥尔斯克等一系列要塞，后又于 1734 年派出有上千军队同行的政府代表团，诱迫小帐哈萨克臣服俄罗斯沙皇。[①] 从此，中亚地区开始成为俄罗斯的势力范围，并随着突厥斯坦省（1865 年沙俄占领今哈萨克斯坦南部城市突厥斯坦、奇姆肯特后建立，隶属于奥伦堡总督）和突厥斯坦总督府（1867 年征服布哈拉、希瓦、浩罕后建立，管辖锡尔河省、撒马尔罕省、费尔干纳省、七河省、外里海省）的建立，中亚地区逐步成为沙俄快速扩张中的新领土。至此，中国与中亚间的关系发生了颠覆性的变化，原先清朝政府经略中亚的合作伙伴变成了多次迫使中国政府割地赔款、丧权辱国的列强之一。1864 年，沙俄政府利用军事恐吓和外交施压强迫清朝政府签订《中俄勘分西北界约记》，一次性就侵占了巴尔喀什湖以东以南中国领土 44 万平方公里。1865 年，中亚浩罕军官阿古柏（原籍属今乌兹别克斯坦塔什干，后在浩罕担任一名小官吏）入侵中国新疆，占领整个南疆和北疆一部分，建立了“哲德沙尔”侵略政权。这时的清朝政府已经没有了平定准噶尔叛乱和大小和卓叛乱时的底气，竟为全力维护“海防”还是“塞防”而在高层争论不休。

在中国的近现代历史中，俄罗斯及后来的苏联是产生过最重

① 马大正、冯锡时：《中亚五国史纲》，新疆人民出版社，2000 年 2 月版，第 93 页。

要地缘政治影响的大国之一。随着国家和主权意义上的俄罗斯及苏联上升为在中国西部施加影响的主角，中亚除了在历史、文化、民族、宗教等方面时常引起中国政府和学者们的注意外，在外交领域基本失去了作为活动主体的地位。直到 20 世纪 90 年代初苏联解体后，中亚由一个相对抽象的文化地理概念再次被 5 个新获独立的具体国家主体所替代。中国对中亚的外交定位也从此具体、明晰起来，而且逐步上升为新时期国家总体外交中的重要部分之一。

首先，中亚地区在冷战结束后成为中国能够依托的相对稳定地缘空间。中亚地区在由俄罗斯及苏联权力中心的笼罩下独立出来后，重要的战略地位马上凸显出来。中国作为冷战结束后继续坚持社会主义制度的国家，走中国特色发展道路，需要国际社会、特别是周边邻国的理解。1992 年 1 月 2—6 日，以中国国务院副总理李岚清为首的中国政府代表团访问中亚五国，依次与乌兹别克斯坦、哈萨克斯坦、塔吉克斯坦、吉尔吉斯斯坦、土库曼斯坦五国签署协议，分别建立了正式外交关系。中国与中亚地区的关系进入了正式国家间交往的全新时期，中亚五国成为中国周边睦邻伙伴中的新成员。

其次，中亚地区是中国维护西部安全的重要中间地带。苏联的解体使中亚地区维护安全与稳定的能力面临考验，来自南亚、西亚及地区内的宗教极端主义势力空前膨胀。域外大国为了获得冷战后地区战略博弈的优势，纷纷加紧向被看作“权力真空地带”的中亚地区渗透。由于漫长的共同边界和跨界民族因素，这些影响中亚各国安全的势力也对中国本土构成了间接的安全威胁。与中亚国家政府和职能部门协作防范共同的安全风险，再次成为中国对中亚外交的重头戏。

第三，中亚地区各国有望成为与中国经济发展优势互补的合作伙伴。中亚各国获得独立之日，也正是中国的经济改革逐渐全面展开之时，资源和市场问题越来越突出地制约着中国经济的深化发展。而中亚各国此刻正经历着原有经济联系破裂后的发展低谷，由于苏联时期经济分工造成的单一性生产结构，中亚各国纷纷选择了能源立国和资源立国的经济发展战略。这与中国因经济快速发展而造成的资源短缺和产能过剩形成了反差和互补，扩大中国与中亚各国间经贸合作的广度和深度，成为中国与中亚各国发展新型关系的重要内容。随着世界及地区形势的不断发展和变化，中国对中亚地区的外交政策不仅越来越清晰，也越来越具有丰富的层次。

中亚地缘政治格局发展对中国的影响

为现代世界地缘政治理论作出重大贡献的英国地理学家麦金德（Halford J. Mackinder，1869—1946 年）曾经提出过著名的“心脏地带论”（Theory Heartland），人们经常引用这一理论的核心内容，即被称作“心脏地带—枢纽区域”（heartland - pivot area）的著名三段论：“谁统治了东欧，谁就主宰了心脏地带；谁统治了心脏地带，谁就主宰了世界岛；谁统治了世界岛，谁就统治了世界。”[①] 对于麦金德这一建立在传统海权和陆权理论基础上的世界“心脏地带论”，今天中外学者已经有了种种见仁见智的评价。尤其在现代科学技术的推动和引导下，世界范围内多数国家主体在交通运输、信息通讯、军事干预等方面的能力大大提高，甚至经历了数次革命性的变革。特别是冷战的结束和全球化的兴起，地缘政治格局本身出现的重大变化也在动摇着人们对旧式地缘政治原则的信念。19 世纪和 20 世纪之交，欧洲列强瓜分势力范围

① Halford J. Mackinder，The Geographical Pivot of History，*Geographical Journal*，XXIII (1904)：421 - 444，and *Democratic Ideals and Reality*，London，1919.

的斗争方兴未艾。在欧亚大陆的腹地对当时地缘政治形势影响力最大的，是俄罗斯与英国在中亚地区的争夺。麦金德以当时盛行的陆权和海权理论观察这场大国博弈，发现了这样的规律：英国作为早已崛起的海权强国由印度北上时遇到了新近显示出扩张势头的陆权强国俄罗斯的南下锋芒，两强的扩张势头在中亚地区相撞。英国为了阻止住俄罗斯进入印度洋的企图，将中亚作为重要的地理屏障加以利用。而俄罗斯却借助于地缘优势，几乎占领中亚全境，将大英帝国由东印度公司伸出的触角压制在阿富汗一隅。尽管俄罗斯打通通往印度洋的企图最终没能实现，但是麦金德看到，两强在中亚地区的争夺中，英国所具有的传统海权优势在远离海洋的中亚地区难以发挥人们想像中的影响力，通过欧亚走廊进入中亚的俄罗斯为进而控制举足轻重的东欧地区赢得了先机。后来沙皇俄罗斯帝国在欧亚地区霸权的确立，以及再其后苏联成为冷战时期的两极之一，与当年这场博弈中的地缘政治得失不无因果关系。缘于对这一段历史过程的观察和检讨，麦金德对中亚地区的地缘政治意义作出了如此的评估。而这场博弈结果塑造的近现代中亚，对中国的地缘政治影响更是深刻的、长期的。除了预见到控制中亚对20世纪欧亚霸权争夺的影响意义外，想必这也是中国国际政治和世界史学界对麦氏理论予以特别重视的原因之一。

冷战结束后，独立的中亚地区成为当今世界各大战略力量的中间地带，各种国际政治力量对这里的控制权竞相争夺。当作为世界强国苏联一部分的中亚分离出几个独立的国家主体，并由此脱离原有俄罗斯政治文化制度性控制后，这个历史上一向被世界关注的地缘政治空间对中国的影响也发生了本质的变化。

首先，这一重大变化体现于中国在冷战时期面临的传统安全压力的减轻。从20世纪60年代初，中国与苏联之间出现严重意识形态分歧，两国政治、经济关系结束了短暂的“蜜月期”，并逐渐由政治论战转向经济封锁和外交对抗，进而国家关系全面恶化起来。到60年代末，围绕中苏历史上遗留下来的边境争议问题，双方在当时的双边政治关系背景下中断了持续多年的谈判，而且随着苏联争夺世界霸权步伐的加快和中苏两国关系的全面交恶，该问题构成军事冲突的导火线。1969年发生在中苏边境东段的“珍宝岛事件”和西段的“铁列克提事件”[①]，把国家关系恶化引发的安全危机演绎成现实的战争威胁。尽管中苏两国政府出于理智的形势判断，运用有限的对话途径化解了这场危机，但苏联在远东、蒙古、中亚针对中国边境地区陈兵百万和中国针对苏联进行战争准备的“反修、防修”与“备战、备荒”方针[②]，将中苏关系带入准战争状态。1982年，勃列日涅夫塔什干讲话和中苏边境问题恢复谈判后，苏联方面虽然开始考虑从中国边境地区苏方一带撤军的问题，但中国北部和西北部面临的军事安全威胁并没有得到根本性解决。直到1992年苏联解体，中国北方存在的强大军事集团发生分裂，这才使中国华北和西北原有的军事安全威胁大大减轻。

其次，中国在冷战时面临的传统安全威胁源发生重大变化的同时，中亚地区出现了地缘政治“权力真空”。作为苏联帝国中亚部分的哈萨克斯坦、吉尔吉斯斯坦、塔吉克斯坦、乌兹别克斯坦和土库曼斯坦独立后，并没有按比例继承苏联的军事力量，苏联的法定继承者俄罗斯的制度性控制力基本退出中亚地区。新独立的中亚各国忙于国家政权体制重建、国民经济体系恢复、阻止社会继续分裂，已无暇顾及从沙皇俄国和苏联继承下来的与中国边境纠纷问题。中国在经历了苏联和东欧社会主义集团瓦解的震荡后发现，在自己的西部出现了一个宽阔的缓冲区。这个缓冲区

---

① 新疆军区编辑委员会：《人民军队在新疆》，新疆人民出版社，1987年版，第115页。

② 《毛泽东军事文集》，军事科学出版社、中央文献出版社，1993年版，第六卷，第405页。

将来自欧洲、南亚和西亚的地缘政治影响力稀释、分解，将直接的、集中的作用力转化成相对间接的、分散的影响力。

第三，当作为超级大国组成部分的历史结束后，中亚向中国施放原有的传统安全威胁因素的程度降低，而产生于中亚本土的非传统安全威胁因素的影响疾速上升。如激进民族主义、宗教极端主义、跨界资源争夺、跨国犯罪活动等，这些原本也曾存在于苏联时期中亚地区的地缘政治基因，由于冷战时期处在支配地位的大国争霸、军备竞赛、核战争威胁等传统安全因素的高调存在，对中亚及通过中亚对周边的影响作用几乎可以忽略不计。但冷战结束后的情形就大不一样了，此时这些因素不仅影响着中亚国家的民族国家初建进程，也通过跨界民族文化、相近的宗教派别和边境地区复杂的地理条件等媒介，影响着中国的西部安全与稳定。

第四，当中亚地区成为中国西部外围的一个地缘政治缓冲区时，中亚各国新独立的政权也在以自己的方式努力缓解来自方方面面的影响力。这种独特的方式就是在各大权力中心之间采取多边平衡政策，一方面以不同程度的开放性姿态得到主流国际社会的认可和支持，借助于大国的地缘政治影响力在国内和国际获得政治上的合法性，以及在道义上得到更广泛的支持；另一方面有意引进不同方向和不同性质的地区外影响力，利用它们之间因地区利益差异而产生的矛盾、甚至冲突，在彼此间形成的相互竞争和牵制关系中获得发展机遇。这种错综复杂的外部影响本土化后产生的多元性影响力，也使中国不得不面对这一充满不确定性的地区特征。

第五，当中亚地区从苏联的光环中脱离出来后，中国作为重要周边大国随着综合国力的不断提升，在该地区影响力的权重也在逐渐加大。中亚各国政治精英层彻底放弃了“老大哥”的历史自豪感后，越来越明确了对中国关系的应有定位：一是得到一个举足轻重大国的政治承认，可有力巩固自己在国际国内的地位；二是改变内陆国家发展的困境，继续依赖苏联时建立的经济走廊（主要经俄罗斯及其他独联体国家）已经难以满足现实的发展需求，而中国则是建立一个新型经济走廊和通道的重要方向；三是中亚各国与中国之间在政治、安全、经济领域中存在着的丰富互补性和共同利益，使中亚各国看到了结成互利共赢关系的可能性和现实性。这些认识成为中亚各国与中国发展合作关系的重要前提，而且随着时间的推移，将中国当作影响中亚地区的一支重要量力的看法正逐渐成为中亚各国的普遍共识。这种观念上的变化影响着中亚各国对中国的政策制定，也影响着与中国发展关系的调整。一方面，中国在中亚地区的诸多域外大国影响力中的地位正在提高；另一方面，中亚各国利用安全合作和经济合作中的自身优势，也在提高各自在对华关系发展中的主动权。

中亚各国自 1992 年取得独立后至今已近 1/4 世纪。在这一不算漫长的时期里，因世界总体力量格局的不断调整、周边国际环境的重大变化以及地区内政治、经济、社会因素的快速更新，中亚地区地缘政治的构成要素和细部格局一直在发生着变化，但中亚地区对中国产生的地缘政治影响却基本仍体现在上述几个主要方面。

第二章　中亚地区的地缘特性

中亚定义的地缘政治含义

作为世界近代地理学奠基人的德国著名地理学家亚力山大·冯·洪堡，曾于19世纪初在沙皇俄国政府的特许和资助下在西伯利亚地区考察，这不仅为他完成《中央亚细亚》（Central Asia）一书发挥了至关重要的作用，也为中亚这一地理学概念的冠名和确定这一地理概念的内涵起到了决定性的作用。这一次“双赢”的学术活动对于德国乃至世界地理学界来说，其学术意义是毋庸置疑的，对于沙俄来说也隐含着潜在的地缘政治意义。由于这部著作问世的时间恰逢欧洲列强将海外独立殖民地基本瓜分完毕，而扩张欲望仍然十分强烈的俄罗斯等大国开始将触角伸向彼此势力范围之间的边缘地带。由于缺少出海口和英国、葡萄牙、西班牙等海权强国的封堵，将陆权强国设定为发展方向的德国和俄罗斯对欧亚大陆的中心内陆地区有着同样的兴趣。洪堡在这部书中首次使用的“中亚”这一称谓很快得到俄罗斯学术界和外交界的认同，但接着俄罗斯就按照自己的地缘政治观和国家发展需求提出了质疑和更新。

18世纪的俄罗斯在移植了欧洲工业革命成果后对市场扩张的

需求已经极其强烈，迫于自身的地理条件而采取了不同于欧洲海权国家的殖民路径。地处欧亚之间的特点使俄罗斯将这场殖民活动主要区域选择在亚洲大陆上，这一选择确实以其陆权优势弥补了地理条件上的不足。俄罗斯的一个重要扩张方向就是沿伏尔加河进入里海，在里海东岸选择内陆支点后再向中亚腹地深入挺进。《征服中亚史》的作者捷连季耶夫写道，“彼得（大帝）决定乘机征服中亚各汗国，名副其实的征服。为了控制俄国通向俄国商人尚未涉足的印度和中国这两个富国的唯一通道，他为俄罗斯的进取指出了从里海前进和从额尔齐斯河前进的两条路线”。① 这时，沙皇俄国对外政策和战略的需要与刚刚被德国学者提出的中亚概念所包含的地理区域重合起来。俄罗斯东方学因地缘优势而后来居上，中亚学也在政府和社会需求推动下发展成为其中一个重要分支。当俄罗斯的殖民势力登上里海东岸时，遭到了中亚当地各族人民的强烈抵制。沙俄当局急于由里海登岸再沿阿姆河、锡尔河流域南下的计划遇到挫折，对中亚地区地理形势和风土人情了解不足加大了征服中亚的难度。随即沙俄当局对挺进中亚的方向进行了调整，转向捷连季耶夫提到的两条路线之外的“第三条路线”，即由乌拉尔斯克经奥伦堡进入哈萨克草原沿额尔齐斯河建立一系列军事要塞和殖民据点，并以此为基地向河中地区推进。他们将“吉尔吉斯哈萨克草原”② 选作通向中亚腹地既定目

① ［俄］M. A. 捷连季耶夫：《征服中亚史》，武汉大学外文系译，商务印书馆，1980 年 6 月版，第一卷，第 42 页。

② 沙俄殖民势力最初进入中亚地区时，曾主观地称哈萨克人为“吉尔吉斯人”，称哈萨克草原为“吉尔吉斯草原”。在苏联对中亚进行民族识别前，俄文文献中还经常把哈萨克人称作“吉尔吉斯哈萨克人”，而把真正意义上的吉尔吉斯人称作“喀喇吉尔吉斯人”（即“黑色吉尔吉斯人”）。捷连季耶夫在《征服中亚史》中曾经记载，“叶尼塞河吉尔吉斯人对西伯利亚城镇的骚扰，使得他们的名字变得极为可怕和令人憎恶，以致俄国人不加区别地把其他野蛮的游牧民族也用同一名字来称呼，其实他们在吉尔吉斯人之后，对毗邻西伯利亚的地区造成的危害更大，尽管这些民族是哈萨克族”。参见［俄］M. A. 捷连季耶夫：《征服中亚史》，武汉大学外文系译，商务印书馆，1980 年 6 月版，第一卷，第 19 页。

标区的路径时，传统地缘政治学关于海权和陆权制胜优劣的争论，在中亚地区找到了活体实验场。

已长期经营印度并把南亚次大陆看作势力范围的大英帝国感到了来自北方的巨大威胁，它担心俄国人吞并中亚后顺势进入阿富汗，并真的借此为跳板进一步染指印度。于是，在中亚地区出现了世界海权强国英国与新兴陆权强国俄罗斯的利益对撞。两大帝国利益驱使和强烈殖民冲动刺激着大量探险家、记者、军人、外交官进入中亚地区，他们像影子一样游走于中亚当地的各民族统治者之间，运用策动、离间、拉拢、收买等手段，演绎了一场场暗中角力的闹剧。对这场暗战，一位英国大尉军官亚瑟·康诺利首次提出了"大博弈"（The Great Game）这个概念，他本人虽被布哈拉艾米尔处死，而"大博弈"一词却因英国作家鲁德亚德·吉卜林的小说《Kim》而走红19世纪的欧洲。从此，中亚这个远在当时世界政治和经济中心千里之外的地区，竟被纳入了欧洲政客和商人们关注的视野。布哈拉、希瓦、梅尔夫、撒马尔罕、塔什干等这些原本几乎不被世人了解中亚大小城池，也因为英俄两个大国在这里展开的谋略战而扬名。地区霸权和殖民地争夺的历史证明，势力范围的角逐仅凭幕后阴影里的暗战是不够的。沙俄第一任突厥斯坦总督康斯坦丁·彼得洛维奇·冯·考夫曼（Константин Петрович фон－Кауфман，1818—1882年）曾这样理解俄罗斯与英国在中亚的关系："我们在欧洲的各种事务中，现在遇到的和可能发生的一切困难，都是来自英国方面。……只要我们在中央亚细亚能够及时地壮大我们的势力，我们在巴尔干半岛和小亚细亚就能够取得我们所需要的一切。"① 如此直白的表述，不仅是沙俄当局顶住英国争夺势头并尽快占据中亚全境急迫心态的写照，也是当时世界殖民大国地缘政治博弈的

① ［俄］M. A. 捷连季耶夫：《征服中亚史》，武汉大学外文系译，商务印书馆，1980年6月版，第二卷，第464页。

基本策略思路。当中亚各民族的汗王和艾米尔们一个个臣服于沙俄帝国时，英国人绅士式的忍耐终于到了极限。1838 年和 1878 年，两次英俄战争在中亚地区爆发。但是，昔日的“日不落帝国”终究开始走向衰落，被麦金德看好的俄罗斯陆权优势终于在英国人经营多年的海权体系面前打开了一个地缘突破口。同时，印度各地要求摆脱宗主国而独立的起义此起彼伏，英国人不仅再也没有足够的精力与俄国人在中亚一决雌雄，而且连续两次征战阿富汗失利之后，在印度北面建立的新战线已是强弩之末。而俄罗斯此时也刚刚结束了与土耳其持续长达二百多年的战争，虽然将黑海和小亚细亚方向的势力范围巩固下来，但已经没有底气同英国人再打一场战争了。1885 年，英国最终决定接受俄罗斯的建议，同意以双方现有控制界线为俄国与阿富汗之间的边界。[①] 到 1907 年《英俄条约》签订，英俄在中亚地区的冲突暂告中止，即独立于俄罗斯又幸免于英国殖民征服的阿富汗成了两强地缘政治博弈的缓冲地带。

在 19 世纪的这场中亚大博弈中，沙皇俄国得以走得顺风顺水，除了英国殖民势力遭遇到印度人民空前规模的大起义打击和争取独立的阿富汗拼死抵制外，俄罗斯学者和智库借助于地缘优势对中亚地理和东方民族语言、历史、文化的深入而务实的研究也发挥了重要作用。在这一时期涌现出的众多中亚学家，如比丘林（Бичурин Никита Яковлевич，1777—1853 年）、普尔热瓦尔斯基（Пржевальский Николай Михайлович，1839—1888 年）、谢苗诺夫—天山斯基（Петр Петрович Семснов - Тяншанский，1827—1914 年）、巴尔托里德·瓦西里·弗拉基米洛维奇（Бартольд Василий Владимирович，1869—1930 年）等，他们在各领域对中亚地区的研究大大丰富了沙俄当局与英国谋略和争夺

① 孙壮志：《中亚安全与阿富汗问题》，世界知识出版社，2003 年 11 月版，第 8 页。

的决策依据，也从此将世界中亚学研究的中心由德、法、英等国转入了俄罗斯。俄罗斯中亚学在这一时期形成了自己的独特风格，成为世界中亚学界不得不刮目相看的一支力量。其中，巴尔托里德在洪堡的中亚定义下，依据自己多年研究心得，提出了更加准确的中亚地域含意：以阿姆河和锡尔河流域为中心，西起里海沿岸，东至天山南北麓，南自兴都库什山，北抵阿尔泰山。这一界定，固然增加了将自然地理因素和人类文化因素有机结合的科学原则，同时也是一次对 19 世纪俄罗斯与英国中亚大博弈结果的学术清算——以新的中亚地理概念将中亚地区（主要是以阿姆河、锡尔河流域为中心的欧亚大陆中心地区）囊括在沙皇俄国的版图之内，而把仍在不同程度上受到英国政治、经济影响的阿富汗、巴基斯坦（这时印巴尚未分治）划出了中亚的范畴。将学术研究与国家对外扩张需要结合在一起，恐怕很少有像俄罗斯中亚学这样完美的了。

征服者们留下的政治遗产

1717 年，彼得大帝耗资 25 万卢布，派遣别科维奇·切尔卡斯基公爵带领了 6000 多人的远征军沿伏尔加河进入里海的阿斯特拉罕三角洲，并明确指示他们从这里出发向南征服希瓦汗国。在对中亚地理特性和人文环境缺少基本了解的前提下，征服行动举步维艰，部队全军覆没，连切尔卡斯基公爵本人也阵亡在当地民族的反抗行动中。经历这次重大挫折后，沙俄当局一方面开始加强了对中亚地区基本形势的了解和研究，将一些有成就的中亚学者聘请为外交部顾问，将研究成果直接转化为征服中亚的新策略。另一方面，及时调整了进军中亚的主攻方向，在伏尔加河里海入海口和西伯利亚额尔齐斯河之外，将哈萨克草原选定为征服中亚的第三条路径。这也是当时彼得大帝向手下机要翻译穆尔扎·捷弗克列夫发出那段著名命令的背景，“该吉尔吉斯哈萨克汗国虽为轻举妄动之草原民族，但唯此汗国为通向所有亚洲国家和领地之咽喉及大门”。[①] 而且具体授意，“‘如该汗国不愿作为名副其实的臣民’，那么穆尔扎也应竭尽全力，‘慷慨解囊，只要换取一纸置该国于俄罗斯帝国庇护之下’，即使耗资百万也在所不惜”。[②] 从此，沙俄殖民势力由北向南长驱直入中亚广大地区。19世纪上半期，沙皇俄国开始对哈萨克草原进行全面征服，一方面出动大批军队镇压哈萨克各部的反抗，一方面又诱使小帐、中帐和大帐哈萨克上层首领接受沙俄当局的“保护”。1822年沙俄政府授权西伯利亚总督斯佩兰斯基颁布了《西西伯利亚吉尔吉斯人条例》，宣布废除哈萨克民族原有的社会政治制度，并把哈萨克民族传统的游牧地区划分为若干行政区，所有法律和行政规则均按照俄罗斯的政治制度，而且由沙俄政府派遣官员来执行。随着延续三百多年的哈萨克汗国灭亡，沙俄殖民势力以哈萨克草原为新的前进基地，对中亚腹地各民族汗国乃至中国新疆开始势头更加强大的蚕食。沙皇俄国在此后对中亚地区近一个世纪的强力征服和殖民统治，大大改变了这一地区原有的社会文化生态和各民族族际关系，造成了中亚地缘政治格局的严重失衡。虽然，在沙皇俄国及后来苏联时期，这些失衡的因素受到强势的俄罗斯集权政治中心长期抑制，但来自这种失衡的能量积累却一直没有中止过，并为20世纪90年代的总爆发做着潜在的量变准备。

沙皇俄国对中亚地区原有政治生态的人为改变主要体现在以下三个方面：

---

① ［俄］M. A. 捷连季耶夫：《征服中亚史》，武汉大学外文系译，商务印书馆，1980年6月版，第一卷，第42页。

② ［俄］M. A. 捷连季耶夫：《征服中亚史》，武汉大学外文系译，商务印书馆，1980年6月版，第一卷，第56页。

一是侵占了原属于中国的大片领土，使中亚地区与中国之间的地缘政治关系发展了根本性改变。1755 年，中国清王朝平定了卫拉特蒙古准噶尔部的叛乱，统一了天山北麓。小帐哈萨克努拉里汗看到部分哈萨克人为了躲避已经进入哈萨克草原的俄罗斯殖民势力杀戮，向中国边境地区迁徙，于是效仿中帐哈萨克阿布赉汗的做法，向中国清朝政府派出使团，并请求乾隆皇帝的接见。这一举动不仅遭到沙俄殖民当局的百般阻挠，而且还对迁往中国的小帐哈萨克人采用军事干涉手段，企图以高压政策阻止中亚哈萨克人与中国建立任何联系。1763 年 1 月，沙俄政府向奥伦堡当局下令，可以向即将越界进入中国的小帐哈萨克人直接开火。同时，还鼓动和授权在沙俄政府控制下的卡尔梅克人和巴什基尔人，在类似的情形下也可以对小帐哈萨克人采取同样的军事行动。[①] 但中帐哈萨克阿尔根、乃蛮等部数千帐牧民不顾沙俄当局和哈萨克苏丹的阻拦，仍然源源不断迁往中国境内伊犁地区。最初，清朝政府担心引起外交纠纷，采取加强边防巡查和婉言劝阻的方式，试图避免更多的哈萨克人进入清朝的新疆境内。但是随着迁徙的哈萨克牧民人数持续增加，即使清政府采取了巡边驱逐和罚没牲畜的措施，仍然挡不住规模越来越大的移民潮。1766 年，清朝政府应已经进入中国境内游牧的哈萨克各部长老请求，开始接受已经进入中国境内的哈萨克人入籍，并安置他们在巴尔喀什湖以东以南地区游牧。1822 年《西西伯利亚吉尔吉斯人条例》颁布后，沙俄迅速占据了哈萨克草原大部，并近逼清朝西部边疆。1860 年，沙俄政府趁火打劫，利用英、法对华发动第二次鸦片战争之机，迫使清政府签署《中俄北京条约》。1864 年又签署《中俄勘分西北界约记》，将巴尔喀什湖以东以南广大地区划归俄方。而且根据条约中“人随地归”的条款，在这些土地上游

① 马大正、冯锡时：《中亚五国史纲》，新疆人民出版社，2005 年 8 月版，第 70 页。

牧和生活的各部哈萨克及其他民族人口都纳入了沙皇俄国的统治之下。[①] 从此，沙皇俄国统治下的中亚地区与中国的关系发生了历史性逆转，中国靠建立朝贡体系和运用羁縻外交经营西域的历史结束，并开始了不断受到来自俄罗斯的对西部边疆蚕食、吞并、颠覆、策反等安全威胁的历史。更重要的是，沙俄强力征服中亚地区带来的地缘政治重大变化，使与近代和现代中国构成双边关系的主体，由与中国历代中央政府打交道的中亚各民族地方政权转变为代表着强势俄罗斯政治文化的沙皇俄国、苏维埃俄国和苏联。

二是俄罗斯与英国殖民势力经过争夺后将阿富汗划为缓冲区，人为使中亚地区南部的地理区划和民族分布碎片化、复杂化。1884 年，沙皇俄国占领了阿什哈巴德（今土库曼斯坦的首都），这标志着从 18 世纪下半叶开始对中亚地区的吞并接近了尾声。而对于已经长期经营南亚次大陆的英国殖民者而言，阿富汗是从中亚地区通往印度的必经之地。俄罗斯在中亚地区的兼并和殖民活动是英国殖民当局十分担心的威胁，而从地缘战略角度考虑，若能控制住阿富汗则尚有可能挡住沙俄继续南进的势头。当然，已经控制中亚各民族的沙俄当局也在想方设法向阿富汗渗透，最终采取了与波斯结盟制约阿富汗的措施。来自北方的俄罗斯帝国（以中亚已占领地区为基地）和来自南方的大英帝国（以英属印度为基地）的两强势力针锋相对地在阿富汗相遇。这时两强的对接体现出势均力敌的态势：一方面的确没有底气将对方打压出争夺范围之外；另一方又担心自己力量虚弱时被排斥出局。于是，英俄双方经过讨价还价的谈判，在阿富汗达成妥协。1885 年 9 月，英俄双方签订《伦敦议定书》，在牺牲阿富汗民族国家利益的基础上达成了划分两大帝国在中亚、南亚势力范围的基本

① 孙壮志：《中亚安全与阿富汗问题》，世界知识出版社，2003 年 11 月版，第 8 页。

原则。1887 年俄国与阿富汗签订条约，确定俄罗斯和阿富汗的边界。其中最重要的是划定了沙俄在中亚“突厥斯坦总督区”与阿富汗西北部的分界线——“李奇微线”。1893 年又开始划分阿富汗与俄罗斯在帕米尔的分界，直至 1895 年双方签署协定，以“杜兰线”把瓦汗地区作为缓冲地带划给阿富汗，借此将俄罗斯的版图（今塔吉克斯坦）与英属印度（今巴基斯坦北部）隔离开。两个大国不顾当事国民族人口分布、宗教文化传统、国家独立主权，主观地根据自身安全需要和大国利益平衡，人为干预一个或若干民族发展和民族国家形成路径，不仅给后来相关民族国家的发展进程带来了极大的麻烦甚至灾难，而且也埋下了引发地缘政治危机的隐患。到第二次世界大战结束后，英属印度境内因伊斯兰教徒和印度教徒间的矛盾冲突加剧，1947 年实行印巴分治。恰恰因为当年划定的“杜兰线”，使得作为阿富汗主体民族的普什图族人口被分割两地，而且留存在巴基斯坦的普什图人反而比在阿富汗境内的还要多。这就造成了这样一个现实：阿富汗的普什图族人口只占全国人口总数的 42%，而中亚主要民族之一塔吉克族人口在阿富汗占到 27%（在阿富汗的塔吉克族人口比在塔吉克斯坦还要多），另一个中亚大民族乌兹别克族人口在阿富汗与哈扎拉族人口共居第三位，占到 9%，土库曼人也占了阿富汗人口总数的 3%。由于复杂的民族关系从古代、近代延续至今，加之中亚各国跨界民族因素的存在，阿富汗在社会文化和经济生活上与中亚无法分开。而恰恰因为阿富汗从 19 世纪末开始成为了沙皇俄国与大英帝国之间的缓冲区，阿富汗在地区发展和国际社会中，一方面成为既缺少发展通道又缺少国际社会关注的边缘地带；另一方面又成为大国和国家集团相互争夺的中间地带。这种悲剧性的命运从 19 世纪末开始由英、俄两个大国强加给了阿富汗，从此不仅阿富汗各民族的生存和发展一直伴随着战争、动荡和犯罪，而且阿富汗长期成为对中亚、南亚地区乃至整个欧亚地区安全与稳定产生负面影响的“病灶”。

三是沙俄征服中亚地区时采取了一系列殖民性民族政策，在中亚各民族间播洒下了各种恶化民族关系的因素。在中亚地区的近现代历史上一旦出现某种政治和经济危机，首先发作的是民族间的冲突。沙俄政府吞并中亚地区所执行的民族政策中最突出的，是调遣俄罗斯中部和南部的哥萨克人组成的军队和民间武装，对中亚各民族实施最直白的驱赶、杀戮和征服。在俄罗斯人自己记述的这段历史中，曾有大量的资料平淡地记述着这个触目惊心的过程。沙俄“奥伦堡当局于1797年和1798年各派了一支强大的乌拉尔哥萨克部队去草原，他们夺得了吉尔吉斯人（其实是哈萨克人，下同）的几千匹马。哥萨克人逐步侵占土地，最后强占了伊列茨克的盐场，因而引起了严重的纠纷”。“从这时起，吉尔吉斯人开始向别处游牧，因为他们受哥萨克人排挤，最后只得让步退向草原深处”。[①] 1822年沙俄政府颁布的《西西伯利亚吉尔吉斯人条例》和1824年颁布的《奥伦堡哈萨克人条例》中，都规定了在哈萨克各苏丹统辖的区域必须驻扎一支100—200人的哥萨克小队。而在中亚每个州的治所或省会，也要有哥萨克小队组成的内卫部队驻扎。[②] 另一位在19世纪90年代到过塔什干的俄罗斯人马尔科夫对当时的中亚农村做过这样的描述，“让亚洲人在俄国人的面前颤抖并不是轻易就办到的，是付出了代价的。当地人稍有一点进犯俄罗斯人的企图都必须施加残酷无情的血腥镇压。只有这样，然后才能在这一地区建立起现在这样的平安局面。往往由于在某处发现一个被打死的俄罗斯人的尸体，邻近的整批村庄就被夷为平地”。[③]

---

① ［俄］M. A. 捷连季耶夫：《征服中亚史》，武汉大学外文系译，商务印书馆，1980年6月版，第一卷，第90页。

② 孟楠：《俄国统治中亚政策研究》，新疆大学出版社，2000年7月版，第137页。

③ ［俄］波克罗夫斯基：《中亚细亚》，郑绍钦译，载于新疆社会科学院民族研究所《苏联历史论文集》，第21页。

另外，沙俄政府在强大的军事征服的前提下，持续多年向中亚地区有组织、有计划地移民，将大批俄罗斯、乌克兰等民族人口迁入中亚地区。1861 年，沙皇亚历山大二世下诏，颁布“农民法令”，废除农奴制。大批俄罗斯农奴获得人身自由的同时，还有权分得一块份地。而这时，俄罗斯中部土地兼并早已结束。于是沙俄政府下令，中亚地区“游牧民所拥有的一切土地（其中包括树林），均被视为国有土地”。[①] 在用法律剥夺中亚民族土地和以武力驱赶中亚各族离开游牧地的同时，沙俄政府开始了向中亚地区的大批移民。据不完全统计，从 1871 年到 1896 年的 26 年中，沙俄政府向边区移民 381.54 万人，其中向中亚地区移民 32.78 万人。而从 1897 年到 1916 年的 20 年中，向边区移民 522.76 万人，其中向中亚地区移民 130.14 万人。

1871—1916 年迁入中亚部分地区的俄国移民人数　　（单位：万）

地　区	1871—1896 年	1897—1916 年	合　计
阿克莫林斯克省	11.91	73.15	85.06
塞米巴拉金斯克省	0.34	13.01	13.35
七河省	8.87	11.85	20.72
图尔盖省	2.61	19.09	22.51
乌拉尔省	5.13	8.2	13.33
锡尔河省	3.92	4.03	7.95
合计	32.78	130.14	162.92

沙俄在中亚进行移民的直接目标，一是巩固靠军事手段建立起来的要塞线，二是向大片所谓“无主荒地”转移俄罗斯人口，三是有计划地造成局部上占优势的“斯拉夫民族文化区”。近半

① 孟楠：《俄国统治中亚政策研究》，新疆大学出版社，2000 年 7 月版，第 152 页。

个世纪的大规模移民带来的直接后果就是中亚地区民族人口比例的单向急剧变化。这种明显的变化首先突出体现在中亚北部地区。1870 年，中亚北部 6 个省哈萨克族人口占 72. 86%，俄罗斯族人口占 24. 86%；到 1897 年时，哈萨克族人口占 62. 61%，俄罗斯族人口上升至 33. 05%；到“十月革命”前夕，哈萨克族人口的比重降至 43. 27%，而俄罗斯和乌克兰人口升至 56. 71%。[①]

在军事征服和大批移民的同时，沙俄中亚殖民当局还利用中亚各民族间的矛盾，采取挑拨离间和分而治之的策略，最大限度地弱化中亚各民族联合反抗能力，以保障在中亚地区的殖民统治顺利建立。当沙俄经过了阿斯特拉罕由里海东岸和西伯利亚额尔齐斯河两次失败的进军后，在刚刚选定了突入哈萨克草原的第三条路径后，沙俄外事委员会曾指示“著名的远征队”指挥官基里洛夫要注意巴什基尔人与吉尔吉斯人（其实为哈萨克人，下同）之间的矛盾，并可以考虑“借巴什基尔人之手大大削弱吉尔吉斯人，驱使他们远离防线。借吉尔吉斯人之手彻底制服巴什基尔人，使他们从此以后寂然无声，默默无闻”。[②] 即使针对中亚地区的同一个民族，沙俄殖民当局也是采取类似的离间和分化策略。例如将一个大汗王分成若干个小汗王，从其中选择一个比较愿意效忠俄罗斯沙皇的给予明显的亲近和扶持，并支持这个汗王去影响甚至征服其他汗王。[③] 例如，沙俄殖民势力在中亚地区对待三帐哈萨克中的小帐哈萨克，对待撒马尔罕地区的乌兹别克人，对待胡占德（Худжанд，中文又译为苦詹、忽毡、霍占德等，今塔吉克斯坦北部锡尔河畔重要城市，苏联时称列宁纳巴德）地区的塔吉克人，对待楚河地区的吉尔吉斯人，都采用了不同于对这一

---

① 孟楠：《俄国统治中亚政策研究》，新疆大学出版社，2000 年 7 月版，第 155 页。

② ［俄］M. A. 捷连季耶夫：《征服中亚史》，武汉大学外文系译，商务印书馆，1980 年 6 月版，第一卷，第 60 页。

③ ［俄］M. A. 捷连季耶夫：《征服中亚史》，武汉大学外文系译，商务印书馆，1980 年 6 月版，第一卷，第 58 页。

民族多数聚居地区的拉拢政策。沙俄殖民当局在中亚推行这一政策的直接后果，是使这一民族在社会政治、经济和文化发展上出现了明显的不均衡。而这一政策的长期后果，则是中亚各主要民族的政治、经济、文化精英大多集中出现在一两个地区。沙俄殖民政策与中亚地区各民族社会的部族政治文化相结合，造成的直接社会影响是使中亚各民族间及每一民族内的差异扩大。当各种社会矛盾不断积累并表现为突出的民族色彩时，在偶发事件中长期积压的不满就会将矛头直接指向沙俄殖民当局。1916 年，沙俄政府为参加第一次世界大战，在中亚地区疯狂征集物资和兵员，引起了中亚各民族大起义，从胡占德几十个农民和平示威开始，两个月内就蔓延到中亚地区塔吉克、乌兹别克、土库曼、吉尔吉斯、哈萨克、卡拉卡尔帕克等几乎所有民族聚居区，就是这种民族矛盾长期积累后的一次总爆发。沙俄征服中亚地区时采取的民族政策不仅为罗曼诺夫王朝的灭亡埋下了伏笔，也对苏俄和苏联时期的内政、外交产生着特殊的影响，这一独特的历史影响甚至一直持续到苏联解体后。

沙皇俄国对中亚地区的征服持续了近两个世纪，遗留下来的地缘政治影响是深刻而复杂的。当年在中亚地区产生这一系列影响的主体是带有强烈俄罗斯民族印迹的政治文化。当苏联成为世界上能与美国抗衡的超级大国时，包括中亚地区在内的沙皇俄国留下的政治遗产曾是构建苏联帝国的重要地缘政治基石。而到 20 世纪 90 年代初苏联解体时，俄罗斯政治文化的影响力制度性地退出了中亚社会舞台。这就为这笔政治遗产骤然贬值的趋势规定了两个表现方式：一是因为有能力的行为主体不复存在而使地区内原有的、并已逐渐显现的民族、宗教等活跃因素失去控制；二是同样由于这个行为主体的消失，原超级大国构建的地区国际环境已无法维持。从对内和对外这两个层面看，沙俄征服和统治中亚时期留下的政治遗产，对于中亚地缘政治格局走向成熟和各民族国家构建进程的起步，负面作用大于正面影响。

汗国、艾米尔、伯克的存亡及其地缘政治意义

18世纪初至19世纪中叶，中亚阿姆河和锡尔河流域的绿洲地区分别属于浩罕、希瓦、布哈拉三个汗国。[①] 这三个政权管辖的领地包含了今天的乌兹别克斯坦、哈萨克斯坦、吉尔吉斯斯坦、塔吉克斯坦和土库曼斯坦国内自然条件相对优越、物产最丰富、人口最密集的地区，治下的人口在当时达到300多万。兰州大学杨恕教授曾作过这样的观察：从阿什哈巴德划一条西南—东北方向的直线到阿拉木图，不仅塔什干、比什凯克都坐落在这条直线上，而且它还成为将东伊朗至西天山绿洲带串连起来的轴线。这个区域仅占中亚地区面积的16%，但却集中了全中亚近70%的人口。[②] 浩罕、希瓦、布哈拉三个汗国的统治者享用着这个绿洲带上最富庶的地段，拥有着已建成发达灌溉系统的绿洲农业群。按照苏联时期在中亚进行民族识别后的划分，在这些绿洲上聚居着包括乌兹别克人、塔吉克人、土库曼人、哈萨克人和卡拉卡尔帕克人（今乌兹别克斯坦西部有卡拉卡尔帕克斯坦自治共和国，濒临咸海，首都努库斯，人口近130万，有民俗学家认为卡拉卡尔帕克人应为哈萨克民族的一个分支）等各民族。在这三个中亚汗国中，布哈拉汗国最强大，拥有近200万人口，浩罕汗国的人口达100万，希瓦汗国为30万。从中世纪开始，来自俄罗斯的商人就经伏尔加河、里海进入三汗国地区开展贸易活动。俄

① 浩罕和希瓦的统治者称汗王，布哈拉称艾米尔。此处仅为表述方便而并称三汗国，实有差别，特作说明，以下文中类似表述亦同于此。

② 杨恕：《转型的中亚与中国》，北京大学出版社，2006年6月版，第44—46页。

国在16世纪后半叶征服了喀山汗国（1552年）和阿斯特拉罕汗国（1554年）后，莫斯科和彼得堡的商业、知识精英层对中亚三汗国的关注度不断提高。在17世纪内，沙俄政府曾经向布哈拉和希瓦派出了9个外交使团进行访问。这种出使在彼得大帝时期已成为直接服务于军事征服的“科学考察”。1714年，彼得大帝派遣了一支6000人的武装“科学考察队”前往希瓦，目的是摸清阿姆河流域地形，探明通往中国新疆叶尔羌的“黄金之路”，并说服希瓦汗国的统治者承认沙皇对其宗主权。但由于对中亚腹地的风土人情和地理情报掌握不足，这支远征“考察队”三年后在希瓦汗国境内全军覆没。19世纪30年代末，英国人进入阿富汗，并用两年的时间占领了喀布尔，使俄罗斯在控制中亚三汗国方面的危机感和紧迫感大大加剧。1839年沙俄奥伦堡总督彼罗夫斯基亲率5000人的远征军，由政府拨款170万卢布和12万金币，再次进军希瓦。①

1861年，俄国开始了废除农奴制的改革，商业资本和工业资本在俄罗斯社会快速膨胀，向包括中亚地区在内的周边广大空间扩大市场的需求也空前高涨。1864年，沙俄军队攻占了属于浩罕汗国的突厥斯坦（今哈萨克斯坦南部，历史上被操突厥语穆斯林奉为“圣城”）和奇姆肯特（哈萨克斯坦南部交通与商业枢纽）。这使俄罗斯在中亚地区的扩张欲望远远不能满足于北部草原地区，沙俄依托军事控制线继续向南推移，在中亚的实际控制区向阿姆河和锡尔河流域延伸。首先，沙俄殖民当局将西伯利亚堡垒线与锡尔河堡垒线实现了对接，沙俄在中亚已经获得的领土在锡尔河—纳伦河以北广大地区明显形成了一个完整的地缘空间。这时，沙俄在中亚急需从政治上整合已完成的扩张成果。1865年2月，沙俄政府成立了突厥斯坦省，隶属于奥伦堡总督。同年，俄

① 马大正、冯锡时：《中亚五国史纲》，新疆人民出版社，2000年2月版，第130页。

罗斯军队又攻占了塔什干，鉴于这里丰富的物产和处于哈萨克草原与锡尔河流域交通孔道上的优势，沙俄中亚当局随即将突厥斯坦省的省会迁至塔什干。这样，沙俄向中亚腹地推进的殖民扩张行动已将前沿指挥中心和未来的管理枢纽深入到河中地区的锡尔河流域一线。由浩罕汗国统治的费尔干纳盆地就位于近在咫尺的左翼，控制着阿姆河中游大片灌溉农业区的布哈拉汗国也已在唾手可得的右前方，而似乎还偏安于阿姆河下游的希瓦汗国已经处在与塔什干平行一线的右翼。从沙俄政府彻底征服中亚的视角看，无论从先于英国一步占据战略制高点的思路考虑，还是出于在中亚构建完整地缘政治版图的长远打算，吞并中亚三汗国已志在必得。

布哈拉汗国

在布哈拉汗国的实力还算强大的时期，汗国尚有足够的凝聚力将布哈拉城周边的农业区组织起来共同抵御游牧哈萨克人的袭扰，并建立起发达的农业灌溉体系。[①] 巴尔托里德认为，从17世纪后半叶开始，汗王的权势开始逐渐衰落，布哈拉的行政权和宗教权已经落入月即别人（乌兹别克人）手中。布哈拉政权虽然掌管着周边的大片领地，但在这些土地上耕种和收税的主要是月即别人和塔吉克人。19世纪后，曼格特王朝统治布哈拉，改称艾米尔后，逐渐使自己的势力强大起来。1839年，布哈拉汗国曾派出大军占领费尔干纳盆地，一度将浩罕汗国变成自己的藩属国。1843年布哈拉汗国又向受波斯统治的希瓦汗国发动战争，将4万多名波斯俘虏充没为布哈拉汗国的奴隶。俄罗斯占据了塔什干后，首任突厥斯坦省省长切尔尼亚耶夫（Черняев）少将首先将

① ［苏］威廉·巴尔托里德：《中亚突厥史十二讲》，罗致平译，中国社会科学出版社，1984年8月版，第248、249页。

布哈拉汗国选定为下一个征服目标。1866 年，切尔尼亚耶夫率军队南渡锡尔河进攻通往布哈拉的咽喉吉扎克（Джизак，中文又译为治札克，今乌兹别克斯坦境内，塔什干西南，是向西通往撒马尔罕、向西南通往布哈拉的必经之路）。同年，新任突厥斯坦省省长的罗曼诺夫斯基（Романовский）率军再次进攻吉扎克，布哈拉守军大败，穆扎法尔丁艾米尔逃亡。攻下吉扎克后，俄罗斯军队又顺势占领了胡占德。1867 年，沙俄政府在塔什干成立突厥斯坦总督府，考夫曼被任命为首任总督。次年，考夫曼迫使撒马尔罕效忠于布哈拉艾米尔的伯克投降。大势所趋之下，逃亡中的穆扎法尔丁艾米尔与考夫曼签署了俄国与布哈拉的“商业条约”。这个“条约”中包含着“俄国船只可以在阿姆河上自由航行”、“俄国人有权在阿姆河沿岸各地修建码头和货栈”、“布哈拉艾米尔任命使者常驻塔什干，俄国派一名代表常驻于布哈拉艾米尔宫内”等重要内容。① 实际上，布哈拉由此沦为沙俄的保护国。

希瓦汗国

希瓦汗国是 16 世纪由花剌子模人在阿姆河下游至阿姆河三角洲地区建立的城邦国家政权，先后被蒙古帝国、帖木儿帝国和波斯帝国征服。后曾被布哈拉汗国占领，1740 年又被伊朗纳迪尔沙征服。19 世纪初虽在穆罕默德·拉希姆汗时重获独立，但连年的战乱很快又使希瓦汗国陷入困境。1869 年，来自高加索地区的沙俄军队在里海东岸建立了克拉斯诺沃茨克（Красноводск，今土库曼斯坦的土库曼巴什）要塞。这样，独立的希瓦汗国就处在俄国殖民势力由西面的克拉斯诺沃茨克、北面的奥伦堡总督区、东

① 马大正、冯锡时：《中亚五国史纲》，新疆人民出版社，2000 年 2 月版，第 132 页。

面突厥斯坦总督区三面合围挤压之下。1873 年，俄罗斯军队分三路进攻希瓦汗国。重压之下，穆罕默德·拉希姆汗被迫与考夫曼总督签署了《俄罗斯希瓦和约》。条约中规定，希瓦汗从此臣服于沙俄帝国，并宣布放弃一切与邻国的外交权力；希瓦汗国与俄罗斯之间的边界是阿姆河，原属于希瓦汗国的阿姆河北岸领土和居民转归俄国统治；俄国人在希瓦汗国拥有治外法权；俄罗斯船只可以在阿姆河上自由航行，并有权在沿岸（包括南岸）修建码头、货栈、商行和农场；未经沙俄政府允许，希瓦汗国不得对俄罗斯以外的外国人开放。从这些条款来看，其实希瓦汗国已经名存实亡。

浩罕汗国

在蒙古汗国统治中亚时期，大批突厥化的察合台人进入费尔干纳盆地，原先在这里生活的塔吉克人被迫迁往山区。18 世纪初，乌兹别克人首领沙赫鲁赫率领部众摆脱了布哈拉汗国的统治，建立了独立的浩罕国家。1760 年，浩罕汗国的统治者额尔德尼曾归附中国。后来，他的继承人纳尔布塔继续对中国称臣。恰恰由于浩罕汗国与中国清朝政府及新疆南部塔里木盆地绿洲地区的特殊关系，19 世纪发生在南疆的和卓后裔张格尔叛乱①和阿古柏伯克的入侵，这两起事件的发生都与浩罕汗国或明或暗的支持

① 张格尔，新疆回部大和卓波罗尼都之孙。乾隆平定南疆大小和卓之乱后，波罗尼都之子萨木萨克逃往浩罕定居，其二子张格尔图谋返疆恢复和卓统治。1820—1828 年，在浩罕迈买底里汗怂恿下，张格尔 3 次潜入南疆作乱，曾攻陷喀什噶尔、英吉沙尔、叶尔羌、和田等地，自称苏丹。清政府调集吉林、黑龙江、陕西、甘肃、四川清军 3 万余人，会师于阿克苏，组织全面进攻，相继收复喀什噶尔等城，叛乱平定，擒获张格尔，后解至北京处死。

与怂恿有关。[①] 19 世纪 70 年代中期，在布哈拉和希瓦汗国相继被沙俄军队攻占时，浩罕汗国暂时得到喘息机会。但浩罕汗王胡达雅尔害怕重蹈布哈拉和希瓦汗的覆辙，竟然选择了主动投靠沙俄殖民者的道路，甘心充当俄国在中亚的附庸。为了取悦沙俄殖民当局，胡达雅尔汗在自己的汗国内横征暴敛，向农民和商人征收名目繁多的赋税，并以货币形式向沙俄中亚当局纳贡，最终引起汗国所属各部的不满。1875 年，浩罕汗国统辖的各部举行反俄起义，推举胡达雅尔汗的儿子纳斯尔丁为汗。俄罗斯军队借机镇压了浩罕汗国的起义，第二年占领了安集延，软禁了纳斯尔丁，浩罕汗国从此灭亡。1876 年，沙俄政府宣布成立费尔干纳省。浩罕汗国历史的终结与阿古柏入侵中国南疆所建“哲德沙尔”的覆灭几乎同时，这标志着浩罕作为一个独立政权与周边国家政权（其中包括中国清朝政府）发展关系的历史结束。[②] 但俄罗斯作为更强势的继承者，在开始统治这个地区的同时，也充分地利用着这笔历史遗产，使其在后来经营的中亚对外关系中发挥着特殊的作用。

沙俄中亚殖民势力兼并布哈拉、希瓦、浩罕三汗国，标志着基本完成对中亚主要地区的征服。尽管布哈拉汗国、希瓦汗国苟延残喘至“十月革命”后，但中亚三汗国从 19 世纪六七十年代起实际上已经成为沙俄统治下的中亚殖民区。由于中亚三汗国分别处于锡尔河和阿姆河流域绿洲农业核心区，占据这些重要地区使沙俄在中亚扩张版图发生了重大的变化。这一阶段性地缘成果

---

① 阿古柏，原籍属今乌兹别克斯坦塔什干，后在浩罕担任一名小官吏。1865—1878 年，在英、俄殖民势力的幕后支持下，挟持南疆大和卓波罗尼都曾孙布素鲁克侵入中国新疆，曾先后攻占喀什噶尔、阿克苏、叶尔羌（今莎车）、库车等地。1867 年建立侵略政权“哲德沙尔”（意为“七城之国”）。1870 年，英国、俄国资助阿古柏军队 1 万支步枪和多门大炮，阿古柏遂与英、俄签署《英国与喀什噶尔条约》、《俄国与喀什噶尔条约》，并率部翻越天山，攻占吐鲁番、乌鲁木齐等东疆、北疆城镇。1875 年，清朝政府派军在各族人民支援下于 1876 年收复北疆，1877 年进入南疆。阿古柏于库尔勒服毒自杀。

② 潘志平：《浩罕国与西域政治》，新疆人民出版社，2006 年 5 月版，第 126 页。

对于俄罗斯而言：一是能通过掌握中亚最富庶地区控制整个地区的经济命脉，为沙俄帝国积累更多财富；二是拥有了三汗国便确立了继续向中亚其他各游牧区和山区推进的主动权，使其在与英国的地缘战略博弈中占据优势；三是使沙俄在中亚地区拓展的殖民版图更趋于完整，为其在中亚地区建立正式统治奠定行政地理基础。沙俄殖民势力最终兼并中亚三汗国，是俄罗斯征服中亚历史的重要里程碑，这一组具有历史意义的行动产生的持续地缘政治影响不仅作用于中亚社会本身，还在于引起周边更广泛地域的变化。这些意义在19世纪末到20世纪20年代发生在中亚地区的一系列重大事件中体现了出来，如沙俄政府在中亚地区的继续扩张和统治深化、以中亚汗国社会力量向中国和阿富汗渗透、拥戴苏维埃推翻布哈拉艾米尔和“巴斯马奇运动”① 受到民众支持等。直到苏联解体后，影响中亚地区稳定的一些重大事件也大多发生在这些地区，其中历史的延续性是不能不重视的线索之一。

中亚行政区划沿革中的地缘政治考量

从18世纪初俄罗斯殖民势力进入哈萨克草原开始，到20世纪初“十月革命”爆发后苏维埃政权在中亚地区确立，近两个世纪的时间内，沙俄政府对中亚地区逐步占领的广大领土和各民族社区实行基本相同于俄罗斯在其他新开辟边疆区的管理。沙俄政

---

① “巴斯马奇运动”又称为“巴斯玛奇起义”（俄文：Басмачество，Basmachestvo，英语：Basmachi Movement），是发生于沙皇俄国统治末期的中亚突厥语族穆斯林的反对俄罗斯政治、文化的社会运动。这起运动在第一次世界大战期间于1916年开始，到俄罗斯共产党（布尔什维克）在中亚地区（突厥斯坦）建立苏维埃政权时，演变成为反苏维埃内战，直到1920年代晚期才渐渐平息。中亚各国独立后，究竟应该怎样评价巴斯马奇运动出现分歧，哈萨克斯坦等国学者认为它属于反对沙俄沙文主义兼并和俄罗斯共产党在中亚地区发动苏维埃革命的“民族主义正义反抗”。

府在中亚地区的行政管理体系构建体现出了这样几个总体趋势：一是逐渐由军事管理向经济管理过渡；二是由邻近的俄罗斯地区及早期扩张的边区向中亚腹地深入；三是与沙皇政府及俄罗斯中心发达地区联系逐步加强和中亚殖民当局自主权不断扩大的双向趋势。在行政区划上，可分成三个递进的发展阶段：第一个阶段是在西哈萨克草原的军事管理时期（1744—1881 年）；第二个阶段是在东哈萨克草原设立总督区时期（1822—1866 年）；第三个阶段是建立突厥斯坦总督区时期（1867—1917 年）。

在第一个阶段，沙俄在中亚的管理机构的设置是直接与军事征服相结合的。1730 年，小帐哈萨克阿不勒海尔汗向彼得堡派出代表和使臣，表示愿意臣服俄罗斯沙皇。对此，沙俄政府马上积极回应，全力保持和扩展这一在中亚地区取得的重要地缘政治成果。俄国参政院五等文官伊万·基芮洛维奇·基芮洛夫提出的方案获得安娜女皇批准，并直接任命他为“著名远征队”的队长。这支远征队的编制极其复杂，除了步兵、炮兵、译员外，还有工程师、生物学家、历史学家和画家。他们的任务包括修建要塞、会见哈萨克各部长老、观察地形和绘制地图、划定哈萨克人与俄罗斯在乌拉尔河畔的边界、勘察各种矿藏（尤其是金矿或是产金沙的河流）和植物、观察和监视巴什基尔人、哈萨克人、准噶尔人的活动及其之间关系等。① 从远征队所担负的任务看，其职能已远远超出了一支普通军队所能发挥的作用。1735 年，奥伦堡要塞建成后，这支远征队正式更名为“奥伦堡远征军”。1744 年，沙俄成立了奥伦堡省，这标志着俄罗斯政府在哈萨克草原正式建立直接管理中亚各民族的行政机构。奥伦堡省建立后的主要任务仍然是以军事殖民方式推动在哈萨克草原的扩张，具体活动是修建了 4 条要塞线：乌拉尔河要塞线、奥伦堡要塞线、伊施姆河要

① 孟楠：《俄国统治中亚政策研究》，新疆大学出版社，2000 年 7 月版，第 65 页

塞线、额尔齐斯河要塞线。这些由坚固的城堡和集中的俄罗斯移民点组成的堡垒线以军事征服为依托，搭建起沙俄在中亚地区早期行政管理的框架，在后来征服整个中亚地区以及完成征服后的长期统治中均发挥了独特的作用。[①] 奥伦堡省建立后，沙俄政府借助于强大军事实力的支持，开始在西哈萨克草原干预小帐哈萨克汗位的更迭，以确保俄罗斯宗主国地位。1748 年，已经表示臣服沙皇的阿不勒海尔汗去世，时任奥伦堡省长涅普留耶夫立即派出官员前往小帐哈萨克控制汗位，并按照沙俄政府意图进行传承。由此形成了定制，每当新汗王继位时都有沙俄政府官员前往，宣读俄罗斯沙皇册封哈萨克汗王的敕令。1780 年，沙俄政府撤消了奥伦堡省，小帐哈萨克划归西伯利亚和乌法总督管辖（1796 年又恢复了奥伦堡省）。1785 年，俄罗斯西伯利亚和乌法总督将小帐哈萨克分成了三部，每一部设一汗王，汗王实际上已被架空。

1822 年，沙俄政府颁布《西西伯利亚吉尔吉斯人条例》，[②] 正式废除了哈萨克民族的汗王体制，对草原各部哈萨克按照俄罗斯中心地区的行政办法管理。小帐哈萨克由奥伦堡省督军管辖，中帐哈萨克由西伯利亚总督管辖。1824 年，俄国政府又颁布了《奥伦堡哈萨克人条例》。按照这组条例，小帐哈萨克最后一任汗王被废黜，并调到奥伦堡边防委员会任委员。原小帐哈萨克部众分成 3 部，6 个督察区（古里耶夫区、乌拉尔斯克区、奥伦堡区、奥尔斯克区、特洛伊茨克区、米哈伊洛夫斯克区），由沙俄政府外交部亚洲委员会委托奥伦堡总督管理。《西西伯利亚吉尔吉斯人条例》还在中帐哈萨克和部分大帐哈萨克聚居地划分了若干

---

① 吴筑星：“沙俄侵略中亚的要塞线”，《中亚学刊》第二辑，中华书局，1987 年版。

② 19 世纪初，进入哈萨克草原的沙俄殖民者并未分清哈萨克族与吉尔吉斯族之间的区别，将他们统称为“吉尔吉斯斯坦人”，只是将吉尔吉斯人称为“喀喇吉尔吉斯人”以示区分。

乡，每个乡下辖 10—15 个阿乌勒，[①] 每个阿乌勒下辖 50—70 帐。这种做法既体现了沙俄政府急于在中亚哈萨克草原迅速推广俄罗斯中心地区的省、州及边疆区的总督制，又兼顾到哈萨克、吉尔吉斯等游牧民族传统社会结构的特点，客观上对中亚地区社会发展有一定积极作用。1851 年，沙俄政府又决定设立奥伦堡总督区。到 19 世纪中叶，俄罗斯在中亚通过殖民扩张已经控制了大部哈萨克草原。1864 年，俄罗斯军队占领了南哈萨克草原上的突厥斯坦和奇姆肯特。[②] 突厥斯坦（Туркистан）是伊斯兰教在中亚操突厥语民族的主要传播者阿赫马德·阿萨维[③]的陵寝所在地，被誉为"突厥人的耶路撒冷"。奇姆肯特是南哈萨克草原上的交通枢纽，早在 12 世纪就作为中国经中亚通往西亚和东欧的商贸重镇而闻名于世，19 世纪初在浩罕汗国的控制下，成为中亚北部与南部连接的咽喉。沙俄占领了这两座城市，使其殖民控制线进一步接近中亚腹地，正是因为看重这两地作为中亚各民族的精神家园和经济中心而具有更重大象征意义。为了尽快消化短期内取得的兼并成果，参照在西哈萨克草原对小帐哈萨克采取的管理原则和方法，对南部哈萨克草原有效行使行政权和司法权，沙俄政府决定成立突厥斯坦省。

1865 年，沙俄政府成立了突厥斯坦省，隶属于奥伦堡总督。由于俄罗斯军队在这一年里攻占了塔什干，沙俄中亚当局随后将

---

① 哈萨克族传统社会结构中血亲氏族的最基层组织。中亚地区其他游牧民族也都有类似的组织，吉尔吉斯族称"阿伊勒"，蒙古族称"阿寅勒"。

② 马大正、冯锡时：《中亚五国史纲》，新疆人民出版社，2000 年 2 月版，第 335 页。

③ 阿赫马德·阿萨维（1090—1167 年），推动中亚操突厥语民族信仰伊斯兰教的主要宗教学者，中亚苏非教派创始人之一。11 世纪末出生在赛拉木—伊斯费伽布（今哈萨克斯坦塞兰），父亲易卜拉欣据称是哈里发阿里的后人。他首创以突厥语族语言传教，使伊斯兰教义与中亚民族传统相适应。他使突厥人信仰的其实是突厥化的伊斯兰教。哈萨克斯坦人信仰的正是阿萨维派伊斯兰教。阿赫马德·阿萨维去世后，他的门徒组成传教团，在北起伏尔加河下游、南至高加索地区、西到土耳其、东达中国新疆的广大地域传播中亚本土化的伊斯兰教，形成空前影响。中亚苏非教派穆斯林推崇圣地崇拜，故安放有阿赫马德·阿萨维"麻扎"的突厥斯坦被中亚、高加索、土耳其穆斯林奉为"圣城"。

突厥斯坦省的省会迁至塔什干，使其最新设立的中亚最高殖民管理机构抵近费尔干纳盆地边缘。接着，吉扎克和胡占德被相继攻陷，通向中亚河中布哈拉、希瓦、浩罕三个最后汗国的大门已经完全敞开。1867 年 7 月，沙俄政府决定成立突厥斯坦总督区，总督府就设在刚刚占领两年的塔什干。新总督由俄国陆军大臣办公厅主任、曾经担任俄军驻波兰时的总督、号称“半沙皇”的康斯坦丁·彼得洛维奇·考夫曼担任。突厥斯坦总督区的建立是沙皇俄国对中亚地区兼并形成一个闭合整体的最后阶段，也是对中亚阿姆河和锡尔河诸汗国完成最后决定性征服的开始。

除了沙俄政府在地缘攻势上的总体设计和把控，出生在波兰、曾在高加索、克里米亚服役、担任过立陶宛总督的考夫曼将军对中亚地区军事、政治形势的敏锐判断和扩张狂热，成为突厥斯坦总督区从建立到“十月革命”前对中亚及周边地区产生重要地缘政治影响的个人因素。考夫曼在担任突厥斯坦总督区第一任总督期间，亲自策划和指挥了对周边地区的蚕食行动。1868 年占领撒马尔罕和布哈拉汗国，1873 年占领了希瓦汗国，1875 年又占领了浩罕汗国，并于次年在灭亡浩罕汗国的基础上建立了费尔干纳省。这一系列成功的军事征服行动和有效的行政制度建设，都出自于考夫曼将军周密的策划。考夫曼担任突厥斯坦总督 20 余年，这个总督区由原下辖 3 个省（锡尔河省、撒马尔罕省、费尔干纳省）扩大至 5 个省（后又增辖七河省和外里海省）。[①] 他使沙俄殖民势力在阿姆河、锡尔河流域拥有了稳固的前进基地后，于 1881 年又攻陷了阿什哈巴德。[②] 考夫曼在中亚地区取得的战功引起了英国人的高度紧张，甚至向俄国政府提出了强烈抗议，以至于后来连沙皇亚历山大二世都不敢草率支持考夫曼的进一步扩张

① 马大正、冯锡时：《中亚五国史纲》，新疆人民出版社，2005 年 8 月版，第 341 页。

② 今天土库曼斯坦的首都，是中亚地区与伊朗、高加索地区交通枢纽。1917 年“十月革命”后曾更名为“波尔托拉茨克”，1927 年又恢复原名。

计划。但考夫曼在突厥斯坦总督任上的作为仍然激励了19世纪末俄罗斯民族主义的扩张狂热，20世纪初俄罗斯设计师对塔什干这座古城重新设计改造时，在市中心建立了一座以康斯坦丁·彼得洛维奇·考夫曼命名的广场。[①] 沙俄军队占领阿什哈巴德后，于1882年在这里建立了外里海州，暂时属高加索总督区代管。沙俄殖民势力继续占领捷詹、谋夫等地后，1897年将外里海州划归突厥斯坦总督区。至此，俄罗斯对中亚地区的扩张和征服基本完成，其间沙俄中亚殖民当局根据不同需要推行的行政建制，为俄罗斯权力中心在中亚地区的巩固和沙俄帝国地缘政治版图的定型发挥了重要历史作用。随着1881—1906年中亚大铁路的修建，沙俄中亚殖民当局建立的各级行政中心与俄罗斯中心地区的联系被大大加强，俄罗斯政治制度、经济生活和文化形态的影响使中亚社会发生了质的变化。

苏维埃政权下的中亚地缘板块

“十月革命”爆发后，中亚在来自俄罗斯欧洲地区的马克思主义、列宁主义宣传影响下，也出现了各种民众革命组织，响应发生在俄罗斯中心地区的无产阶级革命。由于地缘关系，这种影响在中亚地区呈现由西北向东南发展的趋势。在“十月革命”冲击中亚地区前，沙皇俄国在这里仍以三个形式上相互独立的政权实施行政管理，其一是突厥斯坦总督区，其二是布哈拉汗国，其三是希瓦汗国。突厥斯坦总督区在成立后的50年里，已经一步步由俄罗斯在中亚的殖民派出机构演化为沙俄政府的一级正式行政单位。而布哈拉和希瓦两个汗国虽然在19世纪六七十年代就已经

① 这座广场在苏联时期曾更名为“十月广场”、“马克思广场”，1991年独立后更名为“艾米尔帖木儿广场”，并竖立起帖木儿雕像。

沦为沙皇俄国的附庸，但在名义上和形式上布哈拉艾米尔和希瓦汗王仍是这里的统治者。因为中亚北部和西部与俄罗斯西伯利亚邻近，俄罗斯早期的资产阶级活动家和后来的布尔什维克因受沙俄当局政治迫害，多被流放到接近中亚地区的西伯利亚边区，乌法、萨马拉、奥伦堡、新西伯利亚等地成为俄罗斯民主思想向中亚地区传播的中间地带。由于这一特殊的原因，早在“十月革命”发生前，在中亚地区已经出现了无数共产主义小组或马克思主义小组在活动。1917 年 11 月 7 日（公历），列宁领导布尔什维克在彼得堡发动工人武装暴动，并在斯莫尔尼宫召开第二次全俄苏维埃代表大会，通过《和平法令》和《土地法令》。仅仅在 3 天后的 11 月 10 日，塔什干的铁路工人和士兵也举行了武装起义，推翻了沙俄设在中亚地区的突厥斯坦总督，成立了“边区临时执行委员会”。1918 年 4 月，全突厥斯坦苏维埃第 5 次代表大会召开，在俄罗斯共产党（布尔什维克）的领导下，大会通过了成立突厥斯坦苏维埃自治共和国的决议，共和国并入俄罗斯联邦。[①]由于中亚地区所处的特殊战略地位，“十月革命”后企图绞杀苏维埃政权的 14 国干涉军重点选择中亚地区作为围堵和扑灭新生革命政权的主要进攻方向之一。经过一年多的相持斗争和军事拉锯，整个战争形势发生了重大转变。红军为了在中部战场摆脱与高尔察克军队作战的被动，主动挺进中亚地区，开辟了“突厥斯坦战场”。1919 年 8 月，全俄苏维埃中央委员会决定成立“突厥斯坦方面军”，任命伏龙芝为方面军司令官。9 月，在中亚与白军及外国干涉军作战的布尔什维克与阿克纠宾斯克前线的红军会师，打通了中亚通向俄罗斯中部地区的军事与政治联系。这次军事上的胜利对扭转整个战争形势至关重要：一方面，“突厥斯坦方面军”开辟的新战线及对中亚白军的几次重大胜利，大大减缓

① 马大正、冯锡时：《中亚五国史纲》，新疆人民出版社，2005 年 8 月版，第 343 页。

了俄罗斯中部地区红军所承受的军事压力，使苏维埃政权及红军与白军、外国干涉军的力量对比开始发生了明显变化；另一方面，红军打通了俄罗斯中部与中亚地区的联系，挽救了在中亚反苏维埃势力包围中的“突厥斯坦苏维埃自治共和国”，并在全俄苏维埃的支持下击溃了以杜托夫为首的“阿拉什政府”、“浩罕自治政府”和“巴斯马奇匪帮”的合击。

全俄苏维埃与俄罗斯共产党（布尔什维克）同反苏维埃势力的斗争取得阶段性胜利后，中亚地区与俄罗斯中心地区苏维埃政权和俄共中央的关系及中亚地区权力分配的问题日益突出起来。这既是沙俄时期俄罗斯政府兼并和经营中亚留下来的历史遗产，也是苏维埃革命中俄罗斯中央政权与中亚地方政治权力分割的新问题。与“十月革命”前中亚地区存在着突厥斯坦总督区、布哈拉汗国和希瓦汗国的政治状态类似，突厥斯坦苏维埃自治共和国成立后，在中亚的共产党权力机构也存在着三个彼此互不统属的组织：俄罗斯共产党穆斯林组织突厥斯坦边区局（1919 年 4 月成立）、外国共产党边区委员会（1918 年 12 月成立）、突厥斯坦共产党边区委员会（1918 年成立）。虽然在 1919 年底到 1920 初年召开的几次中亚共产党组织联席会议试图建立统一机构，但这时出现的一种声音却引起了俄共（布）中央和中亚共产党组织的注意。俄罗斯共产党穆斯林组织突厥斯坦边区局主席土拉尔·雷斯库罗夫（T. Рыскулов）在 1920 年 1 月突厥斯坦共产党第 5 届边区代表大会召开前，起草了《俄罗斯联邦突厥斯坦苏维埃自治共和国条例》草案交大会讨论。这个《条例》草案所表述的基本观点包括：“突厥斯坦共和国”是“民族苏维埃共和国”，“突厥民族”是这个共和国长期居住并有自决权的民族；“突厥斯坦共和国”应该吸收其他愿意加入的“突厥民族共和国”，建立一个能与俄罗斯联邦平起平坐的“突厥民族联邦”。雷斯库罗夫还在这个提纲中提出了改“突厥斯坦共产党”为“突厥民族共产党”、建立独立的“穆斯林军队”等主张。[①] 这个《条例》草案提交给大会代表后，立即引起了强烈的反响。雷斯库罗夫的逻辑是，既然已经成立了“突厥斯坦共和国”，那么“突厥民族”就是这个国家的绝大部分民族。而要整合突厥斯坦的共产党组织，就应该建立一个统一强大的党组织。这个党组织要代表大多数“突厥民族”和中亚的穆斯林，所以改称“突厥民族共产党”将能在东方被压迫民族中产生更大的号召力。这个《条例》草案的出笼引起了全俄苏维埃和中亚地区共产党组织等各方面的激烈反应，并立即受到来自俄共（布）中央的批评和否定。1920 年 2 月，作为突厥斯坦委员会成员之一的伏龙芝在塔什干向雷斯库罗夫本人和支持雷斯库罗夫《条例》草案的突厥斯坦委员会成员提出了严厉的批评。首先，伏龙芝明确指出，突厥斯坦是一个习惯性的地理概念，实际上在突厥斯坦根本不存在一个所谓的“突厥民族”。其次，伏龙芝认为，目前在突厥斯坦确实存在着的民族是一系列具体的民族，它们包括操突厥语族语言的乌兹别克族、哈萨克族、土库曼族、吉尔吉斯族等等，而且还包括有塔吉克等不操突厥语族语言的民族。因此，按照雷斯库罗夫的提议建立一个“突厥共和国”是不合理的，也是不合法的。据此，俄共（布）中央否定了俄共穆斯林组织突厥斯坦边区局雷斯库罗夫关于建立“突厥斯坦共产党”和“突厥斯坦共和国”的建议。[②] 这是沙俄政府和地方政权被推翻后，中亚地方民族主义者利用国家政权更新和社会关系重组时期出现的社会管理松动，翻新历史上的泛突厥主义企图建立“大突厥斯坦国”第一次尝试的流产。

这是发生在“十月革命”后和苏联建立前对中亚未来政治前

---

① 张娜：“中亚‘民族划界’及民族共和国的建立”，《世界民族》，2008 年第 2 期，第 74 页。

② 万雪玉：“中亚民族国家划界的提出与实施”，《西北民族研究》，1998 年第 1 期，第 117 页。

景的一次重大争论和较量，实际上是俄罗斯共产党（布尔什维克）中央对中亚地方民族主义者在新时期炒作“泛突厥主义”的斗争。① 中亚地区“泛突厥主义”的发展在沙俄统治时期受到严厉的打击和压制，在“十月革命”后俄共（布）中央一系列关于民族解放和民族自决的政策文件颁布后，“泛突厥主义”的鼓吹者错误地以为新的发展机遇期到来了。也正是这场重大争论和斗争的发生，促使俄共（布）中央领导层在中亚地区行政规划是合并还是分解的问题上，很快有了更加具有倾向性的基本判断。随着政治路线的逐渐明晰，制订严格统一的组织路线是必备的执行保障。1920 年 7 月，在列宁的倡议下成立了俄共（布）中央委员会突厥斯坦局。1923 年初开始，在突厥斯坦苏维埃共和国进行了一场自上而下的大调整，有 1000 多名干部从中亚调离。同时，又有大批来自俄罗斯中部地区的干部调来工作。② 但是，这并没有能够杜绝“泛突厥主义”在后来相应的历史条件下死灰复燃。1924 年 3 月，突厥斯坦共产党中央委员会书记阿·拉希姆巴耶夫（Т. Рашимбаев）做了“关于突厥斯坦民族国家划界问题”的报告，再次引起了强烈反应。突厥斯坦共产党中央委员会成员苏尔坦别克·霍加诺夫（Султанбек Ходжанов，1894—1938 年）认为，“突厥斯坦是一个统一的经济体”，根本不存在乌兹别克、土

① “泛突厥主义”是 19 世纪沙俄统治下的操突厥语民族范围内兴起的、旨在抵制欧洲文明同化（俄罗斯化）的、保持本民族文化价值观的文化思潮。由克里米亚鞑靼知识分子伊斯马伊尔·伽斯普林斯基（1815—1914 年）等倡导，提出了突厥民族要通过语言、思想、行动上的统一建立起地跨欧亚的“突厥民族共同体”，以抗衡泛斯拉夫主义对鞑靼斯坦、突厥斯坦、高加索等“突厥民族”传统领地的文化侵蚀。随着俄国司托雷平专制时期的开始，沙俄当局加紧了对泛突厥主义运动的迫害，使得不少的俄国泛突厥主义者纷纷逃往正在瓦解的奥斯曼帝国境内，与青年土耳其党人沆瀣一气，继续鼓吹“泛突厥主义”思想。俄土战争爆发以后，“泛突厥主义”者甚至号召俄国突厥语族穆斯林与奥斯曼帝国合作，对异教徒开展圣战。由此，从沙皇俄国发源的“泛突厥主义”没有在俄罗斯境内形成大的气候，却在奥斯曼土耳其找到了生存土壤。

② 万雪玉：“中亚民族国家划界的提出与实施”，《西北民族研究》，1998 年第 1 期，第 119 页。

库曼等民族，因此不可能将“完整的突厥斯坦”划分成几个民族国家。中亚民族精英中的“泛突厥主义”鼓吹者再次将一个虚幻的庞大“突厥民族共同体”勾划在新生的中亚苏维埃政权面前，而这个庞大的“突厥民族共同体”不仅地域广阔（从喀山、乌法到塔什干、阿什哈巴德，从伏尔加河、乌拉尔河到锡尔河、阿姆河），而且人口众多（在1920年代已经超过2000万人）。但是，这次泛突厥主义者的最后坚持并没有左右俄共（布）中央分解中亚地区的决心，取而代之的是中亚各地方民族上层对划界方案转向务实的争议。1924年5月，俄共（布）中央委员会经过多次讨论酝酿后提出，组建乌兹别克苏维埃社会主义共和国和土库曼苏维埃社会主义共和国，并作为两个独立的共和国加入苏联；组建塔吉克自治州加入乌兹别克共和国，组建喀喇吉尔吉斯（即吉尔吉斯）自治州。而今天的哈萨克斯坦在1920年即已成立吉尔吉斯苏维埃社会主义共和国，现在属于乌兹别克斯坦的卡拉卡尔帕克自治共和国当时被作为吉尔吉斯苏维埃社会主义共和国管辖下的一个自治州。

俄罗斯共产党（布尔什维克）中央依照识别后的民族人口聚居水平，运用行政手段分解中亚地区，成功破解了呼之欲出的“泛突厥主义”对中央政权的挑战和威胁。但是，出于政治考量的民族国家划界，必然忽略中亚自然地理区域和人文地理单位分布的客观规律。从民族识别到民族国家划界，政策推论的不成熟和政治需要的实用性，必然导致方法上的草率和偏激，以至于被后人称谓“办公室的构思和决定”。[①] 因此，在中亚民族国家划界中发生利益纷争并留下无解难题是不可避免的。例如，塔吉克共和国（1924年10月，塔吉克自治州被赋予自治共和国的权力，但仍属乌兹别克共和国管辖，直至1929年才作为独立的自治共和国加入苏联）的上层人士就对将塔吉克民族人口占多数的布哈

① 潘志平主编：《民族处决还是民族分裂》，新疆人民出版社，1999年4月版，第18—30页。

拉、撒马尔罕划归乌兹别克共和国流露强烈不满。俄共（布）中央委员会中亚局为此向塔吉克分会的领导们作出如下解释：第一，因为这些地区已经成为乌兹别克共和国的经济、文化中心；第二，塔吉克人与乌兹别克人长期在这些地区共同居住，关系融洽，没有民族仇恨。时移事异，现在审视这些解释则能清楚地看到它们多么经不起历史的考验。中亚民族国家划界一旦涉及到领土划分问题，各民族精英都扮演着各自族群意见代表的角色，与中央和邻区寸土必争、寸利必得地讨价还价。哈萨克人提出卡拉卡尔帕克人是哈萨克的一支，并要求塔什干和锡尔河划入哈萨克共和国；塔吉克人则提出归还撒马尔罕、布哈拉等文化古城；土库曼人极力反对将希瓦划入乌兹别克共和国境内。除了受各民族利益纷争的影响外，俄共（布）中央为了防范“泛突厥主义”思潮在中亚实现“突厥民族国家”的进程，仓促间对中亚民族国家划界，明显准备不足。乌兹别克苏维埃社会主义共和国于1924年建立时，胡占德原本划入乌兹别克共和国。然而1926年全苏人口普查时发现，胡占德居民人口中塔吉克人占据多数，结果到1929年就将胡占德划给了塔吉克社会主义共和国。类似的随意性在中亚民族国家划界过程中随处可见。这种基于实用主义的政治选择，虽然完成了俄共（布）中央化解中亚民族主义（泛突厥主义）实体化危机的国家治理目标，但也埋下了后来在国家关系格局发生巨变时出现地缘政治大裂变的隐患。当然，70年后在这个地区发生的巨变是当年俄共（布）中央的中亚委员会成员们说什么也料想不到的。

苏联时期的中亚民族与地缘政治

俄罗斯—苏联著名中亚学家巴尔托里德在评价帖木儿帝国时

曾指出，“帖木儿建立自己的帝国时，自然不是以突厥民族为目标的。帖木儿的目的是，尽可能地把许多国家，如有可能把全世界置于自己的支配下”。[①] 由于处于周边各大文明板块和强大权力中心之间的地缘位置，中亚地区的民族发展过程呈现出间断性和碎片化的特征。“突厥化”的察合台蒙古后裔帖木儿以他好斗的天性和能征善战的军事秉赋，建立了横跨欧、亚、非大陆的庞大帝国，奠定了中亚历史上最辉煌的历史时期。在其持续了130多年的强盛历史时期中，帝国的软实力伴随着帖木儿大帝对波斯、伊拉克、印度、土耳其等地的征服过程迅速提升。帖木儿及其子孙有选择地将各地的物质文化和精神文化成果劫掠回帝国的都城撒马尔罕，中亚地区进入了建筑、冶金、宗教、天文、数学等空前发展的时期。这一段历史对中亚地区的民族关系造成了这样一种奇特的现象：不论是作为当年征服者的民族，还是作为当年被征服者的民族，他们的后人在回顾这段历史时都情不自禁地流露出一种自豪。帖木儿帝国的强盛对中亚地区包括民族关系在内的地缘政治要素产生了重要的塑造作用，帖木儿帝国的终结和瓦解同样也给中亚地区的各民族发展进程及与周边民族国家关系带来了深刻影响。庞大的帖木儿帝国解体带来了以下重要而直接的地缘政治后果：一是奥斯曼土耳其摆脱了帖木儿帝国的压制而开始崛起；二是月即别人（即乌兹别克族）同样因为帖木儿帝国权力松动逐渐强大起来，而且后来分离出另一支独立的游牧政权——哈萨克人及其建立的哈萨克汗国；三是卫拉特蒙古（中国称之为西部蒙古，或蒙古瓦剌部）也趁机扩大领地，在逐渐固定的势力范围中分别成长为准噶尔、和硕特、杜尔伯特、土尔扈特四部。这是近代中亚历史上的一次地缘政治权力清盘，由此基本奠定了近代中亚各民族定居和游牧的分布区域。18世纪开始的俄罗斯殖

① ［苏］威廉·巴尔托里德：《中亚突厥史十二讲》，罗致平译，中国社会科学出版社，1984年8月版，第228页。

民过程，虽然也引起了中亚内外民族关系空前的变化和重组，但是这一过程也基本上是在帖木儿帝国解体后形成中亚民族布局的大框架内发生和完成的。

“十月革命”后的中亚民族关系构建过程中，无论是“突厥斯坦苏维埃自治共和国”时期，还是建立社会主义民族国家联盟时期，可资利用的社会资源和面临的棘手问题基本都是从沙俄时期继承的历史遗产。沙俄时期的中亚民族问题极大地受到了地缘政治因素的影响和制约，因为沙俄对中亚地区的军事征服和政治统治主要依据这一地区的重要地缘特性，在政治和经济领域分别采取了特殊的政策。沙俄政府及中亚殖民当局在处理中亚地区民族问题时采取的原则和策略，都服从于军事征服和政治统治等殖民目标。这样一来，全俄苏维埃从沙俄帝国手中继承的中亚民族遗产就带有着强烈的时代特色。首先，民族沙文主义的政策导向。无论是为了满足自身安全利益还是为了获取地区经济利益，一个相对强大的民族进入另一个区域处理与当地原住民族关系时，沙文主义的民族政策必然成为管理和统治这一地区时处理民族问题的主流。沙俄政府对中亚地区的征服不仅体现了罗曼诺夫王朝对领土和资源的贪欲，也表现出贯穿俄罗斯民族国家发展进程的地缘安全观。对于全俄苏维埃及后来苏联继承的民族关系历史遗产（其中不仅包括沙俄时期针对占领中亚各民族传统地域时签署的各类条约和条例，也包括与中国清朝政府签订的一系列不平等条约），列宁虽然曾表示以新的国家观进行全面清算，但由于俄罗斯政治文化中存在强大的民族沙文主义情绪，这些遗产或变换成社会主义民族国家的强势关系继续满足着民族沙文主义的需要，或根本就没有被外交实践触及。其次，民族文化与民族心理上的歧视。由于俄罗斯民族历史中文明时期出现较晚，而且受到欧洲国家的强烈影响，因而造成了俄罗斯民族文化介于欧洲文明与亚洲文明之间的双重特性。在这一文化特性的基础上又形成了既不同于西方也不同于东方的民族心理，这种心理决定了俄罗斯人在东西方和欧亚民族之间保持着不同的身份定位，并扮演着不同的文化角色。这种民族心理上的位差不会因为社会意识形态的改变而消失，所以不论是全俄苏维埃还是苏联时期，在俄罗斯政治文化笼罩下，中央政府针对中亚各民族制定的政策也难以摆脱这种民族心理的影响。世界现代史上曾经出现的“欧洲中心论”，在沙俄、苏俄及苏联时期延续性地体现为“俄罗斯中心论”。使用俄语作为社会交际语言，谈论俄罗斯文学，模仿俄罗斯贵族生活方式，一度成为中亚上流社会的时尚。苏联时期中亚干部政策、经济政策、语言政策的制定和执行（即使是对中亚地方民族的优惠政策），也无处不体现着这种俄罗斯文化优越的情绪流露。持有这种情绪的自然首先是俄罗斯族的干部或学者，但更多的时候是俄罗斯化的中亚民族精英。第三，利用各民族间矛盾的实用策略。将突厥斯坦苏维埃共和国拆分成五个民族共和国，这一重大决策本身就体现出了这种策略思路。而违背民族大杂居、小聚居规律，人为造成你中有我、我中有你的相互制约的民族国家领土分布，如将乌兹别克人集中居住的奥什地区和胡占德地区分别划入吉尔吉斯共和国、塔吉克共和国，将塔吉克人聚居的撒马尔罕、布哈拉和土库曼人聚居的希瓦划入乌兹别克共和国，则是刻意在中亚各民族间关系上留下薄弱环节，达到相互制约和分而治之的目的。俄苏时期著名中亚学家巴尔托里德就曾直率地批评过这种做法。他认为，1924 年中亚民族国家划界的“民族原则”完全不符合当地的历史传统，中亚历史上多年形成的整体联系遭到破坏，中亚民族国家发展的自然进程被人为打断，因此将形成民族矛盾和新的冲突根源。[①] 不幸的是，在建立苏联的狂热中，恐怕很难有谁能够听得进巴尔托里德院士的逆耳忠言。

---

① 张娜：“中亚‘民族划界’及民族共和国的建立”，《世界民族》，2008 年第 2 期，第 79 页。并参见：Бартольд В. В.：О националном размежевании в Средней Азии.

更不幸的是，不到70年后，上述地区成为中亚地区国家间摩擦和冲突的多发地区，而且至今仍然是影响各国及地区稳定的重要因素之一。

历史证明，苏维埃俄国和苏联时期以社会主义民族理论界定中亚各民族、进而以民族自决政策规定各地方民族与中央关系和各民族间关系、以各民族共同的繁荣促进全联盟的综合国力上升等基本政策，在中亚地区以及全苏联民族成份复杂、发展差异巨大的社会现实中，是一场过于理想主义的不成功实验。尽管这一系列民族理论和政策在中亚地区及其他少数民族地区的推行并不是导致苏联全面解体的直接原因或唯一原因，[①] 但在今天可以肯定的是，它在打造一个统一政治、经济、文化空间和构建稳定的地缘政治板块中发挥的作用是不理想的，甚至是事与愿违的。

① 关于苏联解体原因的研究在20世纪90年代的中国学术界有过热烈的讨论，其中有些学者坚持认为，不正确的民族政策是导致苏联解体的重要原因，如认为：“（20世纪）80年代中期至90年代初，在苏联发生社会变革时期，爆发了大规模民族分离运动，各加盟共和国主体民族带头闹独立，自治共和国和其他民族自治实体的主体民族也起来要求独立自主，最终导致苏联解体”，参见陈联璧、刘庚岑、吴宏伟著：《中亚民族与宗教问题》，中央民族大学出版社，2002年12月版，第95页。笔者对此持不同看法，在不同的社会政治条件下的民族政策所产生的社会效果往往是不尽相同的。20世纪20年代到八九十年代苏联政治体制和政治结构的蜕变，决定了苏联民族、宗教、文化等各项基本政策的执行效果发生质的变化。

第三章 中亚国家的独立与重建

超级大国体制内的中亚地缘政治

从19世纪末沙俄征服中亚诸民族开始，中亚地区的地缘政治意义和独立影响力就体现在俄罗斯帝国的强大权力框架内了。到20世纪二三十年代，苏联在中亚地区完成了民族国家划界。经过反复权衡和调整，哈萨克、乌兹别克、吉尔吉斯、塔吉克、土库曼5个由俄罗斯共产党（布尔什维克）中央民族政策“生产”出来的民族国家，虽然以“独立”的苏维埃社会主义共和国身份加入苏联，但其独特地缘政治地位已经完全融入到逐渐走上超级大国之路的苏联总体国际战略地位之中。“十月革命”虽然改变了俄罗斯的国家性质和社会意识形态，但是以俄罗斯政治文化为特征的国家权力中心与中亚地区的地缘政治关系并没有发生根本性的改变，而且伴随着国内、国际政治格局的新变化继续发展着。这种政权形态的变化无论是出于国家安全的需要还是扩大地区经济规模的企图，尽管在当时被赋予了“无产阶级世界革命”的名义，给周边地区带来的地缘政治影响与沙俄时期对中亚地区及通过中亚地区进行的军事征服和殖民活动并没有根本不同。所不同的只是中亚民族这时不再是被征服者，他们在一个统一的强大政治、军事中心的支持下，或主动或被动地演绎着民族沙文主义的苏维埃版本。尽管在三四十年前，他们也曾经是这种意识形态和兼并过程的牺牲品。

1921 年，苏维埃俄国趁波斯发生军事政变，支持伊朗北部里海沿岸的吉兰省建立了“波斯苏维埃社会主义共和国”。这一行动本身实际上是苏维埃俄国继沙俄之后与土耳其及英国、德国在亚洲殖民势力的又一次博弈，只是由于在中亚的苏维埃政权尚不巩固，建立苏维埃民族国家的进程正处在与“泛突厥主义”势力的艰难斗争中，因而显得很不合时宜。当俄罗斯共产党（布尔什维克）中央在这种处境下意识到并无足够的力量“输出革命”时，肢解伊朗的行动也就自然流产了。① 随着苏俄与伊朗签署了《友好条约》，经由中亚地区向西亚辐射的地缘政治影响就变换成了另一种方式。也就是在这一时期，苏俄领导层还曾考虑过对中国“输出革命”，支持新疆“独立”。但经过俄共（布）中央以及共产国际的一番争论，最终这一计划被否定了。② 如果将苏俄在中亚地区建立民族共和国初期对周边国家和地区采取的谋略行动和政治企图，与 20 世纪 40 年代中国新疆伊犁、塔城、阿勒泰地区发生的反对中国政府的“独立”运动联系起来，甚至与 80 年代苏联军队直接对阿富汗的军事入侵联系起来的话，对于中亚地区在苏维埃俄国及苏联超级大国强权时期扮演的地缘政治角色会有更加连续的和立体的认识。

1925 年的苏联共产党（布尔什维克）第 14 次代表大会做出决议，决定在全苏开展社会主义工业化运动。随着 1928 年苏联第一个五年计划（1928—1932 年）的开始，工业化建设在中亚地区

① ［哈］C. M. 阿基姆别科夫：《阿富汗焦点和中亚安全》，杨恕、汪金国译，兰州大学出版社，2002 年版，第 9—10 页。

② 杨恕：《转型的中亚和中国》，北京大学出版社，2005 年 6 月版，第 43 页。

全面展开。由于长期处于游牧和农耕的生产方式中，中亚各民族共和国的经济发展水平十分低下。经过沙俄时期对中亚地区的掠夺式开发和内战时期的严重破坏，中亚地区经济恢复和发展需要有力的外部支援。这时，苏维埃社会主义共和国联盟计划经济模式对中亚地区的经济发展发挥了重要作用。在苏联的第一个五年计划中，全苏财政预算向乌兹别克共和国提供了2.65亿卢布的拨款。[①] 1926—1940年，哈萨克共和国（1936年由俄罗斯联邦退出，以社会主义共和国身份加入苏联）在苏联提供的财政帮助和大批技术人员支持下，其经济发展速度达到全苏联的平均水平。[②] 吉尔吉斯共和国也在第一个五年计划中得到苏联中央财政3500万卢布的支持，建起了几十座工厂，摆脱了纯农牧国家的落后处境。塔吉克共和国在第一个五年计划中得到苏联财政800万卢布的投资，将经济发展重点选择在矿业、燃料、电力等重工业领域。应当承认，苏联时期中亚地区各共和国的经济建设和各民族文化发展出现了一个繁荣时期。尽管在这一时期中亚各共和国与俄罗斯、乌克兰等其他苏联共和国一样，也经历了农业集体化运动、大饥荒（有170万人死亡，100万人迁居国外）、[③] 政治大清洗（1936—1937年）等灾难性事件，但毕竟逐渐成为强于周边邻国而快速发展的经济体。特别是与周边的阿富汗、巴基斯坦、伊朗等穆斯林国家相比，无论在经济建设领域还是在文化教育领域，中亚各共和国都处在较高的水平上。这是中亚地区并入俄罗斯—苏联政治经济板块后，在逐步崛起的超级大国羽翼下发生的最明显地缘关系变化。这一变化对于苏联自身战略地位的提升和地缘环境的优化意义重大。

1941年6月，德国法西斯向苏联发动突然袭击。由于中亚地

---

① 马大正、冯锡时：《中亚五国史纲》，新疆人民出版社，2000年2月版，第260页。

② 赵常庆：《哈萨克斯坦》，社会科学出版社，2004年1月版，第38页。

③ 同上书，第39页

区远离前线，苏联战略工业生产和大批文化机构转移到中亚的乌兹别克和哈萨克等共和国。得益于战前已经基本完成的三个五年计划，中亚各共和国迅速实现了战时经济体制转变和全社会的战争动员，用工农业生产取得的更多成就支援前线。同时，中亚共和国还组建起中亚民族师团，直接上前线与德国法西斯军队作战。哈萨克共和国在战争爆发的第一年就组建了 7 个师的部队充实前线。而在整个卫国战争期间，哈萨克社会主义共和国组建了 20 个步兵师和骑兵师。乌兹别克共和国在卫国战争期间组建了 14 个民族军团，其中有 9 个步兵旅、5 个骑兵师加入苏联红军主力与德国作战。哈萨克共和国组建的部队主要参加了莫斯科保卫战，乌兹别克共和国派出的部队主要参加了斯大林格勒战役。原苏联西部、中部地区的大批工厂迁往中亚和远东，其中仅迁至中亚的就达 308 家。[①] 到 1945 年卫国战争结束前，中亚各共和国不仅为全苏对德战争的胜利作出了重要贡献，同时战争也促进了这一原本不发达地区的经济发展和军事潜力上升，中亚越来越成为苏联走向超级大国的依托。

与中亚地区相邻的阿富汗、伊朗，先后在 19 世纪和 20 世纪之交时成为西方国家与沙俄—苏俄—苏联的战略缓冲区。在二战中，东西方为共同战胜德、意、日法西斯而结成的松散同盟，这种性质特殊的缓冲区成为利益置换、讨价还价、秘密谋略、情报交易、物资转运、人员往来的中间地带。由于地缘上的优势，中亚地区的各共和国作为苏联政治、军事、外交实体的一部分积极参与其中，并扮演着特殊的角色。尤其是对亚洲战场，中亚地区为苏联向这一重要战区施加积极影响所发挥的作用是不可替代的。例如，当日本军国主义控制了中国东北和蒙古方向时，中国与世界反法西斯阵营的联系路径极度稀缺，如果说美国与国民政

① 马大正、冯锡时：《中亚五国史纲》，新疆人民出版社，2005 年 8 月版，第 198 页。

府合力打通的滇缅公路成为重庆当局生存下来的输血线的话，那么中国共产党中央在延安的坚持和中共军队在敌后的作战则通过西安—兰州—迪化（乌鲁木齐）—伊宁—阿拉木图—塔什干这条通道与共产国际保持着畅通的联系，并得到关键性的支援。又例如，决定二战胜败和战后国际格局的德黑兰会议曾遭到纳粹德国情报机构“远跳”行动的威胁，苏联在伊朗的情报站正是依托中亚各共和国的基地挫败了这起旨在刺杀“三巨头”的特种行动。当然，作为在战后世界能够挑战西方的苏联，对中亚地区特殊战略位置进行利用和设计时，首要的战略出发点是提升自己的安全水平及对周边地区安全形势的控制能力。在这一动机的诱导作用下，通过中亚对周边地区产生的地缘政治影响力有时也成为相关邻国的安全威胁。例如1944年苏联当局成功地利用中国新疆伊犁地区的一起哈萨克牧民暴动，通过人员派遣、策略指导、资金支持、物资提供等方面的全力支持，酿成一次中国现代历史上最严重的国家分裂危机。[①] 这次危机虽经中共中央、国民政府、苏共当局等多方斡旋得以化解，但对中国新疆政治格局发展和社会文化构建的影响却极其深远。1949年新疆和平解放时，中共中央和新生的共和国政府必须面对一个大国关系、国内政治、民族关系等多维矛盾交织的复杂地缘政治局面。这一道在中国内政、外交中留存的伤痕需要长期投入大量政策资源和财政资源加以弥合，而且这个历史遗留问题随着国际和国内政治条件的变化而发酵产生出烈度不等的能量，甚至今天新疆政治稳定、民族和睦、经济繁荣的各项社会治理工作仍然摆脱不了这次民族分裂活动留下的

① К. А. Сыроежкин: Мифы и реальность этничского сепаратизма и Китае и безопасность Центральной Азии, Адматы “Дайк – Просс” 2003, с. 425.

阴霾。①

二战结束后，中亚地区成为苏联在雅尔塔体系框架下与西方战略博弈的重要方向。这种地缘政治态势实际上是二战时期战略格局的发展：一是曾经的盟友成为了潜在的对手甚至敌人；二是以军事实力和战争贡献为依据，战后相对清晰地划出了彼此的势力范围；三是直接对抗性的军事手段退居二线，意识形态、贸易金融、军备竞赛、情报谋略等领域成为主战场。从这种变化后国际关系特点来看，中亚地区特殊的地理位置又使其在冷战大国博弈中担负了独特的职能。20 世纪 60 年代，当苏联领导人不再需要“兄弟政党”和“兄弟国家”为其遮风挡雨、与其抱团取暖时，存在于民族性格和民族心理层面的大国沙文主义再次迫不及待地显现出来。由此导致中苏关系的全面恶化，1960 年 7 月苏联撤走了在华工作的 1400 多名专家，撕毁了几百份协议、合同。紧接着，同年 7 月在中国新疆克孜勒苏的博孜艾格尔山口（与吉尔吉斯共和国交界）驱赶、殴打中国牧民，制造了新中国成立以来第一起较大的边境冲突。1962 年又在新疆伊犁和塔城地区大肆发放苏联侨民证，并拆开原设在边境的路障，派出大批汽车在边境对面引导、接应，以这种方式掠走了中国边境各族居民 6 万多人（有研究资料显示远不止这个数字，称应在 12—14 万左右）和大批牲畜。在中苏双方矛盾由意识形态争论上升为国家利益冲突

① 中国学术界和政策研究界关于“三区革命”或“东突厥斯坦共和国”独立活动的研究近年始现开放活跃局面，但由于共和国成立初期最高领导人曾有的定性，至今尚未能出现实质性突破。2004 年乌鲁木齐召开“新疆稳定与发展高层论坛”，兰州大学杨恕教授提出，1944 年“东突厥斯坦共和国”成为境内外民族分裂分子的一面旗帜，应开展并加强这方面的研究。但时任新疆维吾尔自治区党委书记王乐泉回应：此问题太敏感，还是放一放。由于政策上禁区的存在，这一领域中的诸多问题仍讳莫如深。目前，一些尝试用新资料、以新角度研究“三区革命”的学者和作品有：王柯的著作《东突厥斯坦独立运动：1930 年代至 1940 年代》，香港中文大学出版社，2013 年版；潘志平：“‘东突厥斯坦共和国’：一个批判性的评估”，载于香港中文大学《21 世纪》2014 年第 12 月号；沈志华编译的《俄国解密档案：新疆问题》，新疆人民出版社，2013 年版等。

时，与哈萨克共和国接壤的塔城铁列克提发生的流血冲突，以及在中苏边境东段乌苏里江上的珍宝岛事件，使两国关系危险程度升级到“热战”边缘。而当中国结束“文革”、致力于改善对外关系时，1982 年 3 月苏共总书记勃列日涅夫在乌兹别克共和国的首都塔什干发表讲话。他在讲话中承认中国还“存在社会主义”，承认中国对台湾拥有主权，在二十多年的意识形态和政治对立后，首次向中方发出改善双边关系的积极信号。① 当然，这些事件高频率地集中发生在中亚地区有着一定的偶然性，但是特定时期的苏联内政、地区形势、大国关系又必然使这些事件与中亚的地缘政治角色结合在一起。冷战中两极对抗的另一个重要玩家在回顾这段历史时，同样对中亚地区在这场博弈和未来角逐中的地位给予一个不同角度的评估。美国主导西方阵营对苏联及东欧社会主义阵营完成了“不战而胜”的冷战后，曾任美国总统国家安全事务助理的布热津斯基在总结战略得失时高度评价了西方在苏联的“软腹部”——中亚、高加索地区开辟“第三条防御战线”的策略。他认为，这一策略先是导致苏联因周边伊朗、土耳其、阿富汗等国家的地缘政治嬗变而乱了阵脚，接着又导致苏联当局进一步犯下了入侵阿富汗的致命错误，最终引起了这个欧亚红色帝国第一块基石的坍塌。② 从美国的地缘战略视角来看，中亚地区的战略地位虽不及欧洲正面的巴尔干、中东欧、乌克兰那么重要，但也足以在“撬动”庞大的欧亚地缘政治板块时起到“支轴”国家和地区的作用。③

---

① 周晓沛：《中苏中俄关系亲历记》，世界知识出版社，2010 年 8 月版，第 37 页。

② ［美］布热津斯基：《大棋局：美国的首要地位及其地缘战略》，中国国际问题研究所译，上海人民出版社，2007 年 2 月版，第 9 页。

③ ［美］布热津斯基：《大棋局：美国的首要地位及其地缘战略》，中国国际问题研究所译，上海人民出版社，2007 年 2 月版，第 46 页。

苏联改革在中亚引起的躁动

1982年11月勃列日涅夫去世后，苏联政治进入了一个特殊时期。1985年3月，戈尔巴乔夫担任苏共总书记，并开始了以“公开性”、“民主化”、“新思维”为主题词的改革。但是此时的苏联在与西方阵营的意识形态对抗和军备竞赛当中已如强弩之末，社会、政治、经济危机在全苏日益显现。尤其自1979年苏军入侵阿富汗以后，西方反苏势力资助阿富汗各穆斯林民族（其中包括乌兹别克、塔吉克、土库曼等跨界民族），散布恐苏恐俄、仇俄仇共等极端主义情绪，使苏联外交、国防和经济受到严重牵制，也使苏联在国际社会中的形象和地位严重受损。而在苏联地方明显反映出这种窘况的，首先是直接参与阿富汗战争的中亚各共和国。[①] 虽然到1988年苏联不得不从阿富汗撤军，但各种严重的社会问题已经在中亚各共和国突出表现出来。这些表现主要体现在以下几个方面：

第一，各国国民经济畸形发展。苏联时期实行的“社会主义分工”和“国民经济专业化”政策，使中亚各共和国成为苏联经济的原料生产基地。20世纪70年代，中亚各共和国的棉花、生丝、羊毛产量分别占全苏联的95%、61.7%、40%，而附加值较高的棉布、丝绸、毛织品产量仅分别占全苏联产量的6.1%、10%、2.5%，也就是说，中亚并没有获得对这些原料进行深加工的能力和优势。全苏联生产的纱绽、棉布、丝绸主要集中在俄罗

① 由于地缘邻近和民族、文化、宗教、气候、地理要素基本相同，苏联对阿富汗发动战争时大部分兵员来自中亚国家，前期进入喀布尔的苏军特种部队由中亚各共和国抽调，并集中于塔什干市郊奇尔契克镇的基地中进行秘密集训，而且乌兹别克、塔吉克、土库曼等共和国的机场、铁路、公路、仓库、工厂均成为设在国内的前敌后勤保障基地。

斯地区，其产量比重分别占到了全苏联的70%、80.6%和67%。苏联历史晚期，在中亚共和国出现了一种奇特、但却普遍的现象：乌兹别克共和国为苏联提供着2/3以上的棉花，而本国人民购买棉布和成衣却成为问题；哈萨克共和国生产的粮食70%运往俄罗斯，而本国民众却经历了一次次的大饥荒；土库曼、哈萨克、乌兹别克共和国石油、天然气资源丰富，但在苏联时期只是将勘探和开采等上游产业留在中亚地区，而炼油和石油化工等高附加值的下游产业却都集中在俄罗斯境内，这一格局造成了土库曼、哈萨克、乌兹别克等中亚共和国一方面在源源不断向俄罗斯地区输送原油和天然气，另一方面却又要从俄罗斯境内运回汽油、柴油、润滑油等成品油和其他石油化工产品。这种多年形成的国民经济单一化特点，使中亚各共和国在全苏经济进入改革困境时毫无抵御风险的能力。

第二，民族矛盾开始表面化。苏联改革提倡的“开放性”和“民主化”引起人们对民族划界和建立民族国家以来所奉行的民族理论和民族政策的质疑，尤其是开始反思各民族共和国与苏联的关系问题以及各民族共和国相互关系的问题。地方民族主义在20世纪80年代公然抬头，对苏联国家制度的不满首先表现在与俄罗斯族的关系上。1986年12月，苏共中央以推动改革为名，把明显流露出地方民族主义情绪的哈萨克共产党书记库纳耶夫调离哈萨克共和国，并调来俄罗斯人科尔宾接任书记职务（此前科尔宾任职格鲁吉亚，曾坚决执行苏共中央指示，严厉镇压格鲁吉亚民族反苏集会，获绰号“第比利斯屠夫”）。这次重大人事调动一反由共和国本地主体民族干部任一把手的惯例，引起了哈萨克族群众的极大不满，在首都阿拉木图爆发了大规模游行示威，示威者高呼“哈萨克人要有选择自己领导人的权力”、“俄罗斯人滚回去”、“哈萨克斯坦属于哈萨克人”等民族主义口号，并且在与警察发生的流血冲突中有数名哈萨克族青年丧生。此后不久，在乌兹别克共和国的塔什干、吉尔吉斯共和国的奥什、塔吉克共和国的杜尚别、哈萨克共和国的新乌津又多次发生成百上千人的民族冲突，或矛头针对俄罗斯、亚美尼亚、土耳其等非中亚民族，或由本共和国主体民族与非主体的中亚邻族间矛盾引发。20 世纪 20 年代建立苏联时期划分中亚各民族共和国时留下的各种民族矛盾隐患，在这一时期开始发酵。

第三，宗教极端主义严重抬头。由于苏联在 20 世纪 80 年代的改革中一改对宗教和宗教组织几十年延续下来的严格管理，长期受压抑的中亚伊斯兰教势力提出宗教复兴的口号，甚至显露宗教极端主义苗头。主要表现有：1. 伊斯兰教义和教规重新“回归”社会生活。中亚穆斯林团体提出“纯净伊斯兰”的口号，试图扭转在伊斯兰世界形成的“红色穆斯林”形象，开始恢复此前广大中亚穆斯林已经无法严格按照伊斯兰教规要求完成的礼拜、封斋、割礼、婚礼、葬礼和饮食禁戒等仪式，而且出境赴麦加朝觐人数明显增多，非法的“民间毛拉”和地下活动的讲经场所大量出现。2. 大量修复和新建宗教设施。宗教组织和信众集资修建清真寺、圣墓（麻札）等宗教设施，在 1987 年后的 3 年里，整个中亚地区清真寺由原有的 160 座增至 5000 多座。土库曼共和国的清真寺原只有 4 座，后增加到 115 座，乌兹别克共和国从 1989 年到 1990 年，清真寺由原来的 84 座增加到 250 座。[①] 修复这些宗教设施的费用，有的是由民间筹集，有的是由地方政府拨款，有的来自境外宗教团体资助。3. 青年知识分子宗教热情提高。受教育程度较高的青年知识分子投身清真寺和宗教组织充当教职人员，其人数在这一时期大量增加。1987 年在乌兹别克共和国卡什卡达里亚州的调查显示，在“认真地”遵守教规的穆斯林中，有

① А. К. Слтангалиева:《Ислам в Казахстане: история, этничность и общество》. Алматы, 1998г. с. 68, 69.

60%的青年受过高等教育。[①] 4. 具有政治倾向的宗教组织出现。根据苏联宗教事务委员会公布的数字，在1985年时全苏只有两个伊斯兰宗教团体登记，而到1989年则有202个。1990年，“塔吉克斯坦伊斯兰复兴党”成立，将脱离苏联、建立伊斯兰国家等政治纲领公之于众。中亚各共和国宗教氛围的普遍升温，为伊斯兰宗教极端主义势力在中亚地区的生成提供了条件，并为后来各国独立初期面临宗教极端主义的直接威胁留下伏笔。

第四，意识形态上的分离情绪。1990年5月，叶利钦当选俄罗斯最高苏维埃主席，6月即推出“俄罗斯联邦主权宣言”。乌克兰和白俄罗斯也紧随着发表各自的“主权宣言”，其他共和国也群起效仿，尤其是立陶宛、拉脱维亚、爱沙尼亚波罗的海沿岸三国和格鲁吉亚、阿塞拜疆等高加索共和国，也纷纷发表了各自的“主权宣言”。1991年苏联就“是否保留苏维埃社会主义共和国联盟”进行全民公决，波罗的海和高加索地区各共和国公然抵制。中亚各共和国虽然有90%以上的公民赞成保留苏联，[②] 但在讨论即将签署的《新联盟条约》时各国领导人纷纷向中央讨价还价。有的中亚共和国提出减少向俄罗斯地区提供原料种类和数量，有的要求苏联科学院和国家博物馆归还属于本民族共和国的珍贵文物，[③] 有的甚至提出要俄罗斯族士兵占多数的苏军从本国领土上撤出。在各共和国离心情绪上升的压力下，原定于当年8

---

① 常玢：“苏联解体前后的中亚国家伊斯兰教状况”，《俄罗斯东欧中亚研究》，2001年第5期。

② 乌兹别克共和国有95.4%的公民参加了投票，赞成保留苏联的达94.1%；吉尔吉斯共和国参加投票的公民达90%以上，其中同意继续保留的达94.5%。参见赵常庆主编：《中亚五国概论》，经济出版社，1998年版，第52页。

③ 在这一期间，乌兹别克共和国将苏联时收藏于列宁格勒埃尔米塔什国家博物馆的一部《奥斯曼古兰经》真本（这部《古兰经》是帖木儿帝国军队占领巴格达时掠获，现藏于乌兹别克斯坦塔什干哈斯特伊玛目宗教建筑群中的古兰经博物馆中）索回。同一时期，哈萨克共和国也将原藏于列宁格勒埃尔米塔什国家博物馆的突厥斯坦霍加·阿赫马德·阿萨维陵清真寺的“喀鏊”（重大宗教活动时施舍用大锅）索要回来，放置于原处。

月 20 日签署的《新联盟条约》实际上几乎已将苏联中央政府权力架空。

在戈尔巴乔夫倡导苏联政治改革的大背景下，中亚各共和国与波罗的海沿岸国家、高加索地区国家一样，出现了苏维埃社会主义共和国联盟成立以来最深刻的意识形态危机和最强烈的民族主义情绪躁动。但由于各地区民族国家发展历史的差异及与俄罗斯等苏联主体民族关系的不同，中亚各共和国在即将发生于这个欧亚超级大国历史性裂变中的态度也与其他共和国有所区别。这种差异性不仅决定着中亚各共和国将以一种怎样的独特姿态迎接这场地缘政治版图的重大改写，也预示着在这场重大裂变后它们既将走上的道路和遇到的困难。

“8·19”事件与中亚各国的独立宣言

“我当时很清楚：莫斯科发生了反宪法的国内政变。但是评价形势是一回事，选择解决问题的正确途径是另一回事。对我来说，维持（哈萨克）共和国的稳定，防止可能的冲突是首要任务。幸而我们做到了这一点”。[①] 这是时任哈萨克苏维埃社会主义共和国总统（1990 年当选）、哈萨克斯坦共和国现任总统努尔苏丹·阿比舍维奇·纳扎尔巴耶夫（Нурсултан Абишевич Назарбаев，1940 年 7 月—）在后来对著名的“8·19”事件及他本人对事件发生后作出反应的回忆，这种强烈政治责任意识前提下的基本判断，在当时的中亚各共和国政治精英层中很具有代表性。

1991 年 8 月 19 日，就在签署《新联盟条约》预定日期的前

① ［哈］努·纳扎尔巴耶夫：《站在 21 世纪门槛上——总统手记》，陆兵、王嘉琳、李正乐译，时事出版社，1997 年 7 月版，第 68 页。

一天，苏联副总统亚纳耶夫等反对签署《新联盟条约》的苏联高层领导人发动了政变，成立了“紧急状态委员会”，并软禁了正在黑海休假的戈尔巴乔夫。莫斯科发生政变的消息传到中亚时，各共和国高层领导核心做出的反应也不尽相同。哈萨克共和国总统纳扎尔巴耶夫当天即发表《告哈萨克斯坦人民书》，号召哈萨克人民保持冷静和克制，避免任何“过激”和“草率”的行动引起社会动荡，呼吁共和国各派政治力量和社会运动放弃对立和分歧，防止不同政见、不同族群、不同区域间发生冲突。同时要求驻哈萨克共和国的苏联国家安全委员会和内务部队忠于宪法，尊重人权和地方行政机构。在《告哈萨克斯坦人民书》中纳扎尔巴耶夫还特别强调，哈萨克共和国不需要并拒绝实行紧急状态。政变发生的第二天，纳扎尔巴耶夫再次发表声明，提出解决危机的 3 条建议：1. “紧急状态委员会”立即释放戈尔巴乔夫，并让他亲自“证明自己已无能力执行所担负的责任”；2. 马上召开全苏最高苏维埃会议，审议当前苏联政治形势，并在 10 天后召开全苏人民代表大会非常会议；3. 尽快签署《新联盟条约》。可以看出，在这时纳扎尔巴耶夫尚对保留苏联和戈尔巴乔夫正常离开苏联总统地位还抱有幻想。乌兹别克共和国总统卡里莫夫（Ислам Абдуганиевич Каримов，1938 年 1 月 30 日—）则首先召开小范围会议，他在会议上尖锐批评了目前正在苏联进行的改革。他认为，苏联的改革的确“进入了死胡同”；咎其根本原因，是由于这场改革缺乏明确的政治目标和政策构想；戈尔巴乔夫在西方意识形态渗透和外交压力下提出了一系列的所谓改革措施，但他自己也不清楚这些改革措施会将苏联引向怎样的前途。卡里莫夫总统还引用了一段乌兹别克民族谚语，“先建新房，后拆旧屋”。苏联改革的尴尬之处恰恰在于，当已经把“旧房子”拆掉的时候，却突然发现已经没有能力建造“新房子”了。而所谓“民主化”、“公开性”和“新思维”等各种各样的新概念，不过是为了迎合西方的“漂亮表态”，说到底，是为了实现自己的政治野心和权力欲望。[①] 在作出上述表态的同时，卡里莫夫总统立即对国内政治反对派闹事采取措施，进行坚决控制。而吉尔吉斯共和国对政变做出的反应最令人费解，近一年前刚刚当选共和国总统的吉尔吉斯科学院前院长阿斯卡尔·阿卡耶夫（Аскар Акаевич Акаев，1944 年 11 月 10 日—）和吉尔吉斯共产党中央政治局各自发表出了内容和态度均不相同的声明。阿卡耶夫着重表示，“我向全苏联和国际社会声明，继续加强和平和各民族团结，提高人民生活水平，推动国营企业非国有化和私有化，支持企业积极创造性活动，制定退休人员、青少年、多子女家庭的社会保障政策。作为国家元首，我所做的一切都是为捍卫共和国的国家主权，为了保障社会秩序和法律。”人们从字里行间基本看不出阿卡耶夫对“紧急状态委员会”和戈尔巴乔夫去留的态度，只是隐约尚能感到他对苏联的继续存在还心存侥幸。当然最终也不会忘记，“号召吉尔吉斯共和国各族人民在这严峻的时刻保持平静、理智和智慧，遵守苏联和吉尔吉斯共和国宪法，必须在安定的环境里继续坚守工作岗位，保持高度的组织性和纪律性。”而吉尔吉斯共产党中央政治局在同一时间发表的声明却认为，在苏联改革进入关键时刻和戈尔巴乔夫总统因身体原因不能履行职责的时刻，“为防止发生混乱和出现无政府状态”，有必要在全国实行紧急状态，并表示支持“紧急状态委员会”的立场和措施，抨击戈尔巴乔夫用“空话连篇”和“无休止的争论”加剧了苏联经济的下滑和政治的不稳定。随着莫斯科事态的逐渐明朗，受“紧急状态委员会”调动进入首都的部队于 21 日撤离后，阿卡耶夫的态度和立场也渐渐明确起来。他在接下来发表的声明中言辞激烈地谴责“紧急状态委员会”，称这一事件是“反宪法的政变”，是动用武

① 邢广程：《崛起的中亚》，三联书店，1993 年 1 月版，第 32 页。

力反对几个共和国合法选举产生的国家政权，是为了“保住即将失去的国家权力和集权制度”。[①] 塔吉克共和国总统和塔吉克共产党中央第一书记卡哈尔·马赫卡莫维奇·马赫卡莫夫（Кахар Махкамович Махкамов，1932 年 4 月 16 日—）的表态与吉尔吉斯共和国领导人极为接近，但他既没有发表谴责“紧急状态委员会”的声明，也没有表态反对戈尔巴乔夫领导的改革，以地处偏远不了解首都形势为理由首鼠两端，骑墙观望。而土库曼共和国总统萨帕尔穆拉特·阿塔耶维奇·尼亚佐夫（Сапармурат Атаевич Ниязов，1940 年 2 月 19 日—2006 年 12 月 21 日）则干脆保持沉默，对苏联时局不发表任何评论，对国内的政治力量和全体民众也不提出任何要求。

“8·19”事件发生后中亚各国做出的不同反应，除了受时任各共和国领导人的个人因素和不同的国内政治形势制约外，中亚各共和国在苏联所处的政治、经济地位也是必然考量的条件。但是，在苏联大厦是否会彻底坍塌尚不明朗的动荡前夜，类似的民族国家发展历史和接近的地缘政治形势也使中亚各共和国不约而同地做出了几个影响重大的共同举动：第一，改组各国共产党组织。8 月 23 日，因吉尔吉斯共产党中央坚决支持“紧急状态委员会”的强硬表态，吉尔吉斯共和国总统阿卡耶夫下达“非党化”命令，要求吉共停止活动，所有财产收归国有。塔吉克共产党于 8 月 28 日召开全会，在谴责“紧急状态委员会”的同时，宣布塔共退出苏联共产党而独立活动，并决定将进行严厉的内部改组。哈萨克共产党改组为“哈萨克社会党”；乌兹别克共产党更名为“乌兹别克斯坦人民民主党”；土库曼共产党改名为“土库曼民主党”。各国共产党均从此被停止活动，新成立的“社会党”和“民主党”成为法定继承人。第二，完成独立国家法律程序。苏

① 马大正、冯锡时：《中亚五国史纲》，新疆人民出版社，2005 年 8 月版，第 267 页。

联“8·19”政变流产后，乌兹别克共和国召开最高苏维埃非常会议，正式宣布独立，并于9月1日公布《乌兹别克斯坦共和国国家独立宣言》和《乌兹别克斯坦共和国国家独立法》。吉尔吉斯共和国也于8月31日通过了《吉尔吉斯斯坦独立宣言》。塔吉克共和国最高苏维埃在8月底召开特别会议，并于9月9日宣布独立。土库曼共和国在10月26日就是否独立的问题举行全民公决，结果94%的投票者赞成独立，土库曼最高苏维埃于次日正式宣布独立，并公布了《土库曼斯坦宪法》。第三，确定新的国家领导人。1991年10月12日，已宣布独立的吉尔吉斯斯坦举行总统选举，阿卡耶夫在首次的公民直选中当选。11月开始，哈萨克共和国开始总统选举活动，在12月1日举行的选举中，身为哈萨克共和国总统的纳扎尔巴耶夫以98.76%的得票率当选为哈萨克斯坦共和国第一任直选总统。已于9月1日宣布独立的乌兹别克斯坦于12月29日举行总统选举，卡里莫夫以86%的得票率当选总统。

发生在莫斯科的一场未遂政变，引发了1991年8月至年底在中亚各共和国的一系列政治地震。这些具有重大标志性意义的政治事件及其结果，“清零”了18世纪以来沙皇俄国、苏维埃俄国及苏联用了近两个世纪时间的政治制度建设的努力，结束了形式上“成功打造”的俄罗斯帝国中心与边缘地区紧密融为一体的关系。布热津斯基在评估苏联解体给欧亚地区带来的重大地缘变化时写道，“苏联的解体在地缘政治上造成了巨大的混乱。仅仅在半个月的时间内，俄罗斯人民突然意识到他们不再是一个横跨欧亚大陆的帝国的主人。俄罗斯在高加索地区的边界退回到了19世纪，在中亚则退回到了19世纪中叶”。“中亚国家的独立意味着俄国东南部边境在有些地方向北退了1000多英里”。[①] 这一重大

① ［美］布热津斯基：《大棋局：美国的首要地位及其地缘战略》，中国国际问题研究所译，上海人民出版社，2007年2月版，第73、78页。

事变对于中亚地区后来的地缘政治格局发展具有重要的意义：第一，以俄罗斯政治、经济、军事等国家硬实力为基础的权力中心对中亚地区的制度性覆盖至此结束，中亚各国从此摆脱了欧亚强国统治，也在法律意义上失去了原有的政治、经济、军事支持；第二，在失去原有的俄罗斯政治文化“压强”后，中亚本土的历史、文化、民族、宗教因素的社会影响力上升，成为构建新独立国家必须面对的主要问题；第三，当中亚各国从原先的超级大国版图上独立出来另立门户时，中亚地区由于特殊地理位置所决定的欧亚大陆地缘政治“中心特性”发生了历史性“回归”，在冷战结束后国际秩序和大国关系发生重大调整的时代，必然成为各权力中心施加影响和进行渗透的新目标。

十字路口上的徘徊与抉择

由于中亚各共和国在苏联体制内特有的政治和经济地位，无论是地域最辽阔的哈萨克共和国，还是人口几乎占中亚地区总人口一半以上的乌兹别克共和国，还是地处苏联最边缘位置的土库曼共和国，还是首先禁止共产党活动的吉尔吉斯共和国，在莫斯科“8·19”事件发生后对如何确定自己与苏联关系问题均表现出明显的犹豫和徘徊。是彻底与苏联及俄罗斯等斯拉夫民族国家在政治主权和经济联系上划清界线，还是仅仅争取名义上的独立而与苏联及俄罗斯等大国保持某种法律上的实质性联系，这些决定中亚各国未来命运的问题在当时各国领导层根本没有时间周密考虑。而且，决定苏联存亡、各共和国去留问题的主动权也并不在他们的手中。

纳扎尔巴耶夫总统在10年后曾对这一难忘的阵痛期和抉择过程有过回顾与反思。就在1991年12月1日哈萨克共和国通过全民公决赞成独立和推选他本人任哈萨克斯坦第一任总统后的第7天，他就接到叶利钦从白俄罗斯打来的电话，要他“赶过来加入我们”。纳扎尔巴耶夫知道，这是俄罗斯总统鲍里斯·尼古拉耶维奇·叶利钦（Борис Николаевич Ельцин，1931年2月1日—2007年4月23日）、乌克兰总统列昂尼德·马卡洛维奇·克拉夫丘克（Леонид Макарович Кравчук，1934年1月10日—）、白俄罗斯总统斯坦尼斯拉夫·舒什凯维奇（Станислав шушкевич，1934年12月15日—）三人要在12月9日赴莫斯科与戈尔巴乔夫谈判前“制定共同立场”。但是让他没有想到的是，俄罗斯、白俄罗斯、乌克兰三国领导人已经在解散苏联和建立独立国家联合体（独联体）的文件上签了字后，仍急邀他前往白俄罗斯的著名森林狩猎区别洛韦日，目的是让他也在这份草草拟就的文件上签上哈萨克斯坦共和国总统的名字。纳扎尔巴耶夫先是以不了解文件的内容不能贸然签字为由婉拒，后来又以必须和中亚其他共和国领导人商议为推托。9日，当纳扎尔巴耶夫在克里姆林宫目睹了戈尔巴乔夫与叶利钦一番毫无建设意义的争吵后，① 就与乌兹别克斯坦、吉尔吉斯斯坦、土库曼斯坦和塔吉克斯坦各中亚国家领导人商定于13日在阿什哈巴德召开中亚峰会，商讨这一决定各国命运的重大问题。此时，纳扎尔巴耶夫仍主张保留苏联，只是这个国家联盟应该是“邦联”性质的，可称为“主权共和国自由联盟”，俄文缩写也仍是“CCCP”（俄语“苏维埃社会主义共和国联盟”的缩写）。吉尔吉斯共和国总统也赞成这种联盟，并强调不能是联邦制的联盟。乌兹别克斯坦总统卡里莫夫同样也对保留联盟抱有幻想，他坚持“我们没有放弃签署联盟条约的主

---

① 据纳扎尔巴耶夫总统回忆，戈尔巴乔夫在看过了别洛韦日协议后问叶利钦：“你们就这样迈出了这一步，你们想过没有，如何处置核武器？”叶利钦沉默无语。“军队将会怎么样？你们又怎样解决国籍问题？”叶利钦依旧无语。在戈尔巴乔夫又接连提出了未来的经济联系、国界划分等一系列问题后，叶利钦已经控制不住情绪，“这是什么，审讯吗？！”紧张的气氛中充满了粗暴的争吵，根本不可能找到谈话的共同点。

张，但是应该对联盟条约进行修改”，在联盟中“不应有老大哥和小兄弟之分”。[①] 而在阿什哈巴德峰会上，土库曼斯坦总统尼亚佐夫已经准备好了成立中亚和哈萨克斯坦国家联盟的文件，试图说服与会各国领导人签署，希望在无力阻止苏联解体的情况下，结成中亚地区国家联盟，以此减缓苏联解体对各国造成的严重冲击。对此，纳扎尔巴耶夫总统坦陈，当时中亚五国领导人都曾倾向于签署这份文件。[②] 尽管后来在叶利钦多次打电话施加影响下，纳扎尔巴耶夫开始渐渐成为了别洛韦日的支持者之一，并与叶利钦一起说服了克拉夫丘克同意将后来加入的其他共和国也视为平起平坐的独联体创始人。但在这场事关本国前途和世界 1/6 土地上 2 亿多各民族人民命运的大裂变面前，他与其他中亚国家领导人表现出来的犹豫不决是显而易见的，也是完全可以理解的。

与原苏联各共和国相比，中亚国家面对联盟解体时表现出的矛盾心态是十分明显的。这不仅与波罗的海沿岸三国及外高加索国家的强烈分离倾向不能相提并论，而且也是俄罗斯、乌克兰、白俄罗斯这被称作“苏联三驾马车”的斯拉夫民族大国不能比拟的。同为苏联各民族共和国领导人，面对这次重大历史事件的心态却大不一样，这种态度和立场上的差异性主要体现在这样几个方面：一是在对待共和国共产党组织的问题上，俄罗斯、乌克兰、白俄罗斯在“8·19”事件后都以最快的速度、最大的规模、最坚决的态度禁止了共产党在共和国内的活动，并将全部党产收归国有，而中亚各共和国除了吉尔吉斯共和国禁止了共产党活动外，哈萨克、乌兹别克、土库曼、塔吉克 4 个共和国基本采取了将本国共产党改组，甚至仅仅更换成社会民主党的名称，从高层领导核心到基层组织都没有进行伤筋动骨地改造，俄罗斯的叶利

① 邢广程：《崛起的中亚》，三联书店，1993 年 1 月版，第 34 页。

② ［哈］努·纳扎尔巴耶夫：《时代 命运 个人》，陆兵、王沛译，人民文学出版社，2003 年 3 月版，第 84 页。

钦和乌克兰的克拉夫丘克都曾对此表示过不满；二是在对待解散联盟的问题上，中亚各共和国领导人先是在无缘进入“别洛韦日俱乐部”的情况下前往莫斯科四处奔走游说，试图影响戈尔巴乔夫向叶利钦、克拉夫丘克、舒什凯维奇三人施压，希望阻止住苏联解体的进程，然而在后来看到苏联分裂不可逆转时，又提出建立“中亚与哈萨克斯坦联盟”的方案，借此减少地缘政治版图改写后引发的社会动荡；三是以什么身份加入独立国家联合体的问题上，俄罗斯、乌克兰、白俄罗斯领导人原本只想让中亚各国加盟拆分苏联的行动，并不打算让他们也作为发起国而成为改写历史的执笔者，但在中亚各国政治精英已经看清苏联大势已去时，纷纷下定了决心做一个彻底的民族主义者，借此积累领导未来独立民族国家的原始政治资本，经一番讨价还价后也就被“别洛韦日俱乐部”接受了。

在苏联解体前夕各共和国信息混乱、谣言四起的时刻，中亚各国高层领导表现出的犹豫是完全可以理解的，这不仅仅是个人因素作用的结果，中亚各共和国在当年被俄罗斯兼并的过程中经历的不同历史境遇和成为苏维埃国家及苏维埃联盟一部分后所处的地位，都在这个时候对每个中亚民族国家精英层做出的选择产生着影响。而中亚地区特殊的地缘政治条件，很大程度上制约着中亚各共和国领导人，使他们不可能像俄罗斯的叶利钦、乌克兰的克拉夫丘克、白俄罗斯的舒什凯维奇等人为代表的斯拉夫民族政治集团一样，“义无反顾”地抛弃苏联共产党和社会主义民族国家联盟这两个基本的国家机器构架，尽管后人对此功过是非的评价不尽相同。从这个意义上讲，令中亚各国领导人在苏联解体这个重大历史事件面前不能不有所忌惮的突出因素客观上是存在的：第一，不愿看到苏联时期长期形成的经济联系突然中断给中亚各国带来灾难性后果。从沙俄经营中亚地区开始，到苏联解体之前，中亚各国经济发展定位以俄罗斯为中心，根据地域特点的长期“分工合作”，使中亚各共和国经济严重单一化。对俄罗斯、乌克兰、白俄罗斯等联盟大国在经济上的严重依赖，是中亚各国领导人不能不考虑的问题，因为这关系到各国独立后的民族生存和政权稳定。第二，对超级大国解体后对外安全保障骤然下降的恐慌。在苏联作为世界上曾与美国抗衡的超级大国时，中亚各共和国曾淋漓尽致地扮演过争夺和维护霸权的地缘政治角色，尤其在与周边地区和国家的关系中（如对阿富汗、对中东、对伊朗、对土耳其等，以及对中国）。当苏联的强大霸权瞬间消失后，当中亚各国应有的国家能力尚未建立起来时，中亚各国将会陷入怎样的地区安全和国际安全环境之中，各国领导人这时是心中没数的。第三，担心国内民族、宗教等社会问题影响力上升动摇国家稳定。中亚各共和国的领导人清楚地知道，脱离苏联实现民族国家的实质性独立，必将激发起各自国家主体民族的自豪感和荣誉感，这将是草创建国必不可少的精神能力和政治资源。但同时，他们也清醒地意识到，这股能量隐含的巨大危险性，是一柄不折不扣的“双刃剑”。沙俄也好、苏联也好，都曾经作为统治中亚地区多民族和多宗教社会长达百年历史的制度设计者，无论是在意识形态领域还是在民族关系的法律定位方面，都曾经形成一整套相对成熟的方法和制度。苏联的解体或中亚的独立，这都将意味着对这一段漫长历史的否定。苏联时期中亚社会处于支配地位的是中央与地方、斯拉夫文化与突厥语文化、东正教与伊斯兰教等几对主要矛盾，当这些矛盾随着苏联的解体而消失或不再占据支配性地位时，中亚各民族之间的矛盾、世俗政治与伊斯兰教之间的矛盾、同一民族的不同部族之间矛盾等传统因素的社会影响力上升。清算了沙俄和苏联政治制度的新生国家政权将以怎样的价值理念构建新的意识形态体系和新的社会关系体系，这也是中亚各民族共和国政治精英们很难迈过去的一道坎。出于这三个主要方面的顾虑，在苏联解体时中亚各共和国领袖们的踯躅却也属于合乎情理的表现。然而，这些顾虑并没有随着苏联的解体而消失，甚至没有随着时间的推移而淡化。这些因素不仅伴随着新生的中亚民族国家诞生、巩固、发展的每一个时期，也影响着整个地区地缘政治格局的发展方向。

“和平分家”后的尴尬与无奈

乌兹别克斯坦和吉尔吉斯斯坦于 1991 年 8 月 31 日宣布独立，塔吉克斯坦、土库曼斯坦、哈萨克斯坦也分别于同年的 9 月 9 日、10 月 27 日、12 月 16 日宣布独立。虽然出于不同的国内、国际原因，中亚各共和国正式独立的时间先后相差很大，但它们在加入独立国家联合体的行动上却表现得比较一致（中亚 5 国均于独立当年的 12 月 21 日加入独联体）。其实，这种看似不约而同的行动恰恰是中亚各国领导人此时心态的反映，也是与哈萨克斯坦等中亚各国积极参加 1991 年 12 月 12 日阿什哈巴德会议和 12 月 21 日阿拉木图会议的态度是一致的。在哈萨克斯坦总统纳扎尔巴耶夫积极斡旋和争取下，将独联体成立会议的会址定在中亚国家的城市召开，仅这一点本身就具有相当重要的象征意义。这个重要的象征意义就在于告别原有的旧身份，启用代表未来民族国家形态的新身份。然而这个过程也并不是一件轻松的事情，关键是新独立的中亚国家曾从属于一个强大的单一制国家——苏联。华东师范大学杨成教授将这一过程概括为“集体身份与个体身份的生成与巩固”问题，认为相对于已经完成了民族国家构建的主权行为体，相对于霸权国、主导国以及其他中等影响力的国家，新独立的中亚小国为了在心理上弥补实力上的劣势，往往对于自己国家的权威和自尊（更多的时候体现在对待领导人本身的态度上）十分敏感，而且首先以摒弃历史上的耻辱身份作为优先方向。[①] 苏联的15个民族共和国除波罗的海沿岸3国外，有11个国家（阿塞拜疆、亚美尼亚、白俄罗斯、吉尔吉斯斯坦、摩尔多瓦、哈萨克斯坦、俄罗斯、乌兹别克斯坦、乌克兰、塔吉克斯坦、土库曼斯坦）的领导人以正式代表身份参加了这次会议，格鲁吉亚也派代表以观察员身份参加。尽管后来的各国学者对这次会议及独联体本身的研究颇多负面评价，但独联体的建立和后来产生的作用客观上对维持原苏联地区的稳定和各共和国独立后的相互关系不出现明显的对抗具有积极的意义。因此也有人将独联体比作“和平离婚的殿堂”，将阿拉木图会议比作“和平离婚的仪式”。

1991年12月21日的阿拉木图会议上通过了两个主要文件：《阿拉木图宣言》和《关于武装力量的议定书》。这两个文件的主要内容包括：确认由俄罗斯、乌克兰和白俄罗斯3国签署的独联体宗旨和原则（互相承认和尊重国家主权和主权平等，互不干涉内政的原则、不使用武力和武力威胁、和平解决争端的原则、互相承认并尊重领土完整及现有边界不可侵犯的原则等）；宣布联合体成员国将通过协调机构进行平等协作，保留军事战略力量的统一指挥和对核武器进行统一监督；各成员国将在形成和发展共同经济区域方面进行合作；宣布随着独联体的成立，苏联将停止存在；独联体对承认其宗旨和原则的原苏联成员国及其他国家开放，经成员国一致同意均可加入独联体。简而言之，这次会议主要解决的是苏联各共和国“分不分家”、“如何分家”、“分了家以后怎么办”的问题。由于苏联建立和发展的历史，解决上述问题已十分不容易，而解决中亚各国间的问题则更是错综复杂。

俄罗斯、乌克兰、白俄罗斯三国领导人根本不顾及其他原苏联小国感受而确定的分家方案，从情感上讲中亚各国领导人多少

① 杨成：“去俄罗斯化、在地化与国际化：后苏联时期中亚新独立国家个体与集体的身份的生成与巩固路径解析”，《俄罗斯研究》，2012年第5期，第105页。

有些不情愿认同。但是支撑苏联的三个大国都在竭力“甩包袱”，联盟瓦解不可逆转。中亚各国领导人已经清楚地看到这一点，通过“分家”为即将开始的独立国家历史奠定相对稳固的基础，这既是无奈的选择，也是此时最明智的举措。但是，由于中亚各国加入苏联的特殊历史过程，实现和平分家并不是一件容易的事。当年以弱化“泛突厥主义”和平衡地区民族主义势力为政策目标的民族区域识别和民族国家划界措施，在国内政治的中央控制力和权威性消失后，留下的制度性设计几乎都转化为产生负面影响的政治遗产。例如，以政治平衡和国家治理为目标的民族国家划界，使中亚各共和国疆域和边界的划分增加了许多人为因素，结果形成了大量违背自然地理和人文地理规律的疆界和区域。这不仅造成了大量跨界民族问题，并且将一些历史上形成的自然村落划分为两国领土，公路、河流、水渠、铁路、桥梁等公共资源被国界任意分割，甚至有些村庄内的同一家族成员被国界隔在两边。有些两国间的十字路口，横向的道路属于一个国家，纵向的属于另一国。[①] 这种不顾及当地居民正常社会生活和生产活动的行政分割措施，在苏联时期尚未给各共和国居民造成严重不便，但也引起了地方政权之间（虽名义上称为各共和国之间）在土地、森林、牧场、矿产、水利、交通等方面经济资源分配上的矛盾。但由于强大中央政权的存在和集权行政体制高效行使权力，通过全联盟范围内的政策调剂和物质调配，这种共和国之间的矛盾没有上升到影响苏联内部政治稳定和正常经济发展的程度。而且，苏联时期将俄罗斯政治文化传统推向历史巅峰，建立民族国家以及后来的集体化、工业化等运动虽改变了中亚地区的落后面貌，也伴随着大批持不同意见和观点的干部、民众在政治上遭到打击与迫害。例如，塔吉克共和国在 1934 年开始的“批判资产

① 刘辉：“塔吉克斯坦——群山与国界的夹缝之中”，《中国国家地理》，2015 年第 10 期，第 157 页。

阶级民族主义分子”运动中，有66%的党员（其中包括高级领导干部）遭到清洗。仅在1937—1939年间，在哈萨克共和国开展的肃反运动中就18名共和国高级党政领导人被处决。其中既包括共和国中央执行委员会主席、代理总理、阿拉木图市党委书记等高级党政干部，也包括作家、诗人、教授等知识分子。同期，吉尔吉斯共和国部长会议的3位主席、吉尔吉斯共产党的3位总书记遭到迫害。[①] 在这样长达近半个世纪时期里，虽然苏联政治体制经过了不同的发展时期和阶段，并且也曾经出现过政策性的调整和改善，但并没有从根本上带来对中亚各共和国（也包括其他各共和国）自主解决相互间关系问题的丝毫放松。因此，当曾经超强的中央权力在几乎毫无心理准备的情况下骤然消失时，长期处于压抑状态下的各共和国间的矛盾开始施放出来。其中，最突出的矛盾和冲突主要体现在以下方面：

首先，是边境和领土的争议。20世纪二三十年代为建立民族共和国而进行的划界工作不仅缺少科学的依据和系统的论证，而且作为重大“政治献礼工程”在实际操作中也往往草率敷衍，遇到一些复杂问题或采取迂回躲避的办法，或采取难题上交的办法，或干脆留下来等待后来者去处理。因此，当苏维埃联盟解体和中亚各国宣布独立并开始真正意义上的行使主权时，当年各共和国之间大量边境和领土遗留问题凸显出来。独立后的哈萨克斯坦与乌兹别克斯坦之间的共同边界有1150公里，但能够在苏联时期民族共和国划界基础上确定的至今只有1096公里，仍有4%的边界存在领土争议问题，其中的地块有39处。吉尔吉斯斯坦与乌兹别克斯坦之间有共同边界1400公里，因地形复杂、交通不便一直没能彻底勘察。直到2001年时两国才联合勘察了994公里，得到双方确认的只有209公里。而人口相对稠密且往来活动较多的

① 马大正、冯锡时：《中亚五国史纲》，新疆人民出版社，2005年8月版，第168、230、243页。

吉方奥什州、巴特肯州与乌方安集延州、费尔干纳州之间的406公里一直未能勘察。中亚国家间最大的两块飞地就在这一地段，一是巴拉克地区，一是索赫地区。哈萨克斯坦与吉尔吉斯斯坦之间的边界也有105处争议地区，虽然双方的勘界工作早已开始，但无论对谁有利的方案都难以在各国国会通过。[①] 因为，每当这一时刻，国内民族主义的压力往往使议员们唯恐成为民族和国家的“罪人”而不敢轻易提出积极的表态和附议。

其次，是跨界水资源的争端。中亚地区普遍干旱，东部帕米尔高原上常年积雪的高山冰川成为西部、南部农业地区的主要水源，因而被称为中亚的“固体水库”。冰川融水流经阿姆河和锡尔河灌溉中亚绿洲，塔吉克斯坦和吉尔吉斯斯坦地处上游，水利资源丰富但可耕种土地较少。两条中亚地区的“母亲河”最后都注入咸海，而注入量的43.4%来自于塔吉克斯坦，25.1%来自于吉尔吉斯斯坦，源于乌兹别克斯坦、哈萨克斯坦、土库曼斯坦的流量分别只占9.6%、2.1%、1.2%。[②] 哈萨克斯坦、乌兹别克斯坦、土库曼斯坦地处两河下游，国家版图内多是干旱的沙漠、戈壁和荒漠草原，对灌溉用水依赖度高。苏联时期，由中央政府统一调配水源。通过统一分配和相关补偿，中亚各共和国间虽然在水资源使用上也有矛盾，但都可通过调解解决。中亚各国独立后，跨界水资源的争端上升至影响国家间关系的程度。由于吉尔吉斯斯坦和塔吉克斯坦均属能源贫乏国家，为克服缺少石油、天然气资源的经济发展短板，都将发展水电列入国家发展战略。吉、塔在两河上游修建水库（有些始建于苏联时期），冬季放水发电，夏季蓄水储能。但这与下游乌兹别克斯坦、哈萨克斯坦冬季不需要大量灌溉用水，夏季却有大量粮、棉、果、蔬田地需要

---

① 赵常庆：“中亚国家关系现状探析”，《国际观察》，2002年第4期，第18页。

② 杨恕、王婷婷：“中亚水资源争议及其对国家关系的影响”，《兰州大学学报（社会科学版）》，2010年9月，第38卷第5期，第52页。

灌溉用水的季节规律恰恰相反。甚至吉尔吉斯斯坦的托克托古尔水库为了在冬季增大发电量，曾淹没了下游乌兹别克斯坦纳沃伊州、吉扎克州、纳曼干州的大片土地。中亚各国虽然为解决用水问题召开了几次会议，但都未能通过具有实际意义的解决方案。随着国家关系的波动，中亚国家对跨界水资源的争端有时成为地区性矛盾冲突。甚至已有一些中亚国家的领导人、官员、学者，将这一问题提升到决定国家关系的重要前提条件的高度，而且不惜危言耸听，提出中亚水资源的争端未来势必导致战争的危险预测。[①] 乌兹别克斯坦以停止向上游国家供应天然气相要挟，甚至在邻近吉尔吉斯斯坦和塔吉克斯坦的边境地区集结军队，进行夺取水库和水电站的演习。吉尔吉斯斯坦则扬言，如果受到威胁将炸毁水库，淹没下游的费尔干纳和泽拉夫尚地区。[②]

第三，是交通运输走廊的争夺。中亚地区的地缘位置处在欧亚大陆腹地，新独立的中亚五国全部是内陆国家。而且乌兹别克斯坦还是世界上仅有的两个“双内陆国家”之一，[③] 即它的所有邻国中没有一个是海洋国家。苏联时期，中亚各共和国与世界的联系完全通过俄罗斯实现。而从沙俄到苏联，对中亚地区交通网的建设是完全超越各民族地区和民族国家需求格局统一进行的。由于从沙俄时期开始，乌兹别克斯坦地区就被视为中亚地区的中心，中亚大铁路由伏尔加河畔的萨马拉经奥伦堡进入哈萨克斯坦直至乌兹别克斯坦的塔什干，然后以塔什干为中心向北、南两个方向延伸。到苏联解体时，中亚地区建成的铁路总长度为 2.37 万公里，其中，在哈萨克斯坦建有 1.5 万公里，在乌兹别克斯坦有

---

① B. Roberts, More on Water in Central Asia, Cenasia E-mail Discussion Group, 14 April 1996.

② 杨恕、王婷婷：“中亚水资源争议及其对国家关系的影响”，《兰州大学学报（社会科学版）》，2010 年 9 月，第 38 卷第 5 期，第 56 页。

③ “双内陆国家”是指内陆国家中周边被其他内陆国家完全包围着的国家，另一个双内陆国家是列支敦士登。

4200 公里，在土库曼斯坦建有 3500 公里，在塔吉克斯坦只有 600 公里，在吉尔吉斯斯坦仅有 400 公里。虽然哈萨克斯坦在中亚各国中拥有最大的铁路长度，通往中亚其他国家却则必须经过乌兹别克斯坦。其他中亚国家拥有的铁路长度更短，在本国境内难以自成体系。塔吉克斯坦境内的铁路分为北、中、南各不相连接的 3 段，而每一段都与乌兹别克斯坦的铁路枢纽相连。吉尔吉斯斯坦境内铁路只有南、北两段，同样须经乌兹别克斯坦才能相互联通。这种将苏联各共和国作为同一国家经济区域统筹规划的交通建设格局，在中亚各国独立后就彻底失去了交通网的意义。加之中亚各国间关系复杂，甚至可能因某些突发事件而恶化，就更加使得这些有限的交通设施无法发挥应有的效益。例如，乌兹别克斯坦从首都塔什干至第二大城市撒马尔罕直线距离不过 300 公里，但是因为直线路段穿越了哈萨克斯坦领土，两国均于边境线上将公路封死，乌兹别克斯坦两城间的公路交通只得绕行古里斯坦、吉扎克，行程增至 400 多公里。2010 年 1 月，乌兹别克斯坦安格连通往塔吉克斯坦胡占德的铁路被炸毁，乌方索性关闭了这条铁路，宁可不用铁路经塔吉克斯坦胡占德向安集延输送物资。随后，乌兹别克斯坦与中国中铁集团谈判，计划修建从安格连绕开胡占德直通安集延的铁路，彻底封死塔吉克斯坦的铁路交通。

苏联的解体，使中亚各共和国缺少独立经济基础和共同文化基础的民族国家进程无奈地成为现实。而建立苏联时策略性的民族划分标准和民族国家划界原则，在分家时却成为难以替代的法律依据，致使原本隐性的不合理性毫无遮掩地显现出来，而且因各民族国家面临的内外危机而被放大，成为中亚地区维持稳定地区环境和渐进式社会过渡的重大隐患。这种在中亚各国独立时就注定下来的国家关系，似乎成为一种难以解脱和逃避的魔咒，在独立二十多年后的历史中束缚着各国经济发展，迟滞着地区整体地缘政治结构的成熟，而且还严重阻碍着任何一种地区一体化模式在中亚被普遍接受和付诸建设性的实践。

民族意识的回归与国家政治特色

苏维埃俄国及苏联时期的民族关系和民族国家构建，人为地使民族发展历史和民族文化成份原本就十分复杂的中亚地区进入了一组更加复杂的发展轨迹。以克服和化解“泛突厥主义”为政策目标的一系列原则和措施，虽然抑制住了地方民族主义对中央权力的挑战，但与此同时也播种下了新的民族主义思潮因子。苏俄及苏联政权运用制度性约束力和政策引导力，成功地中止了“泛突厥民族”的认同过程，但却开启了哈萨克、乌兹别克、吉尔吉斯、塔吉克、土库曼、鞑靼、巴什吉尔、阿塞拜疆、亚美尼亚、格鲁吉亚、阿布哈兹、车臣等民族的自我认同历史过程。虽然这一过程在苏联时期并没有与真正意义上的民族国家过程联系在一起，然而在客观上促进了上述各族群的民族意识（尽管这种意识大多基于对历史的曲解甚至误读）。尤其在苏联时期各民族共和国的建立和发展的历史中，这些联盟国家的主体民族尤其突出地产生了这种人为造成的民族意识自我认同过程。如果说在联盟中央政治集权作用下这种自觉只是处于潜在状态的话，当20世纪90年代苏联政治体系出现松动和各共和国相互联系变得松散时，各主体民族的自觉意识渐渐与民族国家政治上的成熟同步起来。而当苏联作为一个主权实体终于难以维持时，各民族国家获得完全意义上的独立后，这种经历了长时间压抑的民族自觉意识就犹如火山喷发，在建立独立民族国家的过程中充分表现出来。

将主体民族意识运用到独立国家创建的政治活动中，这不仅是某一特定民族自我认同和族群意识长期积累后的客观过程，也是各共和国主体民族精英凝聚全民力量为重新构建独立主权实体获取重要政治资源的主观过程。中亚各国领导层在这个问题上的选择基本上是一致的，即将国家化进程与主体民族化进程同步进行。哈萨克族、乌兹别克族、吉尔吉斯族、塔吉克族、土库曼族虽然在苏联划分民族国家时就已经分别成为5个民族共和国的主体民族，但在苏联时期的国家政治历史中，真正的主权行为体并不是这些民族国家，而是民族国家联盟。所以，在此前60多年的民族国家历史中，所谓的“主体民族”仅仅具有着“名称民族”的意义。从1990年中亚各国纷纷宣布各自的主权宣言时起，已经处在五国社会政治核心地位上的各主体民族，开始为真正意义上的民族国家进程采取一系列关键性措施。1991年苏联解体后，获得主权独立的中亚各国立即迈出了主体民族化的实质性步子。首先，中亚各国以法律形式将主体民族在本国社会政治生活中的地位确定下来。在建设独立国家的过程中，突出宣扬主体民族的地位、权利和作用，在国家立法、执法及各重要部门中主要安排主体民族干部。如在哈萨克斯坦，议会上、下院中哈萨克族议员占60%以上。吉尔吉斯斯坦的立法机构中，吉尔吉斯族议员占70%多。而在国家核心部门推行主体民族化的重要目标，是有针对性地压缩俄罗斯族干部在这些机构中的数量和比例。如在吉尔吉斯斯坦独立初期的议会中，俄罗斯族代表仅占4%。[①] 在军队、内务、安全、外交等强力部门中，主体民族比例普遍达到更高水平。这种现象在乌兹别克斯坦表现得最为突出，在国防部、外交部、国家安全总局、内务部等要害部门中，几乎看不到其他民族干部的影子。其次，出台各种措施扩大主体民族人口数量。如哈萨克斯坦，一方面鼓励国内哈萨克族家庭多生多育，由政府卫生部门提供专业性指导和临床卫生服务，甚至沿袭苏联时期“英雄母亲”的光荣称号，竭力提高主体民族在国内总人口中的比例；

---

① 高永久、徐亚清：“论中亚的民族主义问题”，《中国边疆史地研究》，2003年第4期，第47页。

另一方面，颁布《哈萨克斯坦公民法》，号召全世界分散居住的哈萨克人“回归祖国”，并为由国外回到哈萨克斯坦的“新哈萨克斯坦人”提供住房、土地、贷款等优惠条件，甚至尚未获得哈萨克斯坦公民地位的各国哈萨克族移民，也可以像哈萨克斯坦公民一样享受子女免费教育的待遇。这一政策很快在周边的吉尔吉斯斯坦、中国、蒙古国、俄罗斯等国的哈萨克族公民中产生了巨大影响力，来自不同国度的哈萨克人纷纷进入哈萨克斯坦，使苏联时期形成的民族人口比例在这时发生很大变化。1989 年，哈萨克斯坦的哈萨克族人口占全国人口的比例为 39%，1994 年达到 43%，到 1998 年时已经达到 54%。第三，以国家政权的行政力量推动独立后的社会文化主体民族化。中亚各国独立时制定的宪法都将本国主体民族语言定为“国语”，而将沙俄统治时期和苏联时期曾长期使用的俄语定为“各民族间交际语言”。[①] 同时，将历史上与俄罗斯征服中亚的历史、俄罗斯历史文化、苏联政治历史相关的地方、单位、企业的名称全部改成本国主体民族语言的人名、地名。例如：吉尔吉斯斯坦将苏联时期的首都伏龙芝改成

---

① 《哈萨克斯坦共和国宪法》（1995 年 8 月 30 日通过）第一章第五条第一款规定：“哈萨克语为哈萨克斯坦共和国的国语”；第二条规定：“在国家组织和地方自治机构中，俄语与哈萨克语一样，平等地正式使用”。《乌兹别克斯坦共和国宪法》（2010 年 12 月 8 日通过）第一篇第一章第四条规定：“乌兹别克语是乌兹别克斯坦共和国国语”，第五条规定：“乌兹别克斯坦共和国保证尊重居住在其领土上的各民族的语言、风俗和传统，并为其发展创造条件”。《吉尔吉斯共和国宪法》（1993 年 5 月 5 日通过）第一章第一节第五条规定：“吉尔吉斯语是吉尔吉斯共和国的国语”；第二条规定：“吉尔吉斯共和国保证保留、平等而自由地发展共和国居民所使用的俄语及其他一切语言，并保证使其发挥功能作用”；第三条还规定：“不允许因不懂得或没有掌握国语而侵害公民的权利和自由”。《塔吉克斯坦共和国宪法》（1994 年 11 月 6 日通过）第一章第二条规定：“塔吉克语是塔吉克斯坦的国语，俄语是族际间交际的语，居住在共和国境内的各大小民族都有权自由使用本族语”。《土库曼斯坦宪法》（1992 年 5 月 18 日通过）规定：“土库曼语是土库曼斯坦的国语，确保全体公民享有使用本民族语言的权利”。参考网站：http://kz. mofcom. gov. cn/article/ddfg/intruduce/201409/20140900738693. shtml; http://uz. china - embassy. org/chn/UZGK/t755026. htm; http://kg. mofcom. gov. cn/article/ddfg/tzzhch/200310/20031000140641. shtml; http://tj. mofcom. gov. cn/article/ddfg/200208/20020800036089. shtml; http://tm. mofcom. gov. cn/article/ztdy/200405/20040500216115. shtml。

比什凯克，土库曼斯坦克拉斯诺沃斯克改为土库曼巴什，塔吉克斯坦将列宁纳巴德州改为索格特州，将列宁纳巴德市改为胡占德（Ходжанд，旧名，亦有译为“胡詹德”、“苦盏”等）市，这种具有一致性的做法充分体现出中亚各民族国家精英们急于完成“去俄罗斯化”社会进程的文化心态。

其实，刚刚独立的中亚各国领导层和主体民族精英层仍未摆脱苏联意识形态中对民族和民族问题的认识原则。“民族是人们在历史上形成的一个有共同语言、共同地域、共同经济生活以及表现于共同文化上的共同心理素质的稳定的共同体”，[①] 斯大林关于民族的定义对中亚各国独立后的民族国家进程和民族关系构建还产生着深刻的影响。[②] 从干部队伍、人口比例、语言地位等几个重要的社会政治和社会文化方面确立主体民族的地位，体现了这种苏联意识形态的痕迹。在这一模糊理论基础和清晰政策目标的指引下，中亚各民族国家进程当中的主体民族化政策效果还是很明显的。一方面，的确在草创建国时期起到了凝聚民族精神的作用，为现实民族国家框架的构建激发出强大的社会能量，尤其在形成中亚民族特色的国家权力结构的探索中发挥了突出的作用。另一方面，这种做法也确实给中亚民族国家的构建带来一系列复杂问题，这些问题因其历史原因对各国主体民族精英而言都很棘手，其解决的方式和程度对独立初期的国内社会稳定与对外关系都有一定影响。例如，因将本国主体民族人口比重与新独立民族国家政治安全挂钩，导致严重的排斥俄罗斯族及其他少数民族的倾向；[③] 俄罗斯、乌克兰、日耳曼、波兰等欧洲民族感受到强大社会政治和文化压力而大量迁出中亚国家，无力迁走的均申

---

① 斯大林：“马克思主义和民族问题”，《斯大林选集》上卷，人民出版社，1975 年版。

② 张建军：“关于斯大林民族定义及其相关问题的思考”，《广西民族研究》，2009 年第 2 期，第 11 页。

③ 季志业：“中亚民族问题及其趋势”，《现代国际关系》，1995 年第 10 期。

请了母文化国家的国籍，在中亚国家形成了双重国籍问题；苏联划界时形成的中亚各国国内一些非主体民族人口聚居地区民族主义情绪抬头，甚至出现严重的分离倾向，如哈萨克斯坦的北部俄罗斯族聚居区（乌斯季卡缅纳戈尔斯克、巴甫洛达尔、塞米巴拉金斯克等地）、乌兹别克斯坦塔吉克族聚居区（撒马尔罕、布哈拉、希瓦等地）、吉尔吉斯斯坦奥什乌兹别克族聚居区等。这些问题随着地区形势和国家关系的变化构成了中亚各国安全和地区稳定的重要因素之一，而且至今仍对中亚地缘政治格局的发展走向产生着相当程度的影响。

国家政体构建模式的地缘特色

中亚各民族虽然在历史上曾经出现过疆域大小、人口众寡、存在时间均不一样的各类政权，但是以 5 个最大的民族建立国家却是在俄罗斯帝国被推翻之后的苏维埃政权时期。历史证明，当年列宁、斯大林关于民族自决的理论存在一些致命的缺陷，并且在实践中受到了国内和国际政治因素的影响。客观上，中亚民族国家的构建进程在政治、经济、文化等多种因素的影响下并未能正常地进行和完成。当时的苏联宪法中规定实行联邦制，联盟中央与各共和国实行“分权制”，即联盟中央主要行使外交、国防、交通、邮电、外贸等方面的国家管理权限，以及批准各共和国预算、计划等，各共和国独立行使经济、财政、文教、卫生、民族、社保等方面的国家管理权限。但是，苏联 60 多年的历史实践证明，所谓“分权制”形同虚设，苏联实际上发展成了一个高度集权的单一制国家，各社会主义共和国在名义上是主权国家，实质上像哈萨克、乌兹别克、吉尔吉斯、塔吉克、土库曼等每个社会主义民族国家并不是具有完全主权的国际政治行为主体。[①] 所以在这样一个时代政治背景下，虽然中亚各共和国也建立起了各自的"国家"权力机构，但充其量也不过是苏联中央政府直接领导下的地方行政机构。这样的情形不仅在中亚边区小国如此，俄罗斯、白俄罗斯、乌克兰三个斯拉夫民族共和国虽然在联盟中央有更大的影响力，但在政权结构上同样严格受制于联盟中央。苏联解体后，苏联中央在政治权力上控制和束缚的框架被冲破。中亚各国与苏联多数民族共和国一样，缺乏建立国家政权的历史实践和经验积累，建立一个什么样的国家权力构架和权力运作机制成为首要问题。

由于中亚各国的独立进程并非一种完全主动和积极的政治行为，所以一开始对各自的民族国家政权体制并没有固定的预期和成熟的设计。在20世纪80年代的苏联，戈尔巴乔夫推动的改革理念引起了各共和国民族主义思潮的兴起。这股思潮在当时的苏联主要表现在两个方面：一是波罗的海沿岸拉脱维亚、立陶宛、爱沙尼亚三国强烈的分离主义情绪，坚决要求摆脱苏联；二是俄罗斯的大民族主义抬头，自认为是全苏联各共和国的"奶牛"，将自己的人力、资源、技术等"无私地"提供给各边远落后的少数民族共和国，却拖累本国经济陷入困境，提出要尽快甩掉这些包袱（中亚五国首当其冲）。在这两种极端的民族主义思潮的影响下，中亚各国面临着选择上的尴尬。他们既认同波罗的海三国民族主义者的做法，希望获得更多的主权和利益，又不希望苏联即刻解体，从此失去经济和安全上的重要依托。这种心态影响着中亚各主体民族精英们迈出自信的一步，也使他们未能对苏联解体后获得的国家权力作出更长远的独立设计和主动建构。民族国家获得了主权上的独立，无论对于各国政治精英还是普通公民都

① 赵常庆：《中亚五国概论》，经济日报出版社，1998年版，第46页。

带有几分意外。选择怎样的国家模式和政权体制，首先取决于新独立的政权要面对哪些亟待解决的问题。对于新获独立的中亚各国政权，第一位需要解决的问题是保障本国的社会稳定。苏联解体带来的政治地震、中亚各国与原联盟中央及各共和国法律关系的断裂、国内多民族结构原有矛盾的表面化公开化、周边邻国和地区大国对中亚战略地位的觊觎，这些突出的问题如果得不到控制和基本解决，由此引发社会动荡而威胁新生政权的存在也就是一步之遥的距离。第二位需要解决的问题是遏制各国宗教极端主义思潮的全面蔓延，防止苏联解体带来政治“失压”后的伊斯兰原教旨主义迅速膨胀。苏联政治改革时期已经萌生出的“政治伊斯兰”势力抬头，以“纯净伊斯兰”为口号提出了在中亚地区“复兴伊斯兰”的理念。当苏联社会主义意识形态被彻底否定时，各国宗教极端主义势力发现了最佳历史机遇。把宗教复兴与建立新的社会制度结合起来，组织宗教党派和运动，利用伊斯兰教推崇平等、反对腐败、排斥异教的理念动员民众，对新获得独立的中亚各国世俗政权提出挑战。第三位需要解决的问题是各国国民经济的恢复和重组，带领本国经济从苏联时期的陈旧经济模式和经济布局断裂后的危机中走出。尤其是在独立后最初几年，中亚各国开始在失去苏联中央财政支持的背景下独立管理本国经济。作为新独立的经济行为体，由于原来计划经济分工造成的单一性缺陷，中亚各国的国民经济发展都遭遇了空前的困境。特别是从1992年开始，中亚国家的各项经济发展指标都出现两位数以上的持续下滑，到1995年时跌入谷底，多数国家主要经济发展指标比苏联时期下降了一半以上。

中亚各国独立后经济发展趋势（%）①

中亚国家	发展指标	1992 年	1995 年与1990 年相比	1997 年
哈萨克斯坦	国内生产总值	-22.6	-55	1.9
	工业产值	-23.7	-52	
	基本建设投资	-47	-83	
	商品零售额	-33.4		
吉尔吉斯斯坦	国内生产总值	-13	-50	10
	工业产值	-13.8	-68	
	基本建设投资	-35	-59	
	商品零售额	-59		
塔吉克斯坦	国内生产总值		-50	
	工业产值	-24.2	-52	
	基本建设投资	-42	-79	
	商品零售额	-74.1		
乌兹别克斯坦	国内生产总值	-11.1	-18	3.9
	工业产值	-6.7		
	基本建设投资	-32	-45	
	商品零售额	-44.9		
土库曼斯坦	国内生产总值			
	工业产值	-14.9	-35	
	基本建设投资		-60	
	商品零售额	-36.2		

上述亟待解决的问题，与苏联时期联盟中央及各共和国政府面临的问题具有相当高的延续性。同样，一个政权的体制建立和

① 赵常庆：《中亚五国概论》，经济日报出版社，1998 年版，第 122 页。

它所推行的政策，都不可能与历史传承因素割裂开来。中亚各国独立后对新建国家模式和政权体制的选择自然也充分参考了苏联时期乃至沙俄统治中亚时期的一系列有效管理模式，尤其是针对各国独立后面临的各种重大问题和挑战，发掘这种政治制度历史的继承性具有现实意义。从理论意义上讲，中亚各国政治精英其实是利用国家治理模式上的继承性，克服了苏联解体这一地缘政治版图全面改写带来的突变性。① 从具体的政治实践上讲，中亚各国几乎一致地选择了形式上的“三权分立”制和“多党制”政治体制，而在实际内容上则形成了国家权力高度集中的“总统制”政权。尽管中亚五国在独立后建立的国家政权体制并不相同，但在建立权力相对集中的政权过程中均体现出这样几个主要的特点。第一，独立前的共产党经过改组后成为总统制借重的主要社会政治力量。如：哈萨克共产党改组为“哈萨克社会党”；乌兹别克共产党更名为“乌兹别克斯坦人民民主党”；土库曼共产党改名为“土库曼民主党”。这些前共产党转变成的政党，在独立后的中亚各国多党制中往往都占据重要的甚至是领导的地位。第二，中亚各国原党政高层领导在民族国家进程中华丽转身，成为新独立国家领导人。这一特点充分体现了上述“继承性”在中亚各国政权蜕变过程中的重要意义，当中亚各国在几分无奈和百废待兴中匆忙开始构建民族国家大厦时，能够动员苏联时期遗留下来政治资源的，也只能是前苏联的政治遗老们。第三，浓厚的家族政治文化和利益集团划分很快构成中亚各国权力结构特色。由于历史上中亚民族长期游牧，各民族内部以紧密的血缘关系构成足以应对自然和人类强敌的社会力量，这种以部族和地域划分的部族政治文化一直持续到沙俄吞并中亚和苏联管理中亚的时期。其实，这也体现了中亚各国政治精英层在继承苏联

① 杨恕：《转型的中亚与中国》，北京大学出版社，2005 年 6 月版，第 89 页。

时期政治遗产的同时，也在本民族政治文化中开发可资利用的新资源。哈萨克斯坦早期的拉哈特家族和后来的库利巴耶夫家族、吉尔吉斯斯坦早期的阿卡耶夫家族和后来的巴基耶夫家族、乌兹别克斯坦的卡里莫夫家族等等，都具有代表性。第四，以总统为核心的东方型个人威权体制特征。所谓“总统制”政权，即总统的权力高于议会和政府。哈萨克斯坦《宪法》（1995 年）规定，当总统与议会发生矛盾和意见争执时，总统有权解散议会。[①] 乌兹别克斯坦《宪法》规定，参议院（即议会上院）主席、立法院（议会下院）主席和总理人选由总统提名。[②] 虽然宪法中对总统的职权和任期都有明确的规定，但是事实上中亚各国的总统职位几乎都成为终身制的权力宝座。

苏联的解体使 18 世纪以来以俄罗斯为中心的政治文化影响疆界向北大大退缩，但是为了克服苏联帝国崩溃带来的一系列重大政治风险，中亚地区沿袭苏联时期划分的 5 个民族国家及其主要政权体制，纷纷建立起政治权力相对集中的总统制政权，这一事件本身对中亚地区后来地缘政治格局发展具有重要意义：首先，诞生于冷战结束时全球性“民主浪潮”中的中亚各国，必然选定多党制、三权分立、议会制作为与苏联政治历史分割的符号，同时因国内、地区内稳定对权力效率的要求最终建立起威权体制，这就注定了在维护国家利益的务实外交和迎合大国的价值观外交之间纠结的命运；其次，总统制强化了中亚各国权力核心的权威和效率，为克服草创建国时期的各种困难和挑战形成了坚强的政治核心，同时又因个人权威过于强大而压制了潜在政治精英的发育成长，这种状态持续的时间越长就越使未来的权力更迭充满不确定性，甚至使整个地区的政治稳定面临风险；第三，以家族和

① 《哈萨克斯坦共和国宪法》（1995 年 8 月 30 日通过），第 3 章第 48 条。

② 《乌兹别克斯坦共和国宪法》（1991 年 12 月 8 日通过，1993 年 12 月 28 日、2003 年 4 月 24 日、2007 年 4 月 11 日、2008 年 12 月 25 日修改），第 19 章第 93 条。

地域划分的利益集团已经形成，以总统家族为核心的最大利益集团必须有能力平衡国内各利益集团间的关系，一旦失去这种能力，或其他利益集团具备了这种能力，国家政权的易手不可避免，而这样的政权更迭过程往往很难在法律框架内以和平方式完成；第四，中亚地区所处的地缘政治环境和由此演绎出的与周边国家关系史，以及在这种关系史中形成的民族、文化、经济联系，决定了在中亚无论出现怎样强势的国家权力中心都不可能是封闭的，国家主权的巩固和国民经济的发展都要求选择一种特定的与周边国家的关系模式，这也构成了中亚各国政权与地区周边各种力量互相影响（甚至受制于某种域外权力）的地缘政治条件。

第四章　域外权力中心的中亚观与地缘影响

从“和平伙伴关系计划”到“新丝绸之路战略”

苏联的解体在一定程度上缓解了冷战期间大国关系中持续产生的矛盾和冲突，有效释放了近半个世纪以来国际关系体系中积累的能量。但这种缓解和释放的效果是暂时的，因为冷战的结束以是一方“胜利推进”和另一方全线瓦解这种不均衡结果体现的。以美国及北大西洋公约组织（以下简称为“北约”）为主体的西方集团主观地将自己定位为当然的“胜利者”，对冷战期间的军事威慑战略、军备竞赛战略、价值观渗透战略的效果评估达到空前肯定和自信的程度。面对苏联解体后“裸露”出来的大片地缘政治空间，美国及西方政治家们的“责任感”和“使命感”油然而生。当中亚地区不仅在政治上与苏联厘清了关系，而且也在国际法上获得了真正的独立后，美国政府立即做出了对中亚地区的政策设计：“美国在中亚的政策目标包括培育稳定、民主化、自由市场经济、自由贸易和穿越欧亚大陆走廊的自由运输、俄罗斯以外国家的无核化以及坚持国际人权标准。美国的首要目标是粉碎极端主义和集团阻碍或破坏达到这一目标的企图。美国的政策也旨在使这些国家与国际社会一体化，以便美国奉行负责任的安全和其他政策，阻止威胁和平与稳定的恐怖主义的和反西方的发展方向。美国政府关注所有中亚国家的人权和公民自由问题。美国政府在中亚的政策目标也反映了这些国家的不同特点。美国在哈萨克斯坦的利益包括安全和销毁苏联时代的核与生物武器原料及设施。在塔吉克斯坦，美国的援助日益集中在经济重建问题上。美国的能源企业在哈萨克斯坦、土库曼斯坦和乌兹别克斯坦的石油和天然气领域做出了大量的投资。”① 这一美国政府对新独立的中亚地区各国的官方立场，典型地体现出了作为世界上唯一超级大国的战略心态和地区观。这段文字包括了这样几层含义：第一，对于美国和西方而言，中亚地区是不稳定和不安全的，核武器、生化武器、极端主义将妨碍甚至威胁美国将要履行的“负责任的安全和其他政策”；第二，美国政府将动员和鼓励本国及西方企业进入中亚各国，通过投资（尤其是在石油、天然气、矿产资源等领域的投资）、推动市场经济和促进交通走廊建设等途径，参与中亚各国的经济恢复进程，影响中亚地区经济格局的重建；第三，中亚各国的“人权和自由问题”是美国政府的另一个关注点，并将在中亚各国实现“民主化”、“与国际社会的一体化”，阻止“反西方发展方向”，推动“自由市场经济”等社会政策措施的实现，以此作为确保中亚地区和平与稳定的更长期战略目标；第四，美国在中亚地区制定的政治目标考虑到了不同国家间的差异，说明在对这一地区的观察和研究时已有所区别。美国在后来对中亚地区制定的一系列政策和战略，基本都包含了这些要素，并且随着全球政治形势的变化和中亚地缘政治格局的发展不断调整。

① Jim Nichol, Central Asia: Regional Developments and Im plications for U. S. Interests, CRS Issue Brief for Congress, Updated May 9, 2003, PDF File.

所谓美国的中亚战略，最初并非完整而系统的政策体系，而是美国在苏联解体后为了巩固全球霸权、继续拓展欧亚大陆冷战成果、迅速填补这时在中亚地区出现的权力空间而一项项充实，逐渐丰满起来的。在这样一个不断完善的过程中，美国政府和战略家们将最担心的突出问题和最可能出现的风险作为政策首选，并就此提出不同层面的倡议。在此前提下，通过军事、外交、经贸、文化各种渠道采取了一系列影响措施，以推动这些政策目标的实现。面对刚刚从冷战对峙中的超级大国脱胎分化出来的中亚五国及其所处的特殊战略地位，美国政府首先关注的是冷战时期军备竞赛中苏联遗留下来的部分核武库，担心这些潜在的战争能力因出现中亚各国政权控制力不足的情况，而扩散到其他力量手中（这些力量可能是非国家主体，也可能是某些国家主体）。这种失控的情况一旦发生，不仅直接威胁着美国战略盟友的安全，也将挑战美国整合冷战后全球战略格局的总体目标。为此，美国积极参与了推动中亚地区无核化进程的谈判与核查。1991 年 10 月，根据苏联总统令，全部战役、战术核导弹被运往俄罗斯境内，原部署在哈萨克斯坦的核武器如何处置，成为美国高度关注的问题。美国和俄罗斯、哈萨克斯坦等独联体国家在 1992 年 5 月签署了《里斯本议定书》，规定这些国家共同履行 1991 年美苏第一阶段《削减核武器条约》，并责成它们在美俄专家的监督下拆除战略核武器，以无核国家身份尽快加入《防止核扩散条约》。[①] 为了稳妥地实现这一政策目标，时任美国副总统戈尔于 1993 年 9 月出访哈萨克斯坦，并在 3 个月后签署了美哈“合作减少威胁”计划下的合作协定。1994 年 5 月，美国核武器专家应邀进入哈萨克斯坦，协助销毁苏联时期遗留下来的核武器。1996 年 9 月，在哈萨克斯坦的最后 100 口弹道导弹发射井被拆毁，这标志着美国

① Edited by S. Cross and M. A. Oborotova, *The Chapter in United States - Russian Relations*, London, 1994. p. 32.

在苏联解体后对中亚地区拥有的核战争潜力“无害化处理”基本完成。①

与此同时，美国还对包括中亚国家在内的独联体各国采取了“接触+改造”策略，对原苏联军队和常规军事力量开始相互了解与合作的尝试。这就是美国国防部长于1994年在北约国防部长联席会议上提出的著名“和平伙伴关系计划”。② 当年5—7月，哈萨克斯坦、土库曼斯坦、吉尔吉斯斯坦、乌兹别克斯坦相继加入了这一计划。1995—1996年，美国军队与中亚各国军队分别在美国本土和中亚的哈萨克斯坦、乌兹别克斯坦举行了联合军事演习。塔吉克斯坦于2002年2月也加入了“和平伙伴关系计划”。通过“和平伙伴关系计划”及相关的军事合作项目，美国及北约各国军队在与苏联—东欧集团经历了近半个世纪的对抗后，首次踏上了原苏联共和国的领土，这是一个极具象征意义的事件。

这时，美国在中亚地区确立的影响力尚把握着一种微妙的尺度。对此，布热津斯基的表述比较直观地描绘出这一情形下美国人在全球战略中定位的中亚观，“这个地区在地缘战略上对美国的含义十分清楚：美国相距太远而无法成为主导力量，但美国又太强大而不能不参与这一地区事务”，“美国的首要任务是确保没有任何一个大国单独控制这一地缘政治空间，保证全世界都能不受阻拦地在财政上和经济上进入这个地区”。也就是说，美国对这个地区的态度是“既不统治又不排它”。③

美国高度重视所谓“后苏联空间”的地缘政治发展趋势，中亚各国独立后将如何定位今后国际化的方向是美国高度关注的问

① 郑羽：“苏联解体以来美国对中亚政策的演变”，《俄罗斯东欧中亚研究》，2007年第4期，第56页。

② 张宁：“北约与中亚国家的‘和平伙伴关系计划’”，《国际资料信息》，2009年第3期，第3页。

③ ［美］兹比格纽·布热津斯基：《大棋局：美国的首要地位及其地缘战略》，中国国际问题研究所译，上海人民出版社，1998年2月版，第197页。

题之一。中亚民族国家不成熟的发展历史和苏联仓促解体给各国国家建设带来了制度上、法律上的先天不足，这也注定了中亚各国在独立后对周边大国及世界战略力量的依靠。美国政府和战略家们对这一状况有着清楚的了解和高度的关切，最现实的担心是中亚国家难以实现完全意义上的独立，继续受到来自俄罗斯强势影响力的控制。一旦这种局面形成，美国在欧亚地区仍将面对一个保持着强大内在联系并依存于俄罗斯权力中心的统一地缘政治空间。为避免这一担忧成为现实，美国政府也作出了相当大的努力，推出各种外交的、经济的和安全的措施，借以引导和拉动中亚各国对外国际合作的方向。曾任布什总统顾问的美国政治家奥尔科特曾这样表述过当时美国政府的政治动机，“美国应该教他们（指中亚国家）如何成为独立国家，这首先要独立于俄罗斯，只有那时中亚才能从法律上的独立变为事实上的独立”。[①] 可以说，这一时期美国对中亚的外交政策表现出了一种作为冷战“胜利者”的自负和直白，公开的政策目标就是“帮助他们在专制独裁的废墟上建立起民主制度”。[②] 在 1992 年 2 月，时任美国国务卿的詹姆斯·贝克迅速访问了中亚五国并建立了正式外交关系，3 月即在五国建立了大使馆。值得注意的是，美国驻中亚各国的大使馆内都设立了一个“防务专员办公室”。与此同时，美国积极着手对中亚各国组织经济援助。1992 年 10 月，美国国会通过了“支持自由法案”，借此突破对中亚各国经济援助的法律障碍。1992 年 5 月到 1993 年 11 月，美国先后与哈萨克斯坦、吉尔吉斯斯坦、土库曼斯坦、塔吉克斯坦、乌兹别克斯坦签署了《双边贸易协定》。美国通过这一系列的院内活动和外交措施，为帮助中

① ［哈］卡·托卡耶夫：《中亚之鹰的外交战略》，赛·纳雷索夫译，新华出版社，2002 年版，第 128 页。

② ［美］克里斯托弗：《美国的新外交：经济、防务、民主》，苏广辉等译，新华出版社，1999 年版，第 10—22 页。

亚国家从经济上与俄罗斯“断奶”创造着尽可能充分的条件。

2001年“9·11”事件发生后，美国在中亚地区实行的政策和战略进入了一个新的时期。这场突发的恐怖主义袭击行动将美国与数千公里之外的中亚地区更加紧密地捆绑在了一起。在“9·11”事件发生仅9天之后，美国总统布什在国会演讲时明确指出，“中亚地区要么成为恐怖主义的天堂，要么成为美国开展反恐行动的支点”。[①] 美国为了赢得阿富汗“反恐战争”的胜利，意外顺利地进入了中亚国家的领土和领空，并确立了长达13年的军事存在。在2001年9月美国政府宣布将在阿富汗开展名为“持久自由行动”的北约联合军事行动后，尽管时任俄罗斯国防部长伊万诺夫名义上对北约，实际上对中亚国家提出警告：“独联体的领土和领空不允许北约军队进入”，但是“反恐”的名义给了这场军事行动道义上的绝对高度。首先是乌兹别克斯坦，接着是吉尔吉斯斯坦和塔吉克斯坦，后来连哈萨克斯坦也公开表示欢迎北约军队使用本国的领空和基地。有学者认为这次北约顺利进入中亚地区是“美国军事、外交强势与代表国际社会正义力量共同作用的结果”，但客观上重大的地缘政治格局改变由此形成。[②] 北约在阿富汗的大规模军事行动实际上于2001年年底就已经基本结束，但美国对中亚政策的调整在这时却刚刚开始起步。在这一年的12月，美国国务卿鲍威尔访问了乌兹别克斯坦和哈萨克斯坦（原计划还要访问吉尔吉斯斯坦，但因气候条件不适合而取消）。[③] 这时，美国对中亚地区的政策在几度调整后已逐渐清晰。同在12

① George W. Bush, Address to a Joint Session of Congress and the American People, September 20, 2001, the U.S. Capitol. Washington, DC, www.whitehouse.gov/news/releases/2001/09/20010920-8.html.

② Смагулов Агыбай: Вооруженное противостояние в Афганистане и плитико-экономическое развитие Центральной Азии, 《Центральная Азия и Кавказ》№ 2, Том 16, 2013, стр. 104.

③ 郑羽：“苏联解体以来美国对中亚政策的演变”，《俄罗斯东欧中亚研究》，2007年第4期，第60页。

月，美国国务院助理国务卿伊丽沙白·琼斯在国会参议院对外关系委员会中南亚、高加索分委会就中亚问题举行的听证会上，简明扼要地阐述了美国在中亚的最新政策：一是防止恐怖主义在这一地区蔓延；二是帮助中亚国家进行政治和经济改革，推进法制社会建设；三是确保里海能源开发的安全和透明。① 这一政策定位，足以在现实的军事强势下赢得中亚国家的信任，并使戒心重重的俄罗斯难以反对。

美国在位于“后苏联空间”重要位置上的中亚地区取得了意想不到的顺利推进，而且地缘政治阻力比此前西方政治家们预测的要小得多。这样的结果难免使美国政治家们急于将“改造后苏联空间”的愿景在这片看来民意基础良好的地区付诸实践，因为无论是在欧洲正面的乌克兰、白俄罗斯、摩尔多瓦，还是在外高加索的格鲁吉亚、亚美尼亚、阿塞拜疆，都没有遇到这样适宜的机会。2002 年 6 月，美国助理国务卿帮办帕斯科同样在国会参议院对外关系委员会中南亚、高加索分委会的听证会上，作了题为《美国在中亚的作用》的发言。这次发言的主题已经从中亚地区对阿富汗反恐军事行动的意义，转到了对中亚各国社会政治的改造问题上。他认为，“持久而深入的政治经济改革不仅能给中亚各国带来稳定和繁荣，而且是铲除恐怖主义的唯一正确途径”。在这次发言中，帕斯科还毫不客气地批评了哈萨克斯坦和吉尔吉斯斯坦“民主社会建设的缓慢”和“不理想的人权状况”，同时也指责了塔吉克斯坦和土库曼斯坦领导人的“专权”。② 可以看

---

① A. Elizabeth Jones, “U. S. - Central Asian Cooperartion”, Tetimony to the Subcommittee on Central Asia and the Caucasus, Foreign Relations Committee, U. S. Senate, December 13, 2001, http://www. state. gov/p/eur/rls/rm/2001/11299. htm.

② The U. S. Role in Central Asia, B. Lynn Pascoe, Deputy Assistant Secretary for European and Eurasian Affairs Testimony Before the Senate Foreign Relations Committee, Subcommittee on Central Asia and the South Caucasus, Washington, DC, June 27, 2002, www. state. gov/p/eur/rls/rm/2002/11535. htm.

出，美国政府对中亚地区的政策在这时出现了明显的转变，或者可以说是将既定的后续地缘政治改造目标匆忙提上了日程。“9·11”在美国把军事存在顺利植入中亚地区的同时，之后大国对中亚地缘政治影响力的天平明显地向美国方面倾斜。为了得到美国及西方集团在政治上的认可，刚刚独立10年的中亚各国领导人利用一切可能的时机和场合纷纷向美国领导人做出“推进民主政治”和“保障人权”的保证。哈萨克斯坦总统纳扎尔巴耶夫2001年赴美国访问时，向布什总统做出遵守1994年与克林顿共同签署的《民主伙伴关系宪章》的承诺。塔吉克斯坦总统拉赫蒙在2002年也利用同样的机会，表示要致力于扩大本国的民主和人权。美国为奖励乌兹别克斯坦提供汉纳巴德空军基地的配合行动，示范性地与卡里莫夫总统签署了《美乌战略伙伴关系宣言》，其中自然也包含了要求乌兹别克斯坦加强“民主改革”和“改善人权状况”的内容。[①]

当美国以其全球霸权地位推出反恐战略后，在中亚的地缘政策推进也显得十分顺利。到布什总统第二任期时，美国在中亚的政策也作出了明显调整——由2001年进入中亚后为保障阿富汗反恐战争顺利进行而维持现有中亚各国政权的稳定，转变为在中亚各国“推进民主制度优先”的政策。这一调整的背景有：一是美国因发动伊拉克战争陷入道义困境后带有“公益性”色彩的全球战略整合；二是2003年格鲁吉亚和2004年乌克兰的两场“颜色革命”成功改变了这两个原苏联国家的政治进程，对美国在中亚地区“移植”这种低成本“改造”项目带来了启示和示范效应。恰好与布什第二任期相重合的是中亚各国“选举年”的到来，自独立以来各国建立起来的总统制政权将经历第一次权力更迭过程（尽管这种更迭是形式上的，而不是人事上的）。选择怎样的方式

① 曾向红：《遏制、整合与塑造：美国中亚政策二十年》，兰州大学出版社，2014年10月版，第189页。

和路径完成这次政治考验，是按照美国及西方对中亚社会政治发展进程开列的清单，一项项地把自己塑造成一个合乎“民主标准”的开明政权；还是依据自己民族国家传统的特殊性逐渐形成具有中亚特色的国家权力模式，这对中亚各国的政治精英而言的确是个两难的选择。

2005 年 3 月，美国国会通过了《2005 年推进民主法案》，这一法案将世界各国分为“完全民主”、“半民主”、“非民主”三种国家类型，认为美国的“神圣职责就是促使那些表面上允许反对党、公民团体和新闻自由的存在，但事实上却对其进行种种限制的部分民主国家向完全民主国家转变”。[①] 美国布什政府以国会文件形式推动原苏联国家的社会政治“民主改造”，大大鼓舞了西方各国体制内外力量在中亚地区促进“后苏联空间改造”的“责任感”和激情。在格鲁吉亚、乌克兰积累了成功经验的外交官和非政府组织，首先选择了被称为“中亚民主岛”的吉尔吉斯斯坦。2005 年 3 月，国内外势力利用吉尔吉斯斯坦议会选举的机会，发动民众以“街头革命”方式结束了阿卡耶夫政权。但是让美国和西方人没有想到的是，所谓“颜色革命”在中亚这个有着复杂民族文化传统和严重安全威胁的地区发生了严重的“变异”。在吉尔吉斯斯坦发生的“郁金香革命”中，全然看不到格鲁吉亚“玫瑰花革命”和乌克兰“橙色革命”那种“优雅”和“文明”（哪怕是刻意设计出来的）。冲击总统府、打开武器库、释放监狱里的罪犯、洗劫超市和商店、烧毁外国企业的写字楼，几乎造成全国性的社会失控。甚至在吉尔吉斯斯坦南方蔓延的宗教极端主义组织“伊斯兰解放党”（Hizb ut - Tahrir，国内也有学者将其音译为“伊扎布特”，埃及穆斯林兄弟会的分支组织，主张建立跨国的政教合一“大哈里发国家”）也跃跃欲试，企图借全国政

① 109th CONGRESS，1st Session，H. R. 1133. Advance Democracy Act of 2005，http：//wwwa. theorator. com/bills109/hr1133. html.

治力量洗牌的机会争得一席合法地位。同年，在乌兹别克斯坦，美国和西方下了一番功夫的安集延地区也发生了暴乱，另一支中亚的宗教极端主义势力“阿克拉米亚”在这个费尔干纳谷地城市煽动起了数千人参加的群体性事件。在卡里莫夫总统果断平息了这次叛乱后，美国和欧洲却将破坏民主制度和侵犯人权的批评指向卡里莫夫，并提出对此次事件进行公开国际调查的要求。遭到拒绝后，美国和欧盟启动了对乌兹别克斯坦的经济制裁，致使乌美关系由 2001 年后开始的“蜜月期”骤然跌入低谷。2005 年 7 月，乌兹别克斯坦外交部正式照会美国驻塔什干使馆，以阿富汗反恐战争已基本结束为理由，认为美国无须继续在中亚保留军事存在，要求美军在 180 天内撤出乌兹别克斯坦的汉纳巴德基地。2005 年在吉尔吉斯斯坦和乌兹别克斯坦发生的这两起重大事件及其影响，引起了美国部分学者和政治家对既定中亚政策的反思。

也是在 2005 年 3 月，美国约翰·霍普金斯大学中亚与高加索研究所所长弗雷德里克·斯塔尔（S. Frederick Starr）在一份题为《阿富汗及其邻国的“大中亚伙伴计划”》的研究报告中，首次提出了“大中亚”的概念。斯塔尔教授是美国学术界对中亚地缘政治沿革历史和当前社会政治变化现状有比较深入了解的学者，他在对冷战后中亚地缘政治持续发生的一系列变化进行梳理后作出判断，提出了以阿富汗为中心向巴基斯坦、印度等南亚国家推动政治、安全、能源、交通等领域的合作，引导中亚地区的地缘政治板块在阿富汗反恐战争后朝南亚方向整合。应该承认，斯塔尔教授提出的“大中亚计划”有其合理的依据，这就是苏联的解体使中亚地区获得了释放内生性地缘政治能量的机会，独立后各国的区域性政治、经济、安全合作需求将“回归”历史上中亚自然地理和人文地理因素共同发挥作用的模式。对这一趋势的预测，也并非仅斯塔尔教授一家。中国中亚问题专家潘志平教授早在 2003 年后就曾提出过“中南亚”的概念，其最重要的思路也是认为，脱胎于原苏联的中亚五国在摆脱了俄罗斯权力中心的政策控制后（尤其在阿富汗战争后），其地缘政治发展方向将体现出向南亚延伸的趋势。[①] 基于这一近似的认识，斯塔尔教授在他的研究报告中重点阐述了按这一地缘政治规律顺势推进将有望走活在阿富汗僵局的策略思路。2005 年，斯塔尔教授完成这个研究报告之后，又以论文形式将他的观点在美国的《外交》双月刊上发表，[②] 以期使世界各国的同行们共享他的思想成果，并借此推动这一思路在更广泛的领域被讨论、被接受。

斯塔尔教授“大中亚计划”提出的时间，恰恰是在中亚发生了吉尔吉斯斯坦的“郁金香革命”和乌兹别克斯坦安集延事件的同一时间段里。这一时间上的巧合促成了美国对这一计划的高度重视，虽然美国并未将斯塔尔教授的研究报告转化成对中亚的政策性文件，但此后的美国中亚政策却处处体现出了“大中亚计划”的思路。2005 年 10 月，美国国务卿赖斯在哈萨克斯坦欧亚大学（阿斯塔纳）演讲时强调，“阿富汗需要与中亚地区建立一种全面伙伴关系，一个安全繁荣的阿富汗能稳定中亚，并将中亚与南亚联系在一起，这是未来经济成功的关键所在”。[③] 2006 年 1 月，美国国务院调整了主管欧亚方向事务的各部门设置，将原来属于欧洲局的负责中亚五国事务的部门归入新成立的中亚南亚局，而这个中亚南亚局包括了原来的南亚局。[④]

应该承认，作为在美国为数不多的中亚问题专家，斯塔尔教授关于中亚地区的稳定与发展不能不与阿富汗问题解决前景相联系的观点体现出一定的客观性，他贡献此观点为美国政府提供政

① 潘志平：《中南亚的民族宗教冲突》，新疆人民出版社，2003 年 1 月版。

② Frederick Starr, A Partnership for Central Asia, Foreign Affairs, July - August, 2005.

③ Secretary Condoleezza Rice, Remarks at Eurasian National University, Astana, Kazakhstan, October 13, 2005, http://www.state.gov/secretary/rm/2005/54913.html.

④ 潘光、张屹峰：“‘大中亚计划’：美国摆脱全球困境的重要战略步骤”，《外交评论》，2008 年第 2 期，第 87 页。

策上的服务也无可厚非。但是这一计划自从被美国政府采纳时起，就被添加上了浓重的冷战色彩。以阿富汗为中心也好，联通巴基斯坦、印度也好，地缘战略目标均指向弱化和排斥俄罗斯对中亚地区的传统影响。斯塔尔教授原本在研究报告中强调，俄罗斯、中国、印度、巴基斯坦在中亚都有各自的利益，“大中亚伙伴计划”应尊重他们的利益，使他们将美国看作一个盟友，这是“大中亚计划”得以实现的重要条件之一。[①] 然而，当“大中亚计划”被美国国务院作为一个政策项目甚至地区战略实施时，这一关键性的建议已经被布什时代的单边主义和冷战思维所淹没。所以，当斯塔尔教授的“大中亚计划”被美国国务院采纳并赋予战略博弈用途时，也就注定了它遭到抵制并逐渐被冷落的命运。

2009 年 1 月，美国奥巴马政府开始了新的中亚政策时代。美国中亚研究界就中亚地区对美国的全球战略意味着什么样的机遇和挑战展开了争论，并就美国是否具有应对这些机遇和挑战的必要与能力深入讨论。这场争论对奥巴马时代美国对中亚政策的调整产生了重要的影响作用。[②] 奥巴马检讨了布什单边主义中亚政策的得失，使这一时期的美国中亚政策具有比较全面的特征。奥巴马不赞同布什时期单纯靠军事手段解决恐怖主义问题的做法，主张运用“巧实力”来应对美国当前面临的重大国际问题，并尝试着与欧盟、俄罗斯、中国修复和维护建设性关系。[③] 在这样的全球战略调整的大背景下，经过近一年时间的争论、磨合、拿捏，美国奥巴马政府的中亚政策在一番调整之后出笼。2009 年 12 月向阿富汗增兵方案公布后，美国国务院负责南亚和中亚事务的助理国务卿乔治·科罗尔（George A. Krol）在听证会上宣布：增

① 潘光、张屹峰：“‘大中亚计划’：美国摆脱全球困境的重要战略步骤”，《外交评论》，2008 年第 2 期，第 87 页。

② 曾向红：《遏制、整合与塑造：美国中亚政策二十年》，兰州大学出版社，2014 年 10 月版，第 55 页。

③ 杨洁勉：“浅析奥巴马政府的全球战略调整”，《国际问题研究》，2011 年第 2 期。

加中亚国家与美国在阿富汗反恐上的合作；使中亚地区能源和运输线路尽可能地多元化；督促中亚地区各国推进民主和人权；发展自由竞争的市场经济；加强中亚各国的自我管理能力，防止在塔吉克斯坦、吉尔吉斯斯坦发生国家失败。这一系列政策基于这样的判断："中亚地区处于美国关键的安全、经济和政治利益的支点上"。①

若要实现美国对中亚政策的调整，阿富汗作为一个关键性的结点仍是绕不开的障碍。而且奥巴马政府早已将从阿富汗撤军作为一张重要政治砝码抬出，美国和北约在阿富汗军事力量的减少、甚至作战部队全部撤出将成为不可逆转的趋势。此时美国10年反恐和经济重建的成果将如何巩固，成为美国领导人和战略家们考虑的问题。面对"大中亚计划"的遭遇，斯塔尔教授趁白宫易主之机又提出了"新丝绸之路战略"，试图将他以阿富汗为中心打造中亚南亚紧密连接地缘板块（即"大中亚计划"）的思路加工润色，以一种更加柔性、更加具体、更具建设意义的方式推出。这一战略构想在美国战略与国际研究中心（CSIS）参与帮助下形成研究报告，正式提出在中亚南亚地区构建一个统一互动的经济贸易网络，借助于美国南亚盟友和伙伴的力量，巩固阿富汗反恐战争成果，并将中亚地区的能源资源输往南亚地区，通过这种跨中亚南亚的积极经贸活动提高相关各国抑制极端主义和"建立民主制度"的信心，从而实现美国在欧亚地区及全球范围内更长远的战略目标。② 这一报告刚刚出笼时，并未被美国国务院看好。直到2010年得到美国中央司令部的支持后，才逐渐引起美国

① Jim Nichol, *Central Asia: Regional Developments and Implications for U. S. Interests*, Washington, D. C.: Congressional Research Service, RL33458, May 3, 2012, p. 3; George A. Krol's testimony in U. S. House Committee on International Relations, Reevaluating US Policy in Central Asia, Washington, D. C.: Government Printing Office, December 15, 2009, Serial no. 111 - 433, pp. 14 - 15.

② 赵臻："美国'新丝绸之路'战略简析"，《佳木斯教育学院学报》，2012年第10期。

国务院的重视。2011年7月，美国国务卿希拉里在访问印度钦纳时正式提出“新丝绸之路战略”，并对这一战略做出一番具体的、美好的描述：“土库曼斯坦的气田将能满足巴基斯坦的能源需求，并为阿富汗和巴基斯坦提供可观的过境收入。塔吉克斯坦的棉花将运往印度制成棉布。阿富汗的家具和水果将出现在阿斯塔纳、孟买甚至更远地方的市场”。[①] 随后，希拉里访问了阿富汗、巴基斯坦、塔吉克斯坦、乌兹别克斯坦四国，为“新丝绸之路战略”游说。同年9月，美国、阿富汗、德国三国外长又在纽约共同主持了由27个“新丝绸之路”沿途国家外长参加的会议，为“新丝绸之路战略”造势；一周后，约翰·霍普金斯大学举办了题为“美国‘新丝绸之路战略’：内容、方向”的研讨会。从游说和造势的内容看，新战略仍未超出斯塔尔教授“大中亚计划”的几个基本要素：以阿富汗为中心、以交通、能源、贸易为主的网络、打造连接中亚与南亚的新地缘板块。难怪有中国学者认为，所谓“新丝绸之路战略”与“大中亚计划”相比鲜有新意。[②]

从布什时期到奥巴马时期，从“大中亚计划”到“新丝绸之路战略”，美国政府中亚政策的调整和变化，既体现了美国国务院对本国地缘政治学家思想成果的重视程度和转化能力，也显现出了美国学术界对中亚问题的研究视角与美国政府制定中亚政策实用性考虑之间的差异。如果客观地评价，斯塔尔教授对中亚地缘政治演变进程的深刻理解与研究成果，为美国政府在“9·11”后走出阿富汗战争和“颜色革命”改造中亚的困境，提供了一个很好的思路和方案。但是美国政府方面将中亚地区定位为“后苏联空间”、“不民主”、“半民主”、“部分民主”地区，并必欲按

---

① “The New Silk Road?” *The Diplomat*, http://thediplomat.com/2011/11/11/the-new-silk-road/.

② 韩隽、郭沅鑫：“‘新丝绸之路愿景’——‘大中亚计划’的2011版？”，《新疆大学学报（哲学、人文社会科学版）》，2012年9月版，第95页。

西方价值观进行改造的动机，使斯塔尔等学者的设计很难通过经济条件的改善和价值观上的认同得到中亚各国政府认可和支持。不论是布什时期典型共和党风格的单边主义外交政策，还是奥巴马时期民主党式的“全方位民主战略”，均将俄罗斯、中国、伊朗、印度等地缘中心视为竞争对手甚至“民主的敌人”，以这种冷战思维驾驭“大中亚计划”或“新丝绸之路战略”，势必会陷入排斥中亚政治、经济、安全多元性特征的误区，难以达到预想的政策目标。

2013 年初，奥巴马宣布将于 2014 年从阿富汗撤出美军作战部队。美国战略力量以“亚太再平衡”为目标的全球性调整，引起人们对其中亚军事存在去留的关注。2013 年 11 月，吉尔吉斯斯坦总统办公厅副主任萨帕尔·伊萨科夫在记者会上披露，美国方面将从 2014 年 1 月起，在半年内完成撤离设在吉尔吉斯斯坦比什凯克玛纳斯国际机场的“物资转运中心”的工作。① 2013 年 6 月 3 日，美国驻吉尔吉斯斯坦首都比什凯克玛纳斯空军基地的军人举行了这个基地的关闭仪式。② 尽管此后不断传出关于五角大楼决定将这个在中亚维持了 13 年的空军基地转移到乌兹别克斯坦或罗马尼亚的传闻，但到目前为止，把美军在玛纳斯机场的变迁看作美国在中亚直接军事存在的转折点应该是没问题的。当然，围绕美国在吉尔吉斯斯坦基地的撤出，国际观察者们又开始了华盛顿是否放弃中亚的新一轮争论。

2015 年 11 月初，美国国务卿克里用 5 天时间遍访中亚五国，并在乌兹别克斯坦撒马尔罕与中亚五国外长会谈。克里在主旨演讲中，宣布美国与中亚关系的一种新模式即将启动，即中亚

---

① США и Киргизия не рассматривают новых соглашений по авиабазе “Манас”, http://ria.ru/world/20131115/977217419.html.

② Ситуация вокруг американской военной базы в Киргизии, 03.06.2014, http://ria.ru/trend/military_base_manas_04022009/.

“5 +1”新机制（中亚五国 + 美国）。这是在欧亚地区政治和安全形势发生重大变化后，美国对中亚政策的又一次调整。已有学者认为，“5 +1”机制的出现标志着“美国中亚战略的第五阶段”开始启动。[①] 的确，在经历了“和平伙伴关系计划”、阿富汗反恐战争、“郁金香革命”、安集延事件等具有一定地区影响的事件后，美国对中亚的政策又开始了新的调整。这对中亚地缘政治走向意味着什么，是美国人重返中亚，还是又一轮经济拉拢？是全球战略收缩的一部分，还是预示着中亚地区出现新的大国博弈？对美国这次抢眼的外交行动，人们正站在不同的立场和视角做出不同取向的猜测。此时，如果回顾一下布热津斯基关于“无法成为主导力量又不能不参与”、“既不统治又不排它”[②] 的观点，应该能够得到一点启示。

从领导到伙伴的角色转变

苏联的解体使俄罗斯与中亚各国的关系发生了质的变化，同一主权实体内的不同行政区域变成在国际法意义上平等的主权国家。而更加重要的是，原本通过构建沙俄帝国和苏联霸权在各共和国中处于“老大”地位的俄罗斯，在经历这场 20 世纪的大裂变后面临着反差极大的民族心理调整和地缘政治观念转变。俄罗斯的政治精英们很快体会到冷战结束后的挫折感，在忍受“休克疗法”带来的国民经济复苏失败的同时，也开始反思以“甩包袱”心态处理与原苏联其他共和国关系的简单化和盲目性。在冷

① 董春岭：“克里‘5 +1 机制’启动美国中亚战略第五阶段”，人民网国际在线，2015 年 11 月 10 日，http：//world. people. com. cn/n/2015/1110/c157278 –27798545. html。

② ［美］兹比格纽 · 布热津斯基：《大棋局：美国的首要地位及其地缘战略》，中国国际问题研究所译，上海人民出版社，1998 年 2 月版，第 197 页。

战结束的最初10年中，俄罗斯领导人并没有等到美国及西方兑现当年为让苏联人主动放弃对抗而留下的承诺。在俄罗斯经济经历私有化的剧痛和萧条时，美国和它的欧洲盟友坚持让俄罗斯弱而不乱的原则，并为此提供着“人道主义经济援助”，乞丐式的经济合作让俄罗斯高傲的民族自尊受到严重伤害。“和平伙伴关系计划”将美国大兵直接送到了俄罗斯的近邻，一轮轮的北约东扩和欧盟东扩压缩着俄罗斯的地缘战略空间。在与俄罗斯继续推动限制战略武器谈判的同时，美国利用自己在高科技领域中的优势，研究并计划部署战区导弹防御系统和国家导弹防御系统，企图封堵俄罗斯自认为还在数量上保持优势的核武库。美国还开启了公共外交和价值观外交的渠道，逐一分化俄罗斯的独联体盟友，支持“古阿姆集团”（ГУААМ，格鲁吉亚、乌兹别克斯坦、阿塞拜疆、摩尔多瓦、乌克兰五个独联体国家俄文国名第一个字母的连读，“古阿姆集团”在独联体内抑制俄罗斯的主导作用，形成独联体内的另类力量），使用“颜色革命”手段颠覆俄罗斯周边的亲俄政权。苏联解体后在欧亚地区发生的一系列地区性事件，构成了围绕俄罗斯步步进逼的地缘政治发展态势。对此，俄罗斯的领导人和战略家不得不对自己周边地区进行重新布局。

地缘上的连带关系与邻近的人文影响是俄罗斯重视中亚地区的重要原因，在此基础上形成了俄罗斯与中亚特殊的历史联系。这种特殊的历史构成了俄罗斯与中亚地区之间地缘政治变迁的主线，也由此决定了俄罗斯对中亚地区的特殊战略定位。首先，俄罗斯对中亚地区的利益定位中，安全是一直放在第一位的。而在不同的时段里，俄罗斯在中亚地区的安全利益又体现在不同的领域中。如苏联刚刚解体时，中亚地区作为独联体的南大门，俄罗斯最担心的是南亚、西亚的伊斯兰原教旨主义和宗教极端主义势力向北蔓延，威胁俄罗斯南部地区（特别是伏尔加河下游和顿河下游的穆斯林聚居地区）的稳定。尤其是1991—1995年期间，叶利钦时代初期以科济列夫为代表的面向西方的“理想主义”外交政策失败，车臣分离主义势力急剧膨胀并严重威胁俄罗斯社会稳定和国家安全，俄罗斯当局对中亚地区的地缘政治意义逐渐形成更全面的认识。同一时期里，中亚各国刚刚独立，完整有效的国家机器尚未建立起来。苏联时期遗留下来的军队、警察、安全等部门，国家化建设刚刚起步，不仅不具备抵御来自国外、地区外安全威胁因素的能力，就连维持国内的治安也难以胜任。俄罗斯利用20世纪八九十年代苏联入侵阿富汗时在中亚建立的一些军事设施，继续承担起对中亚地区的安全职责。尤其在塔吉克斯坦和吉尔吉斯坦，俄罗斯边防军和野战部队不仅保留着军事基地，而且持续多年承担着边境地区的防务。在俄罗斯方面提供的帮助下，后来新组建起来的吉尔吉斯斯坦边防军与俄罗斯边防军直到1999年8月才完成了防务交接。而塔吉克斯坦筹建起自己的军队后与俄罗斯边防军完成交接，已是2005年。[①] 苏联时期在塔吉克斯坦与阿富汗边境邻近地区布防的俄罗斯“第201哈特琴斯克两次红旗勋章摩托化步兵师”，在苏联解体后继续在原地驻防，为独立之初饱受境内外宗教极端主义威胁的塔吉克斯坦维护主权独立、领土完整、社会稳定发挥了不可替代的作用。2012年10月，俄罗斯和塔吉克斯坦两国国防部长在普京总统和埃莫马利·拉赫蒙总统见证下签署了俄罗斯201摩托化步兵师继续驻扎塔吉克斯坦的协议。根据这份协议，俄罗斯在塔吉克斯坦的军事基地将保留至2042年。此前，普京总统在视察这个基地时曾表示，这个基

① 根据吉尔吉斯斯坦与俄罗斯在1993年5月达成的协议，俄罗斯驻吉尔吉斯斯坦边防军联队为吉守卫边境，吉尔吉斯斯坦为俄军提供军事基地。其中，驻守中吉边境的俄罗斯边防军隶属于俄边防军司令部指挥。这支边防军包括3个边防总队和1个边防运输机动部队，共计3500人。1999年5月31日，吉尔吉斯斯坦总统阿卡耶夫签署命令，决定建立吉尔吉斯斯坦国家边防军。同年7月18日，俄边防局局长托茨基和吉尔吉斯斯坦国防部长苏班诺夫在比什凯克签署边界换防协议和边界合作协议。根据这两项协议，自苏联解体以来一直由俄罗斯边防军驻防的吉尔吉斯斯坦国界将移交给吉边防军守卫。俄驻吉边防军物资和技术装备将无偿地移交给吉方。两国边界换防工作定于1999年8月25日结束。

地的存在是维护塔吉克斯坦稳定的重要因素，这个国家是整个独联体在阿富汗方向上的重要前哨。[①] 除了针对地区内外的伊斯兰原教旨主义和宗教极端主义势力的威胁，美国、欧洲等域外大国的渗透也是俄罗斯担忧的安全威胁之一。1994 年，美国国防部长在北约提议开展的“和平伙伴关系计划”项目在中亚各国政府和军队中引起积极回应时，也引起了俄罗斯政治家们的担忧。尽管当年的俄罗斯帝国和苏联已经不复存在，但是独立后的俄罗斯仍然将中亚地区视为自己的势力范围。对于俄罗斯而言，中亚地区不仅是阻止南亚、西亚宗教极端主义势力进入独联体甚至俄罗斯的隔离带，也是弱化美欧大国权力中心影响的重要缓冲区。如果美国或北约的军事存在进入中亚地区，这种缓冲作用就会大打折扣。2001 年，当美国及北约以保障阿富汗反恐战争顺利进行为理由，得以长驱直入中亚，并在乌兹别克斯坦、吉尔吉斯斯坦等中亚国家建立军事基地时，俄罗斯戒心十足并心有不甘地看着这场重大的地缘格局巨变。此后，俄罗斯积极采取行动，充分利用近两个世纪经营中亚遗留下来的资源，与美国及北约在军事上展开博弈。2003 年 10 月，俄罗斯启用了苏联时期建在吉尔吉斯斯坦训练独联体飞行员的空军教练基地，与美国在比什凯克租用的空军基地近距离对峙（俄罗斯建立的坎特空军基地与美国在比什凯克玛纳斯国际机场租用的空军基地相距只有 30 多公里）。[②] 俄罗斯对于确立在中亚的军事存在是如此看重，以致于在 2004 年吉尔吉斯斯坦颜色革命中上台的巴基耶夫因玩火于美国和俄罗斯之间，而被当初曾经支持他上台的普京最终放弃。

其次，俄罗斯对中亚地区第二个层面的利益定位是传统的经

① “俄军 201 摩步师将留驻塔吉克 维持中亚军事存在”，http：//world. cankaoxiaoxi. com/2012/1007/765485. shtml。

② 袁政：“俄罗斯驻吉尔吉斯斯坦坎特空军基地正式启用”，《中亚信息》，2003 年第 11 期。

济活动空间。中亚各国的农牧产品、矿产品是俄罗斯南部一些大型加工企业的重要原料来源，这种供求关系在苏联时期已形成。而产自俄罗斯的食品、服装、机械等商品，又是中亚各国维持正常的生产和生活必不可少的物质资料。① 时至今日，俄罗斯仍然是大多数中亚国家最大的贸易伙伴国。特别是在能源经济领域，苏联时期形成的中亚乌兹别克斯坦、哈萨克斯坦、土库曼斯坦等国的油气经俄罗斯运往欧洲的能源运输走廊，是俄罗斯能源经济的重要补充。在独立初期，中亚各国纷纷打出能源牌或资源牌以度过经济下滑期，石油和天然气以独联体内部价格注入俄罗斯的能源运输系统，而卖给欧洲消费国时却是按照欧洲的价格进行交易。尽管中亚能源出口国对此心存不满，但是在新的能源运输走廊没有建起来时，俄罗斯是中亚各国确保“能源建国”战略实施的唯一伙伴。2001 年 12 月，俄罗斯与土库曼斯坦签署了为期 25 年的天然气开发合同，这一合同规定共同开发的天然气的 45% 由俄罗斯支配。2002 年 6 月，俄罗斯又与哈萨克斯坦签署了石油过境运输协定，规定在此后的 15 年内，每年由哈萨克斯坦经过俄罗斯的阿特劳—萨马拉管道和马哈奇卡拉—季霍列茨克—新罗西斯克等管道运输的石油至少达 1750 万吨。② 中亚地区对于俄罗斯经济而言，一直被看作是农牧产品、能源资源供应地和轻工业产品销售市场。这样的地位在独立后的 25 年中并没有大的改变，而且俄罗斯与中亚各国越来越适应这种经济贸易合作伙伴的关系，并以这种关系替代了原有的计划经济不同部门（地方）间的相互关系。

第三，在中亚各国的大量俄罗斯族居民既是俄罗斯在这一地区的利益关注点，也是俄罗斯与中亚各国发展关系和施加影响的

① 何卫刚：“新世纪俄罗斯外交政策的重点”，《新疆大学学报（哲学、人文社会科学版）》，2003 年 12 月版，第 4 期，第 65 页。

② 冯玉军等：“俄罗斯新能源外交及其影响”，《现代国际关系》，2002 年第 9 期。

重要资源。十八九世纪沙皇俄国在中亚地区的兼并过程中及完成对中亚诸汗国的征服后，曾大量将俄罗斯欧洲部分的人口有计划地迁至中亚地区。苏联时期在计划经济的模式下，开发建设远东和中亚曾是风靡全苏的社会运动。在近两个世纪的时间里，大量的俄罗斯人口迁入中亚地区，成为独立后中亚各国的主要社会成分之一。尤其在与俄罗斯临近的哈萨克斯坦、吉尔吉斯斯坦等国，俄罗斯族人口曾占相当大的比重。在苏联解体前的 1989 年，哈萨克斯坦总人口为 1653. 83 万，其中哈萨克族人口 653. 5 万，占总人口的 39. 7%，而俄罗斯族人口达到 622. 8 万，占总人口的 37. 6%。到 1997 年，哈萨克斯坦总人口降至 1586. 07 万（主要因大量俄罗斯族、乌克兰族等非哈萨克族居民迁离导致），哈萨克族人口上升至 803. 34 万，占总人口的 56. 6%，而俄罗斯人口为 510. 46 万，仍占总人口的 32%，是除主体民族——哈萨克族以外的最大民族。[①] 1997 年，有着 129 个民族的乌兹别克斯坦全国总人口达到 2387. 3 万，其中作为主体民族的乌兹别克族人口为 1670 万，占总人口的 70%，俄罗斯族占 8%，也是乌兹别克斯坦除乌兹别克族以外的最大少数民族。1999 年，吉尔吉斯斯坦的总人口为 469. 9 万，其中主体民族——吉尔吉斯族人口为 289. 4 万，占全国总人口的 61. 6%，而俄罗斯族人口达 68. 5 万，占总人口的 14. 6%，同样在除吉尔吉斯族之外的所有非主体民族中占第一位。[②] 不仅俄罗斯族人口在中亚各国总人口中占有很大的比例，而且使用俄语的各民族人口大大高于这个比例。在 1989 年哈萨克族人口占哈萨克斯坦总人口的 39. 7% 时，能够使用哈萨克语进行交流的人口不足 30%，而能够流利使用俄语的人口比例达到 73. 6%。尽管中亚各国独立后均大大强化了主体民族文化建设，

① 陈联璧、刘庚岑、吴宏伟：《中亚民族与宗教问题》，中央民族大学出版社，2002 年 12 月版，第 166、223 页。

② 王沛：《中亚五国概况》，新疆人民出版社，1997 年版，第 157 页。

将本民族语言以法律的形式规定为“国语”，但由于受到沙俄及苏联历史的影响，目前在独联体地区俄语仍然发挥着主要族际交流语言的作用。而中亚各国的政治、文化、商业精英层不仅均能熟练使用俄语，同时坚持让他们的第二代、第三代后人学习俄语。在他们的影响下，吉尔吉斯斯坦、乌兹别克斯坦、哈萨克斯坦等国一些“贵族学校”仍然坚持用俄语上课。俄罗斯莫斯科大学、普列汉诺夫经济学院等著名高校都在中亚各国设有分校，虽然近年赴欧美留学已经风靡中亚各国上层，但借助于强大历史传统影响力的俄罗斯精英教育仍然在中亚占据大部分的市场。另一方面，大量俄罗斯民族人口和操俄语其他民族人口的存在，也给中亚各国社会管理带来一些棘手问题。如哈萨克斯坦北部科斯塔奈州、北哈萨克斯坦州、巴甫洛达尔州等地聚居着大批俄罗斯族居民，20 世纪 90 年代初的移民潮过后，这些地区人口总数大大减少，但是仍有大批俄罗斯族居民要求返迁俄罗斯，同时出现了大量具有双重国籍身份公民的问题。甚至在哈萨克斯坦的俄罗斯族居民中极端民族主义情绪一度抬头，出现“普加乔夫”、“罗斯”等民族主义组织，主张将哈萨克斯坦北部地区“回归俄罗斯”，被哈萨克斯坦当局视为“分离主义政治思潮”。[①] 这一倾向引起中亚各国新独立政权的领导层高度警惕，并使中亚各国与俄罗斯间的关系变得复杂而微妙起来。

恰恰由于中亚地区在安全、经济、人文这三大领域中与俄罗斯千丝万缕的关联，甚至是在某种程度上的严重依赖，俄罗斯的地缘政治影响在中亚各国独立后的 25 年间不仅仍然没有退出这一地区，而且还在一些特定的历史时刻产生着关键性的影响。例如独立初期结束塔吉克斯坦 5 年的内战和抵御世纪之交“乌兹别克斯坦伊斯兰运动”（Исламское движение Узбекистана，苏联解体

① 沙依然·沙都瓦哈斯：“哈萨克斯坦面临俄罗斯极端势力的挑战”，《中亚信息》，2000 年第 01 期。

后活跃于中亚地区的宗教极端主义组织，1996 年成立，1999 年、2000 年曾制造震惊欧亚地区的“巴特肯事件”）[①] 在中亚腹地的袭扰，又如 2004 年和 2010 年吉尔吉斯斯坦两次发生“颜色革命”后恢复政局稳定，这些过程中都有俄罗斯施加的至关重要的影响力。也正是由于俄罗斯与中亚地区在历史上形成的上述重要联系，使国际社会及各大域外权力中心不能不考虑俄罗斯在中亚地区的利益关切。来自这两方向的力此消彼长，也成为制约中亚地缘政治格局构建和发展走向的重要因素。

由于历史形成的特殊条件，中亚国家在与俄罗斯积极维护由苏联时期承袭下来的传统联系的同时，也对俄罗斯维持和扩大对中亚的控制力保持着高度戒备。乌克兰危机爆发后，俄罗斯“收复”克里米亚，中亚各国对此事件的表态普遍低调，甚至保持缄默。但由于中亚各国在安全上和经济上对俄罗斯的依赖，维护与俄罗斯之间适度密切的双边关系又是别无选择的需求。2011 年 10 月，普京在竞选俄罗斯总统期间，于俄罗斯《消息报》上发表了一篇题为“欧亚一体化新方案——未来诞生于今天”的署名文章。在这篇文章里，普京向俄罗斯民众及世界展示了一幅欧亚区域一体化的蓝图，提出了建立“欧亚联盟”的宏大设想。[②] 2014 年 5 月，俄罗斯、白俄罗斯、哈萨克斯坦三国元首举行小范围闭门会谈，随后又同吉尔吉斯斯坦总统和亚美尼亚总统进行大范围会谈。会谈后正式签署了《欧亚经济联盟条约》。这是继 2010 年 1 月，俄罗斯、白俄罗斯、哈萨克斯坦三国在欧亚经济共同体框架内建立关税同盟基础上对欧亚区域经济一体化作出的一次实质性推动。根据这部条约，欧亚经济联盟将在 2025 年前实现联盟内

① Исламское движение Узбекистана, 09/07/2015, https://ru.wikipedia.org/wiki/Исламское_ движение_ Узбекистана.

② Путин В., Новые интеграционый проект для Евразии - будущее, которое рождается сегодня. 《Известия》02, октября, 2011 г. с. 1.

部商品、服务、资本和劳动力的自由流动，推行协调一致的经济政策。按照条约的计划，欧亚经济联盟将于2016年建立统一的药品市场，2019年之前建立共同的电力市场，2025年之前建立统一的石油、天然气和石油产品市场。2015年1月1日，欧亚经济联盟正式启动。1月2日，亚美尼亚正式加入欧亚联盟。接着，吉尔吉斯斯坦当年8月也正式加入了欧亚经济联盟。尽管中亚各国对加入欧亚联盟的态度很不一致（塔吉克斯坦表示愿意加入，乌兹别克斯坦坚决抵制，土库曼斯坦以中立国策为由拒绝），但也足以说明他们对俄罗斯主导区域一体化方案的矛盾心理：一方面希望借助于俄罗斯市场和资源扩大本国的经济发展空间，通过“抱团取暖”的方式克服当今普遍面临的经济发展风险；另一方面又担心俄罗斯在经济上和政治上的逐步控制，重新回到沙俄帝国和苏联时期的附庸地位。从2011年普京撰文倡导欧亚经济联盟整合原苏联地区经济资源时起，到《欧亚经济联盟条约》正式签署和生效，中亚哈萨克斯坦、吉尔吉斯斯坦、塔吉克斯坦等国领导人均做出了积极的回应。哈萨克斯坦总统纳扎尔巴耶夫认为独联体和欧亚经济联盟前景广阔，并强调独联体国家要摆脱经济困境除了一体化别无选择。[①] 吉尔吉斯斯坦总统阿坦巴耶夫则表示，加入欧亚联盟可以获得更多的贸易特惠以及援助和贷款。[②] 然而，随着2015年国际市场上能源等大宗商品价格下跌，俄罗斯卢布急剧贬值，加入欧亚经济联盟的中亚国家受到了严重的连带性影响。按照俄罗斯设计的地区一体化方案继续推进会有怎样的前景，中亚国家领导人不得不作出重新的思考。参照世界上成功的一体化案例，最主要的几个成功条件有：一是具有吸引力的经济

---

① 李硕：“纳扎尔巴耶夫认为独联体和欧亚经济联盟前景广阔”，中华人民共和国商务部驻哈萨克斯坦共和国经济商务参赞处，2015年6月1日，http：//www. mofcom. gov. cn/article/i/jyjl/e/201506/20150600995902. shtml。

② 《国际新闻早报》：“吉尔吉斯斯坦希望尽早加入欧亚经济联盟”，新华网，2014年10月28日，http：//news. xinhuanet. com/world/2014－10/28/c_ 1113001672. htm。

发展模式；二是一个或几个有实力的经济体作推手；三是成员国之间必要的政治信任。以这几个必备条件衡量俄罗斯和现有的欧亚经济联盟的话，恐怕只能用“心有余而力不足”来概括普京的雄心与地区现实间的差距了。

“新欧盟”与“新中亚战略”

1991 年 12 月 11 日，在马斯特里赫特会议上，欧共体首脑们签署了欧洲联盟条约，确立了建立欧洲经济货币联盟和欧洲政治联盟的目标。1993 年 11 月 1 日，条约生效，欧共体发展成欧洲联盟。在半个多世纪中，欧盟 5 次扩大，成员国从最初的 6 个，发展到今天的 25 个。尤其是 2004 年 5 月 1 日的最近一次扩大，塞浦路斯、匈牙利、捷克、爱沙尼亚、拉脱维亚、立陶宛、马耳他、波兰、斯洛伐克、斯洛文尼亚 10 国被接纳为成员国。这 10 国中有 8 个国家属原苏东集团，对包括中亚地区在内的原苏联地区影响重大。同时，欧盟由于接纳这些国家加入，自身性质也发生了重大的变化，因而此后的欧盟被中国学术界称为“新欧盟”。欧盟内部成员的变化反映了欧亚大陆地缘政治格局的演变，同时也促进了欧盟对包括中亚地区在内的独联体地区政策的变化。中国社会科学院俄罗斯东欧中亚研究所的赵会荣研究员将这一演化过程分为 5 个阶段：[①]

第一阶段：1991 年至 1993 年，这时欧盟对独联体外交政策以俄罗斯居首位，其次是乌克兰、白俄罗斯、摩尔多瓦和外高加索，中亚地区被排在末位。在这一阶段中，欧盟重点对俄罗斯施加影响，甚至把俄看作中亚国家及其他独联体国家的代言人，而

① 赵会荣：“欧盟的中亚政策”，《俄罗斯东欧中亚研究》，2008 年第 6 期，第 60 页。

与中亚各国仅保持一种“有限接触”的水平。其政策目标是促使中亚地区的稳定，避免发生大规模动荡而波及欧洲。

第二阶段：1994 至 1998 年，欧盟开始鼓励中亚国家“去俄罗斯化”。成员国还就对中亚的基本政策目标达成一致，中亚在欧盟安全战略中的地位渐渐增强。由于从 1993 年末开始，俄罗斯的外交政策转向西方，并在政治和安全上表现出越来越明显的独立性，致力于恢复欧洲大国地位的意图逐步清晰，并有意识地加强在原苏联地区的影响。这一趋势被欧盟看作针对欧洲的战略威胁，于是欧盟开始加强对俄罗斯的防范，并专门与包括中亚各国在内的独联体国家发展关系。

第三阶段：1999 年至 2001 年秋，中亚安全形势恶化，“乌兹别克斯坦伊斯兰运动”等极端主义组织跨国作乱，直接威胁了欧盟在中亚各国开展的各类合作项目。与阿富汗塔利班和恐怖主义组织相关的毒品贸易，经俄罗斯对欧洲稳定和安全构成威胁。有欧洲专家分析，2000 年经中亚流入欧洲的毒品占当年入欧总量的 60%。同时，美国媒体开始炒作中亚能源博弈，世界各大力量开始关注中亚油气资源开发与输出走向问题。1999 年 2 月，欧洲议会通过关于《欧盟发展与独立中亚国家关系的战略》的决议，强调“在中亚国家实现基本的民主原则和人权”是欧盟与这一地区国家合作的优先任务。

第四阶段：2001 年“9·11”事件后至 2004 年，阿富汗反恐战争将中亚地区推到国际政治前台，欧盟支持并参加了美国领导的国际反恐联盟，中亚地区多数国家为阿富汗反恐战争提供保障基地，成为包括欧盟在内的国际反恐阵营的盟友。2002 年 10 月，欧盟制订《2002—2006 年中亚战略及 2002—2004 年中亚指导计划》，提出要在中亚促进稳定与安全，支持实现经济发展以及削减贫困的政策目标。欧盟对中亚地区的援助额增加一倍，从每年约2500万欧元增加到约5000万欧元。①

第五阶段：2005年中亚国家爆发“颜色革命”以及2007年欧盟制定《欧盟与中亚：新伙伴战略》至今。2005年吉尔吉斯斯坦的“郁金香革命”和乌兹别克斯坦发生的“安集延事件”，引起欧洲政治家对欧盟中亚政策的反思。在这一届欧盟轮值主席国——德国的促成下，2007年欧盟重新制定了一份关于中亚政策的文件。2007年6月，欧盟理事会批准了德国起草的《欧盟与中亚：新伙伴战略》。② 欧盟“新中亚战略”把维持中亚地区安全和稳定，促进以能源为主体的经济发展和人权、民主、法治作为核心战略目标。

此后，欧盟为落实“新中亚战略”相继出台了一系列政策文件，如《2007—2013年欧盟援助中亚战略文件》和《2007—2010年中亚指导计划》，把2007年至2013年对中亚各国的财政援助增加了一倍，达到7.5亿欧元。③ 这是欧盟在2001年以来对中亚地区政策最成熟的一次调整，涵盖的领域和范围更加广泛、系统。而且注意到了中亚各国间的差异性，并不再将民主、人权与发展援助直接挂钩。

欧盟积极介入中亚地区事务，政策目标和战略层次逐渐清晰，这一发展过程主要有这样几方面的背景。首先，欧盟经过几轮东扩，特别是2004年5月的第五次扩大，使欧盟不仅在地缘关系上更加靠近中亚地区，而且政治、经济上的联系也更加紧密。欧盟扩大后的新成员与邻国关系成为欧盟要解决的问题之一，中

---

① Central Asia strategy Paper 2002 –2006 & In dicative Programme 2002 –2004，欧盟官方网站，http：//ec. europa. eu/index_ en. htm。

② http：//www. consilium. europa. eu/uedocs/cms –data/librairie/PDF/EU_ CtrlAsia_ EN –RU. pdf.

③ European community Regional Strategy Paper for Assistance to Central Asia for the period 2007 –2013；Central Asia Indicative Programme （2007 –2010），http：//ec. europa. eu/external_ relations/central_ asia/rsp/07_ 13_ en. pdf.

亚各国的地位由此成为“邻国的邻国”（the neighbors of our neighbors）。[①] “对欧盟而言，中亚地区不再是一个遥远而无意义的部分，它开始变得重要起来了。”[②] 欧盟成员自身的变化，引起了欧盟地缘政治视野的扩大和相对长远的中亚战略需求。其次，欧盟地缘版图的扩大增加了对外部安全威胁的担忧。虽然1999、2000年发生在乌兹别克斯坦、吉尔吉斯斯坦和塔吉克斯坦三国交界的“巴特肯事件”尚不足以让欧盟各国将其与本组织领土内的安全威胁联系起来，但在“9·11”事件发生后，尤其是北约军队在阿富汗联合举行反恐军事行动后，与阿富汗相关的中亚地区极端主义问题、毒品问题、武器贩运问题等，都成为欧盟不得不考虑的现实安全威胁。而且，中亚国家潜在的政治动荡和社会危机，也会对欧盟新成员国的稳定生产负面影响。[③] 第三，欧盟从维护西方社会核心价值观的角度对中亚国家民主与人权状况不满，而吉尔吉斯斯坦的“郁金香革命”和乌兹别克斯坦的“安集延事件”又让欧盟政治家们对此前的中亚政策是否操之过急有所反思。尽管欧盟对中亚国家的民主状况和人权纪录已经形成比较固定的认识和长期负面的评价，但采取柔性的推动政策、不将民主和人权状况与经济援助挂勾等，还是成为欧盟在中亚地区的策略选择。第四，中亚地区的能源开发前景与未来经济发展空间也进入了欧盟的政策选项。欧洲各国能源安全的保障主要依赖俄罗斯，天然气和石油的对俄依存度分别为25%和30%，而且90%的天然气是经乌克兰运往欧洲的。[④] 2005年底俄罗斯与乌克兰之

---

① 邵育群：“欧盟新中亚政策评述”，《欧洲研究》，2008年第3期。

② Opening Statement by Secretary of State of Finland, Mr. Torstila at the EU Ambassadors' Regional Conference in Kazakhstan, 9 October, 2006.

③ “Central Asia: What Role for the European Union”, Asia Report, No. 113, International Crisis Group, 10 April 2006, p. i.

④ “Russia – Ukraine Gas Crisis ‘Wake Up Call’ for EU Energy Sector”, January 9, 2006, http://www.europarl.europa.eu/news/public/story_page/051-4119-2-1-1-909-20060109STO04118-2006-02-01-2006/default_en.htm.

间的天然气断供事件引起了欧盟各国的警觉，寻找新的能源供应基地，建立欧洲多元化的能源保障体系成为预期的前景。中亚地区蕴藏着丰富的油气资源，而且与中亚各国开展能源合作还将帮助欧盟各国在油气出口上减轻对俄罗斯的依赖。

这些因素决定了欧盟采取了与美国不同的中亚政策，恰恰也说明了欧盟独特的地缘政治视角与美国的不同之处。这些差异性给欧盟在中亚推行“新中亚战略”带来了一定的优势，因而受到一些中亚国家的欢迎。作为全球最大的经济体之一，欧盟在国际社会及欧亚地区的独特地位使其对中亚地区产生着与众不同的影响。但是，欧盟在坚持冷战思维和弱化俄罗斯对中亚地区影响等地缘战略目标上与美国却又异曲同工，这也注定了欧盟“新中亚战略”在中亚地区实施效果的局限性。

2013 年年末，因乌克兰时任总统亚努科维奇中止与欧盟签署政治和自由贸易协议，乌克兰危机爆发。2014 年 3 月，克里米亚举行全民公投，96.6% 的选民赞成克里米亚加入俄罗斯。同时，俄罗斯杜马也通过决议，同意克里米亚并入俄罗斯。俄罗斯与西方关系彻底恶化，欧盟加入了制裁俄罗斯的阵营。鉴于中亚各国对乌克兰危机（特别是俄罗斯兼并克里米亚）的微妙态度，欧盟与中亚国家的关系也开启了一个新的阶段。尤其是在油气供需关系上欧俄之间将面临根本性调整，中亚地区有望成为欧盟能源安全和外交战略多元化趋势中的一元。有德国媒体认为，中亚地区对欧盟重要性越来越大，欧盟原来制定的与中亚建立新伙伴关系战略，此时已经具有明显的现实意义。

“突厥民族大家庭”的召唤

土耳其经过 20 世纪初凯末尔开明而激进的改革，不仅度过了奥斯曼帝国衰败带来的民族危机，而且以开放的姿态迎接第一次世界大战后的世界现代化浪潮，使这个曾经有过辉煌文明和历史的古老民族跻身现代国家行列。因为地处欧亚大陆中间地带的重要战略位置，成功地被欧洲发达国家基本认同的历史和身份，加之屡次搭乘现代化快车带来的经济发展红利，土耳其自我定位为全球操突厥语族语言民族（以下简称“操突厥语民族”）和世界伊斯兰国家的先进文明代表。苏联解体后，从这个红色帝国版图中分裂出了若干以操突厥语民族为主体的民族国家，如中亚地区的哈萨克斯坦、乌兹别克斯坦、吉尔吉斯斯坦、土库曼斯坦，又如外高加索地区的阿塞拜疆等。而在地缘关系上与土耳其最接近的是中亚地区四国（塔吉克斯坦的主体民族塔吉克族属于印欧语系东伊朗语支），而且在19世纪时还曾经有过共同追随和鼓吹“泛突厥主义”狂热的历史。早在苏联解体前的“新思维”政治改革时期，中亚各共和国领导人曾将土耳其当作操突厥语民族穆斯林国家中最具有超前意识和开放性国民精神的现代化、世俗化样板国家。乌兹别克斯坦总统卡里莫夫在20世纪90年代初曾多次表示，土耳其是国家建设的学习样板，甚至请求土耳其在相关的国际场合为乌兹别克斯坦表达利益关切，而且以出人意料的方式向土耳其领导人示好，称“乌兹别克人和土耳其人在同一个议会中开会的时刻将要到来”。[①] 这一时期的土耳其政治家也看好自己的特殊身份，认为共同语言文化基础上的认同感有利于突破意识形态的障碍和冷战大国争夺霸权的政治铁幕，希望以北约成员国的身份在西方集团内展示不可替代的地缘政治影响力。对此，布热津斯基曾做出过这样的评价：“土耳其把自己看作是一个松散的突厥语大家庭的潜在领袖。为此它利用其令人羡慕的相对现代化水平、语言上的接近以及它的经济手段，力图在目前这一地

① ［俄］《Известия》《消息报》，29/04/1992。

区的国家建设过程中把自己确立为最有影响的力量。”[1]

1991 年 12 月，当中亚各国纷纷宣布独立后，土耳其几乎在第一时间宣布承认中亚各国的独立，并马上建立了大使级外交关系。1992 年 4 月，时任土耳其总理的德米雷尔出访了哈萨克斯坦、乌兹别克斯坦、吉尔吉斯斯坦等国。[2] 在冷战结束后兴起的新一轮民族主义浪潮中，土耳其的民族主义者和政治精英再次祭起“泛突厥主义”大旗，担当起操突厥语民族和国家的“老大”角色，企图利用这一特殊的历史联系和文化资源扩大国际影响。在土耳其的召集下，1992 年 10 月在安卡拉、1994 年 12 月在伊斯坦布尔，召开了两次“突厥语国家首脑会议”，中亚地区的哈萨克斯坦、乌兹别克斯坦、吉尔吉斯斯坦、土库曼斯坦等国元首都前往参加。然而，历史并没有对第二次“泛突厥主义”思潮给予更多的机会，人为将声势造得颇为宏大的“世界突厥语国家领导人大会”也没有达到预期的政治效果，中亚各国领导人对这一国际交流平台的兴趣也越来越淡漠。但是，土耳其凭借民族文化认同和经济与制度优势，在中亚各国刚刚获得独立十分渴望与域外国家（特别是冷战时期曾属于不同意识形态阵营的国家）建立广泛联系的时候，成功地在经济和文化领域进入了中亚地区，成为对中亚地区产生重要地缘政治影响的力量之一。

土耳其在中亚地区的利益关注首先集中在经济领域。1992 年 4 月土耳其总理德米雷尔访问中亚时，与中亚各国签署了涉及交通、能源、金融等方面的一系列协议。土耳其仅向哈萨克斯坦就提供了 2 亿美元的贷款，成为在独立初期向中亚地区投资的第三大国（仅次于美国和韩国）。1997 年土耳其政府还成立了一个专

---

① ［美］兹比格纽·布热津斯基：《大棋局——美国的首要地位及其地缘战略》，上海人民出版社，1998 年版，第 180 页。

② 常玢：“地缘政治和宗教因素在国家间关系中的作用——试析土耳其、伊朗对中亚地区的影响”，《世界经济与政治》，2001 年第 3 期，第 11 页。

门的协调委员会，对其中亚地区的投资进行政策性监督和指导。另一方面，土耳其还充分利用与中亚国家间物质生活观和消费水平差异远小于欧洲国家的特点，在建筑工程、医药卫生、服装食品、零售市场等领域很快占领了一席之地。土耳其的清真食品、皮革制品、常用药品等普及中亚各国，到土耳其超市消费在中亚国家成为一种时尚。依靠“能源富国”并初见成效的土库曼斯坦和哈萨克斯坦，急于改变俄苏建筑文化风格而大兴土木建造各自的新首都（哈萨克斯坦由阿拉木图迁都至阿斯塔纳），土耳其的建筑商、工程队、施工监理、中高档建材充斥阿什哈巴德和阿斯塔纳。同时，土耳其政府还将投资和经济援助的方向倾向于文化建设领域，利用同为操突厥语民族的文化认同优势扩大软实力渗透。为此，土耳其政府与哈萨克斯坦、吉尔吉斯斯坦等中亚国家签署协议，使土耳其语电视节目在部分中亚国家落地，向公众免费提供电视节目；投资6500万美元，在哈萨克斯坦的突厥斯坦市建立“土兰”大学，在这所土哈联合开办的大学里，学生学费大部分减免，成绩优异者还可以保送到土耳其高等院校继续深造；出资1700万美元维修被称作“突厥民族穆斯林的麦加”的阿萨维陵墓[①]和各地清真寺。

土耳其在苏联解体后针对中亚地区采取的策略总体是成功的，借助于同为操突厥语民族的文化认同感、世俗化穆斯林国家社会价值观的接近和自身经济发展与公民社会建设等方面的优势，确立了自己在中亚地区的经济利益和文化影响。然而，随着中亚各国独立后民族国家文化建设的不断深入，独立的民族价值观体系和国家意识形态渐渐形成，中亚各国对土耳其在中亚地区

① 霍加·阿赫马德·阿萨维，公元1103年出生在奇姆肯特附近的塞拉姆小镇，早期师从阿尔斯兰—巴巴阿吉。阿尔斯兰去世后，阿萨维远行前往布哈拉，深入学习了伊斯兰教苏菲派教理论，后来成为哈萨克斯坦南部地区苏菲教派的创始人。他的追随者为其修建的陵墓，成为中亚地区和操突厥语民族穆斯林朝拜的圣地。

活跃的文化渗透开始保持戒心。而土耳其身为北约成员国和积极脱亚入欧的对外政策定位，决定了它在中亚地区的经济活动和文化活动中难免以“意识形态”标准决定好恶和缓急，并且自然不自然地流露出对中亚各国总统制权力结构和苏联时期遗留下来社会政治文化的不屑。迫于国内党派政治中保守势力的压力，土耳其也必须在中亚政策中掺入“促进民主”和“引导开明”的内容。这种制度上和经济上的优越感时不时会在与中亚国家交流、合作中表现出来。这种“突厥民族兄弟”幌子背后的蔑视和轻慢，十分伤害中亚各国领导人和广大民众的民族自尊心。但在独立初期为了顺利度过草创建国的艰难时期，并借助于“突厥语国家联盟”这个平台走上国际舞台，中亚各国领导人也不得不忍气吞声、委曲求全，起码在表面上对这个操突厥语民族国家的“老大”给足面子。在获得独立10年后，中亚地区已接受了各种重大地区性事件的洗礼，中亚各国政权和社会也经历了应对各种政治风险的考验，积累了初步的国际、国内政治经验，并基本确立了各自的国家发展模式、社会价值观体系和对外政策原则，政治上的自信和定力也渐渐形成。在这种相互关系暗变的前提下，土耳其在中亚地区经济和文化活动受到了有选择的管控和限制。在乌兹别克斯坦、土库曼斯坦一些因没有看清这种关系变化的土耳其人，尤其是一些继续以居高临下的态度与中亚人打交道的土耳其零售商和建筑商，甚至遭受到企业被关停或驱逐出境的境遇。因此，土耳其在中亚地区施加的地缘政治影响实际上被局限在了一定的范围之内。但是，土耳其与中亚地区各国发展合作关系的独特条件是长期的客观存在，随着地区及全球政治、经济格局的发展变化和中亚地区战略地位的继续提升，土耳其对这一地区的地缘政治影响仍具有相当潜力。2015年，俄罗斯战机进入土耳其领空被击落使两国关系恶化。包括能源在内的土俄经贸关系面临重大调整，中亚土库曼斯坦、哈萨克斯坦、乌兹别克斯坦等国的战略地位在土耳其的外交天平上将有新的变化。

从恒河到阿姆河的地缘文化对接

作为近年正在世界显露崛起势头而引人注目的另一个亚洲大国，印度与中亚地区并不直接相邻。但是，印度的历史文化却与中亚古代民族的活动有着密切联系。14 世纪下半叶建立的帖木儿帝国，以撒马尔罕为中心，建立起疆域从德里到大马士革、从咸海到波斯湾的大帝国。在统一的政权下，中亚地区阿姆河、锡尔河流域与印度河、恒河流域之间文化和经济往来增多。16 世纪初，乌兹别克汗国攻灭帖木儿王朝，形成由乌兹别克人统治的中亚诸汗国。但帖木儿的家族并没有因此全部消失，帖木儿的五世孙巴布尔南逃喀布尔企图恢复在中亚地区的统治，失败后进入印度，并于 1526 年建立了莫卧儿王朝。至今，印度人仍认为莫卧儿王朝是古代印度最伟大的时期之一。作为察合台汗国后裔和莫卧儿王朝创建者的巴布尔，在印度推行用阿拉伯文拼写的突厥文，后被称为察合台文。巴布尔本人的自传《巴布尔纳玛》即以这种文字书写。[①] 17 世纪时，巴布尔的后人沙·贾汗使莫卧儿王朝达到鼎盛阶段，被誉为世界七大奇迹之一的泰姬陵就是在这一时期修建的。

20 世纪 40 年代末，经历了与英国殖民者长期抗争的印度终于获得独立。而已经与西方阵营展开冷战的苏联，则急于在亚洲的欧洲列强殖民地中找到盟友和伙伴，独立后急需支持的印度成为最合适的目标。在苏联与印度关系的大框架下，中亚各共和国由于历史文化的渊源关系，成为对印度外交工作的国内重点。苏

① 马大正、冯锡时：《中亚五国史纲》，新疆人民出版社，2005 年版，第 48 页。

联解体后，印度继续利用与中亚地区传统的文化联系，开始加强对新独立中亚各国的影响。印度将中亚这片新生的地缘政治空间定位为自己“延伸的邻国”，试图在南亚、中亚穆斯林地区经营有利于自己安全战略和经济利益的外延区域。印度学者认为，“对于印度来说，中亚具有巨大的战略重要性。两者之间务实而互利的交往有着广阔的领域。中亚各国与印度关系的重要性，通过中亚对我们这一地区安全与稳定的重要影响可以充分表现出来。尽管印度现在刚刚与中亚各国开展合作，但是它们已经给印度提供了许多机遇，如果可能的话，这些机遇将有利于实现印度在这一地区短期和长期的外交政策目标”。①

首先，印度看中的是中亚地区重要的战略地位。处在四大文化区（印度、中国、伊斯兰、基督教）十字路口上的中亚，是印度依托传统文化优势以亚洲大国形象崛起并向外部施加影响的必经之地。苏联的解体，引起了世界各大国势力的觊觎和染指。美国、欧盟已不在话下，而巴基斯坦、土耳其、伊朗等伊斯兰国家在中亚地区的积极活动却引起了印度的不安。中亚各国独立后，立即受到巴基斯坦、土耳其、伊朗的邀请参加了所谓“经济合作组织”。1993 年 2 月，中亚五国出席了这个组织在巴基斯坦伊斯兰堡召开的经济合作会议。② 尤其是印度的地区战略对手——巴基斯坦更是借助于共同宗教和地缘优势在中亚扩大影响，这更大大刺激了印度对中亚政策的针对性强化。仅从制衡巴基斯坦在这一地区影响的地缘战略目的考量，印度必须以自己的优势加强与中亚各国的联系。

其次，防范来自中亚地区（包括阿富汗）的安全威胁也是重要的政策目标。由于克什米尔热点地区和国内大量穆斯林人口的

① Meena Singh Roy, “India's Interest in Central Asia”, *Strategic Analysis*, Monthly Journal of IDSA, March 2001.

② V. P. Dutt, India's Foreign Polisy in a Changing World , New Delhi, 1999, p. 95.

存在，印度政治家和学者对中亚地区的安全形势高度关注。他们认为，中亚毕竟是印度的近邻，因地缘关系带来的安全威胁因素向来迫使印度不得不保持高度戒备。而且，印度也是宗教极端主义和国际恐怖主义的受害者，中亚地区的宗教极端主义组织与克什米尔的极端组织也有着特殊途径的联系。“对于印度来说，克什米尔出现的问题不仅涉及到在克什米尔居住的400万穆斯林，而且影响到居住在印度其他地区的1.3亿斯林的和平与安全。”[①]

第三，通过与中亚各国建立合作关系可为印度的能源保障多元化提供可能。印度是一个能源相对贫乏的国家，同时又是一个能源消费大国，在进入21世纪后不久就超过英国成为世界第六大能源消费国。随着近年国民经济的发展，印度能源消费增长率每年都在6%以上。印度石油消费主要靠进口，2000年印度能源进口量占消费量之比达到19.9%，到2010年时已达25.7%。[②] 在20世纪末和21世纪初，中亚能源的开发与输出问题被大国炒作起来。曾由美国提出的修建由土库曼斯坦经阿富汗、巴基斯坦至印度的天然气管道（即“TAPI管线”）建议，[③] 实际上这也是斯塔尔和美国国务院推出的“大中亚计划”中建立中亚、南亚能源、经济联系的重要步骤之一。但是与整个“大中亚计划”的命运一样，阿富汗安全形势和经济重建的难点未能得到有效的克服，无论是中亚国家还是南亚国家对这“TAPI”项目的积极性一直不高。这时，伊朗方面建议的“IPI”项目（由伊朗经巴基斯坦到印度的天然气管道项目）却引起了印度的兴趣，因为这条计

① Meena Singh Roy, “India’s Interest in Central Asia”, *Strategic Analysis*, Monthly Journal of IDSA, March 2001.

② World Bank WDI Database, http://www.worldbank.org/en/country/india/brief/india-safe-clean-affordable-smart-transport.

③ TAPI管道项目将土库曼斯坦天然气通过管道输送至阿富汗、巴基斯坦和印度，管道全线长1800公里，耗资约100亿美元，预计2018年年底竣工。管道建成后，土库曼斯坦每年将向上述三国提供大约330亿立方米天然气。

划中的管道成本将比“TAPI”项目低得多。但是美国与伊朗的关系决定了印度放弃“IPI”项目，并在美国和亚洲开发银行的推动下，转而接受“TAPI”天然气管道项目。2010年土库曼斯坦、阿富汗、巴基斯坦和印度四国总统签署合作协议，决定共同推动“TAPI”天然气管道项目建设，预计2016年完工。①

另外，印度在中亚扮演的地缘政治角色还有一个不言而喻的动机，这就是在中亚地区扩大影响和利益存在，牵制中国在这一地区影响力的持续上升。成为亚洲大国，进而跻身世界大国行列是印度的既定目标。而在亚洲最大的竞争对手就是中国。尽管中印两国经济很大程度上存在互补性，而且同为新兴经济体在全球经济格局中有着共同的利益和共同语言。但是，由于历史遗留问题和逐渐清晰的竞争关系，印度在中亚地区的外交活动带有着越来越明显的对华内容。

2015年7月7—13日，印度总理莫迪访问中亚五国。在仅一周多的时间里，莫迪在乌兹别克斯坦与当地印度学家和印度语学生进行了现场交流，在哈萨克斯坦为一家印哈合资的信息中心剪彩，在土库曼斯坦出席了一家传统医学和瑜伽中心的启动仪式，在吉尔吉斯斯坦出席了印吉两家医院间远程联系项目的开工仪式，在塔吉克斯坦与拉赫蒙举行了会谈。莫迪的“旋风外交”带来了明显的效果，2015年11月，土库曼斯坦总统别尔德默哈梅多夫下令正式启动TAPI天然气管道项目建设。②

印度作为一个正在崛起的亚洲大国，将与中亚各国关系视为外交战略的重点。在印度看来，它在中亚地区有着重要的战略利益和经济利益。在中亚各国独立后的20多年中，印度领导人多次

① 中国经济网，http：//intl. ce. cn/specials/zxxx/201205/18/t20120518_ 23335163. shtml，http：//intl. ce. cn/specials/zxxx/201205/18/t20120518_ 23334978. shtml。

② “土库曼斯坦启动TAPI天然气管道建设”，中国石油网新闻中心，2015年11月19日，http：//news. cnpc. com. cn/system/2015/11/19/001567777. shtml。

访问中亚。可以肯定，随着综合国力的发展，印度对中亚的影响将成为这一地区重要的地缘政治因素之一。但就目前来看，印度在中亚地区影响的扩大还面临着几个难以克服的障碍。一是印度毕竟尚未成长为成熟的地区大国，其外交既受制于美国，又要看俄罗斯脸色，难以推出独立自主的中亚战略。二是阿富汗仍然是与中亚各国发展能源、交通、经贸关系的重要障碍。2014 年北约国际安全援助部队基本撤出，阿富汗的安全形势、民族和解、经济重建进程并不顺畅，2015 年阿富汗塔利班发生分化，一系列恐怖主义袭击使人们再次质疑阿富汗政权控制能力，对阿富汗未来悲观的评估势必影响印度与中亚各国合作的决心和诚意。三是印度多数民众对中亚宗教极端主义的担忧。特别是中东“伊斯兰国”（IS）崛起，已经吸引大量中亚各国极端主义分子赴叙利亚、伊拉克参加“圣战”，这更使印度社会出现对中亚穆斯林的戒备心理。这些在短时期内难以消除的因素，将使印度对中亚地区的地缘政治影响大打折扣。

“日本 + 中亚五国”的外交对话

1991 年 12 月，日本正式承认中亚五国的独立，并于次年 1 月与哈萨克斯坦、乌兹别克斯坦、吉尔吉斯斯坦和塔吉克斯坦建立了外交关系，这一年 4 月又与土库曼斯坦建立了外交关系。日本与中亚各国迅速建立正式外交关系，最初仅仅是服从与美国的盟国关系，属于配合西方阵营消化冷战遗产的共同举措和集体行为。但自 20 世纪 90 年代初与中亚各国确立了正式外交关系后，日本对这一地区的关注度和影响力也呈逐步提升的趋势。首先引起日本政府对中亚地区高度关注的，是这里渐被炒热的能源开发前景。中亚各国独立后，出于吸引国际社会关注和更多国际投资的需要，有意无意地夸大中亚地区能源储量，借以在大国平衡外交中占据更加有利的位置。同时，美欧等大国为了将中亚地区推入国际政治力量关注的中心，为促使这一地区的大国影响力呈现多元化趋势，并顺利向中亚地区进行政治和经济渗透，借中亚能源资源与世界经济发展的关系大造舆论。在这种双向的地缘经济热炒和推动下，日本因自身经济发展特点和对外能源的依赖，也以一种积极的姿态加入了“围观”，并跻身中亚地区能源博弈的行列。日本是个能源资源极度匮乏的国家，但在20世纪90年代初就成为世界第三大能源消费国，石油的对外依存度超过98%以上，其中88%来自中东。[①]。在经历了70年代的两次全球性能源危机后，日本政府一直在积极调整能源政策，通过经济外交手段加强与产油国的关系，并将视野扩展至拉美和东南亚等地，开拓潜在的石油供应源，实现能源进口的多元化战略。接着，在20世纪90年代中东地区政治经济局势持续动荡，加速了日本推动能源进口多元化战略的步伐。在此背景下，日本觊觎中亚的石油和天然气市场就顺理成章。

日本的中亚外交以能源和经济为契机，并在国内政治、经济因素及国际环境变化的推动下，逐渐向政治和战略层面深化，成为影响中亚地区地缘政治格局发展的又一支不可忽视的力量。这个渐变过程经历了从量到质的变化，日本对中亚外交的演进可以分为以下三个阶段：

第一阶段（1991—1996年），可以称为接触调试期。在这一阶段中，日本对中亚地区的政治关注并没有超出西方集团对这一原苏联地缘政治空间关注的基本范畴。但在经济上，日本却极力打造一种与众不同的形象：从一开始就以经济援助为主导，将对中亚发展关系纳入政府开发援助项目（ODA）中，试图以经济援

① 王逸：“日本能源问题综述”，《中国煤炭》，2005年第4期。

助开路，博得中亚各国的好感和认同。在1992年10月召开的援助原苏联各国东京会议和1993年4月召开的西方七国集团部长级会议上，日本分别承诺提供1亿美元的“紧急人道主义援助”，其中一部分针对中亚五国。[①] 日本于1992年、1993年分别向吉尔吉斯斯坦和哈萨克斯坦提供紧急救灾援助，还从1993年5月起，连续向中亚派遣规划调查员，调查可以提供援助的项目。其间，日本确立了政府开发援助项目的4条原则，包括“加强环境保护，禁止用于军事及可能加剧国际冲突的项目，受援国必须将援助资金用于本国经济和社会发展，推进受援国的民主化和市场化”。[②] 除了直接的经济援助外，政府开发援助项目还包括各类贷款。1993年日本向吉尔吉斯斯坦提供了价值65亿日元的“复兴计划贷款”；[③] 1994年，向哈萨克斯坦提供1.28亿美元的贷款；1995年向乌兹别克斯坦提供127亿日元的“电信通讯网络扩展项目”贷款。[④] 在这一阶段中，日本对中亚各国的经济援助虽然不断增加，但在政府开发援助项目全球项目总数中所占的比重仅为1%。可见这时日本并未将中亚地区列为政府开发援助项目的重点，更多的外交意图是以经济优势拉住中亚各国，并在继续的经济合作中占据中亚市场和实现能源进口的多元化。[⑤]

第二阶段（1997—2003年），可以称为发展成熟期。在这一时期中，多数中亚国家于1996年基本中止了独立后连续5年的经济下滑，尚处于重建中的国民经济开始出现微弱上升苗头。在这一年中，哈萨克斯坦和土库曼斯坦的国内生产总值增长率均为

① 金熙德：《日本政府开发援助》，社会科学文献出版社，2000年版，第256页。

② 宫少朋等：《冷战后国际关系史》，世界知识出版社，1999年版，第39页。

③ Edited by Economic cooperation Bureau, Ministry of Foreign Affairs, Japan's ODA International Cooperation, p. 330.

④ 周洪波：“日本对中亚外交的历史考察与现实分析”，《日本研究》，2007年第2期，第66页。

⑤ 沈旭辉、刘鹏：“从援助型外交走向战略型外交——日本中亚外交政策的演变浅析”，《日本学刊》，2007年第2期。

0.5%，乌兹别克斯坦达到了1.6%，吉尔吉斯斯坦竟然达5.6%。到1997年塔吉克斯坦的国内生产总值也停止了负增长，达到了1.7%。中亚地区表现出的经济潜力，更加坚定了日本继续在这一地区通过加大投入来扩大影响力的信心。美国“9·11”事件发生后，北约在阿富汗开展“联合反恐军事行动”，中亚地区的安全形势与国际社会关注的全球反恐斗争联系在了一起。美国、俄罗斯、欧盟在中亚地区的地缘政治博弈随着这一地区战略地位的提升而展开，一直不失时机参与国际社会主流活动的日本，自然也不会放过这次提高自身国际政治地位的机会。1997年，时任日本首相桥本龙太郎提出的“欧亚大陆桥”战略，这是日本外交进入这一阶段的标志。这一战略的实施对象是中亚与高加索地区各国，预期达到的政策目标有：“第一，从地缘政治考虑，谋求在中亚和高加索这个世界战略要地站住脚跟，以此提升在大国关系中的地位；第二，从经济利益出发，推行占据这个储量不亚于中东的能源产地，通过加强政府影响和经济渗透来争取能源开发及贸易主导权”。[①] 在日本领导人明确提出对中亚的外交原则后，日本政府外务省、大藏省、通产省等主要部门围绕这一外交任务积极活动。在此基础上推出了针对中亚与高加索地区的“丝绸之路地区外交”计划，核心是将政府经济援助项目与加强政治关系结合起来。在这一背景下，日本高官访问中亚地区的频度明显提高。1997年、1998年、1999年三年间，日本议会、外务省、经团联会、经济企划厅等众多部门高官形成了出访中亚各国的小高潮。同时，对中亚各国的经济援助也达到了新的水平，到1997年首次突破1亿美元，并成为中亚各国最大的债权国。2003年年初，日本在吉尔吉斯斯坦设立大使馆。接着，日本外务副大臣、外务大臣政务官、前首相等纷纷访问乌兹别克斯坦、吉尔吉斯斯

① 金熙德：《日美基轴与经济外交：日本外交的转型》，中国社会科学出版社，2000年版，第347页。

坦、哈萨克斯坦、塔吉克斯坦等国，酝酿着将日本对中亚地区外交推向下一个新高度。

第三阶段（2004 年以后），可以称为战略明晰时期的开始。2004 年 8 月，日本外相川口顺子访问乌兹别克斯坦、哈萨克斯坦、塔吉克斯坦、吉尔吉斯斯坦，并出席在哈萨克斯坦首都阿斯塔那举行的首次“日本 + 中亚五国”外长会议。会后川口外相特意表示，这次会议使日本与中亚各国的合作关系进入了一个新的阶段。“日本 + 中亚”对话机制的建立，标志着日本的中亚外交已经进入了战略清晰阶段，在“丝绸之路地区外交”的成果基础上搭建起了多边外交平台。这一年日本还公布了《政府开发援助大纲》，将原定的援助重点区域从“以东亚、东南亚为中心的亚洲地区”延伸到“包括南亚、中亚的亚洲地区”。[①] 2005 年，日本外务省把欧洲局的“新独立国家室”改编为“中亚—高加索室”，以加强对中亚及外高加索地区的渗透。这一年的 6 月，第二届“中亚 + 日本”外长会议在东京召开。会议召开前夕，日本外相麻生太郎做了题为“中亚——和平稳定的走廊”的演讲，较为系统地阐述了日本的中亚政策，明确指出中亚的稳定与发展对日本至关重要。2006 年 6 月，麻生太郎在主持“日本 + 中亚”外长会时，推出日本针对中亚的三大外交方针：一是“从全局看地区”，强调日本的中亚外交必须具备全局视点。二是“支援开放的地域合作”，强调主角是中亚诸国，日本则是“中介”，负责提供各种援助。三是“以普遍价值观基础构建合作伙伴关系”，准备将日本的民主、人权模式和市场经济制度植入中亚各国，在中亚地区形成一个“民主同盟圈”，目的是要在“中亚、阿富汗和西南亚建造一个和平安定的长廊”。

从日本逐渐清晰的中亚战略轨迹来看，有几点是十分明显

① 徐建华：“日本的中亚战略——基于地缘政治经济学的分析”，《深圳大学学报（人文社会科学版）》，2007 年 3 月。

的。首先是与美国借反恐进入中亚后推行的“大中亚计划”相呼应，二者是相互印证和相互支持的；其次是对中国和俄罗斯在上海合作组织框架下与中亚各国合作的抗衡意义，尤其是对中国发展与中亚各国包括在能源、交通领域合作的牵制意图；第三是将中亚各国作为支持日本恢复“正常国家”企图和努力的国际社会成员，利用经济发展优势和政治文化形态加紧拉拢、利诱中亚各国支持日本在联合国“入常”。2006 年 8 月，时任日本首相的小泉纯一郎在离任前访问哈萨克斯坦和乌兹别克斯坦，这是历史上日本首相第一次访问中亚国家，也是日本将中亚地区纳入自己外交重点的标志。2015 年 10 月，日本首相安倍晋三访问中亚五国。这不仅是安倍本人首次访问中亚国家，也是历届日本首相首次遍访中亚所有国家。安倍此访的首站是土库曼斯坦，他与别尔德默哈梅多夫总统在援助修建燃气处理厂和火力发电厂（总计价值 180 亿美元）的项目上达成协议。在乌兹别克斯坦，为发电设施建设计划和完善医疗中心器材等方面提供总计约 127 亿日元的政府开发援助。在吉尔吉斯斯坦，也提供约 120 亿日元的贷款，用于修缮国际公路干线，完善交通运输领域的基础设施。在塔吉克斯坦，提供了共计约 9 亿日元的针对供水设施等基础建设的政府开发援助。安倍此访虽然与历届日本政客惯用的银弹外交相比并无多少新意，但他的中亚之行在所谓“俯瞰地球仪外交”中，遏制中国、争取“入常”、开拓市场的指向尤其明显。

应该看到的是，日本中亚外交战略的实施仍受到许多因素的制约。虽然中亚各国为了得到经济援助的实惠而表示支持日本在联合国“入常”企图，但因为在国际社会有限的影响力，这种交换并不能使日本如愿以偿。加之地缘上远离中亚地区，日本与中亚各国在能源、交通等领域中的合作对中俄的牵制作用也难以起到实质性影响。在中国领导人提出构建“丝绸之路经济带”的倡议后，中亚各国参与热情正逐渐升温。相形之下，日本“丝绸之路地区外交”政策的单一性和实用性的短板正在显露。日本虽仍作为影响中亚地缘政治格局发展的一支力量存在于这一地区，但其预设的政策目标却很难全面实现。

2015 年，围绕中亚的大国外交异常热闹。美国、日本、印度、巴基斯坦、伊朗等国领导人纷纷访问中亚各国，仿佛使中亚地区的战略意义陡然上升。其实，从 20 世纪 90 年代初开始，中亚地区脱离了原苏联以俄罗斯政治文化为特征的权力中心后，成为了一个独立的地缘政治空间，并暴露在欧亚大陆引人注目的位置上。中亚地区独立后自然地理属性中的重要性骤然凸显出来，因此招致当前世界性强大权力中心和正在快速发育的地区性权力中心的觊觎、渗透，这是一个必然的趋势。由此时算起，来自各个方向的力量重新塑造中亚的过程就开始了。但是这些权力中心在当前的国际关系格局中各自扮演着不同的角色，发挥着不同的作用，同样，他们在中亚地缘政治格局的构建和发展中也在产生着不同方式和不同方向的作用力。这一基本的前提决定了开放性和多元性将是中亚地缘政治发展前景的总体特征，而发展走向和实际结果往往会不同于每个权力中心塑造中亚的预设企图，最终只能是这种多元和多向合力所导致的综合性结果。

第五章　中亚地缘政治环境的变化

传统地缘政治中心的“漂移”

作为冷战结束标志性事件的苏联、东欧阵营解体，使十多个苏联共和国获得独立。中亚地区虽然不得不按照当年建立苏联时的民族国家疆界独立成为哈萨克斯坦、乌兹别克斯坦、吉尔吉斯斯坦、塔吉克斯坦和土库曼斯坦5个国家，但经过这一地缘政治版图的巨变毕竟从制度性影响层面摆脱了以俄罗斯政治文化为特征的莫斯科政治中心的控制和支配。中亚这个地处欧亚大陆中心的地区开始了真正意义上的主权国家历史。这一重大历史变化非同寻常，它改写了中亚地区自帖木儿帝国解体和沙皇俄国势力进入中亚后至20世纪末的地缘政治格局及其未来发展走向，使这一地区开始作为冷战后国际关系中一个活跃的板块出现在世界政治舞台上，并在全球化进程中以其重要战略地位吸引着国际社会关注的目光。原有地缘政治属性发生质的变化引起了地区战略地位提升，加之刚刚启动的民族国家进程表现出政权主体职能的缺失，刺激着周边地区性力量和全球性大国影响力的进入。经过20多年的相互作用和彼此调试，中亚在欧亚地区和全球的地缘政治地位与作用已经发生了前所未有的变化。

由于中亚地区的特殊地理位置，历史上的各民族文化经历了一次次被外来力量中止和改写的过程。从公元前4世纪开始，希腊—马其顿的南下、波斯帝国的统治、匈奴帝国的西侵、突厥汗国的攻入、阿拉伯大军的占领、蒙古汗国的西征、沙皇俄国的兼并，在中亚两千多年文明史中，这种外族文化入侵和本土文化中断的现象一起接一起地持续发生。上述7次最重大的文化入侵过程仅是最典型、最具代表性、影响最深远的几次，更多相对短期的、小规模的地缘文化影响更是充斥了中亚各民族发展史的全过程。而每一次强大的外来文化进入中亚地区后，都在与本土文化相适应、相融合的前提下形成相对强大的新聚合体，在本土权力中心发育成熟时，反过来对周边地区产生强大地缘影响，并成为中亚地区民族文化发展史上的重要时期，留下若干重要的历史文化痕迹，并共同构成近现代中亚民族文化的基础。无论是突厥人以及操突厥语族语言民族所代表的强大历史文化，还是以伊斯兰教为核心的阿拉伯文化的影响，无论是以察合台汗国为平台的近代中亚民族格局的定形，还是沙皇俄国带来的东正教文化渗透，都无一例外地融为中亚本土民族文化的重要内容，甚至在一个特定的历史时期成为中亚地缘文化的标志性特征。而这些外来民族文化进入中亚地区时的特定载体、渠道和形式，也构成了每个时期中亚地缘政治影响的不同范围和格局。

对当代中亚地区民族文化和地缘政治格局影响最深刻的一次外族文化入侵，是18、19世纪俄罗斯东正教文化的进入。由于英国殖民势力急于从英属印度向北推进，试图阻止沙皇俄国咄咄逼人的南下势头，两强在中亚地区迎头相撞。几经两败俱伤的较量后，双方推出彼此都能接受的妥协方案，依照各自利益关注和彼此间的“安全距离”划分了两个帝国在中亚的势力范围分野。这时，英、俄两大权力中心在中亚地区的利益冲突和势力范围瓜分中处于绝对的支配地位，中亚各民族国家发展需求成了服从于大国利益需要的牺牲品。近代中亚地缘政治版图的确定成了英、俄两个大国博弈的附产品，中亚各民族自身的政治、经济、文化利益和民族发展诉求，都成为大国利益平衡中可进可退、可轻可重、可有可无的筹码。随着欧洲帝国主义列强瓜分世界引发的战争和沙皇俄国内部政治、经济发生的骤然裂变，覆盖中亚地区的东正教文化被俄罗斯共产党（布尔什维克）领导下的苏维埃文化所取代。在中亚“泛突厥主义”追捧者的眼中，苏维埃政权与沙俄时期突厥斯坦总督区并没有根本性的差别。经过一番政治文化上的较量，在中亚地区形成了 5 个不同的民族国家。这 5 个国家不是国际政治和国际法意义上的实体，但是它们对这些国家的“主体民族”文化自觉和民族意识成熟却具有着实实在在的意义。而且，在 20 世纪末的地缘政治大裂变中，这些民族国家的框架成为了建立独立国家（或者说分裂苏联帝国）时不可替代的法律依据。

独立后的中亚各国作为新生国家行为主体，面对自身的变化和地区的变化显得很不适应。在这个猛然来临的草创建国时期，需要中亚各国民族精英去做的事情不仅很多、很繁重，而且十分复杂。新疆大学潘志平教授在他的“中亚：地缘政治、经济、文化的思考”一文中，对刚刚获得独立的中亚五国亟待解决的问题作了这样的归纳：一是两极时代终结时，取代大国间战争威胁的民族宗教冲突、民族分离主义、宗教极端主义和国际恐怖主义等新的安全威胁；二是冷战的突出地位下降后，经济发展日益成为各国首先要解决的问题，对新获得主权独立，同时并不处于世界经济发展中心地位的中亚国家，经济发展问题还在向政治、安全、环境等更广泛的领域扩展；三是国家主权问题在冷战后正面临在新的国际秩序中被弱化和受到更多因素威胁的状态，一些国际关系中新出现的概念和原则令国际社会、国际组织和国家主体无所适从，刚刚取得独立并亟待被国际社会接受的中亚各国，却要面对“人权外交”、“人道主义干预”及跨国公司和非政府组织等对国家主权构成影响和威胁的新要素；四是必须快速适应地区和全球地缘政治版图在冷战后的巨变，尽管中亚各国也是这场巨变生成的政治结果，但以苏联—东欧集团解体为标志的世界政治格局的重建给这些正在启动中的民族国家和主权实体带来了太多的不确定因素和政治形态冲击，包括中亚地区在内的大片“权力真空”构成的“低水位效应”，吸引着世界各地区强大权力中心的纷纷觊觎。[①] 这是中亚地缘政治环境发生重大变化的最主要几方面的原动力，这些力对中亚地区逐渐施加影响的过程，恰恰也是中亚地缘政治格局发生嬗变的过程。

中亚地区从苏联超级大国“列车”上解脱下来后，传统政治地理学意义上的战略分量马上凸显出来。中亚地区虽然没有成为麦金德陆权理论所说“世界岛”上的“心脏地带”，但它处于世界各大文明影响的中间地带，加之俄罗斯政治权力疆界的后退，却也在冷战后欧亚大陆地缘政治版图上形成了吸引各个级别世界政治力量涉足的重要结合部。而失去原苏联超级大国地缘政治影响力依托的中亚各国，在获得独立后立即开始设计各自对待外部世界的态度和立场。因为在苏联实际上的统一主权实体框架内，中亚几个社会主义民族共和国并没有独立操作外交的权力和经验，如何面对外部世界对它们来说的确是个新任务。根据自身的有限政治影响力及其对周边地区和相关大国政治影响力的借重，中亚各国纷纷采取了一种具有共性特征的对外政策原则。这就是多边平衡的外交原则，即有意识地将国门打开，用各自具有的吸引力（或以重要的战略位置、或以丰富的能源资源、或以宽松的对外开放政策）主动接纳周边及世界不同属性、不同方面、不同动机的政治影响力进入中亚地区。

① 潘志平：“中亚：地缘政治、经济、文化思考”，载于作者著《亚洲腹地地缘政治文化研究文集》，新疆人民出版社，2011 年版，第 131 页。

这样的对外政策思路之所以形成，既有着草创建国时期缺乏国家外交能力、资源和经验的无奈，也有着利用世界各大强权中心对冷战后中亚地区兴趣和野心的用意。这就是借不同质的政治影响力进入中亚地区后产生的制衡效果，赢得自身国家权力的巩固和寻找社会发展路径的时间与机遇。

这种来自外部和内部双向力量作用下的嬗变过程，在中亚地区独立后发生的一系列重大事件过程中，展现出更加清晰的发展脉络。

中亚国家独立后在不同时期的外交实践与地区政局

时期	阶段性目标	与大国间的互动	标志性事件与制度性安排
Ⅰ(1991—2000 年)	积极参与国际社会活动和地区制度建设，争取更加广泛的国际认同，在确保主权独立和领土完整的前提下，寻求可依赖的战略力量及合作伙伴，以求在解决国家政权合法性、宗教极端势力威胁、国民经济下滑等现实问题上得到主流国际社会支持。	美国尚不急于进入中亚，重点放在防止中亚局势失控上，以“和平伙伴关系计划”、“中亚无核区”等准机制化地区性安排对中亚各国进行“无害化处理”和试探性、接触性合作； 俄罗斯视中亚地区为独联体阻滞南亚伊斯兰极端主义浪潮冲击的南大门，继续在吉尔吉斯斯坦、塔吉克斯坦驻军，扼守两国与阿富汗边境，并在乌兹别克斯坦、塔吉克斯坦政权危机中伸出援手，显示其对中亚地区安全不可或缺的作用； 中国以稳定西部边疆为目的，积极与中亚各国建立正式外交关系，并在此框架下努力继承和拓展中苏时期边境谈判成果，申明地区利益关切，主动与中亚各国建立睦邻友好互信关系。	“伊斯兰复兴运动”； 伊斯兰复兴党； 塔吉克斯坦内战； “和平伙伴关系计划”； “中亚无核区”； “中、俄、哈、吉、塔关于在边境地区建立军事互信和裁减军事力量的协定”； “上海五国”； “乌兹别克斯坦伊斯兰运动”； “巴特肯事件”。

续表

时期	阶段性目标	与大国间的互动	标志性事件与制度性安排
Ⅱ（2001—2005年）	在明确大国的战略意图前提下，有所侧重地在不同领域开展对话与合作，利用关键性时机主动满足大国需求，同时，最大限度地创造实现本国利益的时机和条件。	中、俄积极参与建立上海合作组织，以新安全观和新合作理念为主导，打造与中亚各国平等协商、互利互信的欧亚地区政治、安全、经济合作平台； “9·11”事件发生后，乌兹别克斯坦、吉尔吉斯斯坦等国不顾俄罗斯方面一再警告，主动邀请北约军队进驻； 俄罗斯对美国及北约军事存在耿耿于怀，施压吉尔吉斯斯坦同意开设俄军基地并与美军对峙，造成大国在中亚零距离竞争状态。	上海合作组织； “9·11”事件； 北约联军阿富汗反恐“持久自由行动”； 乌兹别克斯坦汉纳巴德空军基地； 吉尔吉斯斯坦马纳斯空军基地； 吉尔吉斯斯坦坎特空军基地。
Ⅲ（2006—2008年）	“颜色革命”登陆中亚，各国政权合法性再次受到西方价值观标准质疑。中亚各国在调整平衡外交重心的同时，为防范“颜色革命”威胁，重新考量同各大国关系的尺度与合作方式。	美国乘格鲁吉亚、乌克兰“颜色革命”势头，急于在中亚扩大和推广“改造后苏联空间”成果； 吉尔吉斯斯坦“郁金香革命”酿成打砸抢烧动乱事件，中亚各国开始对“颜色革命”持高度警惕和普遍敌意，西方政治家和学者开始反思； 乌兹别克斯坦因“安集延事件”发生后拒绝美国、欧盟独立调查而遭制裁，乌美关系急速倒退，乌俄关系升温； 乌兹别克斯坦政府照会美国驻塔什干大使，要求美军当年（2005年）从汉纳巴德军事基地撤出。	吉尔吉斯斯坦议会选举和“郁金香革命”； 乌兹别克斯坦安集延事件； 美国和欧盟对乌兹别克斯坦经济制裁； 乌兹别克斯坦与俄罗斯建立国家联盟； 上合峰会通过声明要求外国军队撤出中亚； 美国智库推出“大中亚战略”； 欧盟推出“新中亚政策”。

续表

时期	阶段性目标	与大国间的互动	标志性事件与制度性安排
Ⅳ（2009—2015 年）	全球性金融危机与中东地区动荡要求中亚国家与大国间通过合作实现更加有效的利益置换，中东“伊斯兰国”在中亚地区引起的宗教极端主义互动和阿富汗、巴基斯坦境内的极端主义组织针对中亚地区的活动，促使中亚各国面向大国的平衡外交更趋功利和实用。	俄罗斯利用社会危机，教训游离于大国之间玩“变脸”游戏的巴基耶夫，加固对中亚的影响； 美宣布从阿富汗撤军日期，大国加紧围绕乌兹别克斯坦、塔吉克斯坦做工作； 欧盟解除对乌武器禁运，美推出“新丝绸之路计划”，希拉里·克林顿访塔时高调表彰拉赫蒙总统民主建设成就； “伊斯兰国”的出现吸引着全世界宗教极端主义者。中亚各国“圣战者”进入叙利亚、伊拉克。 乌克兰危机发生，中亚各国的反应微妙，而俄罗斯遭西方制裁后，中亚各国在外贸、侨汇等方面受到连带性影响； 中国国家主席习近平于 2013 年、2014 年连访中亚 5 国，并提出构建“丝绸之路经济带”倡议，各国反应强烈。	全球金融危机； 吉尔吉斯斯坦“第二次郁金香革命”； 吉尔吉斯斯坦奥什骚乱； 西亚北非“阿拉伯之春”； 美国“新丝绸之路计划”； “伊斯兰国”； “亚信”上海峰会； “丝绸之路经济带”； “欧亚经济联盟”； 美国与中亚“1+5”外长会议。

上表收录的只是中亚各国独立以来在地区政治发展走向中发挥了重大作用的几种政治力量，以及发生的主要事件。当然，难以纳入的成分对中亚地区地缘政治格局发展走向的影响也是不可忽略的。

新生国家权力中心的发育与成熟

如果以一个正常国际政治主体的健全结构和功能看待刚刚脱离苏联获得独立的中亚各国，的确难以满足一个成熟和完整的主权国家标准。与国家机器的不完善和行政能力的脆弱相对的，是新获得独立时中亚各国正在经受的地区性宗教极端主义威胁、大动荡后的社会政治余震和原有联系断裂后的国民经济下滑。这种主观能力与客观现实形成的强烈对比，使中亚各民族国家在建立各自国家权力的自主结构设计时，面临着十分现实，甚至十分紧迫的国际和国内压力。中亚各国的民族精英和政治领袖们在这一关键性历史时期的使命，是要准确选择并尽快建成一种合适的国家政权模式。这种模式必须具有三种基本功能：一是能够完成与苏联时期历史的交割，给本国人民和国际社会一个合理的交待，使新建立的政权既具有国家法律意义上的又具有社会文化意义上的合法性；二是能有效地控制当前的国内社会形势，在短时间内树立起国家政权的强大权威，形成应有的国内政治凝聚力和国际政治张力，遏制住外部力量的渗透、国内宗教极端主义的抬头和国民经济的持续恶化；三是具备与本民族历史和政治文化的继承性，并且能面对未来民族国家的发展发挥建设性的传承意义，搭建起民族社会发展史的过去、现在与未来之间的过渡性桥梁。

中亚各国基本在独立后的10年内完成了国家权力的基本建设和初步转型，这一过程对于每个民族国家而言肯定是仓促的，但又是亟待完成的。这一过程不仅重要，而且复杂，甚至在中亚各国还经历了不同程度的坎坷、徘徊、反复。这个复杂的过程总体上可以划分为以下几个阶段。

第一阶段：从一党制向多党制的过渡。在20世纪80年代苏联开始在戈尔巴乔夫领导下的政治改革时，一党专制政体的社会基础已经开始动摇。中亚各共和国与苏联本身及其所属的其他民族共和国一样，开始主动面向西方接受多党政治、议会民主、直选总统等形式上的“民主政治理念”的影响。1988 年苏联共产党第十九次代表大会通过决议，决定开始改革苏联政治体制；1990 年苏共中央二月全会决定，放弃苏共在国家生活中的领导作用；同月苏联开始实行总统制，戈尔巴乔夫出任苏联首任总统；同年 3 月，苏联修改宪法第 6 条（即关于苏共在苏联国家政治生活中处于领导地位的条款）；同年 10 月又通过了《结社法》，为多党制在苏联的出现与合法存在提供了法律依据。由于开始实行总统制，苏联部长会议先是被缩小了权限，后又改为内阁，部长会议主席改为内阁总理。总理不再对最高苏维埃负责，而是对总统负责。[①] 这在法律上和组织结构上正式构成了“三权分立”的权力制约体制和运行模式。这一变化给中亚各国带来了很大的政治影响，各共和国从形式到内容纷纷效仿。1990 年 3 月，哈萨克斯坦取消了关于哈萨克共产党垄断地位的共和国宪法条款；同年 4 月，哈萨克斯坦设立总统职务，在全民公决中纳扎尔巴耶夫当选；随后部长会议也改为内阁，并设内阁总理；同年 6 月，又通过了《结社法》，从而承认了多党制在哈萨克斯坦的合法性。从此，在哈萨克斯坦政治生活中“三权分立”原则被认可。直到 1991 年 8 月，哈萨克共产党被解散。乌兹别克斯坦于 1990 年 3 月通过了建立总统制国家政权的决定，卡里莫夫当选为总统；1991 年 2 月，乌兹别克斯坦共和国也通过了《结社法》；1991 年 9 月，乌兹别克共产党改名为乌兹别克斯坦人民民主党。吉尔吉斯斯坦、塔吉克斯坦、土库曼斯坦三国的政治制度也在这一时期发生了根本性的变化，只是在形式、内容和程度上各有不同，尤其是土库曼斯

① 赵常庆：“中亚五国政治体制改革与评价”，《新疆大学学报（哲学社会科学版）》，2002 年 10 月。

坦，新当选的尼亚佐夫总统认为自己的国家尚不具备实行多党制的条件，于1991年12月将原来的土库曼共产党改组为土库曼斯坦民主党，尼亚佐夫总统担任这个党的主席，并于1992年3月在司法局正式登记注册，成为土库曼斯坦唯一的政党。从上述历史变化中可以看出，中亚各国政治体制实现转轨的过程是从苏联政治体制的改革开始的。这就使中亚各国在独立后的国家政治体制建设进程中，难免继承了苏俄政治文化的元素和基础性的组织资源，为国内政治权力模式的根本性转变实现“软着陆”提供了重要政治条件。

第二阶段：从苏维埃制度向总统制的转变。苏维埃①制度是“十月革命”以来俄罗斯共产党（布尔什维克）和苏联坚持多年的一种政治体制。独立初期，曾经有以总统作为国家元首和最高苏维埃作为立法机构并存的时期。这种不伦不类的组合一开始在中亚国家就十分不和谐，如哈萨克斯坦总统与本国最高苏维埃的关系，不仅职能区分不明确，而且在制定一些重要法律法规时最

① 苏维埃是俄文 совет 的中文音译，意为“代表”和“代表会议”。最早出现在1905年俄国革命时，当时是一种工人和士兵直接参与政治的民主形式，其代表可以随时选举并随时更换，借鉴了巴黎公社式的政权构成模式。“十月革命”后，全俄各地相继建立了苏维埃政权。1918年1月25日全俄苏维埃第三次代表大会通过《被剥削劳动人民权利宣言》，宣布俄国为工兵农代表苏维埃共和国。同年7月10日，全俄苏维埃第五次代表大会通过的《俄罗斯苏维埃联邦社会主义共和国宪法（根本法）》（简称苏俄宪法），确立了以苏维埃为基础的社会主义的政治制度。从此，苏维埃成为俄国新型政权的标志，城市和乡村的最基本生产单位都有苏维埃，苏维埃在俄罗斯共产党（布尔什维克）领导下，不仅可以立法，还可以直接派生行政机构。1922年12月30日，苏联苏维埃第一次代表大会通过了《联盟条约》和《联盟成立宣言》，宣告苏维埃社会主义共和国联盟成立。1924年1月31日，苏联苏维埃第二次代表大会通过了《苏维埃社会主义共和国联盟宪法》（简称苏联宪法），确认苏联为统一的苏维埃社会主义的联盟国家。1934年苏联宣布剥削阶级已经消灭，社会主义公有制经济在国民经济中已占统治地位。1936年12月5日苏联苏维埃第八次非常代表大会通过的苏联宪法，进一步完善了苏维埃制度。1977年10月7日第九届最高苏维埃第七次非常会议通过苏联宪法。宣布苏联是社会主义全民国家，代表工人、农民、知识分子和国内各族劳动人民的意志和利益；规定苏联的一切权力属于人民，人民行使国家权力的机关是人民代表苏维埃，并规定苏联共产党是苏联政治制度的核心。苏联最高苏维埃是苏联的最高国家权力机关，其常设机构是最高苏维埃主席团。

高苏维埃主席和总统的观念与认识相左，形成严重掣肘。在独立后的前5年中，各国纷纷制定了自己的《宪法》，从法律高度规定了中亚国家的单一制国体，并确定了实行“总统制”。而此时确定的“总统制”与1991年刚刚独立时有很大的不同：《宪法》确立的“总统制”赋予总统的权力甚至超过当年共产党第一书记拥有的权限。除了国家层面的“总统制”被《宪法》确立下来，在中亚各国的地方行政管理体系也彻底取消了苏维埃体制。中亚各国普遍取消了由地方苏维埃选举地方苏维埃执行委员会主席的规定，改为由总统任命州、直辖市的行政长官，再由州、直辖市行政长官任命下级行政长官的垂直领导体制。

第三阶段，威权主义权力中心逐渐形成。中亚多数民族因为曾经的游牧生活和生产方式的历史，在形成较强的以部族意识、部落意识、族群意识为特征的社会认同意识基础上，普遍具有威权主义的政治文化传统。又由于成熟民族国家进程的缺失，本民族历史中难以发掘出现成的国家治理和政权模式，于是刚获得独立后的中亚各国将各自民族传统中的威权主义因素与苏联时期国家政权模式、西方国家民主制度相结合，赋予了各国选择的总统制政权模式以明显的游牧民族风格的威权主义内容。这些内容首先体现在总统制政权的集权特点上，例如中亚各国早期宪法均赋予总统广泛的权力：哈萨克斯坦宪法对总统职权的规定有21项，乌兹别克斯坦也有21项，吉尔吉斯斯坦有28项，土库曼斯坦有12项，塔吉克斯坦有26项。这些权力包括国家大政方针的制定权、国家法律的批准权、政府机构设置的决定权、总理和内阁部长的任免权、武装力量的统帅权、国家财政的控制权、外交政策的决策权，甚至在总统与政府或议会发生意见对立时，总统有权解散政府和议会。其次，这种威权主义的政治文化内容体现在总统与地方的关系上。中亚各民族游牧历史培育的部族认同意识，经历了近两个世纪的俄罗斯政治文化强势影响后，仍不同程度地存在于中亚各民族的政治生活和经济活动中。例如，哈萨克族历史上的大玉兹、中玉兹、小玉兹（Старший Жубз、Средний Жуз、Млаший Жуз，一些中文文献中翻译成“大帐、中帐、小帐”哈萨克）部落联盟的存在，对哈萨克斯坦独立后地方领导人与总统的关系仍具有相当的影响。而在乌兹别克斯坦、吉尔吉斯斯坦，这种传统与不同地域（如乌兹别克斯坦的塔什干帮、撒马尔罕帮、安集延帮、布哈拉帮等，又如吉尔吉斯斯坦的南方集团和北方集团）相交叉，而在土库曼斯坦则更直接地体现为家族式的利益集团。由于这种特殊政治文化在中亚各民族中有极高的社会认同，自苏联解体后普遍建立于部族和地域政治体系基础上的总统制政权具有着极强大的生命力。这种威权主义传统在社会层面的体现，是建立在中亚各国基层社会的公民管理系统。中亚各国领导人十分重视本民族政治和文化传统的转化，有意将历史上民族社会组织结构中积极的、有生命力的元素发掘出来，作为国家治理中司法、行政、经济等杠杆以外的辅助手段。例如，哈萨克斯坦充分发掘 16 世纪和 17 世纪哈萨克汗国时期的民族传统组织形式，将《哈斯木汗法典》、《头克法典》中的一些社会内容有选择地在国家管理实践中推广，如把部落联盟支系清晰划分，使各地哈萨克民族公民找到民族国家的归属感。[①] 又如，乌兹别克斯坦也将古代乌兹别克城邦国家撒马尔罕、布哈拉时期的城市居民组织“马哈拉”（乌兹别克语为 Mahalla，俄文为 Махалля，来自于古阿拉伯语，意为公社、村庄或城市中的社区）赋予新的生命力，以总统令和国家法律的形式在全国城乡划分、设置，成为乌兹别克斯坦国家管理最基层的行政派出机构和居民自治组织。这种特殊的组织形式借乌兹别克民族历史上长老政治的威权主义传统，建立了以长者、尊者、名人为核心的“马哈拉主席团”，

① 岳书光：“试论哈萨克族习惯法文化对构建民族地区和谐社会的影响”，《新疆社科论坛》，2009 年第 3 期，第 34 页。

在上一级政府机构和经济、文化、民政、治安等部门的参与下，形成了兼有行政、生产、宗教、救助、调解、治安、选举等多种功能于一体的基层组织，为独立后乌兹别克斯坦的社会稳定和公民社会建设作出了重要贡献，并因此引起了国际社会的关注。[①]土库曼斯坦首任总统尼亚佐夫从20世纪末开始用了5年时间，完成了著作《鲁赫纳玛》（土库曼语，意为“精神灯塔”或“精神指南”），于2004年出版后发行上百万册，并翻译成俄文、中文、英文等34种文字读本。2005年还曾用卫星将《鲁赫纳玛》发送到太空，甚至当新司机申请驾驶执照学习交通法规时，必须用16课时学习《鲁赫纳玛》。[②] 在民族国家重建时，旧的意识形态被否定了之后，“土库曼之父”急于利用本民族的威权主义传统和民族文化遗产的影响力树立起新的民族国家核心价值观。

获得独立后的中亚各国经历了一个时期的探索，在完成上述基本任务的前提下形成了以“强总统、弱议会、小政府”为特征的国家权力模式，又在后来的国家建设和国家治理实践中经过不断的磨合，逐渐构建起了新的区域性权力中心。这些权力中心以国内政治生态的内生需求为动力，一步步生长、成熟，并以此为基础逐渐开始对地区及国际重大事件的适度关注和参与，这一过程对中亚地区地缘政治发展存在着重大意义。

原有地缘政治生态的裂变

在中亚地区各国国内政治结构发生重大变化的同时，由于苏

---

① 王明昌、吴宏伟：“乌兹别克斯坦传统社会组织马哈拉探析”，《世界民族》，2013年第5期，第34页。

② 人民大学新闻处：“土库曼斯坦总统尼亚佐夫著作《鲁赫纳玛》第二部中文版在人民大学首发”，人民大学新闻网，2006年4月3日，http：//news1. ruc. edu. cn/102392/43185. html。

联时期曾经强势主导和控制着这一地区的大国霸权力量骤然消失，外部力量迅速涌入这一“权力真空区”，使中亚地区险些再一次重复“大博弈”和“碎片化”的历史。这种地区力量结构带来的重大变化之一，是在短时间内迅速瓦解了原先支撑着中亚各国雄视本地区周边邻国的政治底气，并使它们在并非完全主动、甚至是缺乏充分心理准备的情形下成为了独立的国际政治主体。尽管在苏联解体前的5—10年中，中亚各民族精英在情绪上是期盼着这一天的，但当这一天真的到来时，他们又从理性层面感到了现实的突然性。中亚各国这时十分缺少的不仅是相应的经验、制度和人才准备，而且也对自身政权的政治凝聚力自信不足。与此同时，中亚地区所处的重要战略地位及其冷战后出现的短暂“权力虚位”，又使它成为各大强势权力扩大控制空间的方向和目标，具有不同国际背景的国家集团、国际组织和国家主体对中亚地区开始了不同形式、不同力度的渗透。这些作用和方向不同的力交织在中亚地区，形成对中亚各国国内政治和对外政策的现实影响。强大的地区外部影响力与羸弱的地区内部聚合力的交相作用，形成了改变中亚地缘政治结构的综合力量。冷战结束以来，被西方学者再次称作欧亚板块“破碎地带”的中亚地区最大限度地经受了这股合力的整合。而构成这股合力的不同属性的成分此消彼长，决定着中亚地缘政治发展的基本走向。在这样多元、多方向的力形成类似于物理学现象中的一种“场”时，各种作用力对中亚地区地缘政治格局的发展走向分别产生着不同矢量的影响。但是这一多种作用力影响的过程并不是杂乱无章、毫无规律的，注意考察其中一些基本现象，有助于我们对这一过程形成一个比较完整、全面和连贯的认识。归纳起来主要包括以下这些表现：

第一，“平衡外交”成为中亚各国与世界互动的基本方式。面对冷战结束后的世界剧变和复杂的地区形势，从未独立自主制定过对外战略和外交原则的中亚各国，从零起点开始各自作为国际政治实体的外交设计和探索。囿于自身影响力的弱势地位和对外部强势渗透的无奈，中亚各国在积极参与国际社会活动的同时，采取主动姿态吸引外部国际势力进入本地区，试图借助于大国力量实现中亚在防止大规模杀伤性武器扩散、遏制宗教极端势力蔓延、建立中亚战略缓冲区等方面的重大关切，并伺机调动不同属性和不同方向的影响力在地区内形成制衡，以便从中获得自我发展的机会和空间，或直接得到安全和经济上的援助。对于中亚国家这种开放性的外交实践，中国学者普遍称之为“平衡外交”。这种外交战略在经过近 25 年的实践后，经历了多次的完善和丰富，不仅运用更加自如，而且随着次区域权力中心的巩固和成熟，越来越富有自主驾驭的特点。现在中亚各国与世界对话及与国际社会互动的基本方式，即脱胎于这种“平衡外交”。可以说，中亚各国早期的“平衡外交”不仅对其奠定建国初期与外部世界开放性关系功不可没，而且还为中亚国家辟出了参与全球化进程的早期途径和方式。从这个意义上讲，中亚各国在建国初期采取的“平衡外交”战略对中亚地缘政治格局形成发挥了至关重要的影响。而且，随着世界政治和经济开始新一轮调整，这一具有突出特点的新发展趋势（或可称为其改进型和升级版）将成为中亚各国对外关系的长期特征，并继续影响中亚地缘政治发展的长期过程。

第二，多主体参与中亚地区地缘政治格局构建成为常态。中亚国家对国际社会保持着积极的对话和开放姿态，这使各种全球性和地区性战略力量获得了参与中亚地缘政治格局重组的机会，越来越多的国际政治主体纷纷加入已呈趋势。在中亚地区经营近两个世纪的俄罗斯充分利用传统经济联系、安全依赖、人文优势等重要资源，对中亚各国政治、经济发展方向施加重大影响。但经历近 25 年的消耗后，俄罗斯的影响力正由量的耗减走向质的衰弱。政治体制的雷同虽然使俄罗斯在中亚推行地区一体化有更多共同语言，然而出于对让渡利益甚至主权的担心，独联体的安全合作和经济合作越来越受到冷落。针对中亚地区日益复杂的地缘政治前景，俄罗斯试图继续强化对中亚地区的安全影响力，并在人们充满猜测和议论的“梅普交接”前重提“欧亚联盟”构想，但中亚各国的回应不再全是积极的。作为俄罗斯在中亚地区继续保留人文影响力的重要载体——俄罗斯民族人口，他们在中亚各国不断推进的“主体民族化”社会进程中，要求回迁俄罗斯国内的比例越来越高，据统计近10年有上百万俄罗斯族人口迁离中亚各国。当然，俄罗斯至今仍是多数中亚国家最大的贸易伙伴，它为中亚各国的过剩劳动力提供了就业市场，中亚国家每年以独联体内优惠价格从俄罗斯进口能源和军火，俄罗斯在长时间内仍是中亚国家经济和安全上的依赖对象。然而，从2013年开始的乌克兰危机使俄罗斯与中亚各国关系变得微妙，西方对俄罗斯的持续制裁首先在包括中亚各国的独联体国家中引起链锁反应。

美国借阿富汗反恐战争及战后重建，在中亚地区有效地扩大着影响力。美国针对中亚地区的战略目标自苏联解体后至今没有大的改变。其中，防止大规模杀伤性武器扩散的任务已基本完成，而防止伊斯兰极端主义势力取代世俗国家政权、削弱和阻隔俄罗斯对中亚地区的战略性影响、促进中亚国家政治民主化和经济市场化等战略仍在实施中。从伊拉克撤军后，美国将下一个战略调整的重心转向了阿富汗。无论是否实现完全的撤军，中亚的地缘作用和战略意义将得到提升。“改造后苏联空间”的挫折并不会使美国放弃价值观外交原则，策略上的调整使“大中亚计划”、“新丝绸之路计划”应运而生。但是，与美国交往近25年的经验并没有使中亚国家减少对这个强权大国的不信任与戒备心理，这将给美国的地区影响增加阻力。另外，欧盟、印度、日本、韩国、土耳其、伊朗等国家和集团，都已从不同领域找到了在中亚地区实现各自利益的机会和路径。毋庸讳言，中国也是对中亚地区政治和经济重建施加积极影响的参与者之一。单一政治权力和战略力量主导中亚地区政治、经济发展的历史已经结束多年，多元化的地区影响必然带来地缘政治发展方式和前景的多样性。

第三，中亚各国国家发展模式已体现出明显的多样性。在上述两种趋势成立和不断强化的前提下，中亚各国由于处在这两种趋势的不同位置上，因而受到的影响力在很大程度上是不一样的。而且，中亚各国在独立初期根据自身国情条件和各自面临的地缘政治环境，在制定“平衡外交”战略时政策细节上不尽相同。同时，域外的全球性、地区性战略力量在向中亚地区施加影响和确立利益存在的同时，也在有选择地结成战略伙伴关系。中亚各国不仅在对外政策上体现出了这种多样性，对国内社会发展模式选择的多样性也逐步地相对确定下来。由于各国地缘地位、民族传统、国际影响等基本条件不同，中亚 5 个国家之间的发展路径和国家类型也渐渐体现出明显的差异。中亚地区内部政治与经济发展的多样性，推动着中亚地缘政治发展的多向性和多变性。这一特性对中亚地缘政治结构的发育与成熟意义重大，这种能动性的力量在中亚各国独立后形成了越来越强大的一种冲动，甚至直接主导着或者促进着地区地缘政治格局发展的前景。

尽管这几方面地区政治生态变化的苗头在中亚各国独立后的前 10 年中尚不成熟，但却已经代表了一种强劲的趋势。这一趋势不仅是一种带动中亚地缘政治格局进入一个新活跃期的客观运动，而且也刺激着中亚地区内部产生出主动构建某种新的地缘政治生态的强大动力。经历近两个世纪的积累后发生的重大政治裂变，在短时间内释放出了巨大的能量，这种能量转化成的力无论是来自外部的还是源自内部的，对中亚地区未来的地缘政治格局构建都会具有极其重要的意义。

重构地缘政治版图的冲动

19 世纪 80 年代俄罗斯沙皇政府与大英帝国签署《伦敦议定书》后，可以说中亚地缘政治力量结构的组成和发展前景基本是确定的。尽管 20 世纪初的前 20 年中，主导中亚地区地缘政治发展的主要力量发生了性质上的变化，但是俄英两大帝国时期划分的势力范围边界并没有发生改变，中亚地缘政治结构的模式和发展趋势也没有根本性的改变。由于构成这一特定地缘政治格局的两大帝国势力空前强大，在中亚地区形成的特定政治权力结构也表现得空前牢固，以至于无可替代地主导了这一地区政治文化近两个世纪之久。当时的沙俄殖民势力进入中亚地区生产的影响，给这个原本地缘基因丰富的欧亚大陆中心地区政治生态带来了三方面根本性改变：一是趁中国国内政治、经济进入衰落期而大举侵占了原属于中国的大片领土和非正式管辖地区，使中亚地区与中国之间的地缘政治关系发生了根本性改变；二是与英国殖民势力经过争夺后将阿富汗划为缓冲区，不仅使中亚地区南部的地理区划和民族分布复杂化，而且从此使自然地理和人文地理概念上的中亚南部区域、及其与南亚地区原有的正常经济联系和文化联系从此基本被隔绝；三是伴随着征服中亚各民族，沙俄当局采取了一系列殖民性政策，在中亚各民族间中播洒下了离间和恶化民族关系的因素，使中亚地区从近代开始成为民族关系复杂和族际冲突易发、多发地区。[①] 尽管也是从这一时期开始，俄罗斯运用逐渐膨胀的地区霸权和经济实力填补着中亚地区与周边地缘联系的缺失。例如，修建中亚大铁路，使中亚地区通过俄罗斯与欧洲

① 参见本书第二章第二节“征服者们留下的政治遗产”部分内容。

文明对接；又如，疏通阿姆河下游干渠、开凿运河，使中亚地区原有的水利系统大大提高经济效益；再如将以俄语为中心的“二手”欧洲文化在中亚地区强力推广，使中亚地区传统的游牧文化和相对封闭的绿洲文化与东欧及西欧近代工业文化开始接触，让中亚地区文明在经历了一个封闭时期后，再次完成了与外来文化结合的轮回。但是，这种具有进步意义的经济影响和文化影响是在征服和掠夺前提下的附产品，并与来自俄罗斯的强势地缘政治影响保持着时间和方向上的一致。这对中亚地区经济模式和文化类型构建的影响是单一性的，甚至可以理解为是一种新理念和新意识形态基础上的封闭性地缘文化构建。苏维埃政权在中亚地区确立后，虽然开始推行与沙俄时期不同的治理政策，并在民族自决原则指导下人为推动中亚民族自我意识的成熟和民族国家的建设进程，但相对于周边地区和外部世界的地缘经济快速发展和地缘文化的活跃而言，这一进程仍在强化着沙俄时期在中亚地区搭建的排他性地缘政治形态。

苏联时期强大的政治文化伴随着全球性霸权的崛起曾经上升至两极世界中的重要一极，作为统一国际政治主体中一部分的中亚地区被紧紧地覆盖在这一政治文化之下，而且也在苏联确立世界霸权的过程中扮演着独特而重要的地缘角色。20 世纪 80 年代，苏联在与美国的制度对抗、经济竞争和军备竞赛中开始捉襟见肘。尤其在阿富汗战争陷入困境后，苏联霸权的坍塌开始初显露端倪。尽管苏联时期中亚各共和国只是名义上的主权国家，并不具有对外独立开展外交活动的权力，但是中亚各共和国领导人此时已经开始思考如何以一种新的身份面对周边国家及外部世界。这种地缘身份的重新自我认知的开始，既有着俄罗斯政治文化在中亚地区减弱后民族自觉意识的作用，也有周边地区乃至世界政治、经济形势正发生深刻变化的影响。中亚各国尝试着将自己作为一个拥有独立主权的国际政治主体，重新考虑自己所处的地缘态势、周边环境和自己的国际角色，这样有意识的思想活动早在苏联解体前就已经开始了。独立后的吉尔吉斯斯坦首任总统阿卡耶夫曾做过这样的反思，“我们的外交部在苏联时期只是徒有其名。共和国的代表偶尔也被纳入苏联的代表团中，其中包括出席联合国会议的代表团。在苏联的代表团中，我们的代表只是‘摆设’”。[①] 哈萨克共和国于20世纪80年代开始，在具有悠久历史和传统的国立阿里法拉比大学（КазГУ，现称为 Казахский национальный университет имени аль－Фараби，简称 КазНУ）历史系，以著名教授伊布拉舍夫（Ж. У. Ибрашев）为核心形成了一个早期团队，从事以哈萨克共和国为主体的国际关系研究。他们从梳理历史上包括哈萨克汗国时期的哈萨克民族与周边民族和国家关系历史开始，结合二战后当代苏联外交史研究，探索哈萨克共和国的外交定位。哈萨克斯坦独立后，正式成立了国际关系教研室。1995年4月，哈萨克斯坦总统纳扎尔巴耶夫以当年第88号总统令的形式，责成哈萨克斯坦国立大学在这个教研室的基础上建立了国际关系系。[②] 乌兹别克斯坦共和国也于1992年9月按照卡里莫夫总统的命令，将乌兹别克共产党中央党校改建为乌兹别克斯坦世界经济与外交大学（Университет Мировой Экономики и Дипломатии，简称 УМЭД），[③] 为独立后的国家外交、外贸等涉外部门培养干部。

苏联的解体促使中亚各国开始完全独立地考虑自己的地缘角色定位，其中既有独立前已在悄悄进行思考和尝试的继续，也有对苏联这个依靠了多年的霸权中心消失后的无奈。而摈弃以这一

---

① ［吉］阿斯卡尔·阿卡耶夫：《难忘的十年》，武柳、雅思、远方译，世界知识出版社，2002年6月版，第181页。

② Факультет международных отношений КвзНУ，http：//www. kaznu. kz/content/files/pages/folder162/MO%20рус%20Буклет. pdf.

③ Университет Мировой Экономики и Дипломатии，http：//www. goldenpages. uz/company/？Id＝1306.

重要地缘政治力量为核心的坐标，中亚各国的地缘观和外交观势必要发生颠覆性的改变。基于这一重要前提，中亚各国政治精英除了在心理上尽快适应这场巨变外，也开始对各自国家未来希望的地缘政治环境和有利发展方向进行设计。哈萨克斯坦总统纳扎尔巴耶夫在进入21世纪后曾回顾说，“最初我们就明白，没有国际社会对我国的承认，没有主要国家为我国提供安全和领土完整的保障，任何关于建立国家制度、主权、经济改革的高谈阔论都只不过是空话”。[①] 曾经担任哈萨克斯坦外交部长的托卡耶夫（Токаев Касьмжомарт）认为，“任何一个国家的地缘政治位置是由政治力量分布与领土的结合，以及这些因素与社会生活的空间组织相互联系所决定的”，“但是，地理位置的不可改变不意味着经济、政治是静止的”。[②] 在这些可以连贯起来的认识中可以看出，中亚各国的政治精英们在独立前后已经对自己所处的地区环境进行了初步的思考，而且在后来的政治实践中逐渐系统化、条理化起来。正是在这些认识基础上，通过新生国家的一系列外交活动改变各自所处地缘政治环境，形成了中亚国家独立后构建民族国家能力的一种积极力量。

中亚各国在独立后对本地区及周边地区地缘政治环境积极塑造的意识产生于20世纪90年代末期。这时的国际政治格局继续着冷战结束后的阵痛和巨变，焦点虽仍停留在中东欧地区，但民族矛盾、宗教冲突、党派政治在中东欧地区引发的一系列地缘政治格局洗牌甚至国家版图重写，引起中亚各国领导人的高度警觉。导致中东欧爆发连锁式权力改组和民族国家分化的主要原因，在中亚各国社会基本都或多或少地存在。而最主要的共性原

① ［哈］努·纳扎尔巴耶夫：《时代 命运 个人》，陆兵、王沛译，人民文学出版社，2003年3月版，第197页。

② ［哈］卡·托卡耶夫：《中亚之鹰的外交战略》，赛力克·纳雷索夫译，新华出版社，2002年10月版，第6页。

因，是原有的苏东权力中心的崩溃和俄罗斯国际影响力的下降，使10到20年前绝对不允许发生的事变接二连三地出现在俄罗斯身边的原有势力范围中，而这时的俄罗斯却已经基本没有能力作出任何具有实质性意义的反应。有鉴于此，中亚各国领导人和政治家们纷纷开始设计符合各自内外政治环境的地缘发展战略。这种重大的战略设计和国际政治、经济实践主要包括以下三个方面：

一是构建地区安全的多元性支点。中亚国家独立后，在安全上仍然严重依赖俄罗斯。尤其吉尔吉斯斯坦和塔吉克斯坦两国，未能从苏联遗产中继承到足够的国家机器建设能力，依靠俄罗斯军队（主要是边防部队和内务部队）维护边境的状况一直持续到20世纪90年代末，著名的俄罗斯201摩托化步兵师（后改为201综合军事基地）长期驻扎在塔吉克斯坦。改变这种形势当然是每一个主权国家领导人梦寐以求的事。为此，中亚各国在继续承认俄罗斯在本地区的安全利益并对此负有责任的前提下，开始将其他大国势力作为可借重的强大制衡力引进中亚地区。1994年，在美国国防部长提出“和平伙伴关系计划”后，中亚各国积极响应。哈萨克斯坦、乌兹别克斯坦不仅接受美国国防部邀请，派出军队赴美参加联合军事演习，派出军官到美国军事院校学习，而且邀请美国军队多次进入哈萨克斯坦和乌兹别克斯坦举行联合军事演习。如果将这一行动看作冷战以来中亚地缘战略力量变化开端的话，那么2001年“9·11”事件后向北约军队打开国门则是一次更加彻底推动地区安全力量对比变化的大胆举动。

二是打造能源经济的多样性结构。中亚油气主产国哈萨克斯坦、乌兹别克斯坦、土库曼斯坦在独立后都将重点发展能源经济作为振兴国民经济的基本战略，但因能源出口长期受制于俄罗斯（可利用的油气运输管道均通向俄罗斯中心地区，然后向欧洲及俄罗斯其他地区分流），各国便纷纷凭借自己的地缘优势尝试推出能源出口多元化的方案。土库曼斯坦与伊朗合作，将南部出产的油气向伊朗北部能源贫乏地区输送。哈萨克斯坦在继续依靠中亚—中央石油管线的同时，提出一套大胆的方案，向东通向中国；向西跨越里海、经格鲁吉亚、土耳其进入地中海；向南经乌兹别克斯坦、阿富汗、巴基斯坦、印度进入印度洋。1998 年，时任中国国务院总理李鹏访问哈萨克斯坦时，修建中哈石油管道的问题就列入了两国合作的日程。在地区和国际形势的变化影响下，经多年谈判，终于 2004 年开工。2006 年，西起阿特劳、经阿克纠宾斯克、至中哈边界阿拉山口的管道（全长 2798 公里）全线通油。1999 年，在美国推动下，铺设里海石油输出管道协议在欧安组织伊斯坦布尔峰会上签署，经阿塞拜疆的巴库、格鲁吉亚的第比利斯到土耳其的杰伊汉的输油管道（Baku－Tbilisi－Ceyhan，简称 BTC，全长 1767 公里，在阿塞拜疆 443 公里、在格鲁吉亚 249 公里、在土耳其 1075 公里）于 2002 年 9 月动工修建。2005 年 5 月在巴库输油终端举行了管道注油庆典，2006 年 7 月管道开通典礼在土耳其杰伊汉举行。①

三是推动交通运输的多向性发展。1901 年阿姆河大桥建成，标志着从 1879 年开始修建的中亚大铁路全线贯通。从此时至苏联解体，中亚地区交通运输网的构建和发展就一直以俄罗斯中心地区为轴心向周边辐射。中亚各国独立后，这种单向的交通运输基础建设格局显然不符合各国发展国内经济及与世界经济联系的任务。为此，中亚各国充分利用各自的地理条件，融资修建与地区外联通的铁路交通线。1991 年，哈萨克斯坦多斯特克（Дортык，哈萨克语“友谊”，即苏联时期的 Дружба）与中国阿拉山口铁路通车过货，形成由中国连云港至荷兰鹿特丹全长 10800 公里的第二条欧亚大陆桥。2011 年 12 月，中哈铁路又在霍尔果斯开通第

① 庞昌伟：“里海石油出口大动脉——巴库—第比利斯—杰伊汉输油管道贯通”，《国际石油经济》，2007 年第 1 期。

二条通道。修建第二欧亚陆桥的同时，1991 年 5 月土库曼斯坦、哈萨克斯坦、乌兹别克斯坦、吉尔吉斯斯坦四国合资开始修建捷詹—谢拉赫斯—马什哈德（Теджен – Серахс – Мешхед）铁路，1996 年 5 月土库曼斯坦至伊朗段接轨，1997 年开始过货，全长 295 公里。这条铁路干线的建成，使中亚铁路网与伊朗铁路网连接起来，各国货物可直达波斯湾的阿巴斯港和霍梅尼港。同样在阿富汗联合反恐军事行动的推动下，中亚国家也努力推动经阿富汗通向南亚的交通走廊。2008 年 11 月，乌兹别克斯坦利用亚洲开发银行提供的 1.65 亿美元拨款，开始修建“海拉通－马扎里沙里夫—赫拉特”铁路。①

在上述几个主要领域务实而执着的推动下，中亚地区与周边地区及国家的关系态势大大改变。19 世纪沙俄吞并中亚后形成的封闭式地缘政治环境，在苏联解体后的近 25 年时间里被基本打破。尽管俄罗斯仍然在安全、经济、人文等方面保持着对中亚地区的独特影响力，但随着时间坐标的推移，这种影响力越来越溶解在不断加强的中亚地缘政治格局多元化趋势中。作为多元中“一元”的俄罗斯，影响力的衰减是不可逆转的。把握这一趋势，对进一步认识和解读中亚地区在独立后地缘政治发展的各种“不确定性”因素有着特殊意义。

“9・11”事件与阿富汗战争

2001 年发生在美国纽约的“9・11”恐怖袭击事件，在进入 21 世纪后的国际社会掀起了声讨恐怖主义的高潮。然而，这一事件对于中亚地区政治力量的改变，却起到了最初人们意想不到的

① 吴大辉：“后反恐时代阿富汗的重建：关于中亚国家作用的探讨”，《俄罗斯研究》，2014 年 2 月。

作用。由于美国主导北约在阿富汗发动了代号为“持久自由行动”的联合军事行动，而且这场战争的成败在政治上的意义似乎已经超过了军事上的意义，因为这场战争不仅是惩戒性的，而且还是示威性的——必须向本国乃至全世界显示出美国的霸权依然巩固，美国的领导地位依然不可动摇。所以，不论是从外交政策上还是军事战略上，不论是从道义上还是从技术上，都注定了这是一场输不起的战争。因此，以美国绝对的全球影响力拉上中亚国家加入这场战争，既扩大了在道义上得到本地区国家的支持度，又获得了确保战争安全、顺利进行必不可少的以中亚各国军事基地为主的战略支点。这应该是美国通过北约在“9·11”后进入中亚地区的最直接、最现实、最主要动机，即确保阿富汗反恐行动必须获得军事上的成功。但是，对于美国因发动阿富汗战争进入中亚地区的深层战略动机，从2001年以来中国及世界各国学者的看法也不尽相同。

有一种看法认为，美国在阿富汗反恐军事行动对中亚地区的需要更大程度上只是借口，理由是凭借美军拥有的军事科技和作战手段完全可以在阿富汗速战速决，但美国的战略家们却偏偏不这样做，目的就是赢得更多的时间建立并保留军事存在于中亚地区。中国石油大学的王鸣野教授认为，“‘9·11’事件给了美国将中亚与中东连成一片的战略意图提供了良机，美国打着反对恐怖主义的旗号，堂而皇之地要求联合国和国际社会支持其进入中亚的要求。在美军的猛烈打击下，塔利班和‘基地’组织土崩瓦解。阿富汗战争的结束使中亚、南亚以及中东的地缘政治形势发生了重大变化。首先，美军经俄罗斯的允许进驻中亚的乌兹别克斯坦、塔吉克斯坦和吉尔吉斯斯坦，这使美国在一定程度上能将中亚和阿富汗作全盘的战略考虑。其次，美军进入阿富汗绝不仅仅要进行一场短促的战争，从美国的欧亚战略而言，最具重要性的莫过于扶植一个亲美政府，这一点正是美国目前所努力的目标。第三，对美国的欧亚战略而言，打击阿富汗这一梗阻使之在将来中亚的油气资源输出时，多一条战略主道。可以预料的是，随着阿富汗局势的平静，经由阿富汗和巴基斯坦建设一条油气管道的计划将被提上日程。第四，由于阿富汗和中亚的战略意义增加，巴基斯坦和印度对美国的重要性也将随之上升。以后，美国在南亚将执行重印轻巴的政策，然而，巴基斯坦对美国的欧亚战略仍然是不可替代的，因此，重印轻巴不是重印弃巴。美国仍将设法拉住巴基斯坦，同时设法稳定次大陆的局势”。[①] 十几年过去了，王鸣野教授的分析和判断仍然具有强烈的针对性。尽管美国的全球战略从奥巴马时代开始后就酝酿着重大调整，但在亚洲—太平洋地区力量总体加强的态势下，继续于中亚地区保持权力存在基本已经成为了即成事实，不同的是数量和形式的变化与调整。而世界各大战略力量博弈的着力点发生的一系列重大事件，尤其是指向明确的“改造后苏联空间”战略遭遇的挫折，也促使美国将继续对中亚地区施加影响的手段和途径设计得更加策略、更加婉转。

同样以“9·11”事件为重要转折，美国学者对这一时期中亚地缘政治变化也更加重视。但是他们的视角往往与当事国学者和中国学者不同，因此做出的分析和评估也常常与俄中迥异。美国卡内基国际基金会学者、科尔盖特大学（Colgate University）教授玛莎·布瑞尔·奥尔特（Martha Brill Olcott）对“9·11”事件后美国进入中亚意义的评价和分析就直白得多，她认为这一地缘政治变化的最主要意义是针对俄罗斯的。“美国在中亚建立军事基地是一个戏剧性的事件，同时也是对国家领导人在地区战略中重要性的确认，是结束俄罗斯‘苏联帝国’的标志。美国在中亚的军事存在也是俄罗斯力量衰退的一个公开标志。长久以来，莫

① 王鸣野：《美国的欧亚战略与中南亚五国》，新疆人民出版社，2003 年 10 月版，第 22 页。

斯科一直警告华盛顿不要过度地把力量伸入到其后院中来，但是现在莫斯科却默默地接受了美国这个一直由俄罗斯主宰地区的影响超过俄罗斯的事实”。[①] 尽管在奥尔特教授看来，美国并不是急于进入中亚地区，至于在吉尔吉斯斯坦、塔吉克斯坦出现的美国军事基地，完全是由于这些中亚国家政府的代表向美国国会游说的结果。而乌兹别克斯坦干脆是在阿富汗反恐战争之前就把汉纳巴德空军基地交给了美军使用，借此成为第一个向美国提供军事基地的中亚国家。[②] 但是这种不具有说服力的看法很快在四年后被中亚发生的事态更正了：2005 年 7 月，上海合作组织成员国元首理事会在哈萨克斯坦首都阿斯塔纳举行，在这次峰会上发表的《上海合作组织成员国元首宣言》郑重提出，“鉴于阿富汗反恐的大规模军事行动已经告一段落，上海合作组织成员国认为，反恐联盟有关各方有必要确定临时使用上海合作组织成员国上述基础设施及在这些国家驻军的最后期限”。[③] 也就是在这个月底，乌兹别克斯坦外交部照会美国驻塔什干大使馆，要求美国军队在 180 天内从卡尔希州的汉纳巴德空军基地全部撤出。

直到 2014 年 6 月 3 日，美军关闭在吉尔吉斯斯坦首都比什凯克玛纳斯国际机场租用的空军基地时为止，包括中国学术界在内的国际分析人士对美国中亚军事存在的认识和判断仍在不断地被时事的变化刷新。对此，国内已有专家撰文从中国国际政治研究理论上稚嫩、逻辑上混乱、方法上缺失等角度对当时的分析和判断做出反思。此文列举了从 2001 年 10 月北约在阿富汗开始“持久自由行动”后，直至 2012 年 2 月大规模军事行动还在进行时，

① ［美］玛莎·布瑞尔·奥卡特：《中亚的第二次机会》，李维建译，时事出版社，2007 年 12 月版，第 14 页。

② 同上书，第 4 页。

③ 《上海合作组织成员国元首宣言》，2005 年 7 月 5 日，阿斯塔纳，中华人民共和国外交部网，http：//www. fmprc. gov. cn/mfa_ chn/gjhdq_ 603914/gjhdqzz_ 609676/lhg_ 610734/zywj_ 610746/t206068. shtml。

中国学者关于“美军长期在中亚保留军事基地已成事实”；美军将在中亚长期驻扎下去，帮助当地的民主化进程和市场经济建设；美国的触角伸进俄罗斯传统势力范围；美国试图赖在中亚不走等等主观判断。[①] 这些基本判断在当时成为中国学术界占主流地位的观点，应该承认中国国际政治和国际关系研究尚处在构建完整的理论体系和独立的方法论的不成熟时期，情绪化、观念化、简单化的分析和判断，时常使对某一事物的研究陷入自说自话的尴尬中。但同时也必须承认，全球化时代的大国关系模式、大国博弈手段都在发生变化，原有的国际政治规则和国际关系规律都在受到严重的挑战，国际政治研究理论、思路、方法都亟待更新。大国在全球或某一地区确立利益存在和势力范围，远不止建立军事基地、培养代理人、占据资源份额等几种简单的做法。换种说法，美国在“9·11”后对中亚地区施加影响的努力一直没有放弃，不同的只是方式和力度。

尽管对这一段历史的评估存在着重大差异，但有一点应该是一致的，这就是“9·11”后的阿富汗战争对中亚地区的地缘政治格局变化造成了重大的影响。其中最突出、最具争议，也是最敏感的问题，就是美国及北约在中亚地区建立的军事基地。无论美国主观上曾做出怎样的战略安排，军事存在的确立及与中亚各国在军事安全合作领域中的突破，都在客观上使这一地区原有的地缘政治环境大大改观——俄罗斯长期在中亚地区安全上的垄断地位被打破。只是在十几年后的今天，美国和北约盟国在中亚各国开设的军事基地结局不同于所有人预测的结果：既没有像部分中国学者想像的那样成为对中亚各国进入“民主改造”的滩头阵地，[②] 也没有如俄罗斯学者担心的那样成为军事博弈的一枚长期

① 牛新春：“集体性失明：反思中国学界对伊战、阿战的预测”，《现代国际关系》，2014年第4期，第3页。

② 王鸣野：《美国的欧亚战略与中南亚五国》，人民出版社，2003年10月版，第22页。

棋子，[1] 更不会像美国学者描绘的那样受到中亚各国政府和人民的欢迎。[2]

“中南亚”概念提出的地缘政治意义

“9·11”事件的发生及北约在阿富汗采取的联合反恐军事行动，除了打破了中亚地区单一的安全格局外，也打通了中亚与南亚之间的“梗阻”——阿富汗这个重要结点，这是另一层重要的地缘政治意义。阿富汗可以称得上是名符其实的地缘政治中间地带，地处中亚、南亚西亚之间的结合部位置，从19世纪末实现统一到20世纪宣布独立，沙俄帝国和大英帝国在中亚、南亚地区的势力范围争夺，赋予了这个国家缓冲和稀释大国强权影响力直接冲突的职能，因而也使得自身民族国家发展的历史成为了被分割和被支配的过程。在这种大国霸权挤压的夹缝中求得生存空间和发展机遇，阿富汗各民族精英也曾不断尝试着主导自己的命运。直到1919年“十月革命”后，苏维埃俄国与阿富汗建立了正式外交关系，这种主动整合国家版图和周边地缘环境的冲动仍然左右着当时的阿富汗与俄罗斯的政治关系。当俄罗斯共产党（布尔什维克）在中亚地区普遍建立起苏维埃政权时，由第一次世界大战时即兴起于中亚地区的反俄武装叛乱“巴斯马奇运动”，这时发展成了一支反苏维埃的政治军事力量。1920年，阿富汗军队进入了今天土库曼斯坦的谋夫（今马雷）—库什卡地区，公开支持与苏俄政权对抗的“巴斯马奇”叛匪，而真正目的是企图“收

① Давид Бабаян: Поднебесная и Центральная Азия, 《Свободная мысль》, № 11, 2006, С. 48.

② ［美］玛莎·布瑞尔·奥卡特:《中亚的第二次机会》，李维建译，时事出版社，2007年12月版，第14页。

复”当年被沙俄占领的土地。这给刚刚在中亚建立起来的苏维埃政权平定“巴斯马奇运动”带来了更大的难度，由乌兹别克人、土库曼人、塔吉克人组成的“巴斯马奇运动”武装在没有明确疆界的区域中与红军周旋，直至1933年“巴斯马奇运动”才被彻底平息。在苏俄国内战争结束时，中亚地区参加过“巴斯马奇运动”的乌兹别克人、土库曼人、塔吉克人纷纷逃亡到阿富汗境内的同一民族聚居区，当时逃离中亚的各民族人口总数超过了20万人。① 尽管在1926年苏联与阿富汗共同签署了《苏阿中立和互不侵犯条约》，但这一段微妙历史和跨界民族人口因素却继续在复杂的俄（苏）阿关系中发酵。

从1979年12月苏军入侵阿富汗到1991年12月苏联解体，阿富汗实际上处于全国失控的无政府状态。虽然苏联支持下的纳吉布拉政权存在至1992年4月，但其控制力根本不能与一个统一的主权国家同日而语。苏联的解体使中亚地区独立出来，从此不再属于一个强权大国的一部分。这一地缘政治形势的变化也给阿富汗带来了连带性的影响：从此阿富汗也再不是大国势力角逐的缓冲区和演兵场。然而，冷战后及全球化进程中极端主义思潮的兴起很快又将阿富汗激活成为具有新内涵的热点地区。由于历史上遗留下来的一系列传统因素发酵升温，阿富汗依然难以在中亚、南亚、西亚之间的这个重要结点上发挥建设性作用。“9·11”事件发生后的北约联合反恐军事行动，给阿富汗生成或恢复这种重要的地缘作用带来了重大机遇。

由于“9·11”事件后美国及北约在阿富汗发动的反恐军事行动，事实上把中亚地区与阿富汗安全利益联系在了一起，原本同属于一个地理区域却被人为推入不同发展道路的民族国家间又增加了明显的趋同性。这种趋同性表现在这样几个主要方面：

---

① 杨恕：《转型中的中亚与中国》，北京大学出版社，2006年6月版，第81页。

首先，从各自国家发展路径的选择上有意加大对西方的借重，以此平抑和弱化俄罗斯的传统影响。卡尔扎伊受查希尔国王委派返回阿富汗，但仅仅靠国王在普什图人中的影响力根本不足以组织和领导强大的反塔利班联盟，依赖美国及北约的力量建立控制阿富汗全境的政府是最务实的选择。[①] 而中亚各国依靠俄罗斯的安全支持应对来自阿富汗的一波波动荡威胁也已经身心疲备，在一场道义上和军事上都占强势的不对称战争中主动提供一些必不可少的协助，对中亚各国并非需要耗费更多的政治、经济成本。但只要做出这种静态意义的贡献，既可拉近与美国和其他西方大国的关系，又能减轻阿富汗这块“病灶”多年的负面影响，还可以通过地缘影响力的平衡作用弱化俄罗斯在中亚一家说了算的局面。对中亚各国而言，阿富汗战争是实现这些地缘政治目标的绝佳机会。

其次，借重美国及北约的力量减轻并消除极端主义对地区的共同威胁。这一点，无论是在独立后因为阿富汗局势的动荡付出大量人力、物力的中亚各国，还是刚刚在战争废墟上建立起新国家政权的阿富汗卡尔扎伊政府，利益攸关的程度几乎是一致的。“乌兹别克斯坦伊斯兰运动”与塔利班和“基地”组织的密切关系，阿富汗的武器交易、毒品走私、人口贩运等有组织跨国犯罪活动一直是中亚地区社会稳定的破坏性渗透因素。利用以西方为首的国际社会针对阿富汗塔利班和“基地”组织的一次“外科手术式”的军事行动，彻底解决（起码基本解决）威胁本地区（包括中亚各国和阿富汗）的重大安全威胁，使中亚各国与阿富汗在地区安全利益上空前一致起来。

第三，利用美国主导的强势政治影响力，在地缘上与南亚次大陆连接起来将成为中亚各国与阿富汗共同的重要发展选项。从

① 石岚：《从千年第一战谈起》，新疆人民出版社，2003 年 10 月版，第 194 页。

中亚各国独立后，美国及北约盟国一直致力于改变中亚地区地缘政治结构的尝试。从“和平伙伴关系计划”到巴库—第比得斯—杰伊汉输油管道，从安全领域到经济领域，由促使中亚地区发展路径的多元化入手，竭力淡化和消除俄罗斯在地缘政治和地缘经济上的主导性影响。而推动中亚地区与南亚在安全、能源、交通等重要领域建立机制性合作网络，不仅是中亚各国克服地理障碍和打破发展困境的梦寐以求前景，也是主导阿富汗反恐战争和战后重建的美国及北约盟国们让阿富汗摆脱“失败国家”厄运的理想化途径。正是从上述的意义中，中亚、南亚地区安全前景和发展命运因为在阿富汗发生的重大事件而联系在了一起。也正由于阿富汗战争带来的地缘格局改变，中国一些中亚问题专家提出了“中南亚”地缘政治概念。①

“中南亚”概念的提出并不在于它将预示着一个新研究领域的出现，也不意味着更新一个理念或学说。而且应该承认的是，这未必就会成为一种中亚学界的主流学术现象而在其定义的内涵与外延上继续被完善和充实。“中南亚”概念的提出代表着“9·11”后中亚地缘政治研究视角和观念上的转变，是阿富汗战争后一种对中亚地区周边形势重大变化观察后产生的灵感。有可能这一概念会被更加科学、更加严谨的学术定义所替代，但是它的产生所依赖的重要历史背景和地缘关系变化却代表着一种现实的趋势，值得中国和世界的中亚学界继续关注和深入研究。

从“大中亚伙伴计划”到“大中亚战略”的政策演进

“9·11”事件的发生和阿富汗战争的爆发，不仅仅在中国的

① 潘志平：《中南亚的民族宗教冲突》，新疆人民出版社，2003年1月版。

中亚学界引起传统观念上变化，美国对中亚地区的政策也发生了从形式到内容的调整。从地缘政治理论上看，海权论思想统治了西方国际关系研究领域多年。对美国而言，中亚地区处于欧亚大陆腹地深处，不仅有从沙俄时代开始的近200年的俄罗斯政治文化封闭统治和近70年社会主义意识形态的神秘铁幕，而且还有被称作“帝国坟墓”的阿富汗在冷战结束后持续发生着足以影响整个地区甚至全世界的政治、宗教、部族动荡。所以在20世纪90年代初苏联刚刚解体时，美国及其西方盟友在与中亚各国发展关系的步伐上是谨慎的。面对一个冷战时期强大政治军事集团的瓦解，美国第一时间的关注点是这个集团原来拥有的战争能力会不会失控，其次是这些强大的军事潜力将由谁继承，第三就是如何安全处理这一笔巨大的危险遗产。当这些问题通过国际法手段基本解决了的时候，美国及北约盟国也并未急于向中亚地区直接施加安全和经济影响，所谓军事存在就更无从谈起了。1993年10月由美国国防部长提出、1994年1月在北约理事会上通过的“和平伙伴关系计划”，就是在这种心态下出笼的一种柔性接触和试探性合作的项目。[①] 通过这个项目，不仅使西方国家跨越了近半个世纪的隔绝，在联合军演、危机管控、人员培训等方面与原来的苏联对手实现一种有益的交流和互动，而且也借助于军事交流与安全合作平台的搭建，将西方价值理念与意识形态成功地在苏联各个国家植播。

此时，美国在中亚地区谨慎扩大影响的保守态度出于以下几点考虑：一是在冷战刚刚结束时，美国和它的欧洲盟友把政治制度建设和军事安全防御的首选方向放在了西欧国家的正面—中东欧地区，如缩小东西德差距、继续肢解南斯拉夫联盟、帮助波兰走出经济困境等。在西方看来，这一区域对于欧洲的安全意义远

① 张宁：“北约与中亚国家的‘和平伙伴关系计划’”，《国际资料信息》，2009年第3期，第3页。

比中亚地区更加现实、更加重要。二是在苏联的解体已经给俄罗斯政治和经济造成沉重打击后，美国并不愿继续推动俄罗斯社会体系的彻底崩溃。美国的政治家和战略家的心里都很明白，俄罗斯民族在国家危机和外部压力下能够迸发出巨大的凝聚力和抗压力，甚至在社会危机爆发时激化极端民族主义在全社会迅速抬头。一个强大的俄罗斯当然是美国及其欧洲盟友不希望看到的，但是一个崩溃的俄罗斯更将是欧洲的噩梦。三是对中亚地区错综复杂的政治、经济、文化因素尚有所忌惮，这里面包括中亚民族特殊的历史和宗教传统，还包括俄罗斯经营上百年保留下来的影响力。西方人深知，一旦处理不当或介入不慎会陷入怎样的麻烦困境。

“9·11”事件和阿富汗战争使上述条件都退居其次，为了“持久自由行动”的顺利和成功，尚不成熟的中亚战略让位于打赢南亚反恐战争的更高目标。突进中亚地区虽显仓促，但“9·11”给予了美国人占据道义高地的优势，反恐的旗号让地区内外的竞争对手几乎找不出反驳的理由。作为阿富汗反恐直接军事行动的辅助措施，在中亚乌兹别克斯坦、吉尔吉斯斯坦、塔吉克斯坦确立现实的军事存在（而且美国及北约空军还在哈萨克斯坦取得了“紧急状态下”使用阿拉木图、奇姆肯特等地机场的权力），不仅得到了中亚各国的配合，而且最终也得到了俄罗斯方面的认可（尽管这一反差巨大的态度转变带有很大程度上的无奈）。正如“9·11”事件后美国人常说的，这一事件被看作是一个分水岭、一个转折点，伴随着世贸大厦的坍塌，一切都改变了，人们再也回不到从前了。这种比喻也适合中亚地区在这一重大事件后的变化，而这一变化中的最主要的变量，就是美国及北约军事存在的出现。对此，美国学者的肯定态度是不加任何掩饰的。玛莎·布瑞尔·奥卡特认为，“自‘9·11’以来，美国在中亚的存在成为中亚国家政权稳定和加强权力的一个工具。尽管每个国家对美国反恐战争的战略贡献并不一样，但是这里的每一位国家领导人都认为他们的努力是美国反恐战争必不可少的力量”。“‘9·11’之后，中亚国家转变为美国的战略前沿”。[①] 显然，前一段表述未必会得到中亚国家领导人的认可，但是后一段表述却是对发生在中亚与美国有关事变的自然流露，在美国学者中具有一定代表性。但不论从哪一种角度的表述中，细心的观察者们都不难体会到一种成就感或一种兴奋感。这就是因为有了“9·11”事件和阿富汗战争，美国的战略家们才有机会突破布热津斯基“大棋局”关于中亚地区在苏联解体后的禁忌。[②] 也正是基于这种将“美国的存在成为中亚国家政权稳定工具”的自负，使美国的政治家和学者们产生了中亚国家面临“第二次机会”的判断。

“9·11”后的“这种新的安全环境为中亚国家创造了第二次意想不到的机会——军事基地的存在使国际社会对中亚国家的援助可能会增加，并支持阿富汗的建国努力，这种援助就会成为中亚地区战略的一部分”。[③] 而所谓“第二次机会”是美国学者针对苏联解体时中亚国家实现独立的过程而言，意在提示中亚各国的政治精英们在这个过程里并没有适时抓住机会，使自己的民族国家实现真正意义上独立自主和建立“民主人权”。对于中亚各国“民主力量”没有运用好“第一次机会”的主观评价，美国学者做过如此的诠释：“像中亚国家第一次建国努力一样，它们至今还不太可能弄明白建国的真正意义，苏联时代的领导人仍在这些国家执掌政权，他们并没有比以前表现出更多（有时甚至更少）地推动向民主政治过渡的倾向，整个地区仍然缺少支撑经济改革

① ［美］玛莎·布瑞尔·奥卡特：《中亚的第二次机会》，李维建译，时事出版社，2007年12月版，第4、5页。

② 潘志平：“中亚的地缘政治：‘大博弈’与‘小博弈’”，载于作者编《亚洲腹地地缘政治文化研究文集》，新疆人民出版社，2011年7月版，第156页。

③ ［美］玛莎·布瑞尔·奥卡特：《中亚的第二次机会》，李维建译，时事出版社，2007年12月版，第2页。

所必须的政治透明度”。[1] 也正是在这个意义上，美国借“9·11”获得在中亚地区的安全和经济话语权后，开始启动对中亚地区的“后苏联空间改造”，为这些已经告别共产主义的新生国家实现“真正意义上的建国”提供第二次机会。一方面把在格鲁吉亚、乌克兰等其他“后苏联空间改造”中运用得轻车熟路的“颜色革命”引进到中亚地区，非政府组织、舆论造势团队、控制选举的出口民调、街头革命的策划高手等各路角色云集中亚。另一方面从地缘政治角度将中亚与南亚“民主伙伴”连接在一起，美国人在阿富汗战争开始后有能力将这一新的地缘板块人为拼接，由此可能产生的作用不仅仅是将中亚的能源与南亚的市场结合起来的意义，从长远发展角度让南亚的“亚洲民主样板”对中亚国家施加影响，冲淡上百年俄罗斯政治文化传统的统治，加速中亚这块最复杂的“后苏联空间”发生脱胎换骨的变化。这是相得益彰的两个方向、两种手段，意欲达到殊途而同归的效果。

正是在这样的背景下，美国约翰·霍普金斯大学中亚与高加索研究所所长弗雷德里克·斯塔尔于2005年3月出台了题为《阿富汗及其邻国的“大中亚伙伴计划”》的研究报告，首次提出“大中亚”概念的核心意义，就是基于对冷战后中亚地区地缘政治方向的基本判断和美国在阿富汗获得军事优势后地缘战略需求的思考。他提出以阿富汗为中心向巴基斯坦、印度等南亚国家推动政治、安全、能源、交通等领域的“伙伴合作”，以促使中亚地区在阿富汗反恐战争后加入一个更加广泛的地缘政治板块。接着，斯塔尔在美国的《外交》双月刊上发表文章，进一步阐明了他“大中亚”观点的基本含义。[2] 他认为，“9·11”事件后的美国中亚战略是为阿富汗战争服务的，缺乏在中亚地区明确的长远利益定位。他还指出，美国各涉外机构的设置仍将中亚五国与阿

① 潘志平：《中南亚的民族宗教冲突》，新疆人民出版社，2003年1月版。

② Frederick Starr, A Partnership for Central Asia, Foreign Affairs, July - August, 2005.

富汗分置于不同部门，既忽视了它们同属“大中亚”地区所具有的共性特征，也忽视了一个以阿富汗为中心的“大中亚”正在“回归”。受到斯塔尔教授的启发，美国国务院首先接受了“大中亚”概念。时任国务卿赖斯先是明确提出中亚与南亚的联系，2006 年 1 月初又对美国国务院机构设置进行了调整，将原属欧洲局的中亚五国归入了新成立的中亚南亚局。从学界和智库层面上升到国家政策层面的过程，可以看作“大中亚计划”在布什时期很快转化为“大中亚战略”的外交决策轨迹。其政策核心，就是依托阿富汗或阿富汗战争，在中南亚地区实现多重的政策目标。也就是说美国在这里的地缘战略目标不仅为了赢得阿富汗反恐战争，还要对周边更广泛的地区进行特定方向的整合。即如当时的美国助理国务卿鲍彻的说法，“我们必须建立一个整合中亚和南亚市场的经济体系。”①

从这一时期美国“大中亚战略”形成，直到小布什任期结束时，学界普遍认为这一战略出台后的收效甚微。② 一方面，排斥俄罗斯在中亚地区利益关切的冷战思维和单边主义地缘政策思路必然导致“大中亚战略”受到强烈抵制。另一方面，以“改造后苏联空间”为目标的新地缘政治板块塑造终究会引起中亚各国领导人的戒备和反感。而更加现实的困难在于阿富汗战争后的社会政治和经济重建举步维艰，难以成为“正常国家”的阿富汗妨碍其在“大中亚战略”中承担不可替代的核心作用，这使美国在全球战略调整的大背景下不得不寻找新的着力点。2009 年 3 月，奥巴马宣布在阿富汗和巴基斯坦实施新战略：与阿富汗和巴基斯坦建立持久的伙伴关系，强调“阿富汗的前途与其邻国巴基斯坦的

---

① “U. S. Policy in Central Asia: Balancing Priorities (Part II)”, April 26, 2006, http://www.state.gov/p/sca/rls/rm/2006/65292.htm.

② 朱永彪、尹舒阳：“美国大中亚战略进入新阶段”，《国际观察》，2010 年第 5 期，第 30 页。

前途密切相关”。[1] 奥巴马的新战略更加重视巴基斯坦的作用，尝试将阿富汗和巴基斯坦作为绘制新地缘政版图的共同核心。令中亚各国领导人反感的“后苏联空间改造”暂时被搁置，启动一种似乎更加“平等”、更加“贴近”的方式修复与中亚国家的关系。2009年底，美国国会中亚联线正式成立。[2] 在成立仪式上，美国国务院负责南亚和中亚地区事务的助理国务卿罗伯特·布莱克（Robert Blake）、美国驻哈萨克斯坦大使理查德·霍德兰和哈萨克斯坦外交部副部长凯拉特·乌马罗夫发言，强调了加强美国中亚关系、加强在涉及共同利益事务上合作的重要性。鉴于奥巴马政府国内、国际政策需要，美国中亚政策再次降格为服务于以阿富汗、巴基斯坦为中心的南亚反恐行动的次要地位。然而，随着美国2011年在阿富汗的增兵和2014年北约“国际安全援助部队”的撤出，中亚地区仍然在美国泛南亚战略中扮演着不可替代的角色。“大中亚计划”和“大中亚战略”在美国“9·11”后中亚政策中虽然仅仅鼓噪一时，但它对中亚地缘政治格局发展的拉动作用却是不容忽视的。

---

① “Remarks By The President On A New Strategy For Afghanistan And Pakistan”, March 27, 2009, http://www.whitehouse.gov//Remarks-by-the-President-on-a-New-Strategy-for-Afghanistan-and-Pakistan/.

② “111th Congress Congressional MemberOrganizations (CMOs)”, http://cha.house.gov/member_orgs111th.aspx.

第六章　中亚各国对外政策中的地缘政治认知

“草原之鹰”的欧亚国家定位

哈萨克斯坦是中亚地区国土面积最大的国家，拥有 272.4 万平方公里的领土，相当于土库曼斯坦国土面积的 5.5 倍，乌兹别克斯坦的 6 倍，吉尔吉斯斯坦的 13.5 倍，塔吉克斯坦的 19 倍。哈萨克斯坦在中亚地区占据了北部一半以上的面积，北面的西哈萨克斯坦州、阿克托别州、科斯塔奈州、北哈萨克斯坦州、巴甫洛达尔州、东哈萨克斯坦州等 6 个州与俄罗斯交界，有共同边界 6846 公里。东部的东哈萨克斯坦州和阿拉木图州与中国相毗邻，有共同边境 1533 公里。除西北方濒临里海外，南部与土库曼斯坦、乌兹别克斯坦、吉尔吉斯斯坦三国相邻，辽阔的幅员将中亚其他国家由北方闭合式地覆盖住。这样一个横亘于中亚腹地与俄罗斯之间（恰好是俄罗斯欧洲部分与亚洲部分的分界处）的特殊地理位置，造就了哈萨克斯坦在历史上和现实中所扮演的独特地缘角色。在哈萨克斯坦西面与里海相连通的是孕育俄罗斯文明的伏尔加河，北部是作为欧亚分界标志的乌拉尔河和乌拉尔山，东部是由东南流向西北的额尔齐斯河。这些天然的地理要素在俄罗斯的农奴时代和中亚各汗国的游牧时代尚堪称分隔俄罗斯与中亚草原地区的重要屏障，但是经过俄罗斯近代的社会改革（17、18世纪）后，依托欧洲大工业支撑的俄罗斯科技水平迅速提升，这些原来的地理屏障反而成为向中亚地区挺进的阶段性地标。在18世纪别科维奇·切尔卡斯基公爵带领6000远征军试图沿伏尔加河进入里海征服希瓦汗国失败后，哈萨克草原成为沙俄征服中亚地区和“通向所有亚洲国家和领地之咽喉及大门”。[①] 从18世纪初到19世纪50年代末，沙俄依托早期建立的里海北岸港口城市古里耶夫（今阿特劳）及乌拉尔斯克等早期修建的要塞，又先后修建了奥伦堡、奥尔斯克、鄂木斯克、塞米巴拉金斯克、乌斯季卡缅诺戈尔斯克等一系列要塞，完成了伏尔加河—乌拉尔河—额尔齐斯河北方要塞线的全线连接，为19世纪下半叶由北向南进入中亚腹地的锡尔河要塞线和蚕食中国领土的新西伯利亚要塞线提供了延伸基地。

沙俄建立北方要塞线的过程，也是对哈萨克汗国征服的历史。18世纪中叶，中国清朝平定准噶尔叛乱，统一西北，解除了哈萨克汗国受到的威胁，哈萨克的大、中、小三帐先后归顺清朝。同一时期，沙俄势力逐步加紧侵入哈萨克草原和原属清朝伊犁将军管辖的巴尔喀什湖以东、以南地区。到19世纪初《西西伯利亚吉尔吉斯人条例》颁布，哈萨克汗王制度被废除。而在18—19世纪间近一百年的时间里，原本来自东方中国和后来自北方俄罗斯的两个强大权力中心对哈萨克草原地区的影响此消彼长，这一态势也就迫使哈萨克民族的统治上层开始选择采取平衡外交的技巧。哈萨克汗国末期的几代汗王基本都稔熟于此道，他们将自己的子孙既送到北京继续学习汉学经典，同时也派往彼得

① ［俄］M. A. 捷连季耶夫：《征服中亚史》，武汉大学外文系译，商务印书馆，1980年6月版，第一卷，第42页。

堡进入贵族学校学习近代科技和军事。[①] 这种将子孙送到外国学习的做法不仅有汲取先进文化的实用意义，更重要的是以子嗣为质于强权中心，作出政治关系上信任和依赖的表示。随着俄罗斯强势影响的不断扩大和中国影响力逐渐衰微，哈萨克贵族上层的选择天平也在发生既符合现实的利益平衡，又合乎其民族伦理逻辑的偏移，直到沙俄建立草原总督区和突厥斯坦总督区后，哈萨克草原成为沙俄正式的行政区域。

当苏联解体使哈萨克斯坦获得独立后，历史曾经赋予的地缘政治角色无可避免地在哈萨克当代民族精英的意识中重现。尽管独立后的局势与当年哈萨克汗国所面临的大不相同，但历史的继承性帮助哈萨克斯坦很快地找到了面对地区和世界的基本原则。这些原则包括：1. 服从民族国家利益的需要，保证使哈萨克民族能在世界民族大家庭中享有体面的地位；2. 从维护世界和平的基本国策出发制定外交政策，不是用军事手段，而是用政治手段，首先是用明智的、深思熟虑的外交政策和活动来维护自身的安全；3. 不作核国家，不用战争和武力威胁来达到政治、经济或其他目的，不用非文明手段来增强本国实力；4. 不把自己仅仅看作是亚洲国家，要同世界上所有国家建立同等的关系，特别是要同邻国保持均衡的睦邻友好合作关系；5. 考虑本国历史传统，借鉴世界经验，遵守国际法准则，坚持相互尊重主权和领土完整、互不侵犯、互不干涉内政、平等互利、和平共处以及现有边界不可变动的原则。[②] 在这些基本原则指导下，哈萨克斯坦对外政策重点关注这样几个方向。一是大国关系。首先是与俄罗斯保持特殊的关系，同时与美国、中国、欧盟也保持着密切的合作关系。二

① ［哈］克拉拉·哈菲佐娃：《十四—十九世纪中国在中央亚细亚的外交》，杨恕、王尚达译，兰州大学出版社，2002 年 12 月版，第 210 页。

② ［哈］纳扎尔巴耶夫："作为主权国家的哈萨克斯坦的形成和发展战略"，《哈萨克斯坦真理报》，1992 年 5 月 16 日增刊，http：//www. kazpravda. kz/rubric/obshchestvo/dozhdi – grozi – porivistii – veter – i – tumani – prognoziruutsya – 16 – maya – v – kazahstane/。

是中亚国家。哈萨克斯坦深知中亚地区安全、经济、人文等问题的相互关联作用，尽管因为历史上继承下来的问题尚未找到最佳的解决办法，而且与乌兹别克斯坦在地区领导地位上长期暗中较劲，但哈萨克斯坦领导人一直努力与各中亚邻国维持着建设性的地区伙伴关系。三是独联体国家。纳扎尔巴耶夫总统在苏联解体前的最后一刻仍为保留联盟奔走呼号，独立后也一直是加强独联体实质性合作的倡导者。在建立独联体防空体系、参与独联体集体安全条约组织军事演习和维和行动时均表现出最积极的态度。哈萨克斯坦还是建立“欧亚联盟”最早的倡导者（尽管纳扎尔巴耶夫总统首次提出建立欧亚联盟时的政策初衷与目前俄罗斯普京总统同样命名的一体化方案大相径庭），当再度推动这个一体化方案时，它又成为最积极的响应者之一。四是操突厥语族语言国家。1992 年 10 月，纳扎尔巴耶夫总统赴土耳其安卡拉参加首次突厥语国家首脑会议。1998 年 6 月，哈萨克斯坦又主动承办了突厥语国家第五次首脑会议。在 2006 年 11 月召开的第 8 次突厥语国家首脑会议上，纳扎尔巴耶夫总统又提出成立突厥语国家议会大会的倡议。五是亚洲国家。哈萨克斯坦对日本主导的“日本 + 中亚五国外长会议”和“韩国—中亚投资论坛”保持积极迎合态度，并与新加坡、印度发展友好关系，主要目标是为得到更多的投资和经济援助。在 1992 年 10 月第 47 届联合国大会上，纳扎尔巴耶夫总统正式提出倡议，建立“亚洲相互协作与信任措施会议”（英文全称：Conference on Interaction and Confidence Building Measures in Asia，缩写：CICA；俄文全称：Совещание по взаимодействию и мерам доверия в Азии，缩写：СВМДА；以下简称“亚信会议”）。最初，“亚信会议”只是哈萨克斯坦试图在刚刚独立后建立起的地区性安全对话与合作论坛，借以扩大外交活动和政治影响。如今，“亚信会议”已经呈现出与亚太经合组织（APEC）、东盟地区论坛（ARF）、上海合作组织（SCO）、香格里拉对话（SLD）等其他亚洲安全与合作对话平台共同构建亚洲安全体系的势头。

在独立后20多年的外交实践中，哈萨克斯坦有着自己鲜明的地缘定位。首先，将自己看作区别于普通亚洲国家的“欧亚国家”，在政治、安全、经济等活动中发挥两大洲之间的“桥梁”作用。为此积极参加欧洲地区事务，并于2010年担任了欧安组织轮值主席国，还制定了一项“欧洲之路”国家发展计划。[①] 其次，与俄罗斯保持特殊关系，纳扎尔巴耶夫总统曾指出，“由于地理、政治、民族和其他历史因素，同俄罗斯的关系对我们来说是最重要的问题”。哈萨克斯坦总统基金会世界经济与政治研究所副所长阿姆列巴耶夫（Амребаев）曾形象地说明哈俄间特殊的关系，“紧紧抱住‘北极熊’，是为了不被它伤害到”。[②] 这不仅因为哈萨克斯坦是俄罗斯的最大陆地邻国之一（共同边界长度仅次于中国与俄罗斯的共同边界），而且俄罗斯征服和经营中亚的历史使哈萨克斯坦成为俄罗斯民族人口最多的中亚国家。苏联民族国家划分的不合理性，一直是俄罗斯与哈萨克斯坦两国俄罗斯民族主义者煽动分离主义的借口，迫使哈萨克斯坦领导人不得不将这股势力作为国家主权的重大威胁。第三，在中亚地区事务中发挥重要作用，积极参与并试图主导本地区的稳定和发展进程，主动出面调整地区内国家间矛盾和冲突，如塔吉克斯坦内战、水资源纠纷等，努力树立地区大国形象及与之相应的影响。独立后的哈萨克斯坦对外政策在多边平衡的前提下多次调整，但上述几个方面一直是几条基本的主线。2014年哈萨克斯坦公布的“2014—2020哈萨克斯坦对外政策构想”（Концепция внешней политики

① 马述强、韩显阳：“哈萨克斯坦借欧安组织提升国际地位”，《光明日报》，2009年12月5日，http：//www. gmw. cn/01gmrb/2009 -12/05/content_ 1016050. htm。

② 2015年12月，阿姆列巴耶夫在北京参加中国国际问题研究院“中亚地区形势国际研讨会”时，表述了上述观点。

Республики Казахстан на 2014 －2020 годы），在继续坚持全方位多边平衡外交的基础上，将主要的外交优先方向作出如下排序：俄罗斯、中国、中亚国家（吉尔吉斯斯坦、塔吉克斯坦、土库曼斯坦、乌兹别克斯坦）、美国、欧盟及其他欧洲国家、独联体国家（白俄罗斯、乌克兰、摩尔多瓦，及南高加索的阿塞拜疆、亚美尼亚、格鲁吉亚）、阿富汗、土耳其、伊朗、日本、韩国、印度、巴基斯坦、越南、印度尼西亚、马来西亚、新加坡、泰国、中东国家、北美洲和拉丁美洲国家、非洲大陆国家等。① 可以推断出，即使哈萨克斯坦到独立近 30 年时国家经济和政治建设有了长足发展，全方位的多边平衡外交仍将是继续坚持的基本对外政策主线。

“从来不依赖任何人”的乌兹别克斯坦

乌兹别克民族的形成得益于贴木儿帝国的兴衰。乌兹别克在民族国家轮廓雏形初现的时候，从帖木儿帝国时代继承了中亚地区最中心的位置，阿姆河和锡尔河流域成熟的灌溉系统，撒马尔罕、布哈拉、希瓦、浩罕等中亚历史上的文化中心，以及丰富的天然气、石油、黄金、长绒棉等自然资源，这些都使独立后的乌兹别克斯坦继承了一笔其他中亚国家不具备的重要资源。恰恰由于乌兹别克汗国在中亚地区占据的重要位置，使其成为继帖木儿帝国衰落后和沙俄帝国进入中亚前雄霸河中地区的强大民族政权。也正是由于这个原因，沙俄在占领中亚地区的过程中，很快

① “Концепция внешней политики Республики Казахстан на 2014 – 2020 годы”, Утверждена Указом Президента Республики Казахстан от 21 января 2014 года № 741, КОНЦЕПЦИЯ внешней политики Республики Казахстан на 2014 – 2020 годы, Астана, 2014 год, http://mfa. gov. kz/index. php/ru/vneshnyaya – politika/kontseptsiya – vneshnoj – politiki – rk – na – 2014 – 2020 – gg.

就选定了以塔什干为中心扩大和巩固其在中亚殖民统治的格局：北经奇姆肯特连接哈萨克草原和俄罗斯，西经吉扎克、撒马尔罕通向布哈拉、马雷，南经铁尔梅兹扼住通往阿富汗、英属印度的要道，东经浩罕、安吉延、奥什又可进入中国新疆南部的喀什。1867 年 7 月，沙俄政府成立了突厥斯坦总督区，即以塔什干为中心建立起高效的军事殖民机构——突厥斯坦总督府。沙俄政府调派陆军大臣办公厅主任、曾经担任沙俄驻波兰总督的康斯坦丁·彼得洛维奇·考夫曼任总督，从此开始了对乌兹别克汗国后期分裂出来的布哈拉、希瓦、浩罕三汗国的最后征服。

19 世纪中期，乌兹别克斯坦地区被已经在中亚打开局面的沙俄帝国选作进一步向中亚腹地继续挺进的大本营和前进基地，这绝不是偶然的。四通八达的位置、80% 以上的平原地貌、丰富的物产和资源、相对稳定的定居农业文化，都成为沙俄中亚当局扩大殖民活动的有利地缘条件。1865 年沙俄军队占领了塔什干后，撒马尔罕随后也被征服。而从乌兹别克汗国分裂出去的布哈拉、希瓦、浩罕三个汗国也相继成为沙俄的附庸或行省。沙俄政府在这里实行了军政合一的管理制度：突厥斯坦总督、下属各州州长，均由沙皇直接任命的军事官员担任。这种特殊的管理制度一直延续到 1917 年沙皇统治被“二月革命”推翻，期间虽也发生过修改，但军政合一这一条原则却被保留下来。沙皇当局在 50 年的时间里坚持在这一地区实行垂直管理，足以见得对这一枢纽地区的重视。1861 年，美国内战爆发，美国棉花生产和出口大大减少，原本依靠进口美国棉花的俄罗斯纺织工业面临困境。在这一形势面前，俄罗斯民族资产阶级将弥补纺织原料短缺的希望放在了中亚地区。随后，沙俄殖民当局在原乌兹别克汗国属地采取的所有管理和建设措施都围绕这一中心任务。首先，沙俄殖民当局利用了伊斯兰教义中“一切土地属于国家”的宗教法规，实行土地国有化，对所有土地（包括公共牧场）进行登记，然后宣布收归国有。其次，颁布《突厥斯坦总督区灌溉临时条例》，规定所有的河流、运河、灌渠都归国家所有，以法律形式控制水源和灌溉系统的使用权。第三，成立突厥斯坦总督管辖下的交通专门委员会，从1881年到1912年依托中亚大铁路修建了外里海—塔什干、撒马尔罕—塔什干—安集延、奥伦堡—塔什干等纵横于今天乌兹别克斯坦产棉区的几条铁路干线。① 围绕着棉花种植、棉纺、榨油、运输，在今天的乌兹别克斯坦地区形成了初期的中亚经济中心。

“十月革命”后，苏维埃俄国和苏联政府基本延续了沙俄时期的中亚治理特点，以今天乌兹别克斯坦地区作为管理和建设全中亚的中心。1925年乌兹别克苏维埃社会主义共和国成立并加入苏联后，苏联政府仍将棉花生产作为这个共和国的主业，并进行了旨在推动种植业发展的土地和水利改造。② 同时，围绕农产品加工、农机制造，一些新兴工业在乌兹别克共和国也初步发展起来。尤其在1941—1945年的苏联卫国战争期间，大量工业企业和文化机构从苏联西部迁至乌兹别克共和国，随之还迁来了大批专家、学者、艺术家等。这一重大变化对乌兹别克共和国的经济、文化发展注入了强劲的活力，并开启了机械制造、石油化工、天然气采运、军工生产等新兴工业的发展历史。到苏联解体前，乌兹别克共和国已经拥有了比较完备的工农业生产基础设施，形成了相对健全的国民经济体系。由于苏联政府对乌兹别克共和国在50年代采取了一些优惠政策，如可以把共和国征收的税金纳入自己的财政预算里，而不需上缴联盟中央。在乌兹别克斯坦独立前，共和国的人均生产总值高于周边多数中亚共和国，并超过了

---

① 马大正、冯锡时：《中亚五国史纲》，新疆人民出版社，2005年版，第99页。

② 孙壮志、苏畅、吴宏伟：《乌兹别克斯坦》，社会科学文献出版社，2004年3月版，第54页。

印度和巴基斯坦，接近于土耳其。[①] 但是由于苏联时期计划经济对乌兹别克共和国的要求仍以棉花生产为中心，65%的耕地面积都用来种植棉花，粮食播种面积一直受到压缩。到独立前，乌兹别克共和国将近一半的口粮需要从其他共和国调入。

乌兹别克斯坦独立后，继承了苏联时期已有的优势，在中亚地区成为经济和政治上自主性最强的国家，因而也成为本地区乃至独联体地区具有重要影响力的国家。对这种地区影响力的认可也来自国际社会，布热津斯基认为乌兹别克斯坦是“担当中亚地区领导的首选国家”，是中亚“地缘政治的支轴之一”。[②] 美国另一位中亚问题专家、约翰霍普金斯大学中亚与高加索研究所所长斯塔尔教授甚至认为，乌兹别克斯坦具有“影响欧亚地区稳定的特别因素”。[③] 秉承这些得天独厚的条件，独立后的乌兹别克斯坦在外交上也显得与众不同。2005年1月，卡里莫夫总统在乌兹别克斯坦共和国最高会议立法院和参议院联席会议上的讲话中强调，“我国对外政策的主要目的、本质和内容——除了乌兹别克斯坦的利益还是乌兹别克斯坦的利益”。[④] 在中亚地区和国际社会享有的较高评价，不仅给乌兹别克斯坦外交带来了这种自信，而且也使乌兹别克斯坦领导人将中亚地区发展和稳定的责任与自己的国家政策联系在一起。卡里莫夫总统在这次重要讲话中还指出，“我们认为，我国对外政策最优先的方向是保持中亚地区的

① 孙壮志、苏畅、吴宏伟：《乌兹别克斯坦》，社会科学文献出版社，2004年3月版，第55页。

② ［美］兹比格纽·布热津斯基：《大棋局：美国的首要地位及其地缘战略》，中国国际问题研究所译，上海人民出版社，1998年2月版，第171、198页。

③ Starr Frederick S., Making Eurasia Stable, Foreign Affairs, 1996, January/February, pp. 80 – 92.

④ ［乌］伊斯拉姆·卡里莫夫：《乌兹别克斯坦人民从来不依赖任何人》，刘显忠、白晓红、张文联、高丽丽、毛远臻、杨莉、杨进、苏畅等译，刘庚岑、刘显忠校，时事出版社，2006年5月版，第17页。

和平与稳定，并把中亚变成稳固的安全地区”。① 然而，事实上中亚地区在冷战结束后受到全球性战略力量大裂变的影响，任何一国刚刚确立起的对外政策原则都不可能是一成不变的。乌兹别克斯坦外交路线也在20多年中几次变更发展主线，回顾这一轨迹的变化，对了解乌兹别克斯坦对外政策及整个中亚地区地缘政治走向都会有所帮助。独立以来的乌兹别克斯坦对外政策变化与发展可以分为以下三个时期：

第一个时期是1991年独立后至2004年。在这一个时期中，乌兹别克斯坦对外政策经历了首先维持与包括俄罗斯在内的独联体国家之间关系的巩固时期，到1994年后开始放手发展大国外交，特别是与欧美的合作。一是由于这时的俄罗斯对中亚地区安全与经济开始采取不负责的态度；二是阿富汗局势跌宕起伏，靠独联体的作用似乎解决不了实质性的问题；三是在独立后国家经济和安全已有初步保障时，周边低水平的发展状态阻碍着乌兹别克斯坦这个双内陆国家的发展路径，跳出中亚及独联体经济圈，与美国、欧盟、日本、韩国等国发展合作关系，被看作走出这种地缘困境的最佳选择。卡里莫夫总统曾明确指出，乌兹别克斯坦融入国际社会的具体方向是：与最发达国家建立紧密的联系，深化与美国等主要大国的多方面关系；努力发展和加强与欧洲主要国家的关系；同欧盟实施伙伴和合作协议；同亚洲国家，首先是日本、韩国和中国发展多方面合作关系；与俄罗斯发展历史传统、经济和文化联系。② 这时，美国方面也注意到了乌兹别克斯坦在中亚的突出地缘地位，特别是阿富汗塔利班快速崛起对中亚地区造成了重大影响后。1996年，卡里莫夫总统首访美国。2001

---

① ［乌］伊斯拉姆·卡里莫夫：《乌兹别克斯坦人民从来不依赖任何人》，刘显忠、白晓红、张文联、高丽丽、毛远臻、杨莉、杨进、苏畅等译，刘庚岑、刘显忠校，时事出版社，2006年5月版，第17页。

② Г. А. Хидоятов. Основныдипломатии. Ташкент，2002，с. 321.

年“9·11”事件后，乌兹别克斯坦在中亚国家中率先表态，积极配合美国在阿富汗的反恐军事行动，成为美国在中亚的第一反恐盟友。2002 年，乌美两国关系提升至“战略伙伴关系”。[①]

第二个时期是2005 年到2010 年。2005 年，乌兹别克斯坦发生了“安集延事件”。卡里莫夫总统迅速组织力量平息了这场由国内外宗教极端势力煽动的骚乱后，美国和欧盟却执意插手进行所谓“独立调查”。遭到拒绝后，美欧开始联合制裁乌兹别克斯坦，乌美关系急速倒退。2005 年 7 月，上海合作组织元首峰会《宣言》中提出，以阿富汗反恐名义驻扎中亚的外国军队应确定最后撤离的期限。[②] 随后，乌兹别克斯坦外交部正式照会美国驻塔什干大使馆，要求美军在 180 天内撤出汗纳巴德空军基地。11 月，就在美军不得不撤离乌兹别克斯坦后，乌政府又向一些相关的北约国家宣布，2006 年 1 月 1 日将禁止这些国家使用乌兹别克斯坦领空和领土执行与在阿富汗维和行动相关的军事任务。[③] 同时，乌兹别克斯坦与俄罗斯关系迅速升温。先是卡里莫夫总统于2005 年 5 月致电摩尔多瓦总统沃罗宁，表示因地理位置关系不可能落实“古阿姆”章程而退出这个独联体内的反俄小集团。[④] 而且，卡里莫夫总统在不到半年的时间里 5 次访问俄罗斯。2005 年 11 月，两国元首签署了建立“国家联盟”关系的条约。[⑤] 2009 年

---

① 赵会荣：“论影响乌兹别克斯坦外交决策的因素”，《俄罗斯中亚东欧研究》，2007 年第 1 期。

② 《上海合作组织成员国元首宣言》，2005 年 7 月 5 日，阿斯塔纳，中华人民共和国外交部网，http：//www. fmprc. gov. cn/mfa_ chn/gjhdq_ 603914/gjhdqzz_ 609676/lhg_ 610734/zywj_ 610746/t206068. shtml。

③ “乌兹别克斯坦发布北约飞机‘禁飞令’”，新华社 2005 年 11 月 25 日，http：//news. china. com/zh_ cn/news100/11038989/20051125/12885253. html。

④ 2002 年 6 月，乌兹别克斯坦曾宣布退出，随后又表示并未退出，只是暂停参加活动。2005 年 4 月 22 日，“古阿姆”成员国在摩尔多瓦共和国首都基希讷乌举行首脑会议，卡里莫夫总统没有与会。5 月，又以地理位置理由宣布退出。

⑤ “俄乌携手建立国家联盟，互相承诺战时军事支援”，中国网，2005 年 11 月 18 日，http：//military. china. com/zh_ cn/critical2/23/20051118/12862593. html。

2 月，在莫斯科举行独联体集体安全条约组织峰会上，乌兹别克斯坦总统与俄罗斯、白俄罗斯、吉尔吉斯斯坦、亚美尼亚、哈萨克斯坦、塔吉克斯坦共同讨论了建立独联体集体安全条约快速反应部队的问题。

第三阶段为 2011 年以后。2011 年 6 月下旬，美国总统奥巴马宣布将从当年年底逐步由阿富汗撤军。也就在此前四天，美国负责南亚和中亚事务的助理国务卿罗伯特·布莱克在一次记者会上表示，美国方面高度评价乌兹别克斯坦支持国际社会为解决阿富汗问题付出的努力，赞赏乌方向阿富汗输送电力以及修建连接乌阿两国过境铁路的一系列措施。同时他还强调，美国非常重视与乌兹别克斯坦在经济领域开展合作。其实在此之前，乌兹别克斯坦与美国在阿富汗问题上的合作已经低调展开。美国及北约盟国十分看重乌兹别克斯坦对于从阿富汗安全撤军及解决阿富汗问题的重要地缘作用，认为这一作用是其他中亚国家所替代不了的。因此，美国一方面继续在公开场合坚持价值观外交的原则，对乌兹别克斯坦的“社会民主”和“人权状况”仍然坚持批评态度；另一方面利用乌兹别克斯坦对阿富汗安全局势的担忧，在军事技术、边境管控、人员培训等方面开展务实合作。[①] 乌兹别克斯坦领导人也十分重视这个具有强烈意味的信号，对自己的外交政策做出进一步调整。2011 年 10 月，已经决定参加下一年俄罗斯总统选举的普京（时任俄罗斯总理）在《消息报》上发表文章，提出了建立“欧亚联盟”的时间表和路线图。他希望以俄罗斯、白俄罗斯、哈萨克斯坦三国关税同盟为基础，建立起作为超国家机构的“欧亚联盟”，协调成员国之间“经济和货币政策”，

① “美国欢迎乌兹别克斯坦为北约在阿富汗的军事行动提供合作”，新华社，2011 年 6 月 19 日，http：//news. xinhuanet. com/world/2011 –02/19/c_ 121098701. htm。

寻求与欧盟类似的经济一体化模式。[①] 虽然普京表示，“欧亚联盟”不是要复制苏联或取代独联体，但还是引起了乌兹别克斯坦对俄罗斯恢复苏联地区影响力的担忧，尽管卡里莫夫总统曾经也是“欧亚联盟”的倡导者之一。乌兹别克斯坦从这一时期开始走出了2005年以来与美国和欧盟交恶的单向对外政策，恢复了以中亚大国的自信继续大国平衡外交的实践。2012年6月，乌兹别克斯坦外交部照会独联体集体安全组织秘书处，表示乌方将中止参加集体安全组织的活动（这时的一些中国媒体使用了“乌兹别克斯坦退出独联体集体安全条约组织”的表述，这是不够准确的，因为乌兹别克斯坦在1999年就曾中止过在该组织的活动，2006年又恢复了，如果反复地加入和退出就令人更费解了）。[②] 2013年，北约曾提出在塔什干设立联系代表处，负责协调各方在北约联军和军用物资逐步撤出阿富汗的行动。2014年5月，北约中亚地区代表处在乌兹别克斯坦首都塔什干成立。北约方面还宣布，为感谢乌兹别克斯坦的协助，将部分从阿富汗撤出的武器装备赠予乌方。[③]

以美国及北约从阿富汗撤军和俄罗斯正式启动“欧亚联盟”进程为两重要标志性事件，乌兹别克斯坦对外政策再次回到大国平衡外交的轨道。这种形式上的回归并不是对原有对外政策的简单恢复，而是基于对地区及世界形势深入解读后更加熟练、更加精准的国家外交实践。正如卡里莫夫总统对乌兹别克斯坦外交的定位：“最终目的是重组本地区的政治、经济力量，使其符合自己的利益，并主导地区事务”。[④] 2015年10月底到11月初，美国

---

① “普京提议建立欧亚联盟称不是复制苏联”，新华社，2011年10月5日，http：//news. xinhuanet. com/world/2011 -10/05/c_ 122120383. htm。

② “乌兹别克斯坦决定退出独联体集体安全条约组织”，新华社，2012年2月29日，http：//news. xinhuanet. com/world/2012 -06/29/c_ 123345209. htm。

③ “北约成立中亚地区代表处”，《人民日报》，2014年5月18日，第3版。

④ ［乌］伊斯拉姆·卡里莫夫：《乌兹别克斯坦人民从来不依赖任何人》，刘显忠、白晓红、张文联、高丽丽、毛远臻、杨莉、杨进、苏畅等译，刘庚岑、刘显忠校，时事出版社，2006年5月版，第124页。

国务卿克里遍访中亚五国，并在乌兹别克斯坦的历史古城撒马尔罕举行“5+1”（中亚五国加美国）会谈。这一安排绝非偶然，似乎有意暗示着乌兹别克斯坦在未来的中亚地缘政治格局发展中继续发挥某种特殊的作用。

由“中亚民主岛”滑向“颜色革命”陷阱

吉尔吉斯斯坦是个不到20万平方公里的小国，而且80%以上的国土是海拔1000米以上的山地，其中3000—4000米的高原占全部领土面积的1/3。天山山脉的西段——阿拉套山脉横亘吉尔吉斯斯坦中部，将本来就不大的国土分为南北两部分。576.7万人口被分隔在北部的楚河谷地和南部费尔干纳盆地两个主要的农业区，这些适合定居农业的地区仅占全国领土面积的15%。而高山、河谷间分布着占全国领土面积43%的大片山地牧场，但是在这些山区从事牧业的人口不到吉尔吉斯斯坦全国人口的15%。

吉尔吉斯族在中国汉代称作“鬲昆”，在蒙古高原北部叶尼塞河流域游牧。唐代时称为“契骨”，公元8世纪中叶在中国史籍中被记载为“黠戛斯”。9世纪20年代，黠戛斯强盛后击败回鹘汗国，迫使回鹘各部西迁新疆和中亚。辽代的辖戛斯，元代的乞儿吉思或吉利吉思都是今天吉尔吉斯人的不同译名。16、17世纪准噶尔蒙古强大时，吉尔吉斯人大部成为准噶尔的属部。17世纪末至18世纪初，沙俄的侵略势力扩张到叶尼塞河、额尔齐斯河的上游地区。叶尼塞河流域吉尔吉斯各部主要人口西迁，从此分布在西起费尔干纳，东至喀什噶尔，北起楚河、塔拉斯河中游地区，南至帕米尔阿赖山一带。① 虽然从此吉尔吉斯人有了比较稳

① 马大正、冯锡时：《中亚五国史纲》，新疆人民出版社，2005年版，第113页。

定的活动区域，但由于自然地理的隔离作用，民族共同体形成受到制约，致使其民族认同甚至低于部族和地方的认同。这一特殊的民族历史过程和最后的民族人口分布，对吉尔吉斯斯坦民族国家独立后的历史产生了重要作用。

从18世纪中叶到19世纪初，沙俄由北方进入哈萨克草原时，对草原上的哈萨克、吉尔吉斯诸游牧民族统称“吉尔吉斯人”。1822年沙俄政府授权西伯利亚总督颁布《西西伯利亚吉尔吉斯人条例》，即把哈萨克人与吉尔吉斯人混为一谈（称哈萨克人为“吉尔吉斯人”，称吉尔吉斯人为“喀喇吉尔吉斯人”）。以至于在很长一段时间里，沙俄殖民当局对是否把吉尔吉斯人作为一个民族看待并不当回事。直到十月革命后，苏维埃政权击溃了外国干涉军的侵略和中亚反苏维埃武装的叛乱后，于1924年开始实行民族国家划界。当年10月，俄罗斯共产党（布尔什维克）中央执行委员会通过专门决议，宣布成立隶属于俄罗斯联邦的“喀喇吉尔吉斯自治州”。而直到1925年2月，俄共（布）中央将吉尔吉斯州委会改为哈萨克斯坦边区委员会后，5月又决定把喀喇吉尔吉斯自治州改名为吉尔吉斯自治州。1926年2月1日，又将吉尔吉斯自治州改为吉尔吉斯苏维埃社会主义自治共和国，仍属俄罗斯联邦。直到1936年12月，吉尔吉斯苏维埃社会主义自治共和国升格为苏联的15个民族共和国之一。这一被动的民族国家形成历史，严重阻碍了吉尔吉斯民族的文化自觉过程。

苏维埃政权建立后，在土地资源和灌溉系统国有化的基础上开始促进定居农业的发展。在大批游牧人口转为定居农业人口的前提下，初级的加工工业、食品工业、轻工业开始发展起来。[①]卫国战争期间，同样因为中亚地区成为苏联的大后方，一些苏联中西部的工业企业也搬迁到了吉尔吉斯共和国。在全苏为反法西

① 马大正、冯锡时：《中亚五国史纲》，新疆人民出版社，2005年版，第216页。

斯战争胜利服务的原则指导下，这些工业企业的进入对吉尔吉斯斯坦地区机器制造业和金属加工业的发展起了重要的推动作用。在战时状态下的国家力量协调虽然推动吉尔吉斯共和国初步形成了自己的工业基础，但是这种薄弱的工业基础从一开始就带有严重的先天不足。首先，这些工业企业建立的目的是为战争服务的，而不是直接满足吉尔吉斯共和国本身的社会需要；其次，这些工业企业建成投产后对苏联其他共和国在技术、原料、人员等一些基本生产要素上严重依赖；第三，基于上述两个原因，在苏联卫国战争时期建立起来的工业基础既没成为共和国经济体系的一部分，也没有为吉尔吉斯民族经济的独立性作出重要贡献。

吉尔吉斯共和国政治、经济上的不完整，形成了社会层面各不相同的政治诉求。在国家政治建设尚不成熟时，纷乱的政党政治代表着各个地方利益集团的诉求。吉尔吉斯斯坦国家进程中出现的乱象被人们误读：一方面，关注着中亚地区地缘政治发育的美欧国家的官员和媒体将吉尔吉斯斯坦当作这一地区甚至独联体各国实现民主政治的样板，通过政治上的认可、经济上的援助、安全上的保障鼓励这种政治形态的发展（尽管这些鼓励大多停留在口头的承诺上）；另一方面，吉尔吉斯斯坦不成熟的政治家们恰恰看重这种来自国际社会的鼓励，不仅认为自己在履行着推动本民族进入民主时代的重大职责，而且宁愿听信来自西方的“忽悠”，自以为当之无愧“中亚民主岛”这个称号。在这样内外两种力的作用下，吉尔吉斯斯坦的社会政治发展出现了一种悖论。一边是虚荣之下的继续自我标榜，使原本经济和文化分裂风险极高的社会继续发生政治上的对抗，代表不同利益的政党在宽松的政治环境中无约束发展，各种党派和运动层出不穷，使吉尔吉斯斯坦独立后的相当长一段时间里，国家政权模式的构建处在混乱中。曾担任过副总统、内务部长、安全部长和比什凯克市市长等职的费利克斯·沙尔申巴耶维奇·库洛夫，2003 年在狱中被选为

"阿尔纳莫斯"党主席，成为对吉尔吉斯斯坦当时政权构成挑战的标志性人物。[①] 另一边是美欧国家在给吉尔吉斯斯坦政客们戴上"中亚民主先锋"的高帽后，便开始了对吉尔吉斯斯坦国家政治进程的严密监视和直接干预。20 世纪 90 年代到访吉尔吉斯斯坦的美国、北约、欧盟官员几乎无一例外地要过问库洛夫作为反对派领袖被关押的情况，并借此对阿卡耶夫总统批评指责一番。同时，利用已经高度开放的条件鼓励大批西方非政府组织进入吉尔吉斯斯坦。到 2005 年 3 月，美国国会通过了《2005 年推进民主法案》，提出美国的"神圣职责就是促使那些表面上允许反对党、公民团体和新闻自由的存在，但事实上却对其进行种种限制的部分民主国家向完全民主国家转变"[②] 时，在吉尔吉斯斯坦这样一个只有 500 多万人口的小国，竟然有大大小小上万个非政府组织在活动（其中多数有着西方背景）。

吉尔吉斯斯坦在社会政治上的扭曲，加速了吉尔吉斯民族文化上的地域性对抗。沙俄、苏联时期，吉尔吉斯民族进程被强势政治权力打断，没有机会继续发育为一个具有足够文化凝聚力的本民族政治权力中心。苏联解体迫使这个不完整的民族进程不得不继续下去，这时对于构建一个民族国家的基本框架而言，吉尔吉斯共和国不仅在政治建设水平上相去甚远，而且干部准备也严重不足。与哈萨克斯坦的纳扎尔巴耶夫总统和和乌兹别克斯坦总统卡里莫夫相比，带有一定偶然性走上吉尔吉斯共和国总统宝座的阿卡耶夫，无论是领导一个苏联共和国的经验，还是应有的国内政治资源，在应对吉尔吉斯斯坦独立后的国内政治集团、地方部族势力和复杂外来影响时，都显得捉襟见肘。在中亚邻国纷纷

① Т. Р. Ибраимов，Г. Т. Искакова：Политические партии Кыргызстана，Бишкек，2000 г.，с. 21.

② 109th CONGRESS，1st Session，H. R. 1133. Advance Democracy Act of 2005，http：//wwwa. theorator. com/bills109/hr1133. html.

选择了“总统制”国家政权模式时，吉尔吉斯斯坦却在多党参与的议会制和强化总统权威之间纠结。恰恰由于这种社会政治和对外政策上的扭曲状态，吉尔吉斯斯坦成为了中亚地区第一个遭遇“颜色革命”病毒感染的国家。

西方国家在吉尔吉斯斯坦策动“颜色革命”时做了大量的功课，这些做法在事后都成为公开的事实。吉尔吉斯斯坦国内反对派和外国支持的非政府组织抓住阿卡耶夫家族的腐败和专权大做文章，将一个即使当时看来也不算豪华的建筑称为“阿卡耶夫别墅”在国际互联网上传播，结果事后得到澄清：这座建筑不过是吉尔吉斯斯坦外交部的一个新接待点。但家族的利益和地方集团的政治压力又迫使阿卡耶夫在国内结成以总统家族为中心的政治集团，并通过不太光明正大的手段控制议会和政府。2005 年 3 月，当阿卡耶夫再次运用小动作左右议会选举结果时，却陷入了早已做好充分准备的“颜色革命”陷阱。

以“革命者”和胜利者身份走上吉尔吉斯斯坦总统宝座的巴基耶夫并没有给吉尔吉斯斯坦的社会政治带来建设性的发展，比阿卡耶夫有过之而无不及的家族统治和政治专权，使吉尔吉斯斯坦社会政治进入了一种恶性循环。巴基耶夫来自于南方集团，这是一直由北方利益集团占主导地位的吉尔吉斯斯坦国家政治的一次突破。但是由于吉尔吉斯民族国家进程带有的重大缺陷，这一次突破并没有推进吉尔吉斯斯坦的国家政治稳定和社会进步。人们看到，巴基耶夫统治不过 5 年，却两次涉嫌在选举中作弊。巴基耶夫本人掌管国家安全委员会、外交部，大儿子是国家安全委员会顾问，小儿子被任命为新设立的“发展、投资和革新部”部长，巴基耶夫的三个兄弟分别任国家保卫局长、驻德国大使和驻中国贸易专员。“郁金香革命”不仅造就了巴基耶夫家族政治，而且打破了吉尔吉斯斯坦勉强维持了 15 年的政治平衡。大批对阿卡耶夫时期国家权力分配不满的南方贾拉拉巴德、巴特肯、奥什等州民众涌入北方甚至首都比什凯克，强行占据一些重要部门，甚至用马、骆驼、车辆将游牧生活物资运来，在城市绿地和建筑空地上搭建起毡房，使吉尔吉斯斯坦在相当长的一个时期失序。但是这些来自国内的问题都没有对巴基耶夫的政权产生致命的影响，在比什凯克玛纳斯国际机场美国空军基地去留问题上首鼠两端，却成了导致吉尔吉斯斯坦政权再次更迭的重要原因。

民族国家进程的不统一、国家政权模式的不确定、国民经济的对外依赖，这些对于一个独立主权国家的先天不足，使吉尔吉斯斯坦国家安全和社会稳定受外部影响的特点继续存在。阿坦巴耶夫自2010年当选吉尔吉斯斯坦总统后，继续着在域外大国影响力和国内地方利益集团之间的艰难选择。2010年，吉尔吉斯斯坦实行国家政权结构改革，成为中亚第一个议会制国家。在地区的形势变化和国内复杂政局面前，这种改革的实现只是一种象征意义还是会带来实质性的社会进步，它能否将吉尔吉斯斯坦带出使用“街头革命”和破坏性权力更迭游戏的怪圈，国际社会将予以高度关注。

面对“圣战”和毒品的坚守

塔吉克斯坦处在中亚地区的东南一隅，虽然只有14.31万平方公里的国土面积，却是与阿富汗有着最长共同边境的中亚国家（全长1206公里）。塔吉克民族是中亚地区最古老的世居民族，早在公元前10世纪上半叶时，塔吉克斯坦境内就出现了早期国家形式的大夏国。后来虽然经过了波斯阿契美尼德王朝、马其顿亚力山大、巴克特里亚和贵霜王国统治，却一直集中居住在阿姆河和锡尔河流域的富庶地区。公元8世纪，今天的塔吉克斯坦地区被阿拉伯大军征服，伊斯兰教在这里确立了统治地位。公元9、

10 世纪，塔赫里王朝和萨曼王朝在政治、经济、文化、宗教上统一起来，为近代塔吉克民族的形成提供了历史条件。10—13 世纪，伽色尼王朝、喀喇汗王朝和花剌子模王国都曾统治过塔吉克人。13 世纪蒙古汗国征服中亚，塔吉克人开始向帕米尔高原山区迁徙。到帖木儿王朝解体后、乌兹别克汗国强大时，多数塔吉克人离开了阿姆河和锡尔河中下游灌溉农业区，离开了撒马尔罕、布哈拉、希瓦等中亚的商业、文化中心。1868 年，塔吉克并入俄罗斯。1918 年塔吉克北部地区建立苏维埃政权，先是加入了土库曼自治共和国，后于 1924 年 10 月成立塔吉克自治共和国，到 1929 年 10 月升格为塔吉克共和国，同年 12 月加入苏联。苏联解体前，塔吉克斯坦于 1991 年 9 月 9 日宣布独立。

塔吉克民族国家的特殊历史过程，给这个年青的共和国带来了几个重要的历史遗产。一是古代波斯的长期统治对塔吉克民族文化传承和民族心理的强大影响，使其与中亚其他操突厥语民族间形成很大区别。他们自认为是波斯文化在中亚地区的继承者，有着比其他中亚诸民族古老得多的文化基因。二是不同于中亚其他各民族普遍信奉的逊尼派哈乃斐教法学派，塔吉克斯坦东部帕米尔高原的戈尔诺—巴达赫尚有 6—10 万穆斯林信奉的是什叶派伊斯玛仪教派。三是与阿富汗形成了一种特殊的地缘关系，除了漫长的边境外，大量跨境民族人口的存在（塔吉克族人口在阿富汗占到 27%）使塔吉克斯坦和阿富汗之间形成了一种难以厘清的人文联系。这三个重要特点不仅决定了塔吉克斯坦独立后民族国家进程的非常路径，也影响着这个国家后来的地缘政治走向。

早在 20 世纪 70 年代后期，塔吉克斯坦的上述三种主要的地缘特性开始对苏联时期的塔吉克共和国社会政治产生作用。在伊朗发生伊斯兰革命以及 80 年代苏军入侵阿富汗之后，这两个重要邻国的地缘政治影响借助于共同的宗教教派和大量的跨国民族因素进入塔吉克共和国。而此时在苏联正在推行的戈尔巴乔夫领导的改革，使全苏对各种宗教的管理处于混乱状态，更为外来的极端主义思潮在塔吉克共和国立足和蔓延提供了重要政治条件。中亚地区普遍发生的以“纯净伊斯兰”为口号的“伊斯兰复兴运动”，首先在塔吉克共和国兴起。据统计，当时有30%以上的塔吉克族公务员、教师、学生首先承认自己是穆斯林，其次才是共产党员或共青团员。[①] 而后来对塔吉克斯坦乃至中亚地区安全产生了重大威胁的伊斯兰复兴党，也就是在这一时期以地下秘密组织的形式出现。在邻近阿富汗的库尔干秋别，以穆罕默德·沙里夫·希姆纳查德和阿卜杜拉·赛义多夫为核心的积极分子，四处宣传带有强烈政治诉求的极端主义宗教思想，主张在塔吉克共和国建立伊斯兰教统治，继而使整个中亚联合成一个统一的伊斯兰宗教政权。这个地下宗教政党的宗旨是，“伊斯兰教不被歪曲，使穆斯林能够遵照《古兰经》和《圣训》生活”。[②] 塔吉克斯坦伊斯兰复兴党仅以几年的时间就在国内快速发展起来，1990年9月，时任塔吉克共和国总统的纳比耶夫允许伊斯兰复兴党合法登记。[③] 塔吉克斯坦伊斯兰复兴党从秘密走向了公开，其宣传活动和组织发展更加肆无忌惮。刚刚完成合法注册后，塔吉克斯坦伊斯兰复兴党就公开宣称，它的下一个政策目标是建立一个基于沙里亚法的伊斯兰国家。很快，塔吉克斯坦伊斯兰复兴党在全国各地建立起了自己的基层组织，并且还拥有了武装力量。1992年2月，伊斯兰复兴党成为了刚刚独立的塔吉克斯坦国国内第一大反对党，并联合民主党、复兴人民运动和帕米尔运动等政党，向执政的塔吉克共产党展开权力争夺，在塔吉克斯坦新政府的24个部长席位中占据了8个。塔吉克斯坦伊斯兰复兴党副主席达夫拉特·乌斯

---

① 黄陵渝：“塔吉克斯坦的伊斯兰教”，《东欧中亚研究》，1997年第1期，第57页。

② 张来仪：“塔吉克斯坦的伊斯兰复兴党”，《东欧中亚研究》，1999年第4期。

③ 潘志平主编：《中亚的民族关系——历史与现状》，新疆人民出版社，2003年10月版，第55页。

蒙当上政府副总理后，竟嚣张地发起要求纳比耶夫辞去总统职务的非法社会运动。1992 年 8 月，以伊斯兰复兴党为首的反对派势力进入首都杜尚别，占领了广播电台和电视台。9 月，纳比耶夫总统被迫辞职，持续了 5 年的塔吉克斯坦内战终于由此爆发。

在俄罗斯和中亚各国政府的支持下，占塔吉克斯坦总人口2/3的列宁纳巴德州和库里亚布州不承认反对派建立的临时政府，并于 1992 年 11 月在胡占德市举行塔吉克斯坦最高苏维埃非常会议，推举拉赫莫诺夫（即今天的拉赫蒙总统）为最高苏维埃主席。① 以拉赫莫诺夫为首的塔吉克斯坦新政府得到了全国多数民众的支持，很快将反对派势力驱赶出了杜尚别。受到塔吉克斯坦政府沉重打击的反对派势力占据了与阿富汗交界的戈尔诺—巴达赫尚自治州，伊斯兰复兴党的主要力量逃往阿富汗境内，并于 1993 年建立了流亡政府。以努尔为首的塔吉克斯坦伊斯兰复兴党得到了阿富汗拉巴尼政府和塔吉克族军阀马苏德的支持，以及伊朗、沙特阿拉伯、巴基斯坦甚至美国等势力的资助，拉赫莫诺夫则得到了俄罗斯、乌兹别克斯坦及其他中亚国家的支持。塔吉克斯坦内战实质上已经成为地区内及域外各大势力通过代理人实现各自政治目标的一场直接冲突，是中亚地缘政治发展过程中不同方向力量角逐表面化的结果。

1996 年底，塔吉克斯坦政府与反对派代表在各方斡旋下就实现国内和平与民族和解开始谈判。半年后，拉赫莫诺夫总统与反对派领导努里及联合国秘书长特别代表梅里亚姆于 6 月在莫斯科签署了《关于在塔吉克斯坦建立和平和民族和睦总协定》。俄罗斯、哈萨克斯坦、乌兹别克斯坦、土库曼斯坦、吉尔吉斯斯坦、伊朗等国领导人，以及联合国、欧安组织、伊斯兰会议等国际组

① 赵常庆：《中亚五国概论》，经济日报出版社，1998 年版，第 84 页。

织的代表以观察员身份参加了签字仪式。持续 5 年的内战虽然结束，但是给塔吉克斯坦这个只有 600 多万人口的国家留下的，不仅仅是 6 万人失去生命、80 万人沦为难民、价值 100 亿美元的经济损失，还有脆弱的国家安全和社会稳定，甚至只要有能力拉出几十人的武装团伙，就可以造成震动全国的重大事件。1997 年 2 月，结束内战的谈判还在进行中，以索迪拉夫为首的武装分子在科姆索莫拉巴德附近绑架了四名联合国军事观察员。当塔吉克斯坦政府派安全部长祖胡罗夫前往与武装分子谈判时，祖胡罗夫本人也被绑架。直到拉赫莫诺夫总统本人亲自出面，才化解了这次人质危机。2001 年 4 月，塔吉克斯坦内务部副部长桑吉诺夫被暗杀；6 月，又有 15 名包括德国人在内的外国人质被劫持；7 月，又传出本·拉登斥资 100 万美元，派人刺杀塔吉克斯坦总统国际问题顾问尤尔达舍夫的消息。[①] 至今，塔吉克斯坦的国内稳定仍然十分脆弱，2012 年 7 月，戈尔诺—巴达赫尚自治州安全委员会主席纳扎罗夫遇害。当塔吉克斯坦政府在这个州的首府展开清剿行动时，与反政府武装发生了交火，造成政府军士兵 17 死、40 伤，非法武装分子 30 人被击毙、40 人被捕。[②] 2015 年 4 月，塔吉克斯坦内务部特种警察部队上校古尔穆罗德·哈希莫夫潜逃出境投奔“伊斯兰国”（IS），成为振动整个中亚地区的重大丑闻。[③]

同样受到阿富汗局势影响的另一个重要因素，是毒品种植和贸易活动向塔吉克斯坦的渗透。阿富汗的连年战乱使原有的灌溉设施遭到致命的破坏，广大农民赖以维持生计的农作物无法正常生长。在特定的社会环境和自然条件下，阿富汗居民为了生存大

---

① 孙力：“本·拉登指令暗杀塔吉克斯坦国务顾问”，人民网，2001 年 7 月 22 日，http：//people. cn/GB/guoji/22/82/20010722/517437. html。

② 王宪举：“上海合作组织如何应对中亚地区安全形势新变化”，《上海合作组织发展报告（2013）》，社会科学文献出版社，2013 年 9 月版，第 46 页。

③ Таджикский полковник всплыл в рядах ИГ, Оригинал публикации：Радио Азаттык Опубликовано：28/05/2015，http：//inosmi. ru/sngbaltia/20150528/228273079. html.

量种植鸦片。尤其在一些政府失控的部族地区，鸦片种植面积不断扩大。而在阿富汗驻扎的北约联军并未将禁毒作为基本任务，2001 年“持久自由行动”之后阿富汗的毒品产量不降反升。2001 年阿富汗的罂粟种植面积仅为 7606 公顷，到 2002 年就上升至 13.1 万公顷，到 2007 年达到 19.3 万公顷。2008 年，阿富汗的毒品交易量达到 30 亿美元，相当于合法经济成分的 1/3。

在特殊的地缘和人文条件下，塔吉克斯坦成了阿富汗毒品的重灾区，中亚地区鸦片的 99% 来自阿富汗，而这些运送到中亚各国的毒品几乎 100% 是经过塔吉克斯坦的。[①] 独立前，塔吉克斯坦吸食毒品的人数很少，尚构不成社会问题。到 2007 年，塔吉克斯坦的吸毒人员数量较独立初期上升了 6—7 倍。毒品在塔吉克斯坦的泛滥不仅造成了社会治安的难度，而且对国家安全构成严重威胁。首先，毒品的生产和贸易基本控制在“乌兹别克斯坦伊斯兰运动”等极端主义组织手中，毒品直接转换为策划和实施恐怖破坏活动所必须的经费；其次，毒品贩运与武器走私结合起来，形成武装抗法能力较强的跨国犯罪集团；第三，毒品走私对塔吉克斯坦的边防、海关、内务等国家强力部门形成强大腐蚀作用，高额贿赂下许多执法者被拉下水。

无论是宗教极端主义反政府势力的兴衰，还是毒品走私对社会稳定的腐蚀，来自境外的安全威胁因素构成对塔吉克斯坦政治稳定和经济发展的直接影响。而塔吉克斯坦独立以来受制于国家资源和地缘条件的限制，自主应对这些负面影响的能力一直不能全面构建起来，所以独立近 25 年来对大国和邻国的依赖程度较高。在这一方面，俄罗斯的安全影响发挥了重要作用。2012 年 10 月，俄罗斯总统普京访问塔吉克斯坦时，与拉赫蒙总统共同签署了俄军基地延长驻扎时间 30 年的协议。虽然塔吉克斯坦的民族精

---

① 张雪宁、林恕：“塔吉克斯坦禁毒斗争简述”，《兰州大学学报》，2011 年第 5 期，第 14 页。

英们同样不愿回到沙俄及苏联时期的国家关系水平，而且也热衷于一些去俄罗斯化的小动作，但却绝不会突破致使塔俄合作破裂的底线。一旦这种依赖关系破裂，塔吉克斯坦维护主权独立、国家安全和经济发展的成本将成倍上升（如与乌兹别克斯坦关系恶化）。尽管塔吉克斯坦的地缘政治条件在中亚地区属于特例，但它作为一种影响整个地区发展方向的变量有机地融入了中亚地缘政治格局发展的总趋势中。

《鲁赫拉马》的智慧与中立国策

土库曼斯坦地处中亚地区的西南一隅，西面濒临里海，西南与伊朗比邻，东南面和阿富汗接壤，东北面是乌兹别克斯坦，西北面是哈萨克斯坦，国土面积49.12万平方公里，是中亚地区仅次于哈萨克斯坦的第二领土大国。土库曼斯坦地势平缓，大多在海拔200米以下，80%的领土被卡拉库姆大沙漠占据。土库曼斯坦属大陆性气候，是世界上最干旱的地区之一。土库曼斯坦面临相临恶劣的自然环境，但却拥有着丰富的石油和天然气资源。据土库曼斯坦政府1999年公布的数据，石油储量达120亿吨，天然气可开采储量达23万亿立方米。

土库曼斯坦是个多民族国家，有120多个民族在这个国度里共同生活。作为主体民族的土库曼人是一个分布在中亚、南亚各地的操突厥语族语言的民族。除了集中居住在土库曼斯坦的土库曼人外，也在阿富汗、伊朗东北部、叙利亚、伊拉克和北高加索（斯塔夫罗波尔边疆区）等地区和国家广泛分布。土库曼人的祖先是公元5世纪生活在阿尔泰山地区的突厥人，7世纪前后迁徙到锡尔河以北，定居后与当地民族逐渐融合。19世纪时土库曼人就形成了七个主要部落，分别是特克（Tekke）、撒拉尔（Salor）、约穆德（Yomud）、埃尔萨里（Ersari）、阿巴拉乞（Arabatchi）、萨利克（Saryk）和乔多尔（Chodor）。中国的撒拉族即撒拉尔的一支，唐代以后西迁中亚，元代时又取道撒马尔罕东返中国，现在主要定居在青海、甘肃、新疆。1991 年，土库曼斯坦成立了“世界土库曼人文化协会”，并出版了《世界上的土库曼人》一书，将中国的撒拉族称为“中国土库曼人”。

19 世纪中后期，隶属希瓦汗国和布哈拉汗国的土库曼人与这两个宗主国一并被沙俄征服。1917 年底，土库曼斯坦地区并入了突厥斯坦苏维埃社会主义自治共和国（属俄罗斯联邦），1924 年 10 月，随着苏联在中亚民族划界进程，土库曼苏维埃社会主义共和国成立，并于当年并入苏联。在苏联时期，土库曼共和国几乎是最偏远（是苏联所有共和国中纬度最低的国家）、最落后的地区之一。而且，在冷战的大气候下，这个与阿富汗、伊朗交界的共和国更是将军事上的戒备和防御作为最主要的任务，经济发展和文化建设都屈居于次要地位。20 世纪 90 年代苏联解体后，对于一个超级大国边远地区而言，原本属于不利的条件发生了根本性逆转。濒临里海之滨，与乌兹别克斯坦、哈萨克斯坦、阿富汗、伊朗接壤，与波斯湾的直线距离不到 1000 公里，这些地缘上的特点成为了获得独立后的土库曼斯坦发展经济和推动民族国家建设得天独厚的有利条件。而土库曼人在世界上广泛分布的跨界民族人口，在土库曼斯坦结束了苏联时代的民族关系后，也成为凝聚国家民族精神和扩大对外文化交流的重要渠道。

土库曼斯坦发表主权宣言后，拥有经济学博士学位的原共和国部长会议主席、土库曼共产党第一书记、最高苏维埃主席萨帕尔穆拉提·尼亚佐夫（Сапармурат Ниязов）于 1990 年 10 月担任土库曼共和国首任总统。1991 年 10 月，土库曼斯坦宣布正式独立。这时，尼亚佐夫总统对刚刚获得独立的国家所面临的国内、地区、世界形势进行了冷静的观察。他认为，土库曼斯坦的国家政体将经历由苏联时期的集权体制向正常民主制度转变的时期，国家经济也面临由苏联时期的计划经济向市场经济转变的进程。无论是政治体制的转变还是经济模式的转变，都将是土库曼民族有史以来从未经历的重大变革。在整个中亚地区及周边环境极不安定的情况下，顺利完成这种跨越式社会变革的风险是可想而知的。而且，有利于土库曼斯坦向周边地区开放以转化国内资源优势的地缘条件，同样也是刚获独立时国家机器不健全状况下维护主权的风险因素。伊朗伊斯兰革命的影响、中东极端主义教派的渗透、阿富汗的持续战乱、俄美大国在中亚地区能源和安全领域中的角逐，这些来自外部的各种作用力都是摆脱昔日超级大国控制后的土库曼斯坦难以独立应对的。

清醒意识到这一点的土库曼斯坦领导人为自己的国家设计了一条与众不同的发展道路。首先，土库曼斯坦没有盲目仿效和攀比其他中亚国家在政权体制上实行多党制，虽然在宪法中规定了实行多党制的原则，① 但直到 2012 年以前，并没有建成多党并存的政治格局。1991 年 12 月在国家独立之初，在原来的土库曼共产党基础上改建的土库曼斯坦民主党一直是土库曼斯坦唯一的政党，也是在国家政权中长期执政的大党。② 这样的国家政治格局一起持续到了 2012 年 1 月，土库曼斯坦议会遵照现总统别尔德穆哈梅多夫 2010 年提出建立多党制的倡议，通过了在土库曼斯坦实行多党制的法案。③ 同年 2 月，土库曼斯坦成立了与民主党共同执政的企业家党，并正式注册。其次，为土库曼斯坦在中亚地区乃至世界政治和经济格局中准确定位。尼亚佐夫总统于 1992 年在欧安组织领导人会议上提出了“政治上中立，经济上对外开放”

---

① “Костиуция Республки Туркменистан”, Ашхабад, 2003, Глава 2, Статья 28.

② К. П. Дударев: Туркмения, Постсоветская Центральная Азияпотерииобретения, Москва, 1998, с. 167.

③ Закон Туркменистана О политических партиях, http://www.turkmenistan.gov.tm/?id=764.

的原则，1993 年又在独联体内部宣布了土库曼斯坦的中立政策，[①]竭力为这个新独立的国家与中亚各国、周边地区、相关大国之间规定出了安全距离和行为准则，为这个新生的国家规避了国际关系领域中的主要风险。1995 年 12 月召开的联合国大会上，一致通过决议，赋予土库曼斯坦永久中立国的地位，土库曼斯坦成为亚洲唯一的永久中立国和继瑞士、奥地利之后的世界上第三个永久中立国。[②] 2007 年 9 月，新任土库曼斯坦总统不久的别尔德穆哈梅多夫在阿什哈巴德举行的高等军事学院二期工程奠基仪式上强调，土库曼斯坦将坚持永久中立政策，因为首任总统尼亚佐夫为这个国家争取到的永久中立地位和制定的和平外交政策，为在相互理解和协调一致的原则基础上解决一切国际问题提供了广泛的可能。[③] 第三，充分利用地缘经济优势独创自己的特色经济发展模式。土库曼斯坦与哈萨克斯坦、乌兹别克斯坦等其他中亚国家一样，将建国初期的经济发展战略锁定在能源领域。由于苏联时期形成的能源开发与运输格局，包括土库曼斯坦在内的中亚共和国出口的石油、天然气，首先都要进入俄罗斯中心地区的“中央”能源网络，通过统一的调配后或输往其他共和国，或出口欧洲，或作为原料进入化工基地。受到这一格局的制约，中亚国家独立后依靠能源兴国遇到重大障碍。为寻求突破，中亚各国纷纷提出各自的能源输出多元化的方案。但由于地缘条件限制，哈萨克斯坦和乌兹别克斯坦实施方案都经历了较长的时间。而土库曼斯坦借助于靠近波斯湾和中东的地理优势，在继续利用“中亚—

---

① Внешняя политика Туркмении, Словари и энциклопедии на Академике, http://dic.academic.ru/dic.nsf/ruwiki/1452355.

② Сергей Каменев: Современное социально - политическое положение Туркменистана, 《Центральная Азия и Кавказ》№ 2 (20) 2002 г, http://www.ca - c.org/journal/2002/journal_rus/cac - 02/05.kamru.shtml.

③ 龚猎夫：“积极中立 世代安宁——透视土库曼斯坦的中立政策”，《国际问题研究》，2008 年第 2 期，第 29 页。

中央”能源管线的同时，与伊朗、土耳其、阿联酋等国家积极开展贸易活动，比哈萨克斯坦、乌兹别克斯坦等国较早实现了能源富国战略目标，也确保了永久中立政策的顺利实施。第四，结合土库曼民族历史和文化传统，重建新生国家的意识形态和价值观体系。土库曼斯坦首任总统尼亚佐夫在国家独立后敏锐地发现，当苏联时期树立起来的政治思想体系被摒弃后，由于土库曼斯坦所处的地缘位置，西方自由资本主义的、中东宗教极端主义的、本土游牧部族传统的各种文化观念纷纷在新获得独立的国土上泛起。按照什么模式发展土库曼斯坦民族国家文化，为独立自主的土库曼民族塑造怎样的社会价值体系，这与维持新生国家的主权安全和重建国民经济体系是同等重要而且刻不容缓的重大国家工程。为此，尼亚佐夫总统用了 5 年的时间，撰写了一部土库曼斯坦全民的必读书——《鲁赫纳玛》（土库曼语，意为“精神灯塔”或“精神指南”）。这部著作集尼亚佐夫的自传、土库曼民族的历史起源和文化传统、土库曼民间寓言和伦理道德训诫、国家独立的历程和发展前景、政府的政策宣传于一体，可以说是能够解释如何做一个土库曼斯坦公民的百科全书。2001 年和 2004 年分别出版了《鲁赫纳玛》的第一卷和第二卷。目前，这部书已经在土库曼斯坦发行了上百万册，而且被翻译成多种文字在世界各国发行，中文版的《鲁赫纳玛》于 2006 年 4 月在中国人民大学举行了首发式。各国评论界对《鲁赫纳玛》的评价褒贬不一，有的将其与尼亚佐夫到处悬挂自己的肖像、改变一年中每个月的名称（如 1 月改为“土库曼巴什月”即“土库曼之父月”、2 月改为“百达赫”月，为尼亚佐夫出生和国旗月、4 月改为“古尔班苏丹”月，以尼亚佐夫总统的母亲命名、9 月改为《鲁赫纳玛》月）、耗资 1 亿美元修建中亚地区最大的清真寺、将母亲的塑像供国内外游客瞻仰等等一并看作为树立个人崇拜的做法。尼亚佐夫关于《鲁赫纳玛》在土库曼斯坦的地位还作出了一系列匪夷所思的规定，如：新驾驶员学习交通法规要用16小时学习《鲁赫纳玛》并须通过笔试（外国人也不例外）；中小学生早上8时要集体诵读《鲁赫纳玛》；2005年8月用土库曼斯坦制造的第一颗卫星（由俄罗斯“第涅伯”号运载火箭发送）将《鲁赫纳玛》送入了太空。这些作为随着历史的进步可能会被后人当作笑谈，但尼亚佐夫总统对填补独立后社会意识形态真空和民族核心价值观的敏锐关注与有效干预，已由今天土库曼斯坦的稳定和繁荣做了最好的诠释。

尼亚佐夫总统在《鲁赫纳玛》的第二部中写道：“我们的民族有5000年的伟大历史，在这50个世纪中，土库曼人一直是世界上先进的民族，他们对世界文化的贡献是无法估计的。今天，人类的目光又一次投射到了土库曼斯坦。全世界都为土库曼大地上正在进行的一项壮举而感到惊讶。也就是说，可以肯定，这个具有光荣历史和非凡现实的民族还会有辉煌的明天”。[①] 虽然在2007年后，土库曼斯坦第二任总统别尔德穆哈梅多夫已经下令拆除大街上到处悬挂的尼亚佐夫画像，并取消用《鲁赫纳玛》命名的月份，但尼亚佐夫为土库曼民族所作的精神规划，客观上已经成为土库曼斯坦民族国家独立发展的一部分。在整个中亚地区，土库曼斯坦比较顺利地确立了适合本国、本民族的发展路径与社会模式，也闯出了一条与本地区国家及周边各国发展良性互动关系的特色道路，将整个中亚地区与世界的联系变得更加丰富、更加多元。

① 萨帕尔穆拉提·尼亚佐夫：《鲁赫纳玛》第二部，阿什哈巴德，土库曼斯坦国家出版局，2006年，李京洲等翻译，中国驻土库曼斯坦使馆组织，中国华为技术有限公司赞助，第55页。

平衡外交与多元政治格局的形成

中亚各国完成独立已近 1/4 世纪，在逐步确定和完成各自民族国家发展模式与国际定位的同时，哈萨克斯坦、乌兹别克斯坦、吉尔吉斯斯坦、塔吉克斯坦、土库曼斯坦作为独立的国际政治主体，均成功以不同方式和路径融入了国际社会。由于面临的地缘政治条件不同，中亚各国对外政策的多元性越来越突出地表现出来。虽然作为中亚地区共性的地缘因素仍然在各国的内外政策中发挥着重要作用，但今后的“中亚地区”这个国际政治概念恐怕将包涵更多、更复杂的意义。

作为地区共性的地缘政治特征，同为内陆国家的地理封闭性、各国多数国民的伊斯兰教的宗教文化属性、长期受到沙俄、苏联征服、统治、管理形成的政治文化渊源、各国丰富自然资源基础上的经济发展潜力及对周边及世界市场的迫切需要，这些重要的特点都决定了中亚各国在独立后很快采取了多边平衡务实外交的基本对外政策。中亚各国独立二十多年来获得的社会政治稳定和经济建设成就，以及与周边国家、域外大国、相关国际组织建立的健康关系，都证明了这一基本选择的正确。然而，随着完成了草创建国时期的探索和尝试，中亚各国更加深刻、更加精准地发掘出各自的地缘特点，并结合本国、地区及世界政治经济形势的巨大变化，推动外交政策也经历了完善和调整过程，使之逐渐形成了具有明显差异的多元特征，而且这一特征也伴随着中亚各民族国家进程的发展和地区形势的持续变化在不断加强。有学者对中亚各国逐渐显现出来的差异性对外政策作了大致的分类。第一类是“中立战略”：土库曼斯坦、吉尔吉斯斯坦。土库曼斯坦采取的中立战略是国际法意义上的，作为一个全权的国际社会成员，它的永久中立地位得到了普遍的认可。而吉尔吉斯斯坦采取的中立战略是策略性的，是一种平衡的外交战略。具体内容包括：和平中立外交、全方位有重点外交和务实经济外交。第二类是“结盟战略”：塔吉克斯坦。这里主要是指塔吉克斯坦独立后一直与俄罗斯发展“兄弟式的友好合作关系”和“战略同盟关系”，通过这种途径“把其他国家的权力添加在自己的权力之上”，或者“阻止其他国家的权力添加到对手的权力之上”。这与塔吉克斯坦国家力量的弱小、国内政治因素复杂和邻近阿富汗等地缘特点相关，是一种迫不得已的外交战略。第三类是“均势战略”：乌兹别克斯坦。所谓均势其实是全方位平衡外交的又一种表述，在乌兹别克斯坦则体现为维护和巩固国家主权和政治安全时，可以与大国或重要的战略伙伴国结盟（如俄罗斯）；可以加入有关的国际组织（如独联体、独联体集体安全组织、上海合作组织）；也可以根据现实的需要随时退出（或暂时中止以正式成员身份参加这个组织的活动）；还可以在继续参加相关国际组织活动时，以维护本国利益为准则，树立起一种不同寻常的“另类”角色，造成一种既不容忽视、又很难合作的国际形象。这一特殊的外交战略定位不仅取决于国家高层领导人的个性原因，乌兹别克斯坦重要的战略地位、国家实际力量与地缘政治目标之间的差距、周边邻国的戒备和域外大国借重和利用的实用性等等，都是造成乌兹别克斯坦对外政策“摇摆性”和“随机性”的重要原因。第四类是“平衡战略”：哈萨克斯坦。这种外交策略的基本特征是在相关大国之间维持一种不远不近的关系，既可以享用“把其他国家的权力添加在自己的权力之上”的原则，又要避免过度消费这一原则，而使自己成为“阻止其他国家的权力添加到对手的权力之上”原则的使用对象。在哈萨克斯坦独立初期，纳扎尔巴耶夫总统对这个新生国家面临的地缘政治形势作了冷静的观察，他认为这时一定要搞清楚三个层面的问题：一是中亚地区的安全首先取决于美国、俄罗斯、中国这三个有影响力大国的三角关系，当然欧盟、土耳其、伊朗及其他伊斯兰国家的影响力也应考虑；二是沿俄罗斯南部、中国、外高加索、南亚及与中东毗邻的西亚等亚洲热点地区形势的变化和发展，以及相关大国对这一地区施加的影响；三是中亚地区内各新获得独立的民族国家建设进程中遇到的风险，以及中亚各国之间的关系变化。① 对此，纳扎尔巴耶夫总统十分推崇二战后的法国总统戴高乐和新加坡前总理李光耀，尤其欣赏李光耀关于小国与大国的关系如兔子和老虎、狮子猎豹的关系理论：与其无望地逃避老虎、狮子、猎豹的追捕，“不如在老虎、狮子和猎豹间创造一种平衡，与他们保持关系，利用他们的力量来制约他们，使哪一方都难以得到兔子”。对此，纳扎尔巴耶夫总统曾坦率地表示，戴高乐和李光耀是他学习的榜样。② 由此为出发点，哈萨克斯坦首先以大国间的关系平衡为要点；其次是周边地区重要国家；再次是全球范围的力量平衡。独立二十多年来，哈萨克斯坦积极而灵活地运用着平衡外交战略，为本国的主权巩固和社会发展创造了一个又一个的机会，并且随着逐渐成为被国际社会认可的地区大国，大国平衡外交也越来越运用自如。③ 这种对中亚国家外交战略的分类具有一定积极意义，有助于在中亚地区共性特征基础上进一步认识国家间奉行外交战略的差异性。尽管中亚各国制定的对外政策仍有许多细微指标上的差异，这种宏观的分类尚难以精准地将其体现出来，但对于我国当代从事中亚地缘政治研究的学者们应是有所启迪的。

---

① ［哈］努尔苏丹·纳扎尔巴耶夫：《关键的十年》，曹特金等译，民族出版社，2004 年版，第 85—86 页。

② ［哈］努尔苏丹·纳扎尔巴耶夫：《哈萨克斯坦之路》，徐葵等译，民族出版社，2007 年版，第 4 页。

③ 张磊、［哈］库阿内什：“中亚国家对外战略及其地缘政治动因”，《国际论坛》，2009 年 5 月版，第 25—30 页。

多元平衡是方法和路径，而务实利益才是目的和结果。独立二十多年后，中亚各国运用大国平衡和多边务实外交战略取得了显而易见的成果，包括国内社会的基本稳定、国民经济重建初步完成、国际社会的普遍认可、与大国及周边国家良性互动关系的确立等，从不同角度证明了这种基于地缘政治客观现实的对外政策考量的必要性。然而，中亚国家操作多边平衡外交也不是没有一点风险的。首先，世界性大国对中亚地区的地缘政治认识存在较大差异，在此基础上制定的中亚政策也有所不同，利益竞争和战略博弈的关系影响中亚各国既定外交政策目标的实现。其次，地区内及周边形势发展的不确定性，要求中亚各国多边平衡外交政策处在不断的调整之中，使一种动态的平衡成为常态。第三，中亚各国获得独立的历史毕竟很短，运用多边平衡外交的资源和经验尚处在不断开发和积累之中。但无论是出于维护新独立国家主权安全和获得社会发展必需外力的无奈选择，还是为了拓展国际空间的主动经营，中亚各国采取的多边平衡务实外交将会继续推进下去。在地区及全球范围里可预见的国际关系格局继续变化的前提下，即使中亚领导层将来发生更迭，对外推行多元化的平衡务实外交政策仍是不会轻易改变的。[①] 这一进程的深入发展，也将给中亚地缘政治形势变化带来一种总体方向稳定但局部矢量不易确定的影响。

---

① 赵龙庚：“中亚五国多元务实的特色外交”，《亚非纵横》，2007 年第 6 期。

第七章　艰难的区域一体化脚本

斯塔尔“大中亚计划”的经济一体化内涵

2005 年 3 月，美国约翰·霍普金斯大学中亚与高加索研究所所长弗雷德里克·斯塔尔在那份题为《阿富汗及其邻国的“大中亚伙伴计划”》的报告中，首次提出了以阿富汗为中心连接中亚五国与南亚巴基斯坦、印度等国的“大中亚”区域构想。2006 年 1 月，美国国务卿赖斯在解释美国国务院将原来属于欧洲局的中亚五国事务划归中亚南亚局时表示，“这表明了我们设法实现的事情，即把这一地区视为需要整合的地区”。① 同年 4 月，美国国务院分管中亚南亚事务的助理国务卿理查德·鲍彻（Richard Boucher）在美国国会关于中亚问题的听证会上明确提出，“南亚和中亚应该被作为一个整体对待”。② 这种对中亚和南亚的区域性整合，实质上就是按照美国对这些地区（主要是中亚地区）的地

---

① “Remarks at the State Department Correspondents Association's Inaugural Newsmaker Breakfast” January 5, 2006, http://www.state.gov/secretary/rm/2006/58725.htm.

② 朱永彪、尹舒阳：“美国大中亚战略进入新阶段”，《国际观察》，2010 年第 5 期，第 30 页。

缘政治预期推动的区域一体化进程。这个一体化方案的长远政策目标，是通过中亚地区与南亚地区（并逐步与更多地区）在能源、交通、政治、文化等领域建立起密切的联系，由此打破俄罗斯从19世纪以来对中亚地区的战略垄断。在中亚各国独立10年后，一场突如其来的反恐战争发生在近邻阿富汗，美国和其他北约国家的军队进驻中亚。似乎在这样的便利条件下现实这一地缘战略推进应该是水到渠成的事。即便制定了如此理想化的愿景，但要使中亚的小伙伴欣然接受并且乐意加盟，除了拿出让俄罗斯都难以拒绝的理由——反恐之外，还要让他们看到美国版一体化方案中的实惠。而中亚各国在独立之后经历了10年国家重建和经济恢复，这时正是上台阶的关键时期。此时对中亚国家最有吸引力的实惠，就是实实在在地助推经济发展，尤其是对基础设施建设的投入。而要达到一种长期的战略性效果，除了直接的经济援助外，就是将原有的经济发展格局打破，形成多向的经济联系，使中亚各国的国民经济发展与特定的周边地区捆绑在一起。这个特定的方向不仅可以带来盘活中亚地区经济的效果，而且也与美国对中亚、南亚地缘政治的发展预期相吻合。

布什时期美国中亚政策接受了斯塔尔“大中亚计划”的基本思路，将中亚地区由仅作为赢得阿富汗反恐战争的战略策应支点，扩展为地区安全、经济改造、“民主政治”等多重目标的对象。其中，推动中亚、南亚经济一体化成为实现这一完全性地区目标的基础和关键。对此，美国国务院“大中亚计划”的推行者是十分清楚的。美国助理国务卿鲍彻就曾于2006年明确表示，“我们必须建立一个整合中亚地区和南亚市场的经济体系”。① 而这一依托南亚市场与中亚的联系带动整个地区经济活跃和振兴的动机，仍然是为了将中亚地区在历史上形成的对俄罗斯的依赖性

① “U. S. Policy in Central Asia: Balancing Priorities (Part II)”, April 26, 2006, http://www.state.gov/p/sca/rm/2006/65292.htm.

一步步削弱。在美国国务院采纳了斯塔尔的“大中亚计划”后，美国政府高官们频繁走访了中亚地区及周边地区各国。鲍彻本人亲自来到中国兜售“大中亚计划”，在描绘中亚地区与南亚地区实现一体化“美好前景”的同时，也难以掩饰地流露出对今天的中亚地区仍然保留着浓厚俄罗斯文化的反感和鄙视。[①] 然而也恰恰是这种急于将中亚地区从俄罗斯政治、经济、文化影响下剥离出来的地缘战略博弈心态，使“大中亚计划”在中亚地区各国从一开始就引起了戒备和反感。

处在社会经济重建和国家制度转型时期的中亚各国，在遭受了苏联时期经济联系断裂的打击后，内陆国家与周边及世界经济联系上的困难骤然上升为制约各国经济发展的头号障碍。尽管中亚各国从文化传统和政治情感上还难以形成对美国及西方的亲和关系，但是打破原有经济联系格局和建立全新的地区经济体系的可能性对中亚国家极具诱惑力。斯塔尔教授在中亚地缘发展潜质上的发现的确启发了美国国务院的官员们，尤其是为中亚国家提供了一次跳出经济发展困境的机会，大大提高了美国“大中亚计划”的吸引力。对此，积极推动“大中亚计划”的美国国务院及其他部门形成了比较一致的认识，也为此推出了一系列具有现实吸引力的措施。首先，对于任何一种模式和方向的区域经济一体化应创造的先决条件，就是基础设施的建设。2007 年 7 月，在华盛顿召开的中亚南亚经济一体化会议上，鲍彻强调了从当年夏季开通跨越塔吉克斯坦和阿富汗边境大桥的重要性，并且提出了更加长远的倡议—在未来开通从阿拉木图到卡拉奇的高等级公路。[②]

① 2006 年鲍彻本人曾到中国与外交部官员和中国国际问题研究所、中国现代国际关系研究院等智库学者交流。在中国现代国际关系研究院座谈时曾举例，在乌兹别克斯坦、吉尔吉斯斯坦等国亲眼见到十几岁的孩子“居然会讲俄语”，充分表现出对俄罗斯文化继续存在中亚这一历史现状的不能容忍。

② 韩隽：“‘安集延事件’后美国中亚政策的调整及影响分析”，《新疆社会科学》，2008 年第 11 期，第 53 页。

其次，对于能源和动力资源丰富的中亚国家，如能通过相应的运输道路和输送设备增加向能源相对贫乏的南亚地区出口，既可以提高中亚能源富有国家实现资源富国战略的有效性，也能为南亚地区的整体稳定提供有力的经济支持。更加重要的是，中亚地区的战略资源不再受俄罗斯的控制和支配，而成为美国布局亚洲战略力量和制衡战略对手的可利用棋子。① 第三，美国政府也仍然继续着以往的对中亚经济援助政策，但是重心开始向引导中亚和南亚国家的经济贸易合作的总体趋势倾斜。2007 年 7 月，美国第三次中亚贸易投资年会召开。此次会议与以往不同之处，就是提出要“培育更大地区的经贸合作”，以“联合行动扩展贸易领域和开发新项目”，并促进私营部门对中亚南亚地区的投资。② 按说，美国国务院依据“大中亚计划”的思路从区域经济经济一体化入手，以整合欧亚地缘政治空间为目的，将中亚和南亚地区首先从经济活动上有机地联系起来，其政策力度和财政投入都不可谓不大，但恰恰却因为地区战略观上的利己性和中亚、南亚间存在的地缘政治障碍（主要还是阿富汗问题未能基本解决），致使这一精心出台的地缘经济战略至今仍未取得实质性进展。

失分的“新丝绸之路战略”

“大中亚计划”在中亚各国受到了冷遇，这在中国的俄罗斯

① Jim Nichol: Central Asia Regional Developments and Implications for U. S. Interests Update August 30, 2007, http//assets. opencer. com/rpts/RL33485_ 200708. pdf.

② Third Meeting of the Central Asia Trade and Isnvestnent Framework Agreement (TIFA) Council, http//www. state. gov/p/sca/rls/fs/91384. htm.

中亚学界看来似乎是意料中的事。[①] 但对于美国国务院和智库而言这仍是一道需要继续破解的战略命题，特别是当美国政治家在阻碍“大中亚计划”实施的重要结点阿富汗恢复了“战略自信”后。2008 年，美国完成了新一轮总统换届，以民主党政治家身份走上总统位置的奥巴马开始推动他在竞选期间的政策承诺，其中即包括从阿富汗撤军的保证。当然，前提是反恐军事行动的彻底胜利和阿富汗民主建设初见成果。然而，关于中亚地区对美国在阿富汗用近 10 年时间建立起“民主政治成果”的意义，无论是民主党背景的奥巴马还是共和党背景的小布什以及他们的团队，认识上的差异只是程度上和视角上的不同。仅从中亚地区在地缘上连接欧亚与南亚地缘板块的作用上看，它在苏联解体后的美国对外政策中的地位基本上是持续提高的。而以历史的眼光看，实际上奥巴马时期美国国务院对中亚地区的重视程度并不亚于小布什时期。但是从 2005 年以来，“大中亚计划”在中亚、南亚推行的遭遇使美国政府不得不对以往的中亚政策再作考量。“大中亚计划”的创始者斯塔尔教授也恰逢其时地提出了貌似改弦更张的“新丝绸之路战略”，按照白宫和国务院新主人的政治风格和政策传统，使“大中亚计划”的地缘政治理念在美国的新中亚政策中延续下去。

“新丝绸之路战略”之所以很快被美国国务院所采纳，除了其核心思路仍然是以阿富汗为中心打造中亚与南亚紧密连接地缘板块外，还在于策略上更加贴近中亚地区历史文化传统，从而使

---

① 潘志平教授认为，所谓的“大中亚计划”实质上是在中亚、南亚地区推动的经济一体化政策，而要实现这个一体化进程就需要有一个相对强大的地区核心国家，即布热津斯基所说的“地缘政治支轴国”。美国通过 2001 年开始的反恐战争控制了阿富汗，但是让阿富汗担任这个“地缘政治支轴国”的使命显然是不切合实际的。而巴基斯坦、印度、土耳其虽也被美国国务院列入了“大中亚计划”的伙伴之中，但是这些国家处于“大中亚”地区的边缘地位。而且以他们与美国现有的双边关系水平，未必能够听命于美国国务院“大中亚计划”的安排。所以，这一地区经济一体化的政策性安排受到冷落是必然的。参见：潘志平：“2007 年中亚形势发展报告”，《新疆社科学》，2008 年第 1 期，第 56 页。

这一被冠以“战略”的中亚政策体现出更加柔性、更加具体的特征，并从出台之日起就以一种建设性的外观出现，似乎少了许多地缘政治整合与大国战略博弈的色彩。正是由于这方面的区别，在美国战略与国际问题研究中心（CSIS）参与下，斯塔尔教授推出的“新丝绸之路战略”形成研究报告，稍经坎坷后最终得到了美国国务院和军方的支持。“新丝绸之路战略”之所以能够被提升至奥巴马时期的美国中亚战略，关键的用意就是其名称中取历史上丝绸之路和平、沟通、交流、合作的意义作为符号。尽管美国的历史与丝绸之路无任何关系，但冠以一个“新”字似乎就把丝绸之路历史文化内涵一笔带过了。除了这种在形式上的标新立异外，多数中国的中亚学者认为，“新丝绸之路战略”与“大中亚计划”并无太大差别，或者可以说它是在美国上届政府“大中亚计划”的政策思想上发展起来的。[①] 实际上，与“大中亚计划”相比，“新丝绸之路战略”在许多关键的政策要点上的确没有明显的创新。二者的共同前提，仍然是以阿富汗的稳定和经济恢复为中心。而具体的内容大致可以分为地区制度建设和基础设施建设两部分。地区制度建设方面，包括推进贸易自由化、减少贸易壁垒、简化过境程序、完善海关制度、克服官僚作风、消除贪污腐败、改善投资环境等等；基础设施建设方面则包括修建连接中亚和南亚之间的公路、铁路、能源管道、输电网络等。总之，仍然是将建立联通中亚与南亚之间的经济贸易活动和促进更大区域内的经济一体化作为基本目标。

2011 年 7 月，美国国务卿希拉里在访问印度钦纳时正式解读“新丝绸之路战略”愿景，具体勾划出中亚与南亚之间资源与贸易互联互通的乐观前景。[②] 而后希拉里遍访问阿富汗、巴基斯坦、

① 赵华胜：“浅评中俄美三大战略在中亚共处”，《国际观察》，2014 年第 1 期，第 98 页。

② “The NewSilk Road?” *The Diplomat*, http://thediplomat.com/2011/11/11/the-new-silk-road/.

塔吉克斯坦、乌兹别克斯坦4国，9月又召开美国、阿富汗、德国3国外长共同主持的27个“新丝绸之路”沿途国家外长参加的会议。然而在一系列的造势活动之后，收到的反响并不强烈。除了所谓“新丝绸之路战略”与“大中亚计划”面临的几个难以克服的共性障碍之外，中亚地区在美国整体南亚战略中所处的配角地位，决定了这一政策尽管经过了重新包装仍不能引起中亚国家的积极回应。如果说小布什时期对中亚地区的政策目标是保障阿富汗反恐军事行动顺利实施的话，奥巴马时期对中亚地区的政策目标则是配合阿富汗战争体面地结束和撤军行动安全顺利完成。从“大中亚计划”到“新丝绸之路战略”，建立统一的经济贸易区域也好、促进民主政治和公民社会形成也好，其核心目的仍是巩固10年阿富汗反恐战争成果，消灭地区极端主义势力和改造“不民主”政治的社会基础，两者具有同等重要的意义。其最终战略指向，仍然是以价值观外交原则的“道义制高点”，削弱俄罗斯在中亚地区的传统影响，使美国在地区的地缘政治博弈中占据优势。几个基本不变的要素包括：以阿富汗为中心，以交通、能源、贸易为主的网络，连接中亚与南亚的新地缘板块。同样，几个不变的困境包括：难以绕开的阿富汗结点，中亚各国对“民主、人权政治”的抵触心理，排除俄罗斯传统影响引起的地缘博弈。这也是美国在推动“新丝绸之路战略”时，遇到了与“大中亚计划”同样阻力的原因。[①]

在持续了近两个世纪的俄罗斯政治、经济、文化影响下，中亚地区形成了特殊的政治文化和经济结构。无论怎样从道义上评论这个历史过程，这种直到苏联解体依然顽强存在的影响力是无法回避的事实。源于唯一超级大国地位的自负，美国自然认为在中亚、南亚地区霸权地位不应受到挑战。但无视上述客观事实的

---

① 韩隽、郭沅鑫：“‘新丝绸之路愿景’——‘大中亚计划’的2011版?”,《新疆大学学报（哲学、人文社会科学版）》，2012年9月版，第95页。

结果，只能是人为改变这一地区的原有政治、经济生态和战略力量的平衡。当然，以促进中亚与南亚地区之间经济联系为目标的政策并非全无积极意义，关键在于其服务于地区战略力量角逐的大目标，很大程度上属于战略配合性的经济政策，其积极意义已被追求地区战略优势地位的利己主义色彩所淹没。至今，无论是“大中亚计划”还是“新丝绸之路战略”，实际上均已基本脱离了斯塔尔等美国学者的地区形势预测前提和推动中亚地缘政治格局多元发展的初衷，将原本潜在的美国地区利益诉求以不同版本稍加掩饰后又推到前台。促进地区经济合作与打造中亚、南亚一体化区域经济，越来越明显地体现出排斥非美国（或非西方）势力和促压中亚各国摆脱俄罗斯传统影响的政策目标取向。① 这种利己和实用的霸权性质地区战略影响了美国对中亚政治、经济形势发展的客观研判，最终取得事与愿违的结局也是意料之中的。

上海合作组织自贸区的困境

成立于2001年的上海合作组织对中亚地区的稳定与发展发挥了重要作用。特别是在地区各成员国安全合作方面，为了应对欧亚地区及全球范围内在21世纪初出现的极端主义思潮和恐怖主义活动，逐渐建立起边防、海关、内务（公安）、安全等部门间的对话与协作机制，使上海合作组织在地区安全形势最严峻的时期经受了考验，成为各成员国乃至欧亚地区其他国家公认的地区安全“稳定器”。同时，上海合作组织各原苏联成员国在经历了独立后制止经济下滑和恢复缓慢增长的最初艰难10年后，各自在选择经济发展道路和确立国家经济模式的过程中都取得了初步成

① 韩隽：“‘安集延事件’后美国中亚政策的调整及影响分析”，《新疆社会科学》，2008年第11期，第55页。

果。上海合作组织在经济领域中开展合作的趋势，有助于各成员国在这个组织成立后的5年中经济增长率基本稳定在6%—8%的平均水平上。[①] 但是，中亚各国社会经济的初步稳定毕竟是在较低水平的起点上。独立后健全国民经济体系的努力、从资源建国转向制造业和服务业全面发展、确立各自在地区和世界经济中的应有地位、畅通与周边国家和地区乃至世界经济的有机联系等方面，中亚各国社会经济建设要走的路还很漫长，需要克服的障碍和困难还很艰巨。

就顺利渡过独立初的关键性过渡期而言，中亚各国所处的地缘经济环境和由苏联时期继承的单一化产业格局，显然难以提供应有的充分条件和基本的自愈能力。也正是在这样的背景下，上海合作组织另一个广阔的合作空间被中亚各成员国看好。2001年9月，上海合作组织成员国第一次政府总理会议在阿拉木图召开。在这次总理会晤上，各国总理“全面讨论了上海合作组织发展和六国经贸合作问题，并就共同感兴趣的问题深入交换意见，一致认为，发展上海合作组织框架内的长期稳定的经贸合作关系符合各国和各国人民的根本利益”。[②] 出于对各国促进经济发展的迫切需求，在这次会议上各国总理签署了《上海合作组织成员国政府间关于开展区域经济合作的基本目标和方向及启动贸易和投资便利化进程的备忘录》。这是上海合作组织关于区域经济合作的第一份文件，首次在成员国政府首脑（国家总理）层面就开展本组织的贸易合作达成了初步共识。各成员国总理在这份文件中表示，“为启动上海合作组织框架内的经济合作开展了必要的工作”，“六国总理坚信，在经济全球化和区域经济一体化背景下，

① 李立凡：“论上海合作组织经济与贸易合作——兼论中国对推动上合组织经贸一体化的设想”，《世界经济研究》，2007年第4期，第79页。

② “上海合作组织成员国政府总理第一次会晤新闻公报”，《光明日报》，2001年9月15日，http://www.gmw.cn/01gmrb/2001－09/15/02－A2CB82C8F678185848256AC80006B20B.htm。

深化上海合作组织成员国多边经济合作，有利于各国经济的发展和增强组织的凝聚力”。[①] 在2003年9月第二次上海合作组织总理会晤上，各国总理进一步设定了开展合作的主要领域，具体指出“进一步加强贸易投资便利化是现阶段上海合作组织区域经济合作的主要任务，上海合作组织成员国将根据宪章的原则，在能源、信息、电信、环保和合理利用自然资源等领域采取措施促进多边合作，其中包括制定并实施在上述领域共同感兴趣的项目。与此同时，上海合作组织成员国将遵循多边经贸合作纲要中确定的区域经济合作的长期目标”。而且，各国总理还对进一步推动区域一体化的基础设施建设提出了设想，“主张上海合作组织成员国进一步加强在交通运输领域的合作，完善交通运输基础设施，协调过境运输政策，建立国际运输通道，并制定相关多边文件”[②]。这次上海合作组织总理会晤批准通过的《上海合作组织成员国多边经贸合作纲要》，就是这样性质的多边文件。到2004年9月在比什凯克召开的上海合作组织成员国第三次总理会议上，批准通过了《上海合作组织成员国多边经贸合作纲要落实措施计划》。这个措施计划了上海合作组织6个成员国在经济、科技、人文等重要领域的合作，包括了一百多个具体项目、课题和合作方向，并根据分阶段实施的原则确定了落实机制。上海合作组织成员国“将主要致力于逐步为商品、资本、服务和技术的自由流动提供条件，并为此制定必要的法律文件、协调相关立法”，[③] 初步推动成员国所在地区的区域经济一体化趋势已经呈现了出来。

---

① “上海合作组织成员国政府首脑（总理）会晤联合公报”，2003年9月23日，北京，中华人民共和国外交部，http：//www. fmprc. gov. cn/mfa _ chn/gjhdq _ 603914/gjhdqzz _ 609676/lhg_ 610734/zywj_ 610746/t26259. shtml。

② 同上。

③ “上海合作组织成员国政府首脑（总理）理事会联合公报”，2004年9月23日，比什凯克，中华人民共和国外交部，http：//www. fmprc. gov. cn/mfa_ chn/gjhdq_ 603914/gjhdqzz_ 609676/lhg_ 610734/zywj_ 610746/t162179. shtml。

针对中亚各国独立后经济恢复与发展的现实条件和已取得成就，这次上海合作组织总理会议提出要继续推进成员国“在油气开发、油气管道建设、石油化工、水电开发、矿产勘探开发以及其他领域的合作”。同时强调了加速基础设施建设的重要性和紧迫性，提出“开展交通合作、协调过境运输政策和建立国际运输通道十分重要”，并为此建议筹备上海合作组织成员国交通部长的杜尚别会议，到2005 年上半年前完成国际公路运输便利化多边协定的制定工作。[①] 至此，上海合作组织在中亚地区的经贸合作被推向更加具体和务实的阶段，加快在成员国所在的区域内实现贸易和投资便利化、自由化的呼声也越来越高，似乎实现上海合作组织框架下的区域经济一体化初级阶段——建立上海合作组织自由贸易区已接近水到渠成的程度。

由于上海合作组织成员国包含了文化传统、政治制度、意识形态、经济体制等方面差异性较大的欧亚六国，尤其是中国与俄罗斯、哈萨克斯坦、吉尔吉斯斯坦、乌兹别克斯坦、塔吉克斯坦 5 个原苏联国家之间，存在着政治文化和经济制度上的很大差异。近 70 年的苏联计划经济在上述 5 国之间留下了大量共同经济活动的基础设施和规则、程序、标准等软性资源，尽管苏联解体使这个统一的、高效联系的经济空间不复存在，但经过了独联体“和平分家”的“非一体化”阶段后，继续利用原有的经济联系和软硬件资源帮助独联体各国（尤其是处于破碎化经济链条中的原苏联小国）经济的“重新一体化”要求出现了。早在 1994 年，哈萨克斯坦、乌兹别克斯坦、吉尔吉斯斯坦就成立了“中亚经济联盟”，并签署了到 2000 年建立中亚地区统一经济空间的条约，提

① “上海合作组织成员国政府首脑（总理）理事会联合公报”，2004 年 9 月 23 日，比什凯克，中华人民共和国外交部，http：//www. fmprc. gov. cn/mfa_ chn/gjhdq_ 603914/gjhdqzz_ 609676/lhg_ 610734/zywj_ 610746/t162179. shtml。

出了取消关税壁垒、建立统一市场的目标。[①] 虽然同非独联体的中国发展贸易和经济合作自然也是中亚各国积极寻求的机会和方向，但与建立健全的多边合作制度性安排相比，启用原来苏联时即有的联通网络自然要现实得多。再加上俄罗斯对中国进入中亚市场的防范心理，上海合作组织内部关于推动区域贸易和经济便利化的进程一直阻力重重。而作为中亚各国的第一贸易大国，俄罗斯在经济、能源、运输等领域中的影响力至今不容忽视。这也就造成了上海合作组织成员国之间（尤其是中国与中亚各国之间）在经济贸易领域合作上双边成就突出、多边效果不显著的现象，同时还造成了上海合作组织经贸合作文件重复签署，从“备忘录”到“纲要”，再到“纲要的落实措施计划”，被各国学者忧称为“独联体化”趋势。

在这样的政治关系和经济联系条件下，建立上海合作组织成员国之间的经贸合作一体化，甚至建立上海合作组织“自由贸易区”的设想和建议遇到冷落显然也是十分正常的结果。与独联体范围内的各种经济合作组织和区域经济一体化方案相比，上海合作组织框架下的经济合作机制存在着一个最根本的区别，这就是中国因素在其中发挥重要作用。然而，中国是上海合作组织成员中唯一的非独联体国家，也就是说与其他成员国没有过同在苏联统一经济体制下共同生活的经历，因而也就不可能继承苏联经济遗留下来的畅通联系渠道和共同规则标准等可共享资源。尽管中亚各国在独立后积极推动国民经济门类和方向的多样化，与中国这样一个发展潜力、消费市场、增长空间均有着巨大前景和潜力的邻国开展经贸合作是中亚国家的重要选项之一，但是在与俄罗斯和独联体方向做了比较之后，后者的短期见效、已有条件、成本低廉等因素占了上风。另外，包括俄罗斯和多数中亚国家在内

① 李立凡：“论上海合作组织经济与贸易合作——兼论中国对推动上合组织经贸一体化的设想”，《世界经济研究》，2007 年第 4 期，第 80 页。

的上海合作组织成员国，独立后的经济恢复和社会发展都采取了资源富国战略。在实现这一发展战略的过程中，中国一直是重要的合作伙伴。中国的产业结构和经济发展模式与这些伙伴国家构成了明显的互补关系，并通过这种差异性和互补性关系前提下的合作，为各国的经济恢复做出了重要贡献，同时也为中国经济的发展注入了所需要的动力。但是，俄罗斯与中亚各国担心由此形成经济合作上的长期模式，成为中国经济发展的能源和原材料供应者，尤其担心在中国强大的制造业基础上，一旦上海合作组织自贸区建成，大量中国商品的涌入将冲击本国制造业的发展。有些中亚学者甚至认为，上海合作组织自贸区的建立将意味着原苏联国家间经贸合作的解体。①

对于上海合作组织开展区域经济合作的困境，中国学者和有关机构进行过比较系统的分析：一是成员国经济实力差距大，发展水平不一致，各国对合作前景不自信；二是区域内的共同投资规模小，各成员国对区域贸易的依存度低；三是各成员国对外投资能力弱，制约相互投资的发展，影响区域投资促进措施的效果；四是投资环境不理想，私人企业投资存在很大风险；五是各成员国对区域经济合作的一般原则和规则，特别是 WTO 多边贸易规则的认识存在很大偏差，影响其对区域经济合作目标和任务的理解；② 六是各成员国对区域经济合作的意愿的迫切程度和实际行动措施力度都不对等，各方推进贸易投资便利化的进程不

① 哈萨克斯坦总统战略研究所研究员瑟拉耶什金（Сыроешкин Константин Львович）于 2015 年 10 月 23、24 日在上海大学社会发展研究院和上海合作组织公共外交研究院与中国社会科学院俄罗斯东欧中亚研究所联合举办的“中国社会科学论坛—第四届中亚论坛”上表示，“上海合作组织自由贸易区的建立将意味着欧亚经济联盟的失败”。另外，与此前后瑟拉耶什金在他发表的一系列文章中也一再强调这一观点。如 2015 年 4 月 25 日，他在亚洲新闻网上撰文《Центральная Азия для Китая － источник ресурсов и дополнительная территория》，也强调了类似观点，参见：http：//www. news－asia. ru/view/ch/8615。

② 商务部欧洲司与国际贸易经济合作研究院联合课题组：“上海合作组织区域经济合作研究”，《俄罗斯东欧中亚研究》，2004 年第 1 期。

同；七是对经济领域合作的促进更多是来自政府层面的推动，基于市场经济规律的来自民间的参与积极性普遍不高；八是中国与上海合作组织其他成员国参与区域经济合作的关注焦点不同；九是中国和俄罗斯在上海合作组织区域经济合作中都占主导地位，但对建立怎样的合作机制上有分歧；[①] 十是双边合作多于多边合作，分散了区域经济合作的有限资源；十一是区域内各种经济组织存在各自层次不同的经济合作安排，经济合作重叠。而产生这些致命制约因素的原因，恰恰是上海合作组织的特征之一：平等协商的原则和包容多样性的原则。这些重要原则有效地吸引了带有极大差异性的国家走到了一起，也使这些重大领域中的差异性原封不动地保留下来，在有效务实合作的需求没有超越这些差异时，各成员国尚不能主动放弃这种具有自我保护意义的差异性原则，从而使这些阻碍经济贸易便利化和区域经济一体化的因素继续长期存在下去。

总体归结起来，以上海合作组织自由经济贸易区为初级形式的区域经济一体化方案难以推动的主要实现障碍有：首先，上海合作组织各成员国依据各自国情和形势而制定的不同经济发展战略，其中不乏相互掣肘，甚至以邻为壑的排他性政策；其次，上海合作组织各成员国基本均未被国际社会认可为市场经济国家，尽管个别国家因大国地区博弈原因被封为“市场经济国家”，但实质上并没有完成经济发展模式的初级转型；第三，上海合作组织成员国之间尚未形成区域经济合作的制度性保障，缺乏多边经济合作的法律基础，所以双边合作、单向交换、一案一则等情况在组织内盛行；第四，中国过于迫切地希望以平等参与者身份进入中亚地区的经济活动，而中亚成员国对中国合作意图、国家体制、经济体量的担心和戒备，严重妨碍着上海合作组织实施区域

① 李钢、刘华芹：“终极目标三步走——上海合作组织区域经济合作发展模式研究”，《国际贸易》，2002 年第 3 期，第 6 页。

经济一体化的脚步（我国内有学者认为，中国在大力推动上海合作组织自由贸易区建设时的一个重大失误就是，单纯地从经济利益来考虑，而且是有意无意地以中国的利益为出发点）。[①]

虽然各成员国元首和政府首脑都已经意识到上海合作组织经济合作朝着区域经济一体化方向发展是个必然趋势，也为此发出多次倡议并签署多份协议，但是当上述最主要的障碍没有消除、最基本的条件尚未确立时，通过上海合作组织自由贸易区实现中国、俄罗斯共同参与的中亚区域经济一体化只能是个美好愿望。对于上海合作组织经济合作的未来发展方向，实现区域经济一体化仍然是理想的努力目标。而朝着现实这个目标的努力却应从具体的领域着手进行。首先是通过一些对地区经济发展带来现实效果和长远意义的双边项目，促进实现区域经济一体化的条件更加趋于成熟；其次是扩大贸易本币结算，以促进区域经贸活动更加活跃、更加广泛的往来；第三是开展上海合作组织内的货币金融合作，促进上海合作组织各成员国金融机构间国际储备货币、国际融资方式、国际投资渠道多元化；第四是加速上海合作组织开发银行的组建工作，为未来的区域一体化所需要的各大基础设施建设搭建融资平台；第五是加强各成员国之间的投资合作，尤其是在互利的大型基础设施项目上的投资，扩大上海合作组织内部经济合作凝聚力。[②] 只有通过这些脚踏实地的努力和制度建设上的推进，避免脱离地区政治和经济实际情况的冒进，减少因一厢情愿的主观臆断，上海合作组织区域经济一体化所必需的条件才会逐渐成熟。另外，对于上海合作组织自由贸易区的成功启动恐怕还有一个必需条件，这就是一个成熟的时机。这个时机的标志

① 王维然：《中亚区域经济一体化研究》，知识产权出版社，2014 年 12 月版，第 165 页。

② 李新：“‘上合’组织经济合作十年：成就、挑战与前景”，《现代国际关系》，2011 年第 9 期。第 15 页。

是各成员国对上海合作组织框架内实现区域经济一体化的可行性和必要性的普遍认同。2015 年世界经济继续下行，受国际能源价格和原材料市场大宗商品价格下滑的影响，俄罗斯、哈萨克斯坦等欧亚经济联盟主要成员国经济受到严重打击。尤其受卢布贬值的连带性影响，哈萨克斯坦坚戈也遭遇“黑 8 月”的大幅度贬值。对此，哈萨克斯坦领导人选择区域经济一体化前景时纳入了更多可能性。12 月下旬，纳扎尔巴耶夫总统在欧亚经济委员会最高级别首脑扩大会议上表示，哈萨克斯坦将在其担任欧亚经济联盟轮值主席国期间，考虑上海合作组织共同打造自由贸易区的方案。[①] 这是否能成为中亚伙伴国家认可上海合作组织自贸区积极作用的转折点，还需要我们继续予以关注和期待。

从“关税同盟”到“欧亚联盟”的地缘政治考虑

苏联解体带来原来联盟内各国经济联系的断裂，是造成中亚各国独立初期经济困难的重要原因之一。为了应对和克服这一灾难性的经济环境巨变，原苏联各国对恢复过去的经济联系仍然抱有很高的幻想。1991 年 12 月，除波罗的海三国和格鲁吉亚之外的原苏联 11 个共和国领导人聚会哈萨克斯坦当时的首都阿拉木图，并发表了《阿拉木图宣言》。其内容确认由俄罗斯、乌克兰和白俄罗斯三国签署的独立国家联合体的宗旨和原则，宣布以“平等的创始国”身份参加独联体，还强调了各成员国将在形成和发展共同经济区域方面进行合作的意向。维持一个没有苏联统一主权的苏联时代经济协作模式，保留苏联时期统一经济空间的

① Казахстан в рамках своего председательства в ЕАЭС сделает все возможное для создания ЗСТ с ШОС – Назарбаев, 22. 12. 2015 interfax. by, http：//www. interfax. by/news/world/1197903.

联系、渠道、标准、程序等基本要素，其实是苏联解体时多数独立共和国积极加入独联体的迫切需求之一。但是时过境迁，在苏联解体后继续维持整个独联体范围各独立国家间传统的经济联系已经很不现实。在独联体不同的次区域中，几个地区特性比较接近和地缘条件相对便利的小国以“抱团取暖”的心态结成了若干经济合作组合。1994 年 4 月，哈萨克斯坦、乌兹别克斯坦、吉尔吉斯斯坦三国协商成立了“中亚经济联盟”，并签署了到 2000 年在中亚地区建立统一的经济空间的条约。为了达到这一阶段性目标，中亚三国同意采取彼此取消关税壁垒，实现商品、资本和劳动力的自由流动，协调各国的经济法规，在交通运输领域实行统一协调的制度，鼓励建立跨国合资企业等等措施。在原有的强大经济体系解体后，作为破碎部分的中亚各国希望重新聚合到一起的动机，基本是由一种“集体自救”的心理在发挥作用，还无暇仔细考虑对地区经济发展具有长远战略意义的一体化方案以及会对和实现这一方案将遇到的困难。①

然而，在对整个中亚甚至欧亚地区的一体化方向与合作前景并不清晰的情况下，这时的一些中亚国家领导人却也曾提出了一种更加宏大的构想。早在 1994 年 3 月，哈萨克斯坦总统纳扎尔巴耶夫在俄罗斯国立莫斯科大学演讲时，提出了在整个独联体地区建立“欧亚联盟”的倡议。这个倡议的思路是在独联体内由各主权国家通过不断加强的经济合作，形成越来越紧密的经济和政治上的联系，最终建立类似欧盟的地区性一体化国家组织。② 这是“欧亚联盟”这个概念第一次在苏联解体后出现（也有一说首先提出“欧亚联盟”的是乌兹别克斯坦总统卡里莫夫，但却未在文

① 李立凡：“论上海合作组织经济与贸易合作——兼论中国对推动上合组织经贸一体化的设想”，《世界经济研究》，2007 年第 4 期，第 80 页。

② 王郦久：“俄‘欧亚联盟’战略及其对中俄关系的影响”，《现代国际关系》，2012 年第 4 期，第 33 页。

字资料中找到出处），虽然当时并没有在独联体各国当中引起强烈的反响，也未在国际社会引起足够的关注，但现在当我们回顾这段历史的时候却不能不钦佩当年中亚各国领导人前瞻性的历史眼光和足够广阔的政治想象力。

就在“欧亚联盟”这一似乎过于遥远的倡议并没有在中亚地区产生应有的反响时，更加具体、更加现实的“中亚经济联盟”的影响力却在逐渐扩大。1994 年 4 月，哈萨克斯坦、吉尔吉斯斯坦、乌兹别克斯坦三国总统在吉尔吉斯伊塞克湖畔的乔尔蓬阿塔聚会，会后签署了建立统一经济空间条约。稍后不久三国元首又在哈萨克斯坦首都阿拉木图会晤，通过了一系列三国经济合作的具体文件。其中具有实际意义的内容包括：决定成立合资的“中亚合作与发展银行”和三国间政府委员会。这些跨国机构的成立，在松散的独联体内部尤其引人注目。因为，这些机构的建立意味着在区域一体化进程中具体领域里跨国协调能力的生成。1995 年 4 月，在哈、吉、乌三国总统的又一次会晤上通过了到 2000 年实现经济一体化纲要，并正式决定建立中亚联盟。到 1999 年，塔吉克斯坦也加入了中亚经济联盟。截至此时，三国间已经签署了 28 个具体的经济一体化协议。有中国学者认为，这些文件和协议在区域经济一体化的进程中完成了几个重要领域中的步骤：第一，交通运输领域的合作；第二，在合理使用自然资源方面的合作；第三，在金融领域中的合作；第四，三国企业间的合作；第五，在宏观经济政策、法规方面的协调。尽管通过这一系列条约和协议的签署消除了一些跨国经济合作的障碍，但此时中亚联盟经济一体化仍处于初级发展阶段，新成立的合作与发展银行和政府间委员会因国家关系等因素很难发挥有效协调作用，其经济合作无论是在深度上，还是在广度上，对各国经济发展的影响都还非常有限。[①]

中国学者的担心不无道理。首先，中亚国家在苏联时期就处在全联盟经济体系的边缘链条上，占有的经济资源自然算不上得天独厚。其次，地缘条件上的劣势——远离出海口，使中亚各国“能源富国”和“资源立国”战略的落实都一波三折。第三，中亚各国经济体量小，对外贸易额本来就不高，而且各国间经济互补性差，尤其是在能源、矿产等领域竞争性大于互补性。第四，更加严重的是，随着独立后中亚各国之间政治上的互信程度提升缓慢，原本须靠区域一体化解决的矛盾不仅没有缓解，反而在逐渐加深，例如：哈萨克斯坦与乌兹别克斯坦争当地区大国的矛盾；乌兹别克斯坦、土库曼斯坦、哈萨克斯坦与阿姆河和锡尔河上游国家塔吉克斯坦、吉尔吉斯斯坦在跨界水资源分配上的矛盾；在宗教极端主义渗透问题上哈萨克斯坦、乌兹别克斯坦、吉尔吉斯斯坦指责塔吉克斯坦、土库曼斯坦等阿富汗邻国不负责任引发的矛盾等等。这些致命的困难和障碍，使得中亚经济联盟成立后难有起色，签署的几十份条约和协议不能在经济合作中落实，已建立起的各级委员会（包括总统、总理、部长等各级会晤协调投机）处于“空转”状态。在这样的困境之下，中亚经济联盟成员国的元首们开始寻找突围路径。扩大区域经济一体化范围，尤其是将苏联时期处于相对优势经济地位的一些强大经济体拉入（或贴靠上）区域经济合作范畴内成为首选。

1996 年 3 月，俄罗斯、白俄罗斯、哈萨克斯坦、吉尔吉斯斯坦四国签署协议，决定成立“四国关税联盟”，旨在协调各国经济政策和贸易规则，加快区域经济一体化进程。1999 年 2 月，塔吉克斯坦也加入了这个联盟。2000 年 10 月，俄罗斯、白俄罗斯、哈萨克斯坦、吉尔吉斯斯坦、塔吉克斯坦五国签署条约，将关税

---

① 秦放鸣：“中亚经济联盟的进程与前景”，《东欧中亚研究》，1999 年版，第 4 期。

联盟改组为“欧亚经济共同体”。后来除了上述5个正式成员国外，又增加了亚美尼亚、摩尔多瓦、乌克兰三个观察员国。在此后近10年的时间里，欧亚经济共同体并无大的建树，区域内的经贸合作也没有突破性的增长。2010年1月，俄罗斯、白俄罗斯、哈萨克斯坦三国又在欧亚经济共同体框架内建立了新的关税同盟。7月，三国实现了统一的经贸空间，对外实行统一的关税。2011年7月，新关税同盟启动后，当年同盟内部贸易额同比高速增长达34%。可仅到第二年增势就难以继续保持，2012年3国内部贸易额同比增幅降至7.5%。2012年1月，俄罗斯、白俄罗斯、哈萨克斯坦三国成立了“欧亚经济委员会”，由俄罗斯工商部长赫列斯坚科担任这一跨国机构的主席。但这个机构的建立并没有止住同盟内的贸易额继续下滑，2013、2014两年分别继续下降5%和8%。[①] 2014年3月，欧亚经济共同体国家间委员会（国家元首级）会议在莫斯科召开，各国元首就进一步推动区域经济一体化进程等事关欧亚经济共同体发展方向的重大问题进行了深入探讨，签署了“关于欧亚经济共同体特权和豁免权公约”等文件，决定将在2015年1月1日前起草并签署“关于建立欧亚经济联盟的条约”。[②] 至此，欧亚经济联盟似乎已经走上了正常发展的轨道。

如果我们从1994年4月开始观察在中亚地区（后来扩展到欧亚地区）发生的区域经济一体化过程，无论是中亚经济联盟还是统一经济空间，也无论是关税联盟还是欧亚经济共同体，以及从2015年初开始正式运转的欧亚经济联盟，在这一时断时续、时强时弱的多年区域经济一体化进程中，始终都有这样几个重要的地

① Формирование Евразийского экономического союза: риски ишансы. Ежегодный доклад интеграционного клуба при председателе совета федерацииф едерального собрания Российской Федерации за 2014 год.

② 王郦久：“俄‘欧亚联盟’战略及其对中俄关系的影响”，《现代国际关系》，2012年第4期，第35页。

区性因素在发挥着作用。首先，从最初的中亚经济联盟到欧亚经济共同体，推动区域经济一体化的重要动机是摆脱各自的经济困境。中亚各国对经济合作的需要是确保最低目标的实现，虽然也提出了区域经济一体化的倡议，但并未经过全面的考量而制定细密的实施步骤和现实的目标，在很大程度上更多属于中亚国家独立初期扩大政治影响一种外交策略。其次，由于苏联解体时继承经济遗产总量的不均等，中亚各国可利用的基础设施极不完整，即使通过与几个经济体量相对雄厚的国家合作也难以弥补。而且国家关系上的新旧矛盾大大妨碍了经济合作效率，如乌兹别克斯坦就认为从一体化中得不到什么实惠而退出欧亚经济共同体（尽管乌兹别克斯坦方面的解释说不是退出欧亚经济共同体，而是中止以这个组织正式成员的身份参加活动）。在这样的背景下，对俄罗斯这个“后苏联空间”中最大、最完整经济体加入的需求上升。第三，俄罗斯和白俄罗斯的加入一方面推动了欧亚区域经济一体化的实质性进展，另一方面也改变了中亚国家建立中亚经济联盟和首倡建立欧亚联盟的初衷。虽然，中亚国家领导人在 1994 年首次提出建立“欧亚联盟”设想的时候也包含了重塑苏联地区（主要是中亚与俄罗斯地区）地缘政治板块的内涵，而且这一动机是朦胧的、含混的，是出于对失去了原苏联这个可依托、可借重的强大政治经济平台的补救心理，但是有一点却是十分明确的，那就是政治上的平等和经济上的互利原则。

在苏联解体后，原苏东地区受到西方一波又一波战略挤压。北约和欧盟的持续东扩让俄罗斯明显感到地缘政治和地缘经济上的压力，利用独联体各国对俄罗斯的需求拉住这些“苏联兄弟”小国，是 2010 年后俄罗斯在独联体内的主要政策，而激活欧亚经济共同体和建立新关税同盟是俄罗斯以积极态度对待欧亚地区经济一体化的转折点。之所以 2012 年后关税同盟内贸易额持续下滑也并没有影响俄罗斯对欧亚一体化进程的竭力推动，从政治上整合独联体内欧亚统一空间入手，扩大与西方战略博弈的地缘政治资源是普京更加长远的考虑。虽然普京已经明确表示，建立欧亚联盟不是为了恢复苏联，但是以此打造“多极世界中的一极”却是普京对国际社会的正式解释。[①] 然而这种意图还是引起了中亚各国及其他独联体国家的怀疑和戒备，担心俄罗斯在未来持续深化的一体化进程中诱迫他们将新获得的独立主权部分让渡。对于中亚及其他独联体国家来说，基于数世纪与俄罗斯打交道的经历，这种让渡哪怕仅仅是一小部分也是不能接受的。难怪有中国学者分析认为，俄罗斯在推进地区一体化的过程中“操之过急”。从 2010 年 1 月关税同盟起步到 2015 年 1 月欧亚经济联盟正式运行，5 年走完了欧洲联盟用 36 年形成统一市场的历程，难免出现名实不符、形式重于内容的歧路。[②]

世界历史上比较成功的区域经济一体化案例，一般都必须包含这样五个基本要素：一是要有一种具有吸引力的共同发展模式；二是要有一个或几个强大的经济体作为主要推动力量；三是各成员国比较接近的经济发展水平或发展要求；四是各国间基于经济类型差异性之上的明显经济互补性；五是政治上较高的互信程度。从这几个指标考察从中亚经济联盟到欧亚经济联盟的发展过程，这一区域一体化方案自身的先天不足基本就一目了然了。首先，欧亚经济共同体和关税同盟启用的基本是苏联时期联通网络和流通标准（为达到贸易保护目的有时也启用欧洲现行标准），是以保护原有旧式经济发展框架不被解体彻底摧毁的保守性重组，而不是为扩大经济空间和提升经济发展模式的开拓性合作。而且俄罗斯、吉尔吉斯斯坦（吉于 2015 年

① Путин В.，Новые интеграционый проект для Евразии – будущее，которое рождается сегодня.《Известия》02，октября，2011 г. с. 1.

② 李建民：“欧亚经济联盟面临的困难于挑战”，《欧亚经济》，2015 年第 3 期。

8月正式加入欧亚经济联盟）是世界贸易组织（WTO）成员，哈萨克斯坦也正在进行加入世贸组织的谈判。2010年7月，俄、白、哈关税同盟决定实行统一关税，各国关税与俄罗斯拉平。一年后又将俄罗斯实行的贸易救济措施推广到同盟全境，用各种技术检验标准和海关通关程序筑起隐性非关税壁垒。[①] 无论是关税壁垒还是非关税壁垒，其贸易保护主义的倾向都是与世界贸易组织的开放性原则背道而驰的。从长远看，这个一体化的基本模式是不具有吸引力的。其次，从1996年建立俄、白、哈、吉关税联盟开始，俄罗斯就被看作不可替代的“盟主”。尽管作为“盟主”的俄罗斯直到2010年后才积极主动地操持起来，但在各国眼中俄罗斯的核心作用还是不可替代的。乌克兰危机后，俄罗斯面临油价暴跌和西方制裁的双重打压，卢布危机很快使哈萨克斯坦和其他欧亚经济联盟伙伴也陷入金融困境，白俄罗斯、亚美尼亚、吉尔吉斯斯坦都受到不同程度的影响。尤其是俄罗斯强收克里米亚极大挑战了当今国际秩序，美欧大国势必持续开展对俄罗斯的政治打压、军事围堵和经济制裁，俄罗斯经济发展将在较长一个时期处于困境之中。作为欧亚经济联盟的火车头，俄罗斯的经济困境也必然影响欧亚经济联盟的发展。寄希望于俄罗斯经济带动的吉尔吉斯斯坦、塔吉克斯坦、亚美尼亚等“搭车小国”，在欧亚经济联盟中若长期得不到实惠，必然会对俄罗斯主导的区域经济一体化方案失去兴趣。第三，由中亚国家率先发起的区域经济一体化进程有俄罗斯、白俄罗斯（后还曾竭力拉乌克兰入盟，甚至还以优惠天然气价格等条件施压，但由于乌克兰特定的地缘政治环境，即使是在

① 李欣、段秀芳、许云霞：“俄白哈关税同盟与中国贸易发展”，《商业研究》，2012年第12期，第196页。

亚努科维奇时也不愿放弃既依靠俄罗斯又联系欧盟的多边选择权）[①] 加入后，带来的重大变化之一就是参加合作的成员国经济体量出现极大的不均衡。关税同盟的三个主要国家俄罗斯、白俄罗斯、哈萨克斯坦在欧亚经济联盟 GDP 总量中所占比重分别为 86.1 %、4.2 %、9.2 %，在统一经贸区域内部贸易额占各国对外贸易总额的比重分别为 6.9 %、43.9 %、18.5 %。[②] 按照以参与共同贸易空间份额大小分配权力、义务和利润的原则，这种已经显现出来的不均衡为欧亚经济联盟的发展留下隐患。第四，欧亚经济联盟各成员国国内经济长期以能源和资源生产为基础，制造业一直不发达。多数国家（包括俄罗斯、哈萨克斯坦等）对外贸易的出口商品中，低附加值的能源和资源类产品长期占据主要份额，进口商品中又多以机电产品为主。这就说明了无论是在关税同盟范围内还是在欧亚经济联盟内，成员国之间产品和市场互补性的缺失将导致这一区域经济一体化进程持续发展的动力不足。第五，从 1994 年纳扎尔巴耶夫等中亚领导人首次倡议，到 2011 年俄罗斯接过这一口号推动更高层次的地区一体化组织，欧亚联盟被赋予了更多的地缘政治内涵。以普京名义发表的纲领性文章“欧亚一体化新方案——未来诞生于今日”指出，“成立关税同盟和统一经济空间，为将来形成欧亚经济联盟奠定基础”，随后“过渡到更密切地协调经济和货币政策”，再“通过不断合并现有组织逐渐建成欧亚联盟”。[③] 以俄罗斯对这一长远的地区一体化进程的主观设计来看，地缘政治目标将超越地区经济利益。

① 亚努科维奇在 2012 年曾向媒体表示，乌克兰可以与关税同盟和欧亚经济共同体寻找某种合作的途径，但是这种合作绝不能与乌克兰同欧盟的合作相冲突，参见：Янукович божится，что Таможеный соююз не встанет между Украиной и ЕС. 02 апреля 2012，http：//podmbnjsti. ua/power/2012/04/02/829251. html。

② 李建民：“欧亚经济联盟面临的困难于挑战”，《欧亚经济》，2015 年第 3 期。

③ Путин В. В.：Новый интеграционный проект для Евразии – будущее，которое рождается сегодня.《Известия》，02，октября，2011 г. с. 1.

而中亚及其他独联体国家对俄罗斯“恢复苏联”的“帝国野心”的防范，也将随着一体化程度的提高而加重。同时，中亚及独联体地区地缘政治发展越来越表现出多元化的趋势，各成员国的经济发展模式和利益取向也势必继续多元化，这与普京希望通过“合并现有组织”形成政治、经济高度一体化的欧亚联盟也将是背道而驰。

全球化语境下的中亚区域一体化前景

尽管不变的地理环境决定了中亚地区长期远离世界政治和经济中心的历史，但随着人类活动能力的不断提高，从18、19世纪开始，这一地区就成为世界大国关注的区域。俄罗斯帝国吞并中亚各汗国后，欧洲文明辗转进入这个相对封闭的欧亚大陆腹地。从20世纪初开始的苏维埃俄国政权在中亚建立到苏联解体，俄罗斯继续担当着中亚地区现代化的推动者和主导者。但由于意识形态上的对立，中亚地区又和苏联各共和国一并，与世界政治和经济发展主流在相互隔绝、相互对立的状态下发展了半个多世纪。冷战结束后，中亚各国面临着必须选择独立发展的路径却又不具备独立发展能力的窘境。苏联时期形成的联盟经济格局成为了中亚各国经济独立发展的桎梏，单一的经济体系和断裂的经济联系阻碍着他们作为一个能动的独立经济体积极投入世界经济的大循环中。而中亚及独联体各国在独立后苦苦探寻各自经济发展路径的时候，又恰逢经济全球化浪潮席卷欧亚大陆。

二战后全球贸易和金融投资的迅速发展，使世界各经济体之间的相互依存程度和多边贸易水平快速发展提升，并建立了一些基础性的制度化安排。经济全球化成为世界经济发展的当今趋势，同时也带动了建立在地区经济合作基础上的区域经济一体化。通过参与区域经济一体化实现各国经济政策与世界接轨，促进对外开放和对内产业结构调整，不仅成为世界各国面对经济全球化时的重要选择，而且也与经济全球化一起成为当今世界经济发展的基本趋势之一。从20世纪60年代开始，全世界已有19个区域经济一体化组织。到90年代，全球区域经济一体化组织达到了100多个。在全球各种区域经济一体化组织中，最大的三个是欧洲联盟、北美自由贸易区和亚太经济合作组织。这三大组织经过几十年的发展，拥有着全世界4/5的GDP和4/5以上的国际贸易。

与中亚国家一样，世界上多数发展中国家、转型国家及新兴经济体对经济全球化的评估并非全是正面的，因而态度也并非全是积极的。他们中的大多数仍然担心这种发展趋势将更加有利于发达国家，而全球化资源支配上的不均衡会导致各经济体之间的贫富差距扩大。因此，区域经济一体化相对更易于为多数发展中国家和转型国家所接受。同时，参与区域经济一体化，也被作为应对经济全球化可能带来风险的一种选择。从中亚经济联盟到欧亚经济联盟，中亚国家在区域经济一体化的道路上走过了十分不平坦的道路，也经历了相当艰难的选择。从新世纪开始，中亚区域经济一体化的轨道被纳入到俄罗斯主导的独联体发展框架之内。尽管欧亚经济联盟正在步入一个尴尬的境地，但囿于中亚各国地缘经济环境和苏联解体时遗留的不完整经济体系，区域经济一体化的道路哪怕再艰难、再曲折也将是中亚各国必须坚持下去的不二选择。

就现在中亚地区的政治、经济形势和国家关系条件（包括本地区内的各国间关系及与域外相关国家关系），对现有模式和组合的区域经济一体化方案评估结果不一，而且多数并不乐观。将各种不同的观点归纳起来，大概不外乎三种预测：一是看好俄罗斯在独联体地区的政治影响力和经济整合能力，而且乐观地相信乌克兰危机后的西方经济制裁、能源价格下跌、金融货币危机不会给俄罗斯带来伤筋动骨的打击，白俄罗斯、哈萨克斯坦、吉尔吉斯斯坦、塔吉克斯坦在俄罗斯主导下建立起的经济联盟内提供了足够的市场，将使各国通过传统的渠道和路径实现商品、资本、人员、技术自由流通，由此逐步建立起区域经济一体化的统一市场，并吸引更多的独联体国家（甚至包括越南、印度、土耳其等非独联体国家）加盟。二是认为在西方越来越严厉制裁和政治上全面围堵面前，俄罗斯从此一蹶不振，起码在相当长时期内无暇外顾，因此在欧亚经济联盟的巩固和向欧亚联盟政治一体化的升级中很难发挥轴心的作用。同时，中亚及独联体各国无非希望在建立共同经济空间中得到经济利益上的实惠，在本国经济发展尚未完成与国际市场接轨的升级换代时，为盘活国内经济不得不进行的商品、人员的输出以及其他经济要素的置换，在独联体内部即可有效进行，而进一步以让渡主权为代价的政治一体化却是万万不能接受的。这是部分中亚及独联体国家参与的区域经济一体化进程不可能解决的两道难题，随着这两个实质性问题在欧亚经济联盟的今后经济合作中越来越突出，统一经济空间也好，关税同盟也好，欧亚经济联盟也好，这一区域经济一体化方案的失败是不可避免的。三是在通盘考虑欧亚地区的政治经济发展前景的基础上，把欧亚区域经济一体化看作一个不断调整发展方向、更新内部力量、变换合作模式的灵活进程，根据地区成员的利益关切和发展需要拓展合作领域，将提高成员国社会经济水平和人民生活福祉作为现实目标，避免急切的政治一体化原则约束，创造以自由贸易区为中心的具有吸引力的共同市场，培养和疏导成员国与国际市场接轨和全球化意识，由点到面、由局部到全局地逐渐形成欧亚区域经济一体化的基本框架。

2015 年，欧亚经济联盟的启动意味着欧亚经济一体化已被纳入世界经济多极化这一全球性的议事日程。这是一个长远的地区性制度安排过程，成功的道路只能在不断探索和调整中曲折进行。而且由于中亚地区地缘政治因素的复杂性，出现徘徊、反复、甚至倒退都是意料之中的情形。但是这条路必定会有多数国家愿意走下去，而且随着初期与局部的成功会对更多的国家产生吸引力。因为，这是中亚国家摆脱苏联解体造成经济联系断裂影响和避免在世界经济全球化浪潮中被边缘化的唯一出路。但就目前而言，破解欧亚经济联盟遭遇的困境，推动欧亚区域经济一体化进入良性发展的轨道，吸引中亚国家继续按照这个区域经济一体化的脚本走下去，这样几方面的要素是必需具备的：

首先，要以更加开放性的心态设定区域经济一体化的发展方向。到2015年，已有大约40个国家和组织正式表达了愿意与欧亚经济联盟建立自贸区的意向，其中包括越南、新西兰、以色列、叙利亚、马其顿、欧洲自由贸易协会中的非欧盟国家冰岛、列支敦士登、挪威和瑞典等等。甚至更早一些时候，印度、越南、土耳其还表示有兴趣加入俄罗斯、白俄罗斯、哈萨克斯坦的关税同盟。这些对欧亚经济联盟的发展虽是利好消息，但俄罗斯等欧亚经济联盟成员国并没有对此做出积极反应。有专家分析认为，主要原因是由于欧亚经济联盟各成员国经济和出口结构多以资源型产品为主，担心在自由贸易协定贸易自由化原则下，区域合作内部市场难以承受区域外部商品的冲击。为此欧亚经济联盟的自由贸易区谈判必须积极主动开展，在拓展广阔经济活动空间的同时，维持本区域的集体经济权益。[①] 同时，通过基础设施的互联互通建设，与“丝绸之路经济带”对接。中国领导人于2013年正式提出构建“丝绸之路经济带”的重大倡议后，欧亚经济联盟各国多数反应消极。首先是推动国俄罗斯方面担心“丝绸之路经济带”是中国版的区域经济一体化安排，以中国的经济体量和

① 李建民：“欧亚经济联盟面临的困难于挑战”，《欧亚经济》，2015年第3期。

发展速度足以对欧亚经济联盟的发展前景构成挑战。尤其在中国倡导建立亚洲基础设施投资银行时，俄罗斯表现出了更加的犹豫不决。经过中国领导人多方做工作，俄罗斯上层逐渐对“丝绸之路经济带”建设持谨慎接受态度。2015 年 5 月，中国国家主席习近平在莫斯科参加纪念反法西斯战争胜利 70 周年活动时，与普京总统签署了《中华人民共和国与俄罗斯联邦关于丝绸之路经济带建设和欧亚经济联盟建设对接合作的联合声明》。[①] 在经济全球化的市场规则下，任何一个区域经济一体化的制度建设都不应是排他性的。尽管欧亚经济联盟与“丝绸之路经济带”的对接在操作层面仍然存在很多问题，但这种开放性立场的确立将给欧亚经济联盟的发展带来生机。

其次，要以更加包容性的襟怀吸引不同特色的国家和组织参与。面对西方制裁的力度不断加大、能源市场价格持续下跌、北约在东欧施加军事压力等一系列愈演愈烈的安全挑战，俄罗斯在政治、经济、军事上不融入西方体系的决心越来越坚定。正式启动欧亚经济联盟即有固守原苏联地区强化非西方经济区域的意图，也有通过经济、政治、文化传统联系拓展广泛外交空间的打算。从这层意义上看，欧亚经济联盟对外开展与上海合作组织和“金砖国家”的合作在当前自然是首选。这不仅是因为欧亚经济联盟与上海合作组织的成员国大多数是双重角色，如俄罗斯、哈萨克斯坦、吉尔吉斯斯坦、塔吉克斯坦等，两个组织所覆盖的地区也大部分重叠，而且在经济合作的功能上也有许多重合，在经贸和金融领域中的长期合作已经促使较成熟的多边和双边机制形成。尤其在双边层面上，俄罗斯与哈萨克斯坦、俄罗斯与中国、哈萨克斯坦与中国、白俄罗斯与中国等，均已在本币结算等方面

① 中央人民政府网：“中华人民共和国与俄罗斯联邦关于丝绸之路经济带建设和欧亚经济联盟建设对接合作的联合声明（全文）”，2015 年 5 月 9 日，http：//www. gov. cn/xinwen/2015 -05/09/content_ 2859384. htm。

进行着尝试并取得进展。多边层面的合作也在推动中，如哈萨克斯坦明确提出在上海合作组织国家采用本币相互结算。俄罗斯持续推动欧亚经济联盟的货币联盟建设，中国积极倡议建立上海合作组织开发银行，在功能上的优势互补和重合领域中如何避免竞争，将是这两个组织应研究解决的问题。欧亚经济联盟与“金砖国家”的合作也有广阔空间，站在新兴经济体的共同立场上，着眼于经济全球化倡导建立多极化的世界经济和金融体系，可为欧亚经济联盟争取更广泛盟友和伙伴。2015 年 7 月，俄罗斯担任上海合作组织和“金砖国家”双峰会的轮值主席国，普京总统充分利用乌法“主场外交”机会，为欧亚经济联盟的发展创造条件。

第三，要以更加创新性的视野拓展广阔的合作领域和多样的合作方式。欧亚经济联盟成员国在经济结构和产业特色上重合度较高，以创新的精神发展联盟内的合作，开辟新的合作领域和合作方式是赋予区域合作经济活力的重要途径。欧亚经济联盟成员国中农业经济条件优越的占大多数，俄罗斯、哈萨克斯坦、白俄罗斯、吉尔吉斯斯坦等国农业经济都占很大比重。通过国家间合作深化农业领域中产业结构优化，对整个区域经济发展意义重大。在欧亚经济联盟框架下，推行共同的农业政策，协调粮食等农产品的生产与贸易平衡发展，以共同农业市场准入制度建立公平竞争平台，规范粮食等农产品流通标准，保护和提高联盟内成员国农业经济竞争力，为对外开展农业合作提供制度保障。以石油、天然气、电力为主的能源经济是欧亚经济联盟的传统合作领域，目前在这一领域中的合作亟需发掘潜力和升级换代。世界能源市场不景气，促使世界能源格局深入调整。国际能源价格大幅跳水，也迫使俄罗斯、哈萨克斯坦等油气生产大国重新定位在世界能源格局中的位置。欧亚经济联盟区域内的能源合作，为各能源输出国适应这一全球性变化提供了缓冲空间和时间。欧亚经济联盟将于 2019 年前建立统一的电力市场，2025 年前建立统一的石油、天然气市场，以区域内的供求增长缓解国际压力，既有利于能源经济平稳过渡，也有利于欧亚经济联盟内市场的成熟。另外，推出欧亚经济联盟共同的能源发展战略和能源合作政策，对外积极拓展更广泛的能源外交，立足欧亚，面向亚太，兼顾上下游产业，联动进出口市场，将有利于提升欧亚经济联盟在能源经济上的整体竞争力。

中亚地区各国积极参与不同方向、不同组合的区域经济一体化方案，不仅体现了地区内经济发展对区域性合作的强烈需求，也体现出了中亚地区独立后近 25 年来地缘政治格局发展的多元化趋势。通过建立互信基础上的协调机制和互利基础上的合作模式，现实经济发展的区域一体化，是中亚地区各国避免在全球化浪潮被世界经济边缘化的必由之路。同时，中亚地区各国利益上的分歧、自然资源上的差异、发展道路上的不同，以及大国博弈的分化作用，都将使任何一种区域经济一体化方案的实施困难重重。中亚地区一体化的前景也如同地区的地缘属性一样，在纠结与徘徊中生成，在曲折与反复中发展。这一必然的趋势和不确定的过程，也为中亚地区的政治和经济形势发展方向增加了变数，成为中亚地缘政治格局重组和变化的又一重要条件。

第八章　非传统安全因素的地缘政治影响

“民族大熔炉”还是“民族火药桶”？

中亚地区处于世界欧、亚、非三大地理板块和中国、古印度、古埃及、古巴比伦四大文明古国，以及基督教、伊斯兰教、佛教三大宗教地区的中间地带，独特的地缘特性注定了这一地区受到不同民族在政治上和文化上不断塑造的命运。同时，远离周边强大文明的封闭性，又使中亚地区长期保持着相对独立的文化发展环境，游牧的生存状态在中亚各民族中长期保留。美国学者丹尼斯·塞诺（Denis Sinor）认为，“中央欧亚的历史就是一部蛮族的历史”，而蛮族注定要被它所征服的更高级的文化所征服。[①]这一历史逻辑曾经在罗马帝国的历史和中华帝国的历史上得到印证，中亚的文明发展史也再一次印证了这一规律。希腊—马其顿、波斯帝国、匈奴帝国、突厥汗国、阿拉伯帝国、蒙古汗国、俄罗斯沙皇、大英帝国等等，无数次的民族征服过程不仅充斥着杀戮、劫掠、占领，也贯穿着结盟、联姻、融合。这样复杂的历

① ［美］丹尼斯·塞诺：《丹尼斯·塞诺内亚研究文选》，北京大学历史系民族史教研室译，中华书局，2006年10月版，第3页。

史过程使中亚成为世界上民族成份最复杂和民族问题最严重的地区之一，也奠定了这个地区安全格局中又一种重要地缘因素的地位。

近代中亚地区民族人口分布和民族关系格局的基本定型，应该追溯到察合台蒙古汗国后裔帖木儿帝国的解体。帖木儿帝国强盛时期曾经以撒马尔罕为中心地跨亚、欧、非三大洲，版图从德里到大马士革、从咸海到波斯湾。这样一个靠军事、政治强势征服建立的强大权力中心，在文化上的影响也极其深远。16 世纪初，成吉思汗长子术赤的金帐汗国后裔昔班尼汗率领追随他的部落联盟自称“月即别人”（即乌兹别克人），攻占布哈拉和撒马尔罕后建立了乌兹别克汗国。帖木儿的五世孙巴布尔逃往印度，帖木儿帝国从此分裂。这样一个曾经存在了 130 多年的强大帝国，在它强势统治和悉心经营的广大疆域上解体（尤其是在它统治的以撒马尔罕为中心的中亚地区），这一重大事件的地缘政治影响并不亚于这个帝国的建立。帖木儿帝国的分裂对中亚地缘格局变化带来的直接后果，一是乌兹别克汗国确立了在中亚河中地区的统治地位，随后哈萨克人又从乌兹别克部族中分裂出来，后来的中亚地区两支重要的民族共同体开始形成；二是原来受制于帖木儿帝国的卫拉特蒙古分裂为准噶尔、和硕特、土尔扈特、杜尔伯特四部，其中准噶尔部逐渐强盛，为其后来在中亚地区建立强势统治和俄罗斯势力借机进入中亚地区埋下了伏笔；三是奥斯曼土耳其趁机崛起，摆脱了帖木儿帝国强大政治压强的土耳其苏丹借助于地处欧亚结合部的地缘优势，与西进和南下的英、俄殖民势力开始对抗，尤其与沙皇俄国在里海以西到黑海的高加索、克里米亚、东南欧地区展开争夺，并发生了持续 240 多年的俄土战争，由此形成对俄罗斯的牵制作用，间接地影响了中亚地区民族格局的形成。

此后发生的准噶尔部在中亚建立汗国和俄罗斯征服中亚两个

重要的历史事件，可以视为帖木儿帝国解体后初步形成的中亚民族分布格局最终定型。失去帖木儿帝国制约的卫拉特蒙古中势力最强的准噶尔部迅速膨胀，在统一了和硕特、土尔扈特、杜尔伯特三部后，于17世纪中叶建立了准噶尔汗国。在准噶尔汗国最强盛的噶尔丹策零统治时期（17世纪末至18世纪中），其势力范围包括蒙古高原西部、今天的乌兹别克斯坦、哈萨克斯坦、新疆、青海、阿富汗等广大地区，统治下的人口达到五百余万。在这一时期中，除了准噶尔、土尔扈特等蒙古各部的主动迁徙和塔里木盆地农业人口被动迁往伊犁、七河地区外，留下更重大影响的是藏传佛教在中亚地区的推广。虽然仅仅一个世纪的准噶尔汗国统治和几乎不间断的内外征战，使藏传佛教在中亚地区并没有留下区域性的和全民性的影响（除蒙古族外），但这却是中亚地区完成所谓“突厥化”（тюркизация，Turkification，这一西方学者创立的概念中包括了中亚民族接受伊斯兰教的过程）[①] 后，第一次大规模的非伊斯兰教文化在中亚地区广泛传播，这一历史过程强化了中亚地区宗教文化的多元性特征。

接下来从18世纪初到19世纪末俄罗斯对中亚地区的全面征服，产生的社会性影响却是强势的、全面的、系统的。这种影响对中亚地区近现代民族格局变化产生的深刻作用，主要体现在以下几方面。首先是斯拉夫民族人口的大量迁入，这一移民过程是与俄罗斯对中亚地区的军事征服同步进行的。这是俄罗斯民族国家安全观的历史体现，其高峰期从19世纪末持续到20世纪初。在这场近半个世纪的大规模移民行动中，沙俄当局有计划地向当时刚刚占领的西伯利亚、外高加索、中亚、克里米亚等边疆区迁徙了900多万人，其中迁往中亚地区的达162.92万，占当时俄罗斯向各边疆区发送移民总数的18%以上。这一措施的直接后果是

① 王治来：“论中亚的突厥化与伊斯兰化”，《西域研究》，1997年第4期。

中亚民族人口结构的重大改变：1870 年时，中亚北部的哈萨克族人口占72.86%，俄罗斯等斯拉夫民族人口仅占24.86%，到1919年时，中亚北部哈萨克族人口的比重降至43.27%，而俄罗斯和乌克兰人口升至56.71%。[①] 第二是东正教文化的传入，这对中亚地区传统的宗教文化构成产生了强大冲击。同样，这一过程也是与沙俄对中亚军事征服同时发生的。从18 世纪上半叶开始，沙俄政府改变了原来沿伏尔加河进入里海登陆东岸进入中亚的策略，开始从哈萨克草原北部建立奥伦堡—乌斯季卡缅诺戈尔斯克要塞线，进而向草原腹地步步推进。伴随着一处处城堡、要塞的建立，最早一批东正教堂也开始出现在中亚地区。到19 世纪40 年代，被沙俄作为"国教"的东正教在殖民当局有组织地安排下，于塞米巴拉金斯克、乌斯季卡缅诺戈尔斯克、彼得罗巴夫斯克等城市正式开设了教区（如哈萨克草原西部设立了奥伦堡主教区，草原东部设立了托木斯克主教区）。[②] 在后来的苏俄政权和苏联共和国时期，对包括东正教、伊斯兰教在内的宗教政策曾发生多次起伏，中亚地区的宗教文化与民族社会政治构成了复杂的共生关系。到中亚各国独立为止，统一的宗教文化并没有在中亚地区形成。东正教作为非主流宗教虽没有产生全局性的影响，但由于其历史存在却强化了中亚地区多元宗教文化的特点。第三是沙俄在中亚地区推行的民族政策产生的制度性影响，在中亚民族关系中留下了深刻的印迹。虽然沙俄进入中亚初期与后期所采取的民族政策不同，但前后几乎都包含了这样几种基本要素：1. 以强大的军事征服为后盾；2. 民族文化上以俄语和东正教为中心的斯拉夫化；3. 以分化、弱化各民族聚合力为目标的区别性政策。这些沙文主义特征明显的民族政策在"十月革命"后以另外一种政治文化形式出现，而同样的内容却继续加剧了中亚民族关系的复

---

① 孟楠：《俄国统治中亚政策研究》，新疆大学出版社，2000 年7 月版，第155 页。

② 萧净宇："俄罗斯东正教在中亚五国"，《俄罗斯研究》，2009 年第6 期。

杂性。

有中国学者从地缘政治视角概括了18、19世纪俄罗斯帝国征服中亚的民族关系意义："民族沙文主义对地缘政治的影响表现在一个比较强大的民族为满足自身侵略扩张和安全利益的需要，以本民族利益和所处地理位置作为制定地缘政治战略的主要依据。从18世纪初期开始，沙皇俄国对中亚的侵略、控制和占领可谓研究民族沙文主义对地缘政治战略产生影响的一个较为典型的'范例'"。[①] 的确，沙俄对中亚地区的征服引起的民族关系变化堪称帝国殖民时代的世界民族史典型"范例"。同样可以看作"典范"的，还有在这场深刻变化里中亚各民族发展路径的更改。这一影响在近代中亚地区体现在两个方面。一方面，经历了不断被干预、被中断、被变异的中亚各民族发展进程，基本都没有机会和条件完成各自民族精神和民族文化意义上的民族自觉。哈萨克、乌兹别克、吉尔吉斯等主要民族在18、19世纪时或仍处于居无定所的游牧状态，或处于彼此分散和相互独立的绿洲农业经济中，这首先就在主观上弱化了建立政治、经济和文化上统一民族国家的需求。强盛一时的哈萨克汗国最终分裂，乌兹别克人形成浩罕、希瓦、布哈拉几个汗（艾米尔）国，吉尔吉斯人被地理分割为实际上互不统属的南北部落联盟，就是这一时期中亚各民族自身状态的真实写照。世界各民族实现自觉都是首先在精英层开始的，而在本民族文化凝聚力处于低谷的时代，这一民族的自觉过程往往要借助于周边更发达的民族文化来培育自己的民族精英。正是在这样的历史背景下，强势进入的俄罗斯文化参与进了中亚各民族实现自觉的过程。对此，国内外学者评价不一。其实，判断它是否具有积极意义并不重要，重要的是它是一个客观存在的历史过程。另一方面，在中亚各民族精英竭力进行着不可

① 李淑云："地缘政治与中亚五国民族问题"，《俄罗斯东欧中亚研究》，2005年第4期。

能独自完成的民族自觉过程时，他们看到了扑面而来的俄罗斯文化吞噬本民族传统的可怕前景。这种压迫感和危机感对于正在形成的近代中亚民族是前所未有的，因为中亚各民族对建立在先进生产方式和文明生活方式基础上的俄罗斯文化正以一种不自觉的、主动的、不可抗拒的方式接受着。于是，由另一个极端的视角，出现了一种内生性的民族自觉路径，“泛突厥主义”思潮应运而生。其实，中亚地区出现的“泛突厥主义”思潮也恰恰适用于上述观点，即：本民族不具备完成民族自觉的社会条件时，往往会借助于周边民族（或文化传统接近的民族）精英层中产生的思想。“泛突厥主义”生产于克里米亚鞑靼学者伽斯普林斯基，后被中亚各民族精英接受、推广，以至成为沙俄中亚殖民当局乃至后来的苏维埃俄国和苏联必须认真对待的社会思潮，如此发生的文化反弹过程恐怕也应看作一个典型“范例”了。

20 世纪 20 年代俄罗斯共产党（布尔什维克）中央为建立苏联在中亚等边疆地区实行民族划界，以化整为零、分而治之的思路瓦解了“泛突厥主义”者制造出来的虚幻“超国家突厥民族共同体”。但是，也于此同时陷入了另一个人为制造出来的民族关系“魔咒”。以至于苏联解体的根本原动力虽然并非来自于联盟民族关系的恶化，但当年民族划界潦草“创造”出的民族国家却成了苏维埃国家联盟分裂的政策和法律依据。

苏联的解体成为近代世界民族史上的第三次民族主义浪潮的主要动力之一。独立后的各民族国家间和国内各民族间的关系，成为独联体地区（尤其是中亚、高加索地区）影响安全与稳定的主要社会因素。有人甚至将苏联解体后的中亚地区民族关系形势与前南斯拉夫地区和中东地区相提并论，将中亚地区视为因民族关系紧张而面临潜在安全危机的“民族火药桶”。[①] 诚然，独立后

① 李琪：“中亚的民族关系与地区安全”，《中国边疆史地研究》，2007 年 2 期。

中亚各国从苏联继承了过于沉重的民族关系遗产，人口有1700万的哈萨克斯坦有140个民族，人口已达3100万的乌兹别克斯坦有134个民族，人口只有560多万的吉尔吉斯斯坦有90多个民族，人口810万的塔吉克斯坦有86个民族，就连人口仅有680多万的土库曼斯坦也有120多个民族。[①] 这些于20世纪20年代建立苏联时进行民族划界而人为产生出来的数字，尽管已有众多学者质疑其科学性，但接近一个世纪的即成事实已经长期强化了各民族的政治意识和文化心理。

的确，自苏联解体以来，中亚地区因国内和国家间民族关系发生的大小冲突不计其数，但包括2010年发生的奥什事件在内的民族冲突，基本被控制在一国或局部的范围内，至今尚未发生导致国家间民族仇杀和地区性骚乱的大规模冲突。这主要因为：一是多数中亚民族之间在共同的民族发展历史中已经形成了太多的共性因素，如共同的语言、共同的宗教、共同的习俗等等，交流与共处的条件相对成熟；二是独立后的中亚各民族国家高层在建国后很快就形成了共识（这种共识多是在经历了惨痛教训后形成的），将各国民族主义思潮严格控制在保障国家政治安全和社会稳定的范畴之内，高度警惕一损俱损的大规模民族冲突发生；三是大国博弈虽然在独立后的中亚地区已经展开，但是域外大国势力同样对维持地区安全与稳定（哪怕是脆弱的稳定）有共同需要，无论美国还是俄罗斯都不愿看到极端主义（以民族为特征的也好，以宗教为特征的也好）掌握国家权力和地区话语权的悲观前景，甚至将这种危险等同于大规模杀伤性武器扩散、毒品生产

① 参见中华人民共和国外交部官网，更新日期为2015年4月，http://www.fmprc.gov.cn/mfa_chn/gjhdq_603914/gj_603916/yz_603918/1206_604210/；http://www.fmprc.gov.cn/mfa_chn/gjhdq_603914/gj_603916/yz_603918/1206_604762/；http://www.fmprc.gov.cn/mfa_chn/gjhdq_603914/gj_603916/yz_603918/1206_604258/；http://www.fmprc.gov.cn/mfa_chn/gjhdq_603914/gj_603916/yz_603918/1206_604618/；http://www.fmprc.gov.cn/mfa_chn/gjhdq_603914/gj_603916/yz_603918/1206_604690/。

和走私失控等地区安全危机，故而均未将中亚民族作为与对手竞争的谋略工具，甚至始终谨慎回避着这一话题。

如此看待中亚民族问题在苏联解体后地区政治、安全形势中的地位和影响，并非否定其特定条件下引发中亚地区严重安全危机的可能性。中亚各国独立后近 1/4 世纪的政治发展历史证明，因国内和国家间民族关系引发的群体性冲突和安全危机都处在各国政权可控范围内。例如中亚各国独立初期乌兹别克斯坦和吉尔吉斯斯坦边境地区民众因争水、争地引发的冲突，还有如至今仍然不断发生的吉尔吉斯斯坦、塔吉克斯坦、乌兹别克斯坦三国交界地区的小规模武装冲突，从中都能看到各国当局的克制立场和控制能力。而且在一些敏感的领域中，相关各国间已经建立了长期长效的危机管控机制。而真正可以使中亚民族关系问题上升至威胁一国乃至地区全局性安全的条件，并不存在于各国和各民族之间，而是在国家发展模式均不稳定的国内政治范畴。从政治学层面看，民族主义向来是国内政治的要素之一，无论对单一民族国家还是对多民族国家而言。尤其在苏联解体后各国建立独立民族国家政权时，执政集团也好，反对派也好，都将民族主义作为重要的政治资源加以利用。就连对国家政权高度自信的俄罗斯，也不断炒作大俄罗斯主义、甚至是大国沙文主义的民族主义理念。俄罗斯自由民族党主席日里诺夫斯基（Владимир Жириновский）于 1993 年出版政治自传《日里诺夫斯基自传——向南方的最后冲击》，充斥了这位出生在哈萨克斯坦的俄罗斯民族主义者对俄罗斯帝国失去中亚地区的遗憾。[①] 在书中，日里诺夫斯基用激烈的言辞谴责了中亚民族主义者的排俄政策和“不公平的民族政策”。[②] 在 2014 年俄罗斯

① 肖斌、张晓慧：“俄罗斯民族主义者的中亚观”，《世界民族》，2010 年第 2 期。

② ［俄］弗拉基米尔·日里诺夫斯基：《日里诺夫斯基自传——向南方的最后冲击》，中央编译出版社，1994 年 8 月版，第 27 页。

强占克里米亚时，日里诺夫斯基公开扬言：解决了乌克兰问题后，哈萨克斯坦将是俄罗斯的下一个目标。[①] 而哈萨克斯坦在独立初期打击了北部乌斯季卡缅诺戈尔斯克等地的俄罗斯民族分离主义组织后，巧妙地将“布加乔夫起义”等团伙当作政治砝码，每当与俄罗斯关系出现问题或国内政治出现麻烦时，都可以随时将这张牌打出。这两种情形都具备了一个关键的条件，就是无论多么嚣张和过激的民族主义叫嚣都牢牢控制在国家权力核心决策之中。一旦失去这一条件，失控的民族主义思潮则将会像隙间引燃的烈火，不仅危及被加害的民族和国家，也会殃及整个地区和本民族自身。2010 年的发生在吉尔吉斯斯坦的奥什事件就是典型案例：利益集团忙于争权夺利，国家政权和国家机器处于瘫痪状态。吉尔吉斯民族主义狂热被恶性炒作，利用一起并不严重的族际纠纷导致吉尔吉斯族对当地乌兹别克族的残忍仇杀，几乎酿成影响地区及周边国家稳定的重大安全危机。

通过上述分析可以看出，复杂的中亚地区民族问题既非不可控和不可解决，也不是一定会导致各国间和各民族间发生冲突进而影响国家间关系和地区安全的必然条件。避免中亚民族问题恶性发展为重大地区安全危机，几个关键的要素是必须加强的。第一是各国的政治稳定，尤其在哈萨克斯坦、乌兹别克斯坦、塔吉克斯坦等国家最高权力面临更迭期时，寻求一种适合于本国、本民族政治传统的交接方式，防止民族国家政权出现真空期，实现安全着陆十分重要。第二是完善和加强正在构建中的地区安全危机应急机制，从边境冲突、水地争端、移民管理等微观领域入手，逐渐向化解民族矛盾与建立民族和睦措施推进，形成具有一定协调能力、甚至干预能力的长效机制。第三是相关的域外大国施加良性影响，避免为提升自身的地区影响力而借助于民族问题

---

① Владимир Жириновский：《После Украины мы захватим Казахстан》, 29/08/2014/, http：//www. altyn – orda. kz/vladimir – zhirinovskij – posle – ukrainy – my – zaxvatim – kazaxstan/.

和炒作民族问题，为中亚地区保持稳定与发展施加积极的影响。

从“纯净伊斯兰运动”到“迁徙圣战”

中亚地区各国的主体民族都是信仰伊斯兰教的民族，各民族居民信仰伊斯兰教的人口占中亚地区全部人口的80%以上。苏联解体引发的地缘政治大地震和大变局，自然而然地也激活了中亚地区伊斯兰极端主义因素，使之成为影响这一地区安全形势和地缘政治格局的重要威胁之一。独立后发生的塔吉克斯坦内战、巴特肯事件、安集延事件等一系列与宗教极端主义势力相关的恐怖暴力案例，以及“伊斯兰复兴党”、“乌兹别克斯坦伊斯兰运动”、“伊斯兰解放党”、“突厥斯坦伊斯兰运动”（ИДТ）等宗教极端主义组织的存在，使包括中国学者在内的世界中亚学界普遍认为，苏联解体后的中亚地区是冷战后全世界伊斯兰极端主义最活跃的地区之一。①

中亚地区伊斯兰教发展历史本不同于中东和南亚等地区，地缘政治影响的多元性、民族文化发展的多向性、地区政治发展的多极性，使这一历史过程具有极其复杂而独特的形式和内容。在这一进程中赋予中亚地区伊斯兰教重要影响的主要因素：一是中亚早期原始宗教遗留下来的历史影响；二是先于伊斯兰教进入中亚地区并在后来同步产生深刻文化影响的突厥化进程；三是蒙古汗国时期到帖木儿帝国解体对大量外来宗教文化的积极吸收；四是18世纪后俄罗斯征服中亚过程中强势推行东正教文化和殖民性的宗教政策。这些政治的、文化的、民族的历史演进过程，对中亚地区近现代社会宗教的形成构成了一种复合性影响。由此造成

① 杨恕、林永峰：“中亚极端主义”，《俄罗斯东欧中亚研究》，2008年第5期。

了中亚伊斯兰教实际上完成了一个本土化的历史过程，从而表现出一些自身独特的个性：第一，与历史上中亚游牧时期的部族政治完美地结合在一起，在一些时期民族（部族）的教权与政权甚至是合为一体的；第二，进入中亚后逐渐体现出明显的地域性差异，不同的教学法派别影响中体现出民族（部族）性；第三，受到俄罗斯东正教强烈影响，表现出明显的入世和世俗社会倾向。“十月革命”后，中亚苏维埃政权及苏联时期推行的宗教政策，并未彻底消除上述特征。有些转化为隐性的社会问题（或文化问题）遗留在民间，有的却被国家政治因素强化、放大。

在苏联历史上，伊斯兰教与东正教、藏传佛教等各共和国流行的主要宗教一样，因受到政治上的压制和冲击而经历了曲折的发展过程。直到20世纪80年代，苏共中央书记戈尔巴乔夫开始推行“新思维”，实行全面的政治和社会改革，对各共和国的宗教管理开始出现明显松动。长期受到压制的中亚各共和国伊斯兰教呈迅速发展之势，许多民众开始严格恪守伊斯兰教规，一些共产党员、共青团员也恢复了宗教信仰，甚至公开退党、退团。一些穆斯林团体和宗教领袖公开提出“纯净伊斯兰”的口号，企图在世界伊斯兰教持续多年的关于中亚“不纯净伊斯兰”的批评声中正名。[①] 1988年，苏联政府对联盟内各大宗教的政策进行调整，放弃了多年坚持的遏制政策，以对话和疏导的方式取代严格限制和约束。1990年2月，苏共中央做出决定取消一党制，实行多党制。一些具有政治色彩的伊斯兰组织乘机扩充势力和社会影响，从而表现出强烈的政治诉求。中亚伊斯兰宗教势力从这时起开始渗透到社会的政治、文化、经济等领域，对转折时期的中亚各国社会产生了实际影响。这一时期是伊斯兰教在中亚地区的“复兴时期”，在中亚各国社会主要表现为：主要信奉伊斯兰教的民族

① 许涛：“关于中亚地区伊斯兰运动问题”，《现代国际关系》，1999年第3期，第21页。

（乌兹别克、哈萨克、吉尔吉斯、塔吉克、巴什吉尔等民族）民众对伊斯兰教的热情在短时间内迸发出来，对穆斯林应完成的礼拜、封斋、饮食禁戒、朝觐等功课明显讲究起来；由于上述变化，中亚各国每年要求赴麦加朝觐的人数剧增，各地供伊斯兰教信徒们做乃玛孜和礼拜的场所明显不足，大批新建清真寺出现；伊斯兰宗教团体、组织和神职人员明显增多，“民间毛拉”和自发编印（包括翻印境外出版物）出版的宗教读物大量流行。在这个“宗教复兴”过程中出现的几个现象尤其值得关注：一是各共和国政府在各自民族自觉和民族独立思想加强的同时，也在有意识地怂恿和支持这种“宗教复兴”思潮，如乌兹别克共和国向苏联中央政府由列宁格勒艾尔米塔什博物馆索要回帖木儿帝国时期从巴格达掠得的《奥斯曼古兰经》善本，哈萨克共和国也索回了突厥斯坦市霍加·阿萨维清真寺（陵墓）的宗教文物；二是来自境外的伊斯兰教派开始进入中亚各共和国传教，尤其是来自沙特阿拉伯的瓦哈比教派此时流入中亚地区，并在各共和国快速蔓延，而且除了建立宗教组织上的联系，还得到外来宗教捐赠资金的支持；三是伊斯兰宗教政党的出现，1990 年 6 月，在俄罗斯阿斯特拉罕市成立“全苏伊斯兰复兴党”，随后在中亚地区就出现了这个党的分支机构，尤其在乌兹别克、塔吉克等共和国发展迅速，并成为后来独立时的重要社会政治力量，对这些国家的社会政治构建产生了深刻影响。

随着苏联的解体，刚刚建立独立国家政权的中亚各国宗教极端主义势力迅速膨胀起来。在苏联解体前不久发生的伊朗伊斯兰革命和苏军撤离后阿富汗反政府“圣战”的反弹，将暴力方式的宗教极端主义传入“伊斯兰复兴运动”高涨的中亚地区。塔吉克斯坦出版的《伊斯兰真理》杂志曾大量刊载霍梅尼的作品和言论，“圣战”成为宗教人士反复讨论的中心话题。一些中亚国家的伊斯兰教宗教人士主张接受沙特阿拉伯和伊朗等国家政教合一的政权模式，并为建立这样的神权国家扩大思想基础和制定政治纲领。这样一来，一场“宗教复兴运动”发展成为运用暴力方式、颠覆现有政治格局的政治思潮，而且已将激进的、暴力的和反世俗的政治特色初步结合起来。如果说20世纪90年代初发展在新独立的乌兹别克斯坦、塔吉克斯坦等国家的宗教极端主义思潮仅仅是不成熟社会政治条件下内外“政治伊斯兰”因素的爆发，那么二十多年后仍呈上升趋势的极端主义威胁却显示了这股思潮在中亚地缘政治格局重组以来逐渐成熟发展的轨迹。

其实，由于受到苏联解体带来的地缘环境变化影响，中亚地区的伊斯兰极端主义势力自形成之日起就具有强烈的国际化倾向。尤其在20世纪90年代后期，阿富汗塔利班快速崛起，占据了全国90%以上的领土。乌兹别克斯坦平息了早期的“伊斯兰复兴党”暴力活动，塔吉克斯坦结束了持续5年的内战，仍然坚持“政治伊斯兰”立场而不愿与世俗政权妥协的激进势力进入了阿富汗，与塔利班、“基地”组织、“东突厥斯坦伊斯兰运”等原教旨主义、恐怖主义组织实现了结合，使它们形成了早期的地区视野和国际联系，“乌兹别克斯坦伊斯兰运动”就是这一时期中亚宗教极端主义势力执牛耳者。在俄罗斯车臣分裂势力制造一系列恐怖事件时，“乌兹别克斯坦伊斯兰运动”在乌兹别克斯坦、吉尔吉斯斯坦、塔吉克斯坦三国交界处制造的“巴特肯事件”，将独立后的中亚地区宗教极端主义安全威胁指数推到高峰。这是在这一阶段中最具典型特征的事件，也正是在这一时期，地区各国及相关国家首次以“宗教极端主义、民族分裂主义、国际恐怖主义”开始定性这股地区性力量。①

由中东“穆斯林兄弟会”分化变异而成的“伊斯兰解放党”

① 在1998年7月举行的“上海五国”第三次元首会晤上，首次提出了“极端主义、分裂主义、恐怖主义”威胁地区安全的三股势力。参见陈明山：“中、俄、哈、吉、塔五国阿拉木图会晤”，《国际资料信息》，1998年第8期。

（Хизб – ут – Тахрир），虽然早在苏联时期便传入欧亚地区，但却在20世纪90年代遇到了最佳的发展条件和传播时机，快速蔓延在俄罗斯、乌克兰及中亚各国。在欧亚穆斯林聚居地区建立政教合一“大哈里发国家”，这一“泛伊斯兰主义”的思想内核经重新包装又在新的历史条件下疯狂传播。中亚各国社会转型的艰难、国民经济持续下滑带来的物质生活困窘、无处不在的腐败和贿赂，使中亚各国穆斯林找到了乌托邦式的精神家园。而信息时代的国际互联网和秘密传销式的组织联系方式与发展技巧，使更多不愿放弃现有社会地位而采取暴力行动，却愿意以一个参与者的身份畅想建立“大哈里发国家”的“公正感”和“神圣感”的中亚穆斯林（其中不乏国家公务员、高校知识分子、公司白领）完成精神上的“升华”。直到2005年5月，“伊斯兰解放党”进入中亚后的一支变异组织“阿克拉米亚”（Акромийя）在乌兹别克斯坦制造了多国恐怖分子参加的安集延事件后，中亚各国与伊斯兰极端主义的斗争进入了一个新阶段。①

经历了全球性金融危机的冲击，西亚、北非“阿拉伯之春”的振荡对欧亚各国意识形态构成了相当严重的影响。随着各国进入政治、经济转型时期各种社会矛盾的尖锐化，传统的中亚社会结构受到冲击。第三次极端主义思潮的冲击伴随着全球化造成的财富和权力的不平衡，使中亚各国穆斯林放弃了本民族传统文化的根基，宁愿接受宗教极端主义政治化的口号和主张。从2010年以来，欧亚各国安全执法部门发现了多起与中东有关联的极端主义分子活动案例。在所谓“萨拉菲全球圣战”和“迁徙圣战”的口号下，中亚国家受宗教极端主义影响的部分公民竟变卖家产经土耳其辗转进入中东，或直接越境潜入阿富汗参加“伊斯兰国”

---

① Карбанова Назир：Исламское образование в Кыргызстане，《Центральная Азия и Кавказ》，Швецаля，2014，№1，С. 103.

（IS）、塔利班等“圣战”组织。[①] 来自莫斯科卡内基中心 2014 年的消息称，乌兹别克斯坦有数百人加入了“伊斯兰国”，[②] 2014 年 9 月又在首都塔什干出现了一面“伊斯兰国”的旗帜，[③] 而多年作乱于中亚地区的“乌兹别克斯坦伊斯兰运动”也在 2014 年底表示对“伊斯兰国”的支持。[④] 靠能源战略使国民经济进入发展快车道，人均 GDP 明显提高的哈萨克斯坦和土库曼斯坦，竟然也发现本国公民或潜入叙利亚参加反政府“圣战”，或加入阿富汗“塔利班”阵营。[⑤] 目前，经独联体国家媒体和中亚国家安全部门粗略估计，假道土耳其、马来西亚等国（极有可能还有其他渠道）进入中东参加“伊斯兰国”的中亚各国公民已超过 3000 人。[⑥] 这些未必精确的数字，以及中亚“圣战者”在中亚和阿富汗的表现成为中亚宗教极端主义进入更新阶段的标志。

值得反思的是，中亚地区宗教极端主义思潮发展到今天的水平，有几个不容忽视的要素。第一，这发生在以阿富汗战争为标志的国际反恐斗争开展 15 年之后，中亚地区伊斯兰极端主义势力发展出现了反弹。第二，中亚伊斯兰极端主义分子赴中东参加“伊斯兰国”和越境进入阿富汗进行“出境圣战”和“异地圣战”，将地区极端主义思潮的国际化推向极致。第三，中亚地区宗教极端主义组织完成了“9·11”事件后的重组，除“乌兹别克斯坦伊斯兰运动”等老牌组织外，又出现了“突厥斯坦伊斯兰

① Militant makes jihad calls in Kazakh language, Thursday, 18.07.2013, http://en.tengrinews.kz/religion/Militant-makes-jihad-calls-in-Kazakh-language-21117/.

② http://centralasiaonline.com/en_GB/articles/caii/newsbriefs/2014/09/30/newsbrief-02.

③ http://catoday.org/centrasia/15921-v-tashkente-povesili-flag-boevikov-igil.html.

④ ИДУ заявляет о своей поддержке ИГИЛ, http://centralasiaonline.com/en_GB/articles/caii/newsbriefs/2014/10/06/newsbrief-01.

⑤ Аскар МУМИНОВ: Казахстанские боевики замечены в афганском Бадахшане, http://www.kursiv.kz/news/details/vlast1/Kazahstanskie-boeviki-zamecheny-v-afganskom-Badahshane1/.

⑥ http://kabarlar.org/news/32644-igil-nachal-aktivizirovatsya-v-stranah-sng.html.

运动”（ИДТ）、“安拉使者”（Джамаат Ансаруллах）、“伊斯兰军”（Лашкари Ислом）、“真主战士”（Солдат Аллаха）等新组织，[1] 形成力量上的碎片化特点。

几乎与苏联解体同步开始的经济全球化进程，其迅猛发展大大突破了人们的心理预期和视觉极限。技术、资金、信息和劳动力以利润的最大化为目标，借助于科学技术革命性的创新成果，呈现出超越原有国家、地域、民族、宗教、文化传统疆界的自由流动。不仅原有的国际分工和分配体系受到强烈冲击，就连现有国际政治规则和社会伦理规范也面临着空前挑战。竭尽有限资源全力跟上潮流发展的部分发展中国家和一些新兴经济体，在经历了短暂的快速发展后，又面临在发达国家主导的全球经济洗牌中被“清零”的风险。世界经济和国际政治以前所未有的力度改变着原有的国家关系格局和民族关系格局，全球化发展的不均衡与不和谐塑造着当今国际关系的基本特征。面对人类社会的又一次迅猛的现代化进程，处于劣势地位和被边缘化族群的思想精英们开始寻求摆脱危机的出路。遗憾的是，与历史上多数时期一样，被极端化了的民族主义和宗教意识又一次在民族文化冲突中被奉为救世的法宝。无论是长年作为西方发达国家同盟者或反对者的阿拉伯国家，还是冷战时期曾经是对立阵营一部分的中亚、高加索地区，进入社会政治和经济转型时期后产生的诸多敏感问题，均转化成为极端主义顺利实现社会动员的重要国内条件。

国际社会开展反恐斗争已近 15 年，结果不但没有从根本上解决所谓“文明冲突”的问题，而且“越反越恐”的事实已成为当今国际社会回避不了的尴尬话题。伊拉克、阿富汗“反恐战争”

---

① Никита Мендкович：эксперт Центра изучения современного Афганистана，эксперт РСМД，Постсоветские террористические группировки могут стать непосредственной угрозой для стран СНГ，http：//russiancouncil. ru/blogs/debate/？id_ 4 =920.

后，西方式的“民主政治”勉强移植在中东、南亚这些独特的政治土壤上，“穆斯林兄弟会”在埃及上台、塔利班武装死灰复燃、“伊斯兰国”横扫叙利亚和伊拉克，这几场噩梦是自负的西方政治家们说什么也料想不到的。至此，第三次全球性极端主义思潮高调兴起，“伊斯兰国”打破了2011年美国人撤出伊拉克时的政治安排。来自世界各地的反全球化极端主义者聚集中东，以空前残暴和血腥的手段刺激着美国媒体和西方公众的脆弱神经，并用最极端的方式颠覆着“后美军时代”树立起来的一切标志性制度安排。中亚地区安全环境和地缘政治前景也因此面临着最大的不确定性。

脆弱的绿洲与膨胀的人口

由于中亚地区大部分的地区属于干旱的沙漠、半干旱的荒漠草原和地势起伏的山区，特殊的生态环境不适于大规模农业生产。因此，从公元前7000年遗留下来的考古资料看，这一时期中亚古人类已经开始出现明显的畜牧业文化特征。到公元前4000年完成了第一次社会大分工后，虽然在花剌子模、费尔干纳、阿姆河三角洲等地区出现了若干定居的农业文化区，但与向草原和荒漠发展的大批游牧部落相比只是一小部分。[①] 此后的中亚各民族历史上传统的生存方式主要是流动的游牧生活，或者说游牧民族的历史占居中亚历史的绝大部分。公元前2000年左右统治中亚的巴克特里亚王国，在兴都库什山以北兴建灌溉系统，农业文明曾一时繁盛，但其主要的势力范围还是靠被征服的游牧部落维持着。而且，巴克特里亚王国最终还是被游牧的月氏人和塞种人攻

① 马大正、冯锡时：《中亚五国史纲》，新疆人民出版社，2005年版，第5页。

灭了。

这种从事不同生产方式的民族人口分布格局，决定了后来中亚地区人口缓慢变化的基本趋势。因为游牧生产方式对人口的繁衍十分不利，游牧部落控制地域面积对牲畜数量有着严格的制约关系，进而也制约着游牧部落的人口数量。而少数地区的定居农业本身占据很少的资源比重，同时古代中亚的农业技术尚不可能为更多的人口提供必需的生存条件。更重要的是，中亚地区古老农业的发祥地基本都是在山地（特别是高原）与沙漠之间的绿洲上，高山上长年不化的冰川夏季融水渗入这两种地貌的中间地带，为有限的植被和农作物提供了生存条件。这种在兴都库什山南麓、中亚河中地区及中国的新疆广泛分布并长期发展的绿洲经济，在严酷的地理环境下形成了自身独特的自然属性和社会属性。第一，脆弱的生态体系要求有限的人畜承载力，一旦超过了这种自然的限度，必然会产生灾难性的后果。第二，必须有一个强大的专制政权（可以是本土产生的，也可以是外来的征服势力），有能力组织领导（多数是强迫）当地民众修建适用的水利工程，使冰川融水能够用于灌溉农业。第三，建立足够强大的军队或严密的社会组织，形成足以抵御周边游牧部落常态袭扰（超强大游牧帝国除外）的国家能力。中亚定居农业对历史上人口变化（既包括增加，也包括减少）的贡献远远小于流动的游牧部族的活动，这本身也体现了中亚特殊生态环境与人类社会发展的特殊关系。

在古代希腊人和波斯人建立的帝国统治中亚后，伴随着强大外族入侵发生的大规模人口迁徙有过六次，按时间顺序排列分别是：公元1世纪匈奴帝国分裂后北匈奴的西迁；6、7世纪突厥汗国分裂后西突厥裹胁大批北方游牧部落进入中亚；8世纪阿拉伯人征服中亚后建立阿拔斯王朝；9世纪漠北回鹘汗国在黠嘎斯攻击下崩溃，沿河西走廊西迁建立高昌回鹘和喀喇汗王朝；13世纪蒙古人西征建立察合台汗国，将征服各地的各民族人口带入中亚地区；沙皇俄国从18世纪开始对中亚的征服，随后开始实施的大规模、有计划人口迁徙。这是在前后时间跨度两千多年中发生在中亚地区的6次大规模人口活动，其中前5次与最后一次的历史性影响大不相同。匈奴人、突厥人、阿拉伯人、回鹘人、蒙古人军事征服带入中亚地区的是原本接近或是基本相同的游牧生活方式，即使建立起强大的帝国或汗国，除掌控了几个人口相对集中的重要绿洲城市外，绝大多数的领土上其实是臣服归顺后各个部族活动的空间，充其量也就算是其统治下的势力范围。从公元前到18世纪前，在中亚地区的大片草原和各主要绿洲上的基本生产方式和生活方式没有发生根本性变化，中亚各民族人口状况也未发生重大变化。给中亚地区带来人口分布变化和数量激增的，是18世纪以来俄罗斯征服中亚各汗国后将欧洲生产方式在这里的移植和有计划的人口迁入。

沙皇俄国对中亚地区征服的主要目的，除了与当时正在北上的大英帝国殖民势力争夺势力范围和抢占地缘战略优势外，在这一幅员辽阔、物产丰富的广袤地区进行商业殖民开发是另一重要企图。无论从殖民统治的需要出发，还是从商业开发的角度考虑，在中亚各新占领地区快速建成具有相当人口规模的要塞、城镇是刻不容缓的。[①] 尤其是1861年沙皇亚力山大二世颁布《农民法令》，农奴制瓦解后获得自由的俄罗斯农民大批移入西伯利亚、远东、中亚。大批斯拉夫民族农业人口进入中亚，带来的变化不仅是人口基数的增加，而且将不同的生产方式带到中亚，影响大批当地民族也转向定居农业。俄罗斯在18世纪初到19世纪中叶，主要实施的是军事移民，区域集中在中亚地区北部。19世纪中期以后，随着对中亚地区军事征服的完成，为扩大种植业、纺织

① 吴宏伟：《中亚人口问题研究》，中央民族大学出版社，2004年7月版，第19页。

业、商业的移民活动成为主体。前后相比，后一时期的移民数量大大超过前一时期。1871—1896 年的 25 年中，沙俄政府向中亚地区迁移农业人口 32.78 万人。1897—1916 年的 20 年中，从俄罗斯中心地区向中亚移民 130.14 万人。[①] 大量的外来移民不仅使中亚地区的民族人口结构发生变化，更使得人口总数大大增加。而中亚地区人口发生跨越式增长，是在“十月革命”后的苏维埃俄国和苏联时期。

中亚苏维埃政权建立后，虽然进行过几次人口调查，但都不够完整。较完整的数据在 1926 年以后出现，也就是说俄罗斯共产党（布尔什维克）中央开始为建立苏联进行民族国家划界时，中亚地区按国别的统计数字开始健全起来。

中亚地区及各国人口变化表（万人）[②]

年份	哈萨克	乌兹别克	吉尔吉斯	塔吉克	土库曼	全中亚
1926 年	607.4	456.5	100.2	103.2	99.8	1266.9
1939 年	615.1	627.1	145.8	148.4	125.2	1661.6
1959 年	929.5	811.9	206.6	198.1	151.6	2297.7

① 孟楠：《俄国统治中亚政策研究》，新疆大学出版社，2000 年 7 月版，第 156 页。

② 吴宏伟：《中亚人口问题研究》，中央民族大学出版社，2004 年 7 月版，第 31 页；许涛：“哈萨克斯坦民族宗教概况”《国际资料信息》，2002 年第 7 期，第 27 页、“吉尔吉斯斯坦民族宗教概况”，《国际资料信息》，2002 年第 8 期，第 24 页、“塔吉克斯坦民族宗教概况”，《国际资料信息》，2002 年第 9 期，第 25 页；徐晓天：“乌兹别克斯坦民族宗教概况”，《国际资料信息》，2002 年第 10 期，第 18 页、“土库曼斯坦民族宗教概况”，《国际资料信息》，2002 年第 11 期，第 29 页；中华人民共和国外交部网站：http：//www.fmprc.gov.cn/mfa_chn/gjhdq_603914/gj_603916/yz_603918/1206_604210/、http：//www.fmprc.gov.cn/mfa_chn/gjhdq_603914/gj_603916/yz_603918/1206_604762/、http：//www.fmprc.gov.cn/mfa_chn/gjhdq_603914/gj_603916/yz_603918/1206_604258/、http：//www.fmprc.gov.cn/mfa_chn/gjhdq_603914/gj_603916/yz_603918/1206_604618/、http：//www.fmprc.gov.cn/mfa_chn/gjhdq_603914/gj_603916/yz_603918/1206_604690/。

续表

年份	哈萨克	乌兹别克	吉尔吉斯	塔吉克	土库曼	全中亚
1970 年	1300.9	1179. 9	293.4	290.0	215.9	3280.2
1979 年	1468.4	1539.1	352.9	380.1	275.9	4016.4
1989 年	1653.8	1990.6	429.1	511.2	353.4	4938.1
2001 年	1484.3	2515.5	494.8	657.8	460.3	5612.7
2014 年	1721.5	3100.2	560.1	810.2	680.4	6872.4

从这一幅表格中可以看出这样几个值得关注的地方：一是在不到90年的时间里中亚地区人口增长的曲线，在开始建立苏联的各民族共和国时、20世纪70年代、中亚各国独立20多年后均为突出的峰值期，在这些时间的节点上中亚地区总人口分别突破了1000万、3000万、6000万；二是绝对数量最大的是乌兹别克斯坦，从20世纪70年代末开始就超过所有中亚国家成为第一位人口大国；三是人口增长幅度最大的是塔吉克斯坦，在88年的时间里人口增长了7.9倍（乌兹别克斯坦和土库曼斯坦同期人口增长率均为6.8倍，吉尔吉斯斯坦为5.6倍，哈萨克斯坦为2.8倍），全中亚地区人口增长率为5.4倍。

苏联时期的经济政策使中亚地区人口快速增加，基本与追求世界强国的工业化建设、资源能源开发、扩大农业种植面积等措施相同步。到20世纪70年代时，以游牧为主要生活方式的中亚各民族居民已经发生了彻底的变化，各共和国城市人口与全苏联一样首次超过了农村（牧区）人口。这种巨大的变化对中亚地区的生态环境影响是非常严重的，甚至是灾难性的。这些灾难性的生态环境变化在苏联解体前已经端倪毕显，而到中亚各国独立后，这些严重的问题开始直接影响各国经济发展和居民生活，甚至殃及各国和整个地区的安全与稳定。具体的灾难性影响包括以下几方面。第一，有限的水源供不应求。中亚地区处于远离海洋的北温带，沙漠戈壁和荒漠草原广泛分布。尤其在土库曼斯坦、乌兹别克斯坦、哈萨克斯坦，戈壁和沙漠占据国土的60%—80%，夏季沙漠腹地气温可达到45℃—50℃。而且降雨极少，年降水量不足100毫米，可蒸发量却在2000毫米以上。处在山地与沙漠中间地带的零星绿洲靠冰川融水滋养着作物和人畜，苏联时期生产方式颠覆性地改变大大提高水源的消耗，从20世纪70年代开始咸海急剧萎缩，至今已成为危害中亚各国的重大生态危机。第二，严重的工业污染需要长时间恢复。苏联时期在中亚地区大力发展采矿、冶金、发电等工业企业，如哈萨克斯坦北部、东部，乌兹别克斯坦塔什干、安格连、纳沃伊等地，围绕这些企业形成了若干新城市，在中亚地区原本脆弱的生态链上留下大量工业和生活污染，却无相应的治理方案。各国独立后急于恢复经济，更无能力解决这些遗留问题，并愈加积重难返。第三，大量开垦荒原导致植被遭到严重破坏。1954年3月，苏共中央全会通过了关于进一步增加粮食生产和开垦荒地的决议，一场声势浩大的全民垦荒运动在苏联境内展开。来自俄罗斯、白俄罗斯、乌克兰等共和国的干部、工人、知识分子、学生等50万人来到哈萨克共和国，用几年时间开垦2550万公顷荒地（占全苏同期开垦荒地的61%）。从此，哈萨克共和国成为了苏联的大粮仓之一（1979年收获粮食3453万吨），但垦荒破坏了大片草原的原始植被，引起土地严重沙化，土壤风蚀，草场退化。这一影响如今明显加剧，哈萨克斯坦独立后耕地面积大大减少（由1990年的3518万公顷降至1998年的1861万公顷），但退耕后的土地很难恢复。[①] 无论是大面积开展种植业，还是工业和农业的跨越式发展，以企业和垦荒营地为中心出现了大批新城市，使中亚地区的人口负担继续加重。

---

① 蒲开夫、王雅静："中亚地区生态环境问题及其出路"，《新疆大学学报》（哲学、人文社会科学版），2008年第1期，第107页。

尤其在农耕传统悠久的费尔干纳地区，人口密度高得惊人。目前，在费尔干纳盆地生活的各国各族人口已达到1130万人，占整个中亚地区人口总数的30%左右。其中，吉尔吉斯斯坦在费尔干纳地区的人口占本国人口总数的50%，塔吉克斯坦占到了31%，乌兹别克斯坦达37%。据统计，1959—1989年，费尔干纳地区人口增长率高达140%，预计到2020年将保持33%的增长率，到40年后这一地区的人口将超过2000万。[①] 目前，中亚地区人口问题最严重的是乌兹别克斯坦，在44.74万平方公里的国土上养活着3100万居民。例如只有0.42万平方公里的安集延州，就居住着216万人，平均每平方公里有514人，其人口密度超过了俄罗斯的莫斯科州、列宁格勒州等独联体发达地区。已有专家预测，如果中亚各国现有人口政策不变，到2025年乌兹别克斯坦的人口总数将接近3500万，[②] 塔吉克斯坦可能突破1100万。[③] 届时，国民生计与生活资源之间的矛盾将会更加突出，而且在未来15—20年间将呈不可逆转的趋势。由此对中亚地区安全形势和地缘政治格局产生的影响在于：一是国内经济发展受到严重拖累，社会生活水准下降，进而波及政治稳定；二是由于中亚地区资源链的跨国家分布，各种重要战略资源不均衡分配必然成为影响国家关系的重要因素；三是各国人口国内就业条件越来越恶化，目前乌兹别克斯坦公民在境外工作的超过550万，塔吉克斯坦超过100万（侨汇占年GDP的45%），[④] 吉尔吉斯斯坦在俄罗斯移民

① Сакеева Венера: Укрепление безопасности человека как инструмент предотвращения водных войн в ферганской анской долине, 《Центральная Азия и Кавказ》, Швецаля, 2013, №4, С. 20.

② 苏畅："乌兹别克斯坦的人口现状及发展趋势"，《俄罗斯中亚东欧市场》，2003年第5期。

③ 新华社阿拉木图2010年7月27日消息：塔吉克斯坦国家统计局局长穆罕马季耶娃27日在新闻发布会上说，根据今年4月1日的统计结果，塔吉克斯坦人口为756.2万人。

④ 中华人民共和国驻塔吉克斯坦大使馆经济商务参赞处，2015年6月10日，http://tj.mofcom.gov.cn/article/jmxw/201506/20150601008274.shtml。

也在 100 万左右，[①] 这就使各国的经济发展和社会稳定严重受制于相关国家（尤其是对中亚地区抱有地缘战略目的大国）的内外政策和地区经济形势波动的影响。仅从这三个视角来看，中亚各国人口问题的影响将成为一个地区性的发展制约因素，甚至会波及整个地区的政治稳定。

萎缩的冰川与消逝的咸海

中亚五国位于北纬 35 度 34 分至 55 度 26 分之间，地处欧亚大陆腹地，远离海洋，属于典型的大陆性气候，炎热干燥，降水量小而蒸发量大，水资源弥足珍贵。在地形地貌上，中亚地区以沙漠和干旱草原为主，其中沙漠面积超过 100 万平方公里，占全地区总面积的 1/4 以上，是一个水资源严重不足的地区。尽管有多条发源于东部山区的河流（如阿姆河、锡尔河、楚河、塔拉斯河、伊犁河、额尔齐斯河等）注入西部平缓地带，但由于中亚地区大部分地区的地理与地质特性，这些河流的利用率差别很大。而且自 20 世纪 20 年代开始的苏联民族国家划界，使这些河流多数都成为流经两个国家以上的国际河流。苏联时期因为中央政府统一的管理和调配，这一问题并未不突出。中亚各国独立后，对跨界水资源的分配问题很快成为中亚国家关系的焦点之一。

阿姆河发源于塔吉克斯坦境内的帕米尔高原上的费琴科冰川（Летник Федченко），流经塔吉克斯坦、乌兹别克斯坦和土库曼

① 2014 年 5 月，吉尔吉斯斯坦总统办公厅新移民政策工作组主任雷斯库洛娃认为，在俄罗斯的吉公民人数可能达到 100 万，Айгуль Рыскулова стала и. о. вице – мэра Бишкека по социальным вопросам，http：//www. vb. kg/doc/269215_ aygyl_ ryskylova_ stala_ i. _ o. _ vice _ mera_ bishkeka_ po_ socialnym_ voprosam. html。

斯坦注入咸海。[①] 全长1415公里，流域面积46.5万平方公里，是中亚水量最充沛的大河。锡尔河发源于吉尔吉斯斯坦境内的天山山脉，经塔吉克斯坦、乌兹别克斯坦、哈萨克斯坦注入咸海，是流经中亚的最长河流，全长3019公里（含上游纳伦河），流域面积21.9万平方公里，灌溉面积达220万公顷。楚河发源于吉尔吉斯斯坦境内的泰尔斯凯山和吉尔吉斯山，经伊塞克湖盆地，然后转向西北，在比什凯克西北50公里处进入哈萨克斯坦境内，继而横穿穆云库姆沙漠，最后汇入阿克扎伊肯湖，成为吉、哈两国的界河，全长1067公里，流域面积6.25万平方公里。塔拉斯河发源于吉尔吉斯斯坦境内，在吉河段长294公里，向西穿越塔拉斯河谷，在哈萨克斯坦穆云库姆沙漠消失。伊犁河的主要河源特克斯河发源于哈萨克斯坦境内的汗腾格里主峰北侧冰山群，向东流经中国新疆昭苏、特克斯县，转向北经巩留县、入巩乃斯河后始称伊犁河，转向西经由雅马渡汇入喀什河，经伊宁市后向西进入哈萨克斯坦境内，最后注入巴尔喀什湖，全长1236公里，流域面积15.12万平方公里。额尔齐斯河发源于中国新疆维吾尔自治区北部阿尔泰山东南部，由北往南，在可可托海附近和支流喀喀依尔提河汇合，流到富蕴县，然后折向西，出中国境入哈萨克斯坦的斋桑泊，继续北流进入俄罗斯，最后汇入鄂毕河。额尔齐斯河全长4248公里，流域面积164.3平方公里。[②]

历史上曾孕育中亚文明的阿姆河和锡尔河，以每年近千亿立方米的巨大流量滋养着费尔干纳盆地灌溉区、阿姆河沿岸农业区等中亚人口最稠密、物产最丰富的地区。除了对于中亚地区社会发展的重要经济贡献外，这两条中亚最大内陆河的另一个重要存

① Траверс пика Коммунизма，http：//turist40. ru/index. php/2008 - 10 - 16 - 04 - 01 - 23/4 - 2008 - 10 - 16 - 03 - 55 - 09/169 - 2010 - 10 - 07 - 18 - 47 - 21？fontstyle = f - smaller.

② 胡梅星："中亚水源纠纷的由来与现状"，《国际资料信息》，2009年第9期，http：//www. cicir. ac. cn/chinese/newsView. aspx？nid = 1461。

在意义还在于，两河最终汇入中亚的最大内陆湖——咸海，以来自于帕米尔高原和天山山脉的冰川融水，通过在咸海的渗漏与蒸发调节着中亚最大、最干旱地区的生态平衡。但是随着千百年来中亚居民生活方式的转变，定居的农业人口不断增多。尤其是在近现代历史上，在利用阿姆河和锡尔河水源的基础上，中亚地区原有的定居农业区人口继续膨胀，同时大量新的农业区域被开发出来，大大增加了对阿姆河和锡尔河的水源开采量。根据20世纪80年代的统计数字，阿姆河流域水源总量为579亿立方米，而用水量这时已达到489亿立方米，用水量已占水源总量的84.5%。而锡尔河流域的水源总量为352亿立方米，在这时的用水量已达323亿立方米，用水量竟占水源总量的91.8%。[①] 尤其是在1954年开工、到1981年建成的卡拉库姆运河（早期称“列宁运河”），全长1100公里（阿姆河全长仅1415公里），不仅全程通航，而且使1500万亩耕地受益，并新开垦750万亩耕地，改良2.25亿亩牧场，对阿姆河水量的使用量大大增加。锡尔河的开发也在20世纪50—90年代进入巅峰时期，各国主要利用上游的落差修建水电站。锡尔河吉尔吉斯斯坦境内有1965年动工的托克托吉尔水电站，塔吉克斯坦境内有1956年动工修建的凯拉库姆水电站。流经乌兹别克斯坦纳曼干、塔什干地区时，进入发达的灌溉系统和城市给水系统。在哈萨克斯坦境内建有恰尔达拉水电站，并在下游的绿洲区建立灌溉系统，使哈萨克斯坦拥有了220万公顷的灌溉农业区，锡尔河水流在城乡被大量使用。由于上述对阿姆河和锡尔河水源的过度开发和开采，加之气候变暖使费琴科冰川等主要水源体萎缩，[②] 两河流入咸海的水量大大减少。到20世纪80年

① 鲍敦全、何伦志：《经济全球化与21世纪中亚经济》，新疆大学出版社，1997年版，第66页。

② 张文敬：“费琴科冰川是中亚最大河流——阿姆河的主要源流，它的地位堪称中亚的母亲冰川”，《中国国家地理》，2015年第10期，第146页。

代，阿姆河、锡尔河两条河流上千亿立方米的流域水源总量，流入咸海的水量只有57.1亿立方米。原本两河流入量与咸海蒸发量和渗漏量基本平衡的生态关系，在60—90年代出现严重失衡。在70年代，咸海出现了极具戏剧性的变化：从乌兹别克斯坦境内的西北岸和哈萨克斯坦境内的东岸，湖岸线急剧向中心萎缩。最严重时竟在一个月内后退了数十公里，使当时苏联一些建在湖边的渔业合作社的上百吨级的渔船来不及开走而搁浅至今。同样分布在湖边的一些上千人规模的鱼类加工厂，也从此开始萧条、停工、废弃。1960年，咸海的面积是6.8万平方千米，仍是世界第四大湖。1987年，咸海中心岛向南北延伸，最后终于将咸海分成东西两个部分。到1998年，已经缩小到2.9万平方千米，并且被分割成了两个小湖。而到2004年，就只剩下1.7万平方千米了，成了由3个小湖组成的湖群。到了2007年，3个小咸海的面积综合只是咸海极盛时的10%。2014年8月19日，咸海已经萎缩了74%，水量减少近85%。①

阿姆河、锡尔河水资源的过度开采引起咸海生态环境的灾难性变化，仅仅是中亚地区水资源问题的一个缩影。中亚地区水资源的状况在各国独立后仍在继续恶化，这一似乎不可逆转的趋势对地区经济和政治甚至安全形势造成严重的负面影响。首先，中亚各国居民的生存条件持续恶化。据国际机构统计，中亚国家每年人均用水量仅为2800立方米，已经远远低于7342立方米每人的世界平均水平。其中，乌兹别克斯坦为每人702立方米，而土库曼斯坦仅为每人217立方米，已大大低于水资源危机的临界线（以人均年占有水资源量1000立方米为界线）。而独立后的中亚各国采取各种政策，强化新建民族国家发展指标，人口增长仍然保持上升趋势。随着人口增长，水资源问题的恶化还要继续加

① ［法］拉菲尔·柔松、夏荷乐·波穹：“疯狂的棉田灌溉让咸海变成‘咸沙漠’”，《中国国家地理》，2015年第10期，第91页。

剧。其次，中亚各国社会经济发展受到严重制约。苏联解体后，中亚各国为在短时期内走出经济低谷，加速开动苏联时期遗留下来的优势经济发展部门。如：哈萨克斯坦继续发挥粮食生产、矿业冶金、石油石化等方面的优势，并极力加强这些领域在发展本国经济中的带动作用，使原本就属于高水耗的选矿、冶炼、化工等行业优先发展，继续加大水源消耗；乌兹别克斯坦和土库曼斯坦在独立后大规模发展棉花种植和纺织业，甚至将其列为国家发展战略（如乌兹别克斯坦的四金战略：黄金、白金——棉花、黑金——石油、蓝金——天然气），同时为了打破苏联时期遗留下来的产业单一性弊端，分别扩大粮食生产以解决本国粮食安全问题，这些措施均使经济用水量增大（其中还包括粗放型生产方式和陈旧水利灌溉系统泄漏严重造成在水资源利用上的严重浪费）；① 吉尔吉斯斯坦和塔吉克斯坦则继续发挥水力资源丰富的优势，在让苏联时期建成的水电站全负荷运转的同时，积极续建和再建新的水电站项目，以此弥补本国能源资源匮乏的弱势。中亚各国这些缺乏长远考虑的临时性措施，继续加剧着地区水资源紧缺的严重性，并形成了一种生态环境与经济发展相互关系的恶性循环，越来越严重的水资源匮乏反过来对各国及地区的经济发展构成负面影响。第三，给地区内外国家关系造成裂隙。中亚各国独立后，在跨界水资源领域发生的纠纷已成为影响国家间关系的最主要矛盾之一。乌兹别克斯坦长期以来一直坚决反对塔吉克斯坦、吉尔吉斯斯坦在阿姆河和锡尔河上游修建大型水电站，对泽拉夫尚水利项目和罗贡水电站项目的坚决反对，成为这些工程长期拖延的重要国际因素。1992 年，因跨界河流纠纷，乌兹别克斯坦空降部队兵临吉尔吉斯斯坦边界，向吉方武力施压。1997 年年末，由于哈萨克斯坦没能履行乌吉尔吉斯斯坦所商定的能源运

① Roy Allison and Lena Jonson Editors, CENTRAL ASIAN SECURITY - The NewInternational Context, BROOK - INGSINSTIYUTION PRESSWashington D. C, 2001, p. 70.

输、付清所欠款项等义务，吉尔吉斯斯坦1998年5月对哈萨克斯坦停水10天。处在中亚绿洲农业集中地区的乌兹别克斯坦，与上游的塔吉克斯坦和下游哈萨克斯坦之间在水源问题上都曾发生过严重纠纷。乌兹别克斯坦曾经威胁要使用武力夺取锡尔河哈萨克斯坦境内的托克托古尔大坝，[①] 而对以水电立国的塔吉克斯坦，乌兹别克斯坦方面则以停止供应天然气进行报复，塔方扬言将锡尔河作为“在与乌兹别克斯坦任何领土争端中的一种进攻武器”。[②] 中亚各国政府在跨界水资源的纷争中互不相让，各持一词，个别政要已不止一次地发出“中亚水资源争夺势必引发战争”的威胁。尽管各国专家已经提出了多种解决方案，但在目前中亚各国之间的政治互信水平前提下，跨界水资源的分配问题将继续成为影响中亚各国关系的痼疾。

中亚地区跨界水资源分配长期存在矛盾和纠纷，而且时时演化成政治和安全危机，这为利益相关的域外大国插手地区战略博弈提供了契机。地理环境、战略资源、获取手段，向来是各国际政治主体占据有利战略地位的条件，也是影响一个特定地区地缘政治环境的因素之一。美国前国务卿克里斯托弗1996年撰文《环境政策和国家利益》，称“环境对美国的国家利益具有深远影响。例如，在尼罗河流域、阿拉伯半岛以及中亚和西南亚等地，水资源问题可能导致地区冲突。由于美国在这些地区具有重要的国家利益，这将促使我们介入其中，并实施干预。”[③] 刚刚独立后的国家综合实力尚不完整，在严重的水资源纠纷和国家关系危机面前急需寻求外部力量在政治、经济、安全方面的支持与援助。美国、俄罗斯等大国以及大国主导下的国际组织和金融机构，近

① B. Roberts, More on Water in Central Asia, Cenasia E – mail Discussion Group, 14 April, 1996.

② S. Akiner, Conflict, Stability and Development in Central Asia, in C. J. Dick, ed., Instabilities in Post – Communist Europe (Portsmouth: Carmichael &Sweet, 1996), p. 14.

③ 崔凤山：“话说环境与国防”，《中国国防报》，2001年10月15日。

年在解决中亚地区水资源争端中发着挥重要作用。如世界银行、欧盟、欧安会等国际组织的中亚经济援助项目，都将水资源作为重点，并以此为杠杆介入中亚地区事务。大国力量介入中亚地区水资源纠纷，无疑有助于从多边层面上解决中亚水资源危机问题，为协商解决中亚跨界河流利用问题提供更多的对话渠道，搭建综合性多边安全合作平台。但同时也使中亚地区政治稳定和经济发展的环境更加复杂，参与影响地缘政治格局构建的条件和因素更加多元。

金融海啸后的中亚国家

独立后的中亚各国出于不同的内政和外交需要，在与外部世界建立联系时采取了不同的态度和方式。哈萨克斯坦、吉尔吉斯斯坦以较大尺度的开放姿态，主动吸引世界各国的企业和资本进入本国市场，以此换取经济恢复时期急需的资金和技术，更重要的是还可以由此建立与外部世界接轨的路径和获得对外开放的经验。而乌兹别克斯坦、土库曼斯坦则对外部资本和技术的进入持极其谨慎、保守、甚至封闭的态度，用一种谨小慎微的心理防止本国经济出现所有制上的重大变化，由此抵制着独立后社会意识形态因经济基础变更可能发生的剧变。因此，全球化在中亚地区引起的反应是不一样的，世界经济发生的重大事件对中亚各国经济的震荡作用也是不一样的。

2008 年，由美国次贷危机引发的全球“金融海啸”将世界各大经济体推向危机的边缘，尤其是借全球化初期世界经济产业配置重组获得发展机会的新兴经济体和大多数发展中国家，经济发展速度大大减缓。新获独立的中亚各国经济尚处于自身发展模式的构建阶段，遭受冲击的力度是可想而知的。尤其是对外开放程度较高，而且主要依靠能源出口的哈萨克斯坦、土库曼斯坦等国，受到的影响程度较大。从各国经济总量增长的起伏中，可以明显看出哈萨克斯坦受到影响最早，下降幅度也较大。

中亚五国经济增长情况一览表（%）①

年份	哈萨克斯坦	乌兹别克斯坦	吉尔吉斯斯坦	塔吉克斯坦	土库曼斯坦
2004 年	9.6	7.7	7.0	10.6	9.0
2005 年	9.7	7.0	-0.3	7.5	6.0
2006 年	10.6	7.2	2.7	7.0	6.0
2007 年	8.5	9.5	8.5	7.2	21
2008 年	3.2	9.0	7.6	7.2	10.5

哈萨克斯坦在中亚五国中是经济开放度较高、对外金融联系最密切、近年来发展势头最好的经济体，然而国际金融危机对其突出地产生了两个层面的影响。一方面是对银行业和房地产业的影响。由于哈萨克斯坦金融市场的“银行业核心模式”特征，银行业占绝对主导地位，保险市场、养老金市场相对弱小，证券市场极不发达。截至 2008 年，国际资本纷纷涌入哈金融市场。2004—2010 年哈萨克斯坦外债总规模以每年 100 亿美元的速度递增，至 2010 年底外债总额达 1192.43 亿美元，占到 GDP 总值的 82%（2010 年哈国民生产总值为 1460 亿美元）。② 随着国际资本的涌入和国际能源、原材料价格的上涨，哈萨克斯坦的房地产、汽车等消费市场被拉动起来，国民在享受国际资本带来好处的同时，通货膨胀和房地产泡沫也被不断放大，尤其是房地产价格持

① 于树一：“国际金融危机对中亚国家经济影响的宏观分析”，《俄罗斯中亚东欧研究》，2010 年第 1 期。

② 中华人民共和国驻哈萨克斯坦大使馆经济商务参赞处，http：//kz.mofcom.gov.cn/aarticle/jmxw/201103/20110307476726.html。

续上升。2007年美国次贷危机发生后，引发了国际金融市场的急剧动荡。哈萨克斯坦从国际金融市场的融资大幅减少，触发了国内银行体系的流动性危机。金融危机爆发体现了哈萨克斯坦商业银行高度依赖国外融资的脆弱性，整个银行业的资产增速大幅下降，2008年降低了93%。受到连带性影响最直接和最深刻的，是哈萨克斯坦房地产业和建筑业。由于资金链的断裂，使其房地产业贷款呆坏账迅速增加，房地产价格和建筑材料价格暴跌。另一方面，金融业发生的危机马上对实体经济产生影响。2009年1月哈萨克斯坦固定资产投资同比减少13.9%，2010年又同比下降0.5%。[①] 由于国际金融危机还导致国际石油市场价格暴跌（从2007年的最高点149美元/桶一路跌至40多美元/桶左右，最低曾跌至36.7美元/桶）和国际矿产品市场价格普遍下挫与需求减少，共同造成了哈萨克斯坦政府石油收入大幅减少。结果使哈萨克斯坦经济出现以下趋势。第一，银行业资产质量持续恶化。截止2009年8月，哈萨克斯坦商业银行前7个月却净亏损2.3677万亿坚戈（1美元约合150坚戈），9月亏损额已高达4657亿坚戈。第二，经济增速明显放缓。2006年哈萨克斯坦GDP增幅为10.6%，2007年减为8.5%，2008年减为3.2%，2009年更减为1.2%。2010年GDP增长虽达7.0%，但仍未达到危机前的水平。第三，国家债务增加。截至2010年底，哈萨克斯坦国家债务总额为1192.43亿美元，占GDP总值的82%。第四，黄金外汇储备由升转降。2009年3月国家银行的净黄金外汇储备减少了4%，为188亿美元（如果从年初算起则减少了5%）。第五，本国货币大幅贬值。2009年2月4日，哈萨克斯坦央行宣布不维持本币对美

① 中华人民共和国驻哈萨克斯坦大使馆经济商务参赞处："哈萨克斯坦2010年宏观经济指标一览表"，http：//kz. mofcom. gov. cn/accessory/201005/1273637088357. pdf。

元的原有汇率，坚戈很快贬值25%。[①] 第六，企业用工不足引起就业困难。许多企业的减产、停产，导致大量失业。2008年第一季度哈失业率高达6.9%，2010年仍达5.5%的失业率。这些指标都足以让哈萨克斯坦登上第一批遭受美国次贷危机冲击且较为严重国家的名单，2008年“惠誉国际”将哈萨克斯坦列为经济最脆弱的国家之一。[②]

吉尔吉斯斯坦虽然在经济上一直保持较开放的政策，但是受到国内政治影响一直处于动荡之中。国内不同地方势力和利益集团对国家权力争夺引发的社会动荡，从2005年以后一直严重制约着社会经济的发展。国际金融危机的发生，更从外部加剧了吉尔吉斯斯坦原本困难的经济形势和摸索适合发展模式的困窘。首先，吉尔吉斯斯坦严重依赖外债和投资，国际金融危机使世界发达经济体和相关国际金融组织受到冲击，获取国际贷款和外来投资的难度增大，长期以来支撑国家财政的资金链难以紧密衔接。其次，吉尔吉斯斯坦出口的主要产品是电力资源、矿产资源和一些经过初级加工的农副产品（如水果、蔬菜和畜牧产品）。国际金融危机引起的世界能源、资源、原料市场价格严重下跌，吉尔吉斯斯坦出口商品能够打入的市场又基本是独联体国家，这些国家同样受到国际金融危机的打击使市场需求大大萎缩，导致吉尔吉斯斯坦原本就比较单一的商品出口数量锐减，从而更使经济形势雪上加霜。第三，吉尔吉斯斯坦因国内经济不景气，工作年龄人口就业困难，上百万人在国外打工（主要在俄罗斯、哈萨克斯坦等独联体国家），境外劳工侨汇已是国家收入的重要部分。因受到国际金融危机打击，俄罗斯、哈萨克斯坦劳务市场大大萎

---

① 秦放鸣、杨冬雷：“国际金融危机对中亚各国经济社会发展的影响分析”，《特区经济》，2011年第12期。

② 李自国：“国际金融海啸的冲击与哈萨克斯坦的对策”，《国际问题研究》，2009年第1期，第62页。

缩，本国公民工作都难以保障，于是通过移民政策和签证制度调节，这又使大批吉尔吉斯斯坦公民不得不回到祖国。这一形势变化不仅使吉尔吉斯斯坦失去了重要的外汇来源，而且又加剧了国内就业的压力，对社会政治稳定造成严重威胁。2010 年 4 月，吉尔吉斯斯坦再次以街头革命的暴力形式完成国家权力非正常更迭，来自境外的大国势力导演“颜色革命”是重要背景，但经济形势的内外交困让广大民众对国家前途绝望，更是导致这场国家动荡（包括在奥什发生的严重民族仇杀事件）的重要内因。

塔吉克斯坦的经济结构与国际金融危机影响的领域与吉尔吉斯斯坦极为相似。对外债和外来投资的依赖、单一的资源型出口结构（主要也是电能和矿产）、对俄罗斯等独联体国家劳务市场的需要等等，甚至在有些领域问题比吉尔吉斯斯坦还要突出（如在俄罗斯打工的塔吉克斯坦公民寄回国的侨汇占国家年 GDP 的 45% 以上）。但塔吉克斯坦的经济体量毕竟比吉尔吉斯斯坦小得多，所以同样是内外交困、雪上加霜的打击却没有造成局部性的动荡。

乌兹别克斯坦的经济结构较之哈萨克斯坦和吉尔吉斯斯坦要封闭保守得多，卡里莫夫总统始终坚持着几个重要的国家发展原则：第一，社会经济的转型不能过快，否则会引起社会不同阶层的不均衡和意识形态上的失控；第二，希望得到外来的投资和贷款，但绝对不能形成依赖甚至受到外来资本的控制，对已经进入乌兹别克斯坦的外来资本予以严格监控；第三，无论在政治上还是在经济上，不能形成对某一个大国的依赖，而是在与不同大国的关系中维持一种动态的平衡。乌兹别克斯坦得天独厚的地缘条件和门类齐全的资源储备，为实现卡里莫夫总统这种相对稳妥或保守的经济发展战略提供了可能。恰恰由于这种经济发展政策，国际金融危机对乌兹别克斯坦的冲击要轻了许多。但是，全面爆发的国际金融危机不可能不对乌兹别克斯坦留下影响，而且这种影响在以后的几年中越来越清晰地显现出来。首先，乌兹别克斯坦的经济发展仍未超脱资源出口型特征，所谓“四金战略”（棉花、天然气、石油、黄金）的生产和加工主要面向出口，而且随着交通条件的改善，棉花、天然气等原料出口量在逐年增加。国际金融危机引起的原材料价格快速下跌，同样对乌兹别克斯坦的出口带来严重影响。其次，乌兹别克斯坦是个人口大国，国内就业形势紧张，有超过100万人劳务输出队伍在境外打工，是中亚最大的劳务输出国。[①] 国际金融危机对乌兹别克斯坦侨汇收入和返乡就业的压力可想而知。但由于国家对外开放的程度低，而且国家的主要经济部门和金融体系都在国家的严格掌控之下，国际金融危机对乌兹别克斯坦的影响表现是滞后的或是隐性的。但这并不等于影响不严重，在2009年卡里莫夫总统发表的“乌兹别克斯坦应对世界金融危机的途径和措施”中，也承认国际金融危机“的严重后果，正在影响着乌兹别克斯坦经济的效率和发展。由于世界市场对乌兹别克斯坦一些产品，比如贵金属、有色金属、棉花、铀、石油产品和化肥等的需求减少，导致这些商品的出口价格下降，进而造成经营企业和投资者的收益减少，并最终影响到国家的经济增速和宏观经济指标”。“国际金融危机对乌兹别克斯坦的影响，是由于外部需求减少和国内主要出口产品的世界市场价格下降而导致出口导向型企业及其相关产业受到牵连，同时这种影响也将不利于乌兹别克斯坦经济保持稳定和效率，对实行早先制定的计划和实现确定的目标设置了障碍”。[②] 必须承认，这位经济学家出身的国家领导人分析自己国家面对世界金融危机的影响时，眼光是敏锐的，评估是客观的，担心也是有充分

① Дмитрий Аляев：Мировой кризис обойдет Узбекисиан стороной，http：//www. dw－world. de/dw/article/0，3760458，00. html.

② ［乌］伊斯拉姆·卡里莫夫：“乌兹别克斯坦应对世界金融危机的措施”，《俄罗斯中亚东欧市场》，2009年第7期，第3页。

理由的。

从上述几个典型中亚国家受到国际金融危机影响的案例中，我们大致可以得出这样的结论：由于中亚地区特殊的地缘政治环境和独立后实行的特定经济政策，国际金融危机作为一种全球化时代的非传统安全因素，尚不至于直接引发地区及各国的社会动荡和安全危机。但是它却可以作用于中亚各国不同的社会经济弱点，加剧各国在经济体系重建和经济模式探索中遇到的困难，增加国家经济体制转型时期面临的风险。尤其在中亚地区一些特定的国家和地区，这种经济风险完全有可能转化成为政治上和安全上的风险，甚至演化成大国战略博弈中域外势力介入的切入点，由此撬动中亚地缘政治格局转向对某一势力有利的方向，进而打破原有的战略平衡，引起地区性政治动荡。

中亚民族文化寻根的焦虑

苏联解体后，中亚各国纷纷从自己的民族历史中尽量发掘出具有积极意义的文化积淀，充实到正处在价值观紊乱和意识形态真空的社会精神生活中。突厥民族联合体进入中亚后留下的文化痕迹、伊斯兰教在中亚各民族中传播的历史和文化遗迹、蒙古人征服中亚后建立的强大汗国，中亚各国的政治精英们煞费苦心，从中寻找着一切可能为新独立国家凝聚民族精神带来正能量的东西。哈萨克斯坦将匈奴时期塞种人文化遗迹中的金人雕塑高高树立在了阿拉木图独立广场上，2011 年阿拉木图冬季亚运会上又将艺术化的金人形象在开幕式上高调推出；乌兹别克斯坦将建立庞大帝国的突厥化蒙古人贴木儿认作本民族的“开国帝王”，甚至不顾当年乌兹别克汗国兴起后将贴木儿的五世孙巴布尔赶走的事实，建立起纪念艾米尔帖木儿丰功伟绩的“帖木儿家庭历史博物馆”；吉尔吉斯斯坦于1995年隆重举行《玛纳斯史诗》问世1000年纪念活动，总统、总理等27名政要联名发表《玛纳斯宣言》；塔吉克斯坦在首都杜尚别树立起高大的萨曼尼纪念雕塑，将9—11世纪统治中亚和波斯的萨曼王朝作为民族国家历史渊源。从发掘自身民族历史为新获独立国家政治服务的角度看，中亚各国的做法本也无可厚非。但是，中亚五国的民族国家发展进程历经复杂的过程，完全按照现实政治需要进行这种民族文化的“寻根”是个很勉强的“造史工程”。

历史上的中亚各民族在大多数时期并没有完成各自统一的民族自觉过程，而且往往政治上的国家认同（包括希腊—马其顿、波斯帝国、突厥汗国、阿拔斯王朝、蒙古汗国、帖木儿帝国等跨地区、甚至跨大洲的强大政权）高于民族认同。中亚地区特殊的地理位置造成了这样一种很现实的传统，由于不断受到来自周边强权的征服，各个民族发展的历史片断化、碎片化。在一个特定的历史时期第一位要确定的集体身份是属于哪个帝国（或汗国）统治下的臣民，其次才是属于什么部落、部落联盟、部族、民族。直到18世纪俄罗斯殖民势力进入中亚地区时，今天中亚五国的各大主体民族仍未完成现代民族意义上的民族自觉和民族认同过程。至于今天人们通常认识中的中亚各民族，形成的历史和时间大都是在为建立苏联开始进行民族划界工作后，且是由俄罗斯的民族学家和历史学家们完成的。这样一来问题就产生了，许多属于中亚各民族（甚至还要宽泛得多）共同的历史文化遗产，作为某一个现代中亚民族的专有文化传统界定就明显缺乏科学性和说服力。例如，帖木儿帝国创建者的身份在乌兹别克斯坦学术界与世界中亚学界就存在很大争议，可以确定在地域上属于乌兹别克斯坦的只有帖木儿出生地沙赫里夏帕兹和帖木儿帝国首都撒马尔罕；又例如被塔吉克斯坦奉为本民族辉煌历史的萨曼王朝，在两个多世纪的时间段里统治了中亚、伊朗、阿富汗等广大地区，这种专有的文化继承无论在学术上还是在习惯上都遭到普遍质疑。独立后的中亚国家几乎一致的做法带来的争议不仅是学术层面的，如塔吉克斯坦对乌兹别克斯坦垄断撒马尔罕、布哈拉、希瓦等历史遗迹的不满，甚至上升到影响国家关系的程度。无法公正、客观地面对错综复杂的共同历史，只一味服务于当代政治需要，出现这种纠结甚至无奈在所难免。

另一种纠结来自于对宗教文化的态度。中亚地区所有居民有80%以上信仰伊斯兰教，中亚五国的五个主体民族也都信仰伊斯兰教。苏联解体后，苏共维持了近70年的意识形态被否定，急需一种能够让全民普遍接受的精神文化载体来充填。同时，作为对苏联时期强硬无神论政策的反弹，“伊斯兰复兴”运动成为普遍出现在中亚各国社会的政治文化思潮。为了完成两个不同时代间的社会意识形态的过渡，中亚各国领导人也曾试图借用宗教的传统力量。1991年乌兹别克斯坦总统卡里莫夫在接受国家媒体采访时郑重表示，“伊斯兰教是我们千千万万同胞的良心、本质和生活”。[①] 在独立后通过第一次直选担任乌兹别克斯坦总统后的就职典礼上，卡里莫夫一手抚共和国宪法，一手抚《古兰经》，向自己的人民也向世界宣示了伊斯兰教在这个中亚民族国家构建过程中的地位。但是，苏联解体前后生成的“伊斯兰复兴”思潮很快恶性膨胀为极端主义政治势力，并与阿富汗伊斯兰原教旨主义合流一处，在中亚地区挑起一次次暴力袭击事件。尤其是当打着“乌兹别克斯坦伊斯兰运动”旗号的恐怖主义组织在中亚吉尔吉斯斯坦、乌兹别克斯坦、塔吉克斯坦三国交界处制造“巴特肯事件”后，利用伊斯兰宗教传统的尝试被束之高阁。

第三种纠结来自于对待中亚曾经的俄罗斯化历史。苏联解体后，中亚各国的政权建设和意识形态建设中“去俄罗斯化”是一

① Ислам Каримов：У нас есть свой путь，《Правда Вастока》，20 Декабря 1991 г. С. 2

个共性的主题。尽管中亚五国由于与俄罗斯不同的地缘关系和政治渊源，各国清算这笔历史遗产的做法和程度不尽相同，但在构建民族国家精神殿堂的共同政治需求下，否定俄罗斯殖民文化对本民族文化影响的做法是高度一致的。这不仅体现在取消大量俄罗斯地名、用拉丁字母和阿拉伯字母取代基里尔字母拼写本民族文字上，还在于对本民族历史以及与俄罗斯关系史的颠覆性重写。苏联时期撰写的中亚五国历史中关于“并入”或“加入”俄罗斯的提法，在独立后的各国历史中全部改为“吞并”、“征服”和“侵略”等字样。不仅十八九世纪时沙俄殖民中亚的历史被重写，20 世纪“十月革命”后的历史也被“更正”。然而，不论沙俄及苏联时代中亚各民族与俄罗斯之间的关系经历了怎样的不公正和不平等，代表当时欧洲工业文明的俄罗斯文化毕竟在客观上推动了中亚地区的社会进步。否定了这一阶段的历史，也就否定了自己民族进程中曾经历的积极阶段。不仅在理论上这个道理是显而易见的，而且俄罗斯文化已经融合成为目前中亚各民族文化的一部分。尽管中亚各国在独立后纷纷将本民族语言以宪法的方式定为“国语”，但俄罗斯民族心理、国家建设中的俄罗斯政治文化体现、俄语式的逻辑思维习惯和成熟的俄语正字规则，在近 25 年后的今天仍然在社会生活中占有难以替代的地位。也正因为如此，中亚各国又纷纷在宪法中增加了关系于“俄语是族际交流语言”的条款。当然，中亚各国独立后对外发展关系的趋势是多元化的，掌握欧美语言的国际化人才正充实着社会各重要岗位。但同时人们也看到，俄语教学仍然受到高度重视，许多中亚国家政治、商业、文化精英仍坚持让他们的子女学习俄语。这不仅是由于俄罗斯文化的强大影响还存在于中亚地区，更重要的是俄罗斯对中亚地区强大的地缘影响在短时期内还是不可能被彻底替代和改变的。

最后，中亚各国在构建民族国家社会文化的过程中，还面临着在传统与现代分寸上的把握和选择。这对试图利用民族传统文化凝聚新获独立国家精神力量的中亚各国领导层而言的确是个两难的课题：一方面，中亚各国需要抓住全球化带来的一切机遇，以加强同世界经济的联系来克服固有的地缘经济困境；另一方面，强劲的全球化进程在弱化着一切地方性、民族性的要素，必要的国际化、开放性、趋同性势必与构建民族国家认同的过程发生相反的作用力。伴随着全球化浪潮的文化影响，中亚各国都在努力尝试解决这一难题。如何才能既坚持主体文化的本源，又适应与世界经济和现代文化的完美对接。土库曼斯坦前总统耗费数年写作《鲁赫纳玛》、乌兹别克斯坦将传统社区“马哈拉”作为国家治理的最基层单位、哈萨克斯坦将“纳乌鲁兹节”办成欧亚国际节日等，都属于在这个领域中的积极尝试。苏联解体二十多年后，独联体国家的发展差距越来越明显。仅对整个欧亚地区而言，中亚仍然属于文化上相对封闭的地区，与政治、经济稳定相适应的文化守势始终占据主流。这种滞后状态势必妨碍中亚各国社会政治和经济的顺利发展，徬徨于创新和保守之间的民族文化心态仍难彻底改观。

面对这些不得不接受的两难选择，中亚各国民族心理的成熟性和各国领导人的政治智慧面临着考验。独立近25年来，中亚各国的政治建设和经济发展出现明显差距，在解决民族国家文化认同的问题上表现出来的政治自信程度也有所不同，采取的措施也各不一样。但中亚五国主体民族历史文化传统的不确定性，决定了各国在文化自信上的共同缺失，从而也导致了各国政府在构建民族国家的文化政策上的不成熟性和摇摆性。哈萨克斯坦将出生在突厥斯坦的阿里·法拉比（约870—950年）尊为哈萨克民族文化的先知和圣人，但阿里·法拉比30岁时就到了巴格达，后来在哲学、医学、逻辑学等方面取得世界性成就时已在大马士革，如果将他与哈萨克民族的文明史联系起来未免牵强。吉尔吉斯斯坦和哈萨克斯坦都将本民族游牧生活的毡房结构融入各自的国旗和国徽，以示对本民族游牧历史文化的传承。但两国民俗学家均不承认这一游牧民居形式与蒙古汗国西征的关系，甚至一听到外国人以“蒙古包”或“蒙古式毡房”相称时都表现出一种过度敏感的排斥心态。乌兹别克斯坦政府明令本国公民不准过西方节日，而且每当圣诞节、万圣节、甚至愚人节到来时都在媒体舆论、社会治安、娱乐聚会等方面严格管控、高度戒备。这些不能算作成熟和有效的做法，一方面说明了中亚各国领导人敏锐地意识到了作为一个民族国家所需要的文化认同过程尚未完成，另一方面又显示了中亚国家面对多元的历史文化和全球化带来文化冲击的惶恐与紊乱。从当今中亚各国所处的地缘政治环境来看，文化安全的问题尚不如政治安全和经济安全问题那么直接影响国家及地区的稳定。但若以长远的视角观察，民族文化认同如果始终不能获得一套恰当的解决方案，势必将为全球化和国际化的挑战留下脆弱的软肋。

被全球治理遗忘的角落

随着经济全球化进程深入发展，各国家主体和国际社会面临的共性问题也越来越突出。一方面，由这些共性问题引发的危机和风险影响是广泛的，它将不受国家和地区的局限，也不特别针对某一两个国家主体，成为多数国家甚至整个国际社会不得不认真面对和解决的课题。另一方面，由于全球化发展是产生这些共性问题的时代背景，仅仅靠一国或少数几国的力量和行动基本无助于问题的解决。而且，当解决这类问题的意愿与行动不能成为多数国家主体和主流国际社会自觉行为或制度性安排时，缺乏一定代表性和覆盖面的效果也对解决这类全球性问题无济于事。于是，全球治理的概念被广泛接受。

全球治理的概念由一些西方学者在20世纪90年代提出，基本的理念包括，认为与权力相比，治理是一种内涵更加丰富的现象，其中既包括政府机制，同时也包括非政府机制。而全球治理则是一套没有公共权威的、管理人类活动的、行之有效的机制。对此概念中国学者也做出了进一步的解读，他们将全球治理的要素划分为五个：全球治理的价值、全球治理的规制、全球治理的主体或基本单元、全球治理的对象或客体以及全球治理的结果。另有学者认为，全球治理包括这样几个要素：文化价值、制度以及行动。至于全球治理的主体，中国学者也提出了以下分类：第一，各国政府、政府部门及次国家的政府当局；第二，正式的国际组织，如联合国、世界银行、世界贸易组织、国际货币基金组织等等；第三，非正式的全球公民社会组织。①

如果以上述全球治理的视角审视中亚地区，我们大致可以看到这样几个问题。第一，全球治理问题突出存在与需要的矛盾。无论是中亚地区越来越严峻的人口问题、水资源问题，还是与地区或全球同样不无关联的民族关系问题和宗教极端主义问题，都可以适用全球治理的原则。例如，目前以及未来对中亚各国的发展和稳定带来严重影响的跨界水资源问题，除了国家间关系的制约因素外，全球气候变暖和帕米尔高原、天山山脉冰川萎缩都是世界性问题，不是单靠一个国家的政策改变或几个国家政策的协调就可以基本解决的。但是中亚各国作为新获得独立的国家，全民和精英对于主权的呵护与珍视心理，远远超过借助外力解决这些地区性和全球性问题的需求。这种本属于不成熟民族国家的心理，发酵成为一种政府行为和国家行为，并妨碍着对全球治理理念的理解和接受，甚至表现为基本拒绝的态度。第二，对治理主

① 苏长和：《全球公共问题与国际合作：一种制度的分析》，上海人民出版社，2000年版，第2页。

体的身份认同问题。苏联解体后，中亚国家对各自政治文化和价值体系的构建，源于对各自民族历史传统的挖掘，体现出了明显的差异性。鉴于这些内在的差异性，中亚各国对待有意愿和有可能参与地区及全球治理的主体（本国政府除外）持不同程度的排斥态度。这种排斥心态既可能出于国家政治上的特殊禁忌，也可能出于民族心理上的特殊认同，还可能出于民族心理和宗教传统构成的综合意识形态力量，这些都能导致对本国政府以外的治理参与者采取不认同的立场。例如，乌兹别克斯坦、土库曼斯坦以及塔吉克斯坦等国对不同背景的非政府组织至今仍然保持戒备甚至抵制的态度，一些活跃在欧洲、甚至亚洲、拉丁美洲和非洲的发展中国家的非政府组织，不仅难以在中亚地区正常活动，甚至无法注册立足。第三，大国利益博弈导致的治理价值差异。由于俄罗斯、美国、欧盟等域外强权中心在中亚地区的战略利益定位不同，决定了它们参与中亚全球性问题治理的行动，实际上与它们在这一地区巩固利益存在和彼此战略博弈的行动结合在一起。如在对待中亚地区安全问题的认识中，俄罗斯、美国、欧盟等域外大国的认识就存在极大的差异。而且，基于这些差异，大国们与中亚各国政府合作解决问题的方式也大相径庭。这一因素不仅影响了全球治理意识在中亚地区被普遍接受的程度以及各国参与质量，甚至由此导致全球治理无缘在中亚地区产生最基本的积极影响。

曾有学者根据对待各类重大非传统安全问题的态度，将各国家主体划分为三大类：第一类被称为主动型国家，即不仅对非传统安全问题的存在有高度的认同，同时也有解决的意愿和行动的能力；第二类被称为被动型国家，即对非传统安全因素的威胁有一定的认识，也有配合解决的意愿，但却不具备主动解决的行动能力；第三类被称为消极型国家，这类国家由于社会发展水平，政府治理的关注和能力尚停留在对军事、政治、经济等传统安全领域之中，对其他国家和国际社会在非传统安全领域中的努力持与己无关的态度，因而也基本谈不上意识和行动的问题。中亚国家多数介于第二类和第三类之间，个别的完全属于第三类。这种地区性的对非传统安全问题的认识滞后状态，不仅在短时期内难以得到根本性的改变，而且从这个意义上对地区整体安全形势的发展积累着更多变数。不过从目前中亚总体地缘政治格局和主要安全风险指标来看，这种积累尚处于量变的范围之内。

第九章　新安全观与新合作方式地缘政治启示

转化冷战“负资产”的成功尝试

从20世纪开始的冷战，实际上是全球战略力量平衡问题以战争形式未能充分解决背景下的大国间继续角力。世界各强权体系借战争时机以军事手段完成了全球的势力范围划分后，却因战后力量对比出现重大变化，又开始包括军备竞赛和软实力竞争在内的综合力量博弈。这场博弈终于以苏东集团的瓦解宣告结束，这场地缘政治地震给中亚地区带来的影响甚至超过了两次世界大战。

作为苏联继承者的俄罗斯、哈萨克斯坦、吉尔吉斯斯坦和塔吉克斯坦，在这场政治地震中经历的国家社会剧变和国民观念颠覆不言而喻。在近现代历史上与苏联有着千丝万缕联系的中国，同样也在这场强大的震荡中一时不得要领。苏联对中国近现代历史的深刻影响既体现在对中国社会的发展道路和制度建设上，还包括双边关系恶化几乎酿成一代人的战争悲剧。近30年的中苏对抗历史，在两个国家民众心理上留下深深的沟壑。然而，在中国人民毫无心理准备的情况下，北方超级大国骤然解体，这种视觉上的冲击甚至让人一时难以置信。因为，这个时代的中国民众关于苏联或中苏关系的记忆几乎都与战争威胁和战争准备有关。尤其典型的事件是爆发在1969年的中苏军事冲突：一场是发生在中苏东部边境的珍宝岛事件，中国军人的顽强使苏联当局遭遇了1968年入侵捷克斯洛伐克后的第一次军事失败；另一场是发生在中苏西部边境的铁列克提事件，在苏军充分预谋和准备的一场伏击中，中国边防军一支38人的巡逻队无一人幸免。今天，位于黑龙江省虎林市的珍宝岛已经成为中国国内夏季旅游的胜地，养护完好的生态、清凉宜人的气候，吸引各地的游客。然而除了经历过那个时代的人，又有多少人能够从景点说明文字里体会到当年中苏军事冲突的硝烟和血腥。一首军旅歌曲《小白杨》，几乎让全中国人民都知道了位于新疆维吾尔自治区塔城裕敏县塔斯提哨所。文艺工作者们到这里创作、采风，青年学生到这里接受爱国主义和国防教育。但是他们却不一定都能理解，当年发生在哨所前布尔干河河床中的严酷战斗中，38名中国军人以他们年轻的身躯阻挡苏军坦克和装甲车的英勇和壮烈。这就是20世纪六七十年代中苏关系的缩影，尽管几经双方领导人和外交、联络等部门的斡旋而脱离了战争一触即发的危险，[①] 但意识形态的对抗和军事力量的对峙却一直持续了20多年。

苏联解体后，在对世界战略力量变化做出准确、客观评估的前提下，中国及原苏联与中国有着共同边界的法定继承人——俄罗斯、哈萨克斯坦、吉尔吉斯斯坦、塔吉克斯坦五国，是继续强化这样一种对抗或准对抗的关系，还是摆脱这种对抗关系的束

---

① 珍宝岛事件后，苏联国防部长格列奇科曾主张对中国进行一次“外科手术式的袭击”。1969年9月，在各社会主义国家领导人赴河内参加越南劳动党主席胡志明的葬礼后，应苏联部长会议主席柯西金返回莫斯科途中在北京作“技术性经停”的要求，中国总理周恩来与柯西金在北京机场进行了三个多小时的会谈，基本化解了当时中苏之间的准战争状态。参见周晓沛：《中苏中俄关系亲历记》，世界知识出版社，2010年9月版，第38页。

缚，建立一种对彼此有利的新型关系，这是一个既重大又紧迫的抉择。显然，前一选择是对谁都不利的方案。当时苏联在世界上争夺全球性霸权，头号的对手是美国及其主导的西方阵营。因而在作为超级大国的苏联解体时，这些碎片化了的继承者们首先担心的是力量对比发生了重大变化后的安全威胁。同时，他们更加关注的是凝聚起新独立国家的精神力量，防止国家继续分化瓦解。对于第一个后苏联国家的领导人而言，尽量减少宿敌和化解历史恩怨，后一方案自然是最佳选择。但是，第二种选择前景虽然光明诱人，可实际操作起来却有着许多法律、观念和国际政治上的障碍。例如，在珍宝岛事件之前，苏联在中苏边境地区部署了 12 个机械化步兵师。在珍宝岛事件发生的数个月以后，苏军又增加了陆军 55 个师，空军、防空军 24 个师，海军 13 万人。加上在蒙古人民共和国的苏联驻军，中国的北方边境真可称得上面临着陈兵百万的军事压力。当然，中国方面也在 20 世纪七八十年代建立了防范苏联发动突然袭击的全面防御体系，并进行了“全民皆兵、备战备荒”的战略动员。当均把对方视为最危险敌人的中苏双方将军事对抗的准备一再升级至临界水平时，对抗的一方主体却突然消失了。这样的历史将沉重的冷战遗产留给了中国和苏联 4 个新独立的国家主体继承者。怎样对待这笔沉重的遗产，对各国的决策者都将是一次考验。

其实，在苏联解体前，中苏双方不仅已经开始了争取保持两国关系正常化和避免战争风险的谈判，也重新启动了 20 世纪 60 年代后中断多年的中苏边界问题谈判。促成中苏双边保持接触的原因，不单单是两国领导人都担心中苏间大规模军事冲突的爆发，还包括毛泽东、周恩来等中国领导人巧妙运用民间外交，启动了中国与美国间的对话和接触，并促成了时任美国总统尼克松于 1972 年访问中国。在大国战略博弈的力量变化的压力下，苏联领导人不得不重新考虑对华关系上的策略调整。但是，苏联作为当时世界上第二个超级大国的地位尚未发生变化，苏联在世界范围与美国及西方集团争夺全球霸权的基本战略宗旨没有变，苏联政府在对华问题上的大国沙文主义和霸权主义的基本立场也不会变。这三个基本不变决定了当时中苏关系发展不可能出现实质性的突破，而且还导致了中苏边境问题谈判的多次中断。不过，在避免两国因出现战略误判而发生军事冲突的问题上，中苏间还是找到了契合点，甚至形成了一种约定俗成的、非正式的冲突预防机制。另外，这时的中国正处在“史无前例的文化大革命”当中。意识形态上的极端主义由国内政治向外交扩展，“反帝反修”取代了和平共处五项基本原则。面对苏联军方有组织、有计划制造的边境冲突，中国边防军人首先要高声朗诵毛主席语录，即使在迫不得已进行自卫还击时，与当时最简单的武器装备同样不能放弃的，是人手一册的“红宝书”。当珍宝岛事件发生后，苏联部长会议主席柯西金急于与中国领导人电话沟通，却戏剧性地遭到中国外交部和中央办公厅总机接线员的拒绝和斥责。[①] 这种弥漫在全党、全军和全国人民中的政治狂热，也极大地妨碍着中国政府理性地与苏联当局开展解决边境问题的实质性谈判。

当中国结束“文革”时代，开始了政治上和经济上的改革开放，对外关系上以意识形态划线的做法也被逐步扭转。苏联领导人也不失时机地认识到，要适时捕捉住与中国改善关系的转折点。1982 年 3 月，时任苏共中央总书记的勃列日涅夫到乌兹别克

① 1969 年 3 月，中苏边境珍宝岛事件发生后，苏联部长会议主席柯西金通过高频通讯装置直接打电话给中国外交部，要求接通毛泽东主席或周恩来总理办公室进行直接谈话，就中苏边境地区的严重形势沟通立场，以求防止事态进一步恶化。但是柯西金的电话被转接到中南海时，中央办公厅机要局的一位女值班员接电话时听到对方是柯西金，就严词痛斥道：你是个苏联修正主义的头子，有什么资格和我们伟大的领袖对话。当柯西金表示也可以与周恩来总理通话时，这位女话务员又说，我们敬爱的周总理工作这么繁忙，哪有时间和你这个苏修头子对话，不等对方反应就把电话挂了。后来苏方连续拨了四次，都被中方以“我们的伟大领袖毛主席坚决不与苏修坏蛋柯西金通话”的态度挂断。对此，曾任柯西金翻译的顾达寿撰写的回忆录《我在中国的生涯》中有所记述。

社会主义共和国视察指导工作，在这个邻近中国的中亚共和国首都塔什干发表了一篇对中苏关系含有历史新意的讲话。在这篇讲话中，勃列日涅夫向中方主要释放出了三点重要信号：第一，“我们过去没有否认，现在也不否认中国存在着社会主义社会制度，尽管我们过去和现在都公开批评中国领导所奉行的政策（尤其是对外政策）中许多不符合社会主义原则与准则的观点，但我们从来也不想干涉中华人民共和国的内部生活”；第二，“我们过去和现在从未以任何方式支持所谓‘两个中国’的概念，过去完全承认、现在仍然承认中华人民共和国对台湾岛的主权”；第三，苏联方面“准备在任何时候继续就现存的边界问题举行谈判，以便达到彼此可以接受的解决办法，我们还准备讨论关于在加强苏中边界地区的相互信任方面采取可能的措施的问题”。[①] 对此中国领导人及时正确解读了苏联领导层发出的信息，马上在国家媒体上做出了积极回应。同时，在后来接待罗马尼亚总统齐奥赛斯库（实际上充当了勃列日涅夫的特使）时，中国领导人及时地指出了苏军入侵阿富汗、苏联支持越南占领柬埔寨、面对中国边境陈兵百万，是阻碍两国进行国家关系正常化和解决边境问题谈判的三大障碍。而当时中苏边境上严重不对称的军事力量对比，是首先必须解决的基本前提。[②] 在经历了老化的苏联最高领导层几次更迭后，当戈尔巴乔夫推动以“新思维”主导的政治改革时，对华政策也成为内外瞩目的焦点之一。1986 年 7 月，在弗拉迪沃斯

---

① 吴跃农：“从‘塔什干讲话’到‘海参崴讲话’：中苏关系正常化历程”（上），人民网中国共产党新闻网，2011 年 11 月 1 日，http：//dangshi. people. com. cn/GB/16098926. html。

② 1982 年 4 月 16 日，邓小平在人民大会堂福建厅会见齐奥塞斯库时，请齐奥塞斯库给勃列日涅夫带回口信，中方已经注意到了苏方的积极信号。但是邓小平尖锐地指出：“我们重视实际行动，实际行动就包括阿富汗、柬埔寨问题，包括在我们的边界屯兵在内”。说到这里，邓小平加重语气对齐奥塞斯库说：“屯兵 100 万啊！不谈这些具体行动，有什么基础？”参见吴跃农：“从‘塔什干讲话’到‘海参崴讲话’：中苏关系正常化历程”（下），中国社会科学网，2011 年 9 月 19 日，http：//www. cssn. cn/ddzg/ddzg_ ldjs/wj/201201/P020131031386209855531. pdf。

托克（海参崴）视察的戈尔巴乔夫发表讲话，对 4 年前中国领导人提出的要求做出了积极的回应：苏联将从阿富汗分阶段撤出军队；并正在同蒙古人民共和国讨论撤出大部分苏军的问题；愿意同中国政府讨论削减中苏边境地区驻军的问题；同意按主航道中心线划分黑龙江边界走向等等。① 这不仅是对中国领导人关于中苏关系缓和三大障碍的针对性回应，也是自 60 年代中苏关系恶化以来传递出的最积极的一组信号。中方同样对这次积极的表态表示欢迎，经过工作层面的推动，最终促成了中苏双方于 1987 年 2 月重启边境问题谈判。

截止 1991 年苏联解体之前，中苏之间关于边境问题的谈判进行了多次。尽管这一过程仍然是一波三折，但毕竟取得了许多实质性的成果，尤其是在 1989 年 5 月戈尔巴乔夫访华使中苏双方关系实现正常化之后。1989 年中苏领导人会晤和 1991 年 5 月江泽民主席访苏时分别签署的《中苏联合公报》，定下了“告别过去，开辟未来”的双边关系发展基调。② 而且，1987 年 2 月和 8 月的两轮中苏副外长级谈判，基本确定了解决中苏边境问题（首先是东段）的指导性原则。到 1991 年 5 月中苏领导人在北京会晤时，两国外交部签署了《中苏国界东段协定》。可以看出，此时中苏之间为解决边境问题的谈判与磋商已经进入实际操作阶段。然而，就在这一年的 12 月底，苏联的俄罗斯、白俄罗斯、乌克兰三国领导人共同签署了《别洛韦日协定》，宣布了苏联历史的终结。

由于持续了几十年的谈判主体发生了变化，这场为化解冷战负遗产的长期努力是否要继续下去，如何继续下去，这是摆在中国及与中国有共同边境的原苏联国家面前最直接的问题。对这个问题中国政府的态度非常坚定，1991 年 12 月 25 日，中国外交部发言人明确表示，中国政府愿意继续履行与原苏联政府签署的各

① 周晓沛：《中苏中俄关系亲历记》，世界知识出版社，2010 年 9 月版，第 45 页。

② 徐天新、梁志明、谭圣安：《当代世界史》，人民出版社，1993 年 7 月版，第 98 页。

项条约、协定和有关文件所规定的义务，并希望原苏联的各有关共和国在独立后仍能履行此前苏联政府与中国政府签署的各项条约与协定。1992 年 1 月初，中国政府与哈萨克斯坦、吉尔吉斯斯坦、塔吉克斯坦等中亚国家建立了正式外交关系。2 月，中国和俄罗斯两国立法机构分别批准了《中俄国界东段协定》（以《中苏国界东段协定》为蓝本）。这些外交成果的取得，坚定了中国与原苏联各国继往开来推动解决边境问题的信心。同年 9 月，苏联与中国领土接壤的俄罗斯、哈萨克斯坦、吉尔吉斯斯坦、塔吉克斯坦四国的代表在明斯克举行会议，商讨面临的共同形势及与中国边境谈判是否继续问题。根据各国独立后面临的最严峻安全问题，会议商定首先与中方讨论削减军事力量和实现边境地区军事互信的问题，并签订了内部协定，组成了联合代表团。1993 年 2 月，中国与俄罗斯、哈萨克斯坦、吉尔吉斯斯坦、塔吉克斯坦"五国两方"的特殊谈判阵容第一次开始会谈。尽管在谈判中在一些具体问题上仍然存在许多分歧，但在尊重和继承中苏时期边境谈判成果这一点上却是一致的。[①]

随着 1994 年《中俄国界西段协定》《中哈国界协定》的签署，各国将亟待解决边境问题的焦点集中到冷战时期遗留下来的军事安全问题上。1995 年 11 月，"五国两方"代表草签了《中国、俄罗斯、哈萨克斯坦、吉尔吉斯斯坦、塔吉克斯坦五国关于在边境地区加强军事领域信任协定》（这个协定是在 1990 年 4 月中苏两国政府《关于在中苏边境地区相互裁减军事力量和加强信任的指导原则协定》相应内容基础上改写的）。

1996 年 4 月 26 日，中国国家主席江泽民、俄罗斯总统叶利钦、哈萨克斯坦总统纳扎尔巴耶夫、吉尔吉斯斯坦总统阿卡耶夫和塔吉克斯坦总统拉赫曼诺夫在上海举行会晤，共同签署了

① 中国现代国际关系研究所民族与宗教研究中心：《上海合作组织——新安全观与新机制》，时事出版社，2002 年 2 月版，第 124 页。

《中、俄、哈、吉、塔关于在边境地区加强军事领域信任协定》。在会见和签字仪式上，江泽民对俄、哈、吉、塔四国元首表示，“这次签署的协定是我们五国多年谈判的成果，它的签署必将促进双方（此时的谈判包括签署的文件中仍保持以中国为一方，以俄罗斯、哈萨克斯坦、吉尔吉斯斯坦、塔吉克斯坦为另一方的“双边”形式）边境地区的安宁与稳定，有利于加强中国同其他四国人民和军队之间的信任，有利于中国同四国之间的睦邻友好关系的发展。它的签署为亚太地区国家在建立睦邻友好关系方面开创了一个好的范例。因此，该协定具有十分重要的历史意义。”[①] 这是对此次签署的重要文件意义的高度概括，对当时以及后来国际社会理解这一事件具有指导意义。

一年以后的1997年4月，五国元首再次聚会于莫斯科，共同签署了《中国、俄罗斯、哈萨克斯坦、吉尔吉斯斯坦、塔吉克斯坦五国关于在边境地区相互裁减军事力量的协定》，在国家关系和国际法层面进一步巩固了中国与原苏联同中国有着共同边界的四国解决边境问题谈判的历史性成果。这个《协定》使一年前《五国关于在边境地区加强军事领域信任协定》规定的各项原则和要求得到了更加具体的落实和保障，其中主要规定包括：中国与相邻的俄罗斯、哈萨克斯坦、吉尔吉斯斯坦、塔吉克斯坦将在边境地区的军事力量裁减到与睦邻友好关系相适应的最低水平，使其只具有必要的防御性；互不使用武力和以武力相威胁，不谋求单方面的军事优势；双方部署在边境地区的军队互不瞄准、互不进攻、互不为假设敌；裁减和限制边境地区100公里纵深内陆军、海军、防空军、航空兵、边防军的人员和主要武器装备的数量，确定裁减边境军事力量后的最高限额以及裁减方式和时间；定期交换双方军事力量的相关材料，预先通报各国军队在边境地

① 《人民日报》，1996年4月27日。

区演习、换防、调动等重大行动等。这些规定的执行大大改变了冷战时期中苏边境上剑拔弩张的严重局面，在中国与俄罗斯、哈萨克斯坦、吉尔吉斯斯坦、塔吉克斯坦四国长达7000多公里边境上的兵力减少至13.04万，使中国与原苏联各国边境地区的紧张状态得到大大缓解。[①]

中国、俄罗斯、哈萨克斯坦、吉尔吉斯斯坦和塔吉克斯坦五国于1996年和1997年签署的上述两个重要文件，为包括中亚地区在内的整个欧亚地区冷战后地缘政治格局良性发展奠定了重要的政治原则和法律基础。这一事件的重要地区性影响不仅被各国领导人和部分国际观察家高度重视，而且在此后近20年的欧亚地区国家关系发展和政治格局变化中得到进一步的证实。其重大的地缘政治意义在于，首先它推出了一种非破坏性结束冷战状态和化解冷战遗产的模式，这种模式不需要某一方以毁灭性的牺牲为代价（如苏联解体），而是以充分保障各方主权和领土安全为前提，是已经发生了的冷战零和游戏之外实现双赢和共赢结果的政治、外交、安全实践；其次它开创了各国间在不同政治制度、不同意识形态、不同文化传统的重大差异性基础上通过政治上的高度互信解决共同关注和担忧安全威胁的先例，促成这种政治上高度互信的是共同利益关切，正是这些利益上的一致性（或趋同性）和政治上的务实性超越了国家关系中存在的各种障碍，使分别在大分化、大动荡后的欧亚地区扮演着不同地缘角色的中、俄、哈、吉、塔五国以非结盟的方式实现了制度性解决安全危机的尝试；第三它提出了一种新型的地区安全构建思路，也就是后来逐渐清晰化、系统化、机制化的所谓“新安全观”，这是对传统意义上将本国或本集团安全建立在对别国和世界构成威胁前提下的旧式安全观的否定，是对片面安全观和结盟安全观的批判，

① 中国现代国际关系研究所民族与宗教研究中心：《上海合作组织——新安全观与新机制》，时事出版社，2002年2月版，第139页。

这一思路对冷战结束后的世界战略力量重组和国际秩序重建产生了深刻影响。作为与中国、俄罗斯关系密切的中亚地区，两个《协定》的签署带来的地缘政治意义还远不止于此。随着地区内部国家力量的健全和国际社会对中亚地区关注度的上升，中亚各国与中国解决边境问题的成功实践为后来的互利合作带来了自信和经验。

“上海五国”论坛机制的形成

当《中、俄、哈、吉、塔关于在边境地区加强军事领域信任协定》和《中、俄、哈、吉、塔关于在边境地区相互裁减军事力量的协定》两个重要文件签署之后，连续两年的五国领导人会晤似乎可以告一段落了。然而就在五国元首莫斯科会晤即将结束之际，哈萨克斯坦统纳扎尔巴耶夫发出了热情的邀请：希望中国、俄罗斯、吉尔吉斯斯坦、塔吉克斯坦四国领导人在下一年（1998年）到哈萨克斯坦首都、美丽的苹果之城——阿拉木图做客，继续商讨大家共同关心的问题。[①] 纳扎尔巴耶夫总统的倡议马上得到了中国国家主席江泽民、吉尔吉斯斯坦总统阿卡耶夫等人的积极响应，上海、莫斯科之后向阿拉木图的接力使五国元首会晤向机制化迈出了关键性的一步。

纳扎尔巴耶夫总统的主动建议看似一个偶然事件，但却反映出了中亚各国在冷战结束后对地区性论坛共同需求的必然性背景。刚刚获得独立的中亚国家一时还难以从“苏联共和国”的历史身份中摆脱出来，作为主权国家主体参与地区和国际政治活动的资质和能力尚遭到普遍的质疑。同时，多年实际上作为苏联地

① 中国现代国际关系研究所民族与宗教研究中心：《上海合作组织——新安全观与新机制》，时事出版社，2002年2月版，第141页。

区一级政区的中亚共和国，在国家取得了独立自主的外交主动权后，面对复杂多变的地区和世界，如何以一个国际社会新成员的身份与周边国家、全球性大国、国际组织建立联系，这既是最缺少的国事活动经验，也是急需建立起来的国家能力。中亚国家的特殊地缘位置和苏联解体后国家地位的下降，决定了他们在国际社会立即被平等接受的难度。尽管美国、欧盟、俄罗斯对中亚地区战略地位的关注度随着苏联解体发生了重大转变，但是各大全球性权力中心对这一特殊地区的利益定位和政策设计尚处于调试阶段，它们对中亚各国保持谨慎接触的态度，因此已经成为一国元首的中亚领导人尚未充分感受到被这个世界完全接纳。当时各国媒体常用“红地毯效应”形容中亚各国领导人旋风式的出访和热衷于各种国际会议，严格地说这也并不完全是中亚各国元首个人社交爱好的极致发挥，他们各自所代表的国家和政府此时的确面临着一个普遍性的国际身份认同问题。

中国领导人对纳扎尔巴耶夫总统的倡议即时作出了积极反应，这与中国政府在苏联解体后迅速完成了在中亚地区国家利益的初步定位有关。苏联解体后，中国政府面对世界政治版图的剧变及时调整外交战略，抓住历史机遇解决长期困扰中国北方边境地区的传统安全问题。同时，积极面对周边地缘政治形势的变化，以平等、开放、包容的心态与新出现的次区域国家主体建立和发展关系，为通过合作方式解决非传统安全领域中的威胁因素创立必要条件。在继承了中苏间多年为解决边境安全问题的谈判成果基础上，于1996年、1997年通过与原苏联有共同边境的俄罗斯、哈萨克斯坦、吉尔吉斯斯坦、塔吉克斯坦四国签署了两个重要《协定》，使冷战时期遗留下来的边境地区军事安全问题基本解决。当这一重大安全隐患消除之后，非传统安全领域中的问题凸显在中国领导人面前。其中，与中亚地区相关的最突出问题是威胁中国新疆的分裂主义思潮和活动。1997年在新疆发生的伊宁“2·5事件”[①] 和乌鲁木齐“2·25”事件[②]，成为中国“文化大革命”结束后民族分裂活动升级的标志性事件。由于中国新疆与中亚邻国跨国民族现象的存在，苏联解体后打着“东突厥斯坦独立”旗号活动于中亚各国的分裂主义组织对中国新疆的社会稳定和安全形势影响加剧。与中亚相关国家建立起高度的政治互信关系，通过政府间的合作遏制境外“东突”势力向新疆的渗透和影响，成为中国领导人积极响应纳扎尔巴耶夫总统等中亚领导人各种建设性外交建议的重要原因之一。[③]

但是，在1997年4月受到邀请的四国领导人做出的回应并不都是积极的。俄罗斯总统叶利钦就并不认为五国元首在签署了《上海协定》和《莫斯科协定》、基本解决了与中国的边境安全问题后，这样的高级别会晤机制仍有继续下去的必要。这也与俄罗斯此时的基本外交重心倾向美国和西方有关，而与中国及中亚国家的关系定位，基本维持在不受重大安全问题影响相互关系和阻隔南方宗教极端主义势力渗透的底线上。尽管这一时期俄罗斯已经开始感受到西方在苏联解体后对俄罗斯的战略围堵，但对于阿

① 1997年2月5日，一伙民族分裂分子在伊宁市有组织、有预谋制造一起严重危害国家安全的打砸抢骚乱事件。肇事者以政府限制跨地区讲经为借口，声称“政府压制宗教”，“我们要上街进行公开的宗教宣传”，甚至叫嚣“我们要进行圣战宣传”，呼喊“不要政府的东西”、“汉人滚出新疆”、“建立伊斯兰王国”等口号，烧毁身份证、户口簿、驾驶证等证件，并鼓动少数民族群众上街游行。骚乱分子还围攻执勤的公安民警和武警指战员，对当地政府部门、大中企业和无辜群众疯狂打砸抢烧杀。事件中，共有198名群众被暴徒打伤，其中重伤50人，7名无辜汉族群众被杀害，24辆汽车被砸，6辆汽车被烧毁，严重破坏了伊犁地区及全区的社会稳定。当地公安机关迅速出击，果断处置，很快控制了事态，依法处理了极少数为首骨干分子，深挖与事件有牵连的人和事。事后查明，“2·5”事件是由“东突厥斯坦伊斯兰真主党”等非法组织一手策划的。参见许涛、李绍先：《新疆民族发展简史》，中国社会科学文献出版社，2015年8月版，第111页。

② 1997年2月25日，新疆分裂主义势力在乌鲁木齐市2路、10路、44路公共汽车上制造了系列爆炸案，造成3辆公共汽车被炸毁，包括维族、回族、柯尔克孜族、汉族群众在内的9人丧生、68名乘客被炸得腿断肢残，严重受伤。这是新疆分裂活动转向暴力化和采用恐怖主义手段的转折点，使中国维护社会稳定和反对分裂主义的斗争面临更加严峻的形势。参见：“新疆维护稳定的实践形势及其启示”，《科学社会主义》，2009年第5期。

③ 赵华胜：《中国的中亚外交》，时事出版社，2008年11月版，第406页。

拉木图会晤的理解除了为新独立的哈萨克斯坦“捧场”外似乎再没有更深刻的内容。

1998 年 7 月，中国国家主席江泽民、吉尔吉斯斯坦总统阿卡耶夫、塔吉克斯坦总统拉赫莫诺夫、俄罗斯总统特别代表外交部长普里马科夫（叶利钦总统因本人身体和国内政治原因未能出席）来到哈萨克斯坦首都阿拉木图，纳扎尔巴耶夫总统在总统府接待了来自四国的客人。五国领导人在会晤中将共同关心的重大问题引入论坛，话题涉及地区形势的变化、五国继续加强政治互信的意义、深入拓展安全领域合作的方向等方面。尽管五国外交部门此前进行了事先的协商和周密的准备，但是从这次会晤留下的有关文件和当事人回忆看，阿拉木图会晤并没有预设主题。关于各国元首分别关注的热点问题、对地区及世界形势的基本立场、五国今后可能开展合作的主要领域，从五位领导人的发言中可以看出此次会晤的随机性。也恰恰是这种平等的论坛和自由的形式，各国领导人将各自的重要关切畅所欲言，达到了坦诚沟通和相互谅解的特殊效果。江泽民主席借这次重要场合向原苏联四国再次重申了中国愿与他们和睦、平等发展合作的基本立场，指出只有相互尊重才能和睦相处、只有平等互利才能发展合作、只有坚持以和平方式解决分歧与争端才能找到公正合理解决国家间问题的有效途径。普里马科夫外长强调，亚洲安全形势前景不乐观，印巴核竞赛加剧地区紧张状态，而五国两年来共同签署的《上海协定》和《莫斯科协定》为本地区和世界解决国家间冲突树立了极好的榜样。纳扎尔巴耶夫总统也在发言中强调，中国、俄罗斯、哈萨克斯坦、吉尔吉斯斯坦、塔吉克斯坦这五个相邻但地区利益存在差异的国家，在 1996 年、1997 年签署了两个重要的协定，向全世界表明了共同维护和保障地区稳定与安全的决心和愿望。地区及世界形势发展变数增加，更说明本次会晤的意义重大，五国在解决了边境地区军事安全问题后更需要在发展睦邻友好关系基础上扩大对话与合作。

在阿拉木图会晤结束时，五国领导人发表了《阿拉木图联合声明》。在《阿拉木图联合声明》中除了对 1996 年、1997 年《上海协定》和《莫斯科协定》的原则肯定和执行措施外，还出现了以下几处引人注目的变化：首先，在行文中将《上海协定》和《莫斯科协定》中的“双方”改为“各方”，意味着“五国两方”谈判阵容的结束，中国、俄罗斯、哈萨克斯坦、吉尔吉斯斯坦、塔吉克斯坦分别成为这个元首会晤的平等一方；其次，确定这一元首会晤将以每年一次的机制化形式固定下来，定期检查《上海协定》和《莫斯科协定》两个重要文件的执行情况，及时解决执行中出现的问题，并在此基础上讨论磋商在更加广泛的领域中开展合作；再次，强调五国元首会晤的形式将不仅仅是个高层论坛，还将是一个磋商和协作的平台，这种协作是开放性的，是不针对第三国的。这三个变化不仅仅是内容上的，而是机制性的，这个机制很快被外界称作为“上海五国”。作为欧亚地区冷战后地缘政治发展中重要趋势的“上海进程”，“上海五国”扮演了极为重要的角色。

此后，1999 年 8 月、2000 年 7 月，“上海五国”国家元首会晤分别在吉尔吉斯斯坦首都比什凯克和塔吉克斯坦首都杜尚别举行。继阿拉木图五国元首会晤后，“上海五国”论坛向机制化地区性多边对话平台继续发展。由于五国所在的欧亚地区刚刚经历了冷战结束引起的最强烈地缘政治动荡，当临近新旧世纪之交时，各国社会转型产生的能量开始集中释放，在地区和全球大环境影响下出现了一系列威胁国家稳定和地区安宁的因素。在阿拉木图“上海五国”峰会上探讨继续深入合作的话题很快明确了方向，以互信合作的方式克服地区性安全威胁成为各国领导人的共识。而在一年前尚觉得五国论坛机制没有意义继续下去的俄罗斯总统叶利钦，在国内车臣分裂势力威胁国家统一和政治稳定的危机面前，也重新认识了“上海五国”存在的意义，并以积极的态度参加了“上海五国”比什凯克峰会。

由于在比什凯克峰会上多边合作的领域和方向进一步明确，五国元首经过讨论提出了建立各国职能部门开展对口合作和联合行动的建议。峰会结束时五国元首共同签署了《比什凯克声明》，《声明》中再次强调了共同维护地区安全和稳定的决心，明确提出携手打击各种类型的危害地区安宁活动的共同布署，并对今后在经济、文化领域中的合作做出了总体构想。2000 年 7 月，“上海五国”峰会在塔吉克斯坦首都杜尚别召开。除了中国领导人江泽民、哈萨克斯坦总统纳扎尔巴耶夫、吉尔吉斯斯坦总统阿卡耶夫和东道主塔吉克斯坦总统拉赫莫诺夫外，两个新面孔尤其引起了外界关注。他们一位是俄罗斯新任总统普京，他迎着关于会不会与叶利钦总统一样重视这个论坛的疑问来到杜尚别。另一位是以观察员身份参加杜尚别峰会的乌兹别克斯坦总统卡里莫夫，尽管作为中亚另一个大国的乌兹别克斯坦与中国并没有共同边界，也就是说这个国家并没有作为与中国进行边境问题谈判和解决边境地区军事安全问题的经历。但是在中亚地区发生的一系列骚乱事件和安全危机，将乌兹别克斯坦推到了维护地区稳定的风口浪尖上，“上海五国”以平等协商原则和互信合作方式谋求地区安全的模式对这个中亚大国产生了强烈的吸引力。在这次会议上，五国元首对欧亚地区日益复杂严峻的形势交换了看法，在通过“上海五国”框架下的合作维护地区稳定、携手建立世界政治经济新秩序、合力迎接 21 世纪世界和地区范围出现的新挑战等问题上达成共识。

作为“上海进程”的初级阶段，“上海五国”机制的活动历史虽然只有 5 年，但是它完成了从解决边境军事对抗的双边谈判向多边对话与合作机制的过渡。这个阶段是后来在中亚地区出现的上海合作组织正式成立前的酝酿与准备时期，“上海五国”的存在与活动为上海合作组织合作理念和原则的确定完成了必要的实践与尝试，为后来的上海合作组织在冷战后对中亚地缘政治塑造发挥重要影响作好了充分的前期准备。

共同安全风险下的协作与行动

在中国与俄罗斯、哈萨克斯坦、吉尔吉斯斯坦、塔吉克斯坦四国基本解决了边境地区军事安全问题后，1998 年 7 月应纳扎尔巴耶夫总统邀请各国元首聚会于阿拉木图商讨地区形势变化与合作思路时，中国国家领导人江泽民题为《维护各国稳定、促进发展繁荣》的发言，将“上海五国”今后合作的方向引向更广泛、更深入的安全领域。由于地区形势在冷战结束后的急剧变化，中亚地区各国内部积累的矛盾仍在继续发酵，而且在新旧世纪之交达到了能量释放的峰值期。各种带有民族主义色彩的、原教旨主义色彩的思潮纷纷活跃起来，形成的大大小小的组织、运动、派别在境外势力的影响甚至直接参与下密集活动，造成了中亚各国政权独立以来首次面临的重大安全危机。因此，中国领导人对当前形势的判断和加强安全领域合作的建议得到了其他四国元首的支持与响应。这种基于共同利益关切形成的一致立场在《阿拉木图联合声明》中有充分体现，即赋予“上海五国”未来的合作机制“携手反对民族分裂主义、国际恐怖主义和其他跨国犯罪等地区恶势力的共同职责”，而且明确提出了五国发展睦邻友好关系和安全领域合作的重要原则，“任何形式的民族分裂、民族排斥和宗教极端都是不能接受的，不允许利用本国领土从事损害五国中任何一国的国家主权、安全和社会秩序的活动”。[①]“上海五国”

① 中国现代国际关系研究所民族与宗教研究中心：《上海合作组织——新安全观与新机制》，时事出版社，2002 年 2 月版，第 144 页。

论坛的机制化初期，将对话与协作的重点领域放在了安全合作上，并确定了维护各国及地区稳定的总体目标和政治上互信互利的原则，为“上海进程”后来卓有成效地开展安全合作奠定了重要的政治基础。

早在苏联解体时，中亚地区伊斯兰极端主义思潮快速膨胀，形成了对刚刚独立的各中亚民族国家社会重建的重大威胁。在20世纪90年代末对中亚地区安全形势产生深刻影响的塔吉克斯坦“伊斯兰复兴党”和“乌兹别克斯坦伊斯兰运动”，都成立于1991年。这些宗教极端主义组织打着建立“伊斯兰国家”的旗号，反对合法的世俗化政权，并与阿富汗塔利班甚至“基地”组织等国际恐怖主义势力相勾结，建立非法武装、经营毒品贸易、发动暴力袭击，严重干扰了中亚各民族国家进程和经济社会构建。塔吉克斯坦“伊斯兰复兴党”源于原苏联时期已存在的相对松散但却颇具影响力的地下宗教组织，其组织结构建立在传统的封建部族制度和伊斯兰教苏菲派宗教规则基础之上，其思想意识的特征是伊斯兰教原教旨主义色彩和反对苏联时期的共产主义意识形态，曾被苏联当局称为“瓦哈比主义”长期打压。随着苏联上层在80年代开始的政治改革，宗教政策发生了前所未有的松动，中亚伊斯兰极端主义势力首先挑起了“伊斯兰复兴运动”的大旗，塔吉克斯坦“伊斯兰复兴党”应运而生，并在塔吉克斯坦独立后的国家政治进程中成为仅次于人民民主党（主要由塔吉克共产党改组分化而成）的第二大政治党派，差点用武力手段夺取全国政权，并造成了长达5年之久的内战。[①] 1997年6月塔吉克斯坦在联合国、伊朗及其他中亚国家的斡旋下实现了民族和解，但融入政府体制内的“伊斯兰复兴党”仍不断挑起一次次的大小

① 张来仪：“塔吉克斯坦伊斯兰复兴党”，《俄罗斯中亚东欧研究》，1999年第4期。

骚乱，直至今天仍是塔吉克斯坦社会稳定和政治安全的重大隐患。[①] 臭名昭著的“乌兹别克斯坦伊斯兰运动”也成立于1991年，其领导人纳曼干尼、尤尔达舍夫同样与塔利班、“基地”组织、“东突厥斯坦伊斯兰运动”以及俄罗斯的车臣反政府武装都建立了密切联系，并从这些境外的恐怖主义组织那里得到资金支持和接受训练。塔吉克斯坦“伊斯兰复兴党”和“乌兹别克斯坦伊斯兰运动”不仅公然挑战年轻的中亚各国政权，提出建立伊斯兰国家的政治纲领，而且还十分重视各自军事能力的建设，分别组织起了6000多人和5000多人的武装力量，任命军事领袖和战地指挥官，并在阿富汗建立军事基地和训练营地，一度成为能够与政府军公开对抗的政治武装集团。[②]

同时，由于中亚各国独立后的国家能力建设也刚刚经过5年多历程，国防军、内务部队、边防军、警察等安全执法部门的编制和职责尚处于“断奶”后的独立摸索甚至职能混乱的状态中，吉尔吉斯斯坦、塔吉克斯坦的边境还由俄罗斯边防部队代为守卫着。这就给中亚宗教极端主义势力发动暴力袭击留下可乘之机，客观上也暴露出中亚各国维护地区安全能力上的不足。1999年2月，“乌兹别克斯坦伊斯兰运动”成员在首都塔什干6个地点于同一时间制造了针对卡里莫夫总统的汽车炸弹袭击，造成5人死亡、128人受伤。8月，“乌兹别克斯坦伊斯兰运动”组成小股武装由阿富汗渗透到塔吉克斯坦、吉尔吉斯斯坦、乌兹别克斯坦三国交界的山区，制造了震惊中亚的“巴特肯事件”。“乌兹别克斯坦伊斯兰运动”武装分子劫持了包括外国地质专家、吉尔吉斯斯

---

① 就在笔者拟定本章内容时，2015年9月4日，民族和解后进入塔吉克斯坦政府的前“伊斯兰复兴党”军事指挥官纳扎尔佐达组织武装分子分别在首都杜尚别向国防部和瓦赫达特市（杜尚别以东20公里）内务局发动暴力袭击，造成8名军人和警察死亡，暴乱分子13人被击毙。

② 苏畅：“论中亚宗教极端主义势力的基本特征”，《新疆大学学报》（哲学社会科学版），2011年第2期，第71页。

坦内务部官员、当地居民等数十名人质，要求乌兹别克斯坦当局释放“囚禁在卡里莫夫监狱里的5万穆斯林兄弟”。[①] 面对新型的安全威胁，中亚国家的应对能力不仅显得捉襟见肘，而且在明显具有国际化特征的极端主义势力和恐怖主义组织面前，缺乏共同协作的意识和国际合作的途径。

在日益严重的地区安全形势面前，“上海五国”元首在1999年8月比什凯克峰会上明确地将关注重心与合作方向定位在安全领域。五国领导人在《比什凯克声明》中强调，“上海五国”要共同打击各种形式的分裂势力和极端主义势力，共同打击国际恐怖主义、偷运武器、贩卖毒品等跨国犯罪活动。针对突出的安全问题，围绕初步达成的合作共识，“上海五国”领导人首次提出了各国有关职能部门共同采取措施、开展安全领域中实际协作的决定，其中包括要求各国职能部门制定必要的联合行动计划。根据五国元首们达成的协议和要求，1999年12月在比什凯克召开了中国、俄罗斯、哈萨克斯坦、吉尔吉斯斯坦、塔吉克斯坦五国安全执法部门领导人会议，会议被定名为“比什凯克‘上海五国’执法部门领导人安全合作与协作会议”。会议规定了此后五国安全执法部门合作的领域和方向，即反对国际恐怖主义、民族分裂主义和有组织犯罪集团，打击非法贩运武器、毒品活动以及制止非法移民等。会议结束时，五国代表签署了《比什凯克合作与相互协作备忘录》，并且决定成立由五国安全执法部门领导人组成的“比什凯克小组”。这是自1996年“上海五国”机制形成后，在五国元首会晤平台之下建立的第一个职能部门领导人的定期会晤机制，也是在《上海协定》《莫斯科协定》和历次五国元首声明之外签署的第一份合作文件。这不仅说明了中、俄、哈、吉、塔五国领导人将旨在促进睦邻友好关系的对话论坛引向务实

① 中国现代国际关系研究所民族与宗教研究中心：《上海合作组织——新安全观与新机制》，时事出版社，2002年2月版，第145页。

合作的决心，也说明了继各国边境地区军事安全问题基本解决后，本地区仍然严重存在着非传统意义上的安全威胁。“比什凯克小组”的成立及其后来的积极作用，开创了“上海进程”在欧亚地区安全领域合作的重要先例，在各国以冷战后新的地缘政治角色，用新的国家关系理念和新的合作方式塑造地区安全环境中发挥了独特的作用。

2000 年 4 月，“比什凯克小组”在莫斯科举行了第二次会议，“上海五国”安全执法部门领导人分析了塔什干系列爆炸事件和“巴特肯事件”后的地区形势，认为在中亚地区安全形势趋于恶化的背景下，“比什凯克小组”的成立和《比什凯克合作与相互协作备忘录》的签署是十分必要和及时的。就打击民族分裂主义、国际恐怖主义、极端宗教势力及跨国犯罪活动的斗争中如何实现有效的协作，各国安全执法部门领导人进行了更加具体的磋商和协调。中国代表团团长、公安部部长助理朱恩涛明确表示，中方在落实“上海五国”元首《比什凯克声明》和《比什凯克合作与相互协作备忘录》的基础上，愿与其他四国在打击民族分裂主义、国际恐怖主义、宗教极端势力及跨国犯罪方面，与各国安全执法部门探索有效合作路径，提高联合执法能力，提高打击跨国犯罪的能力。俄罗斯内务部部长鲁沙伊洛认为，中亚地区与北高加索地区的恐怖主义活动和武器、毒品走私是相联系的，所以必须采取有效的协同和联合行动，只有各国付出共同的努力，才能维护这两个新热点地区的稳定。在“比什凯克小组”莫斯科会议结束时，各国安全执法部门领导人共同签署了致“上海五国”元首们的呼吁书和《“比什凯克小组”议事规则》。“比什凯克小组”的出现和随后的一系列积极活动掀开了“上海五国”在政治互信基础上拓展安全领域合作新的一页，为苏联解体后中亚地区面对脆弱的安全形势探索出一条地区治理之路。同时，为“上海进程”机制化发展的组织建设做出尝试，在五国社会发展进入关键期时，为合作解决共同安全利益关切创立了第一个操作层面的组织形式。

上海合作组织的成立与新安全观的实践

2001 年初，在“上海五国”杜尚别峰会上作为观察员参加会议的乌兹别克斯坦，正式向中国和俄罗斯外交部提出加入“上海五国”论坛的要求，表示该国政府十分重视“上海五国”在中亚地区稳定与发展中发挥的重要作用。同时提出，乌兹别克斯坦领导人已经不愿继续仅仅以观察员和客人的身份参加这个论坛的活动。这一要求的提出意味着“上海五国”法律基础和组织形式已经不能满足中亚地区日益增长的区域性合作要求，因为乌兹别克斯坦是与中国没有共同边界的国家，也就是说它在苏联解体后并没有资格以原苏联与中国相邻国家的身份参加解决边境安全问题的谈判，也没有参与 1996 年和 1997 年《上海协定》和《莫斯科协定》的签署。这还意味着苏联解体后特定条件下持续进行的“五国两方”边境问题谈判时形成的政治法律原则和对话模式，将满足不了更大范围和更广泛领域的地区合作。同时，欧亚地区安全形势的严峻变化和世界政治、战略力量的急剧分化，也使“上海五国”领导人意识到仅靠一个松散的地区性论坛交换看法和协调立场，已经难以形成坚强的合力应对地区内外的安全冲击。

如何使一个初步建立起各国之间政治信任和承载起共同利益的合作平台进一步升级成为地区的某种制度性安排，“上海五国”领导人也在思考着这个问题。但是，由于地区利益上的分歧和国家关系中的矛盾，对于乌兹别克斯坦方面提出的要求，“上海五国”的中亚成员国多数持反对意见。然而，乌兹别克斯坦所处的重要地缘位置和中亚大国的地位，让中国领导人认识到一旦建立一个超越解决边境安全问题的地区性合作机制，乌兹别克斯坦这个地区成员的作用是不可或缺的。在这个问题上，中国政府通过外交渠道与俄罗斯方面进行了沟通，并很快达成了一致的看法。经过中俄数月的共同努力，以地区合作与发展前景的利害关系对哈萨克斯坦、吉尔吉斯斯坦和塔吉克斯坦三个中亚国家开展说服工作，各国对建立一个吸收乌兹别克斯坦参加的新型地区合作组织的态度开始有所松动，但哈萨克斯坦和塔吉克斯坦仍保留了自己的意见。

2001 年 1 月，“上海五国”国家协调员会议在北京召开。此次会议对一年来“上海五国”元首会晤、总理会晤和外长会议关注与讨论的问题进行了梳理和总结，并对这个论坛机制化建设和扩大成员的问题深入交换了意见。4 月，“上海五国”外长会议在莫斯科举行。这是“上海五国”机制形成以来的第二次外长会议，是为即将举行的成员国元首会议做准备的重要会议。在这次外长会议上，各国代表草签了准备在上海举行的元首会议上正式签署的《打击恐怖主义、分裂主义和极端主义上海公约》。各国外长们还对“上海五国”的组织发展与合作领域扩大发表了意见，认为“上海五国”的组织建设应该在已经确立的相互尊重、彼此平等、协商一致和开放性的原则上巩固推进。而互利合作的领域应该在已有的边境互信和军事安全的成果基础上，进一步加强外交、国防、安全和情报部门之间的合作，联合打击恐怖主义、分裂主义和极端主义势力，发展经贸伙伴关系，开展文化部门和自然保护部门之间的相互交流，为巩固欧亚地区的和平、稳定与发展创造良好条件。各国外长还表示，在这个地区性的互利合作活动中，愿与其他有关国家保持关系，并欢迎它们也以积极的态度和建设性的作用参加促进地区稳定和发展的合作。经过中国和俄罗斯方面努力的说服工作，“上海五国”其他成员国对吸收乌兹别克斯坦加入新的地区合作平台不再持反对意见。5月，卡里莫夫总统正式向外界宣布，乌兹别克斯坦已经决定加入“上海五国”机制。

2001年6月，“上海五国”论坛在5年后又回到了它的起点——上海。中国、俄罗斯、哈萨克斯坦、吉尔吉斯斯坦、塔吉克斯坦五国领导人在“上海五国”的论坛框架下举行了最后一次会晤，并宣告了这个给欧亚地区带来和平与希望的对话平台使命的结束。同时，仍然以这个东方都市为起点、以完成使命的“上海五国”机制为基础，宣告了另一个新型的地区性国际合作组织——上海合作组织的诞生。上海合作组织的成立，开创了“上海进程”的新阶段。这一结果既可以理解为对“上海五国”建立在成功化解冷战负遗产前提下互利双赢理念的肯定，也可以视为在原有松散论坛基础上探索新型安全合作模式的升级。由于地区安全形势的严峻性，包括“上海五国”原有成员和乌兹别克斯坦均迫切需要找到一种合适的集体安全方式应对面临的地区安全危机，因为他们均不同程度地受到了来自地区内的安全威胁。因此，上海合作组织自然而然地继承了“上海五国”安全合作优先的传统与基本的运作模式。

上海合作组织的首次峰会上，除发表了《上海合作组织成立宣言》外，更加引人注目的是六国元首共同签署的《打击恐怖主义、分裂主义和极端主义上海公约》。这份重要的安全合作文件早于2002年签署的《上海合作组织宪章》一年多，说明了上海合作组织在地区合作的侧重点上与“上海五国”之间的继承性，也说明了地区安全的严峻性迫使上海合作组织在尚来不及充分建章立制时优先将安全合作作为本组织的重点领域。《上海合作组织成员国关于地区反恐怖机构的协定》（2002年6月）、《上海合作组织地区反恐怖机构资料库的协定》（2004年6月）、《上海合作组织成员国合作打击恐怖主义、分裂主义和极端主义构想》

（2005 年 7 月）、《上海合作组织成员国打击恐怖主义、分裂主义和极端主义 2007 年至 2009 年合作纲要》（2006 年 6 月）、《上海合作组织反恐怖主义公约》（2009 年 6 月）、《上海合作组织成员国保障国际信息安全政府间合作协定》（2009 年 6 月）、《上海合作组织成员国反恐专业人员培训协定》（2009 年 6 月）、《关于在上海合作组织成员国境内组织和举行联合反恐行动的程序协定》（2006 年 6 月）、《关于查明和切断在上海合作组织成员国境内参与恐怖主义、分裂主义和极端主义活动人员渗透渠道的协定》（2006 年 6 月）、《上海合作组织成员国打击恐怖主义、分裂主义和极端主义 2013 年至 2015 年合作纲要》（2012 年 6 月）、《上海合作组织关于应对威胁本地区和平、安全与稳定事态的政治外交措施及机制条例》（2012 年 4 月）等一系列关于在安全领域中合作的重要文件，在上海合作组织签署文件中占了最大比重。

不仅在制定合作机制的法律法规方面，安全合作成为上海合作组织成立初期的重心，在逐步完善合作机制的组织建设进程中，安全领域也是优先发展的方向。继“上海五国”时期“比什凯克小组”之后，上海合作组织各成员国安全执法部门领导人的会晤和协作更加频繁。而且，就在上海合作组织成立的同时，上海合作组织成员国国防部长会议也在上海召开。会议上共同签署的《联合公报》表示，六国将加强在军事领域中的合作，确保各国军队在打击恐怖主义、分裂主义和极端主义行动行动中的实质性协作。六国防长还在《联合声明》中对冷战后一些大国继续战略扩张、破坏全球和地区军事力量平衡表示担忧，并明确表述了“反对少数国家在亚太地区部署战区导弹防御系统”的一致立场。这是“上海五国”机制存在以来，除元首会议联合声明外的部门领导人会议首次集体对当前国际战略形势的明确表态，体现了上海合作组织成员国职能部门对冷战后国际秩序调整中不合理因素的关注和担忧。

上海合作组织成员国对世界进入21世纪后的政治、经济、安全形势发展的忧虑绝不是杞人忧天，冷战结束使国际战略力量的对比发生剧烈变化，并没有给世界带来更多的安全感。以美国为首的西方集团将苏东集团的解体视为制度和价值观的胜利，冷战结局带来的政治自信大大刺激着欧美国家急于将其意识形态和社会制度向更广大的区域推广。以北约、欧盟“双东扩”为主要形式的战略推进表现出了难以掩饰的迫不及待，甚至全然不顾及苏东解体前美欧领导人曾经作出的承诺。在裁减战略武器谈判中难以达到遏制对手的情况下，借助于军事科技优势发展战区弹道导弹防御体系和国家弹道导弹防御体系，本来已十分脆弱的战略平衡面临被彻底打破的危险。导致世界安全形势恶化的重要原因，是曾经两次引发人类战争灾难的旧式安全观作祟。这种旧式的安全理论建立在权力和控制等概念的基础上，即一个国际政治主体要在世界范围内提高自身的安全度，就必须有能力干预其他国际政治主体无法产生对自己的威胁。而当自身独立的能力难以达到这种绝对的控制力优势时，则可以选择与利益相同或相近的国际政治主体结成政治、军事同盟，借此达到力量上的相对优势以保持自身安全。这是一种片面的安全观，也就是说这种安全是建立在对别人构成威胁的前提上，带来的安全只是针对部分国际政治主体的，因而也不可能是完全的、持久的安全结果。冷战的结束大大地鼓舞了坚持这种旧式安全观的国家和集团，短短几年内世界战略平衡遭到严重破坏。上海合作组织多数成员国在冷战后已经深刻感受到冷战思维和旧式安全观盛行一时的威胁，甚至本身就是这种国际政治理论的直接受害者。因此，早在“上海五国”时期以共同的利益驱动和高度的政治互信解决了边境地区军事安全问题后，各国领导人就开始考虑在已经取得的成果和初步建立起来的信任关系基础上，构建一个通过合作结成的集体安全的国家关系框架。这既是包括“上海五国”和乌兹别克斯坦如此积极推动原有论坛机制升级的内在动力，也是上海合作组织经历了地区和全球各种突发事件冲击仍健康发展至今的重要原因。

上海合作组织的集体安全原则不同于旧式安全观中以结盟求安全的思路，早在“上海五国”时期，“不结盟、不对抗、不针对第三国”就已经成为重要的合作原则，2002 年又被写进《上海合作组织宪章》。对此，有中国学者在上海合作组织成立仅 5 年时曾做出观点鲜明的评价和乐观的推测：“上海合作组织正在逐步演变成为中国、俄罗斯和中亚地区跨区域的安全和经济合作组织。在这一区域性的国际多边合作机制的深化中，中国正逐步探索并形成了一种摆脱冷战思维、超越传统安全理念的新安全观。这是当代国际关系史上具有非凡意义的外交实践，开创了地区新型安全合作模式”。[①] 正是由于进入新世纪后的国际关系中冷战思维可能导致新对抗的风险存在，上海合作组织各国决心走出一条构建新型国家关系和推广新安全理念的不同路径。尽管这一实践是个逐步完善的渐进过程，但是它代表着人类探索新型国际关系原则的进步方向，因而这也是上海合作组织充满生命力的原因所在。

“上海精神”的地缘政治影响

由苏联解体后继续推动中苏边境问题谈判而延续下来的对话机制，在冷战后面临地区和世界重大政治变革时产生出强烈的合作内生动力，最终形成了一个覆盖广大欧亚地区的区域合作组织。6 个成员国的国土面积达到 3017 平方公里，占欧亚大陆面积的 3/5；六国人口达到 15. 1 亿之多，占世界总人口的 1/4。在这

① 杨鲁慧：“地缘政治演变与中国新安全观——以上海合作组织新机制为视角”，《社会科学》，2007 年第 3 期，第 54 页。

样广袤的地域上生活着近200多个民族，使用着上百种语言，信仰着不同的宗教。如此广大地域内存在的巨大差异性，决定了在这个地区生活的各民族形成了不同的生存方式和社会进化路径，又在不同的历史文化传统作用下形成了各不相同的社会政治文化。国家政治制度和社会意识形态，对于在这样一个广大空间内确立一种能普遍认同的合作机制意味着巨大挑战。虽然1996年和1997年签署的《上海协定》和《莫斯科协定》建立起各国（不含乌兹别克斯坦）初步的政治信任，但无论是“上海五国”还是上海合作组织，各成员国的地区利益差异是显而易见的。

哈萨克斯坦地缘政治学者奥利格·西多罗夫对上海合作组织成员国在中亚地区的地缘政治利益做过如下的梳理。

第一，俄罗斯。1. 独联体国家间边防松散，中亚国家间有边无防，俄罗斯与哈萨克斯坦之间也是如此，而刚独立时无力投入财力巩固边防，这是俄罗斯支持建立上海合作组织的原因之一；2. 中亚地区丰富的资源，通过俄罗斯实现价值对双方都有利；3. 中亚各国居住着大批俄罗斯族人和俄罗斯公民；4. 打击跨国恐怖主义和宗教极端主义活动，车臣反政府势力已经超出了俄罗斯国内事务范畴，与中亚“乌兹别克斯坦伊斯兰运动”、“东突厥斯坦伊斯兰运动”及阿富汗塔利班等在组织、资金和训练等活动连为一体；5. 打击跨国毒品走私，阿富汗的毒品主要经过中亚地区流入俄罗斯，进而销往欧洲，对俄罗斯社会稳定构成严重威胁。总之，在苏联解体之后政治影响和财政力量不足的情况下，可使俄罗斯在有限的投入下保障自身国家利益。

第二，中国。1. 建立和加入上海合作组织可以进一步巩固在中亚地区的地位，并通过合作活动逐渐增加对中亚国家的影响；2. 有利于在地区、全球范畴的国际问题上与俄罗斯协调立场；3. 美国的军事存在借“9·11”后的阿富汗战争进入中亚，使中国感到直接的传统安全威胁，通过上海合作组织安全合作争取让中亚国家明白，依靠本组织合作可以不需要外国驻军解决自身安全问题，而且在这一问题上可以与立场一致的俄罗斯合作；4. 通过上海合作组织安全合作有利于打击“东突”分裂主义和恐怖主义活动：一是与有“东突”分裂分子的国家（主要是中亚国家）在组织层面合作；二是借助于本组织打击各类恐怖主义活动抵制来自西方的政治压力。

第三，哈萨克斯坦。1. 解决与周边国家的领土争议，推动与邻国的边界划定和勘界进入实施阶段；2. 通过法律文件约束的集体行动使成员国减少边境地区军事力量，增加各国军队演习、调动等军事活动的透明度；3. 上海合作组织的地区稳定作用，有利于哈萨克斯坦吸引外来投资；4. 军事安全合作使中亚地区实现稳定后，上海合作组织将向经济合作领域发展，这有利与哈萨克斯坦与中国和俄罗斯这些经济大国发展联系及合作；5. 打击毒品走私，中亚各国虽然参加了独联体等国际社会有关协定，但在上海合作组织内的禁毒合作将会更加有效；6. 有利于打击哈萨克斯坦国内的反宪法分裂主义和极端主义势力活动；7. 通过上海合作组织内部平台，有利于解决对哈萨克斯坦经济发展影响颇大的跨界水资源划分和分配问题。

第四，乌兹别克斯坦。1. 打击国际恐怖主义和宗教极端主义；2. 解决跨界水资源争端；3. 阿富汗在北约联合行动后不可能解决国内政治统一与民族和解问题，一旦阿富汗形势恶化，军事冲突、难民、毒品等问题必然威胁乌兹别克斯坦安全，通过上海合作组织可以寻求成员国的支持，并可以为解决阿富汗问题采取集体行动；4. 打击源于阿富汗的毒品走私活动；5. 借助于上海合作组织建立与中国的经济联系，并开展经济合作。

第五，吉尔吉斯斯坦。1. 改善独立后国家军事安全力量不足的现状，这也是吉尔吉斯斯坦积极向美国提供军事基地和主动要求在比什凯克建立独联体反恐中心的动机，但这些措施仍不足以树立起自主建立国家安全能力的信心，借助于上海合作组织能够进一步加强利用地区和邻国（特别是俄罗斯和中国）的力量完善国家机器；2. 有利于吉尔吉斯斯坦在组织内与俄罗斯和中国加强经济合作；3. 吉尔吉斯斯坦的能源资源贫乏，在独联体能源供应体系中常常受制于俄罗斯、乌兹别克斯坦等邻国，在上海合作组织框架内发展能源合作可改善这一问题对本国经济的影响。

第六，塔吉克斯坦。1. 对塔吉克斯坦与阿富汗边境实现集体防御；2. 维护国内的稳定需要来自外部的中立公正的力量，与俄罗斯的作用相比，上海合作组织正好符合这一需要；3. 打击毒品走私活动，阿富汗的毒品进入中亚首先经过塔吉克斯坦，拉赫莫诺夫总统曾指出，在美国发动反恐战争后，阿富汗的毒品不仅没有减少反而增加了 15%；4. 通过上海合作组织与其他成员国发展经济合作，包括得到资金、技术、物资等方面的援助。[①]

这位哈萨克斯坦学者在上海合作组织成立初期对各成员国地缘政治利益的分析，尽管尚未跳出旧式结盟安全观的束缚（如奥利格·西多罗夫认为，中国将由上海合作组织开始改变不结盟外交原则），但却基本准确地概括出当时上海合作组织各成员国参与这一地区合作组织的政策目标。从这一分析中我们可以看出，各成员国参加上海合作组织的利益契合度的大致水平：明显不一致的占 42. 85%，部分成员国间一致的占 25%，全体成员国普遍一致的占 32. 1%。这一分析模型很典型地说明了上海合作组织成员国间在地缘政治利益上的差异，也证明了上海合作组织必须以一种不同于其他国际组织的制度精神和组织原则来建立组织内部的关系。

从“上海五国”时期即开始酝酿并不断健全到 2001 年上海合作组织成立时正式提出的“上海精神”，即“互信、互利、平

① ［哈］奥利格·西多罗夫：“上海合作组织成员国的地缘政治利益与前景”，《国际问题研究》，2006 年第 3 期，第 20—22 页。

等、协商、尊重多样文明、谋求共同发展”，使这个年轻的地区合作组织具有了不同于以往旧式国际组织的政治基础和关系原则。这种区别与北约、欧盟等国家联盟式政治和军事组织的核心差异，主要体现在了上海合作组织在国际关系上的非对抗性、成员国关系上的平等性、政治文化上的包容性和经济合作的互利性。“上海精神”在上海合作组织机制建设与合作实践中主要体现在三个重要领域。第一，共同安全的理念。从“上海五国”时期开始，“不结盟、不对抗、不针对第三方（国）”的原则就成为“上海进程”的基本国际关系定位，直到上海合作组织正式成立时写入《上海合作组织宪章》。这一原则明确规定了这个组织以信任求合作、以合作谋安全的性质，是通过区域性跨国治理的方式消除传统的和非传统的安全威胁因素，由此提升集体安全水平。而不是为了与某一敌对国家或集团在实力对比中取胜，凭借组成力量相对强大的国家集团求得安全保障。这种全新的安全观和安全合作理念的可行性和生命力虽然曾一时遭到强烈质疑，但从一开始就对中亚地区及周边更广大的地域范围产生了重大地缘政治影响。第二，平等协商的原则。同样从“上海五国”时期开始酝酿，并成为上海合作组织基本议事规则的“平等协商”和“协商一致”原则，决定了这个组织的所有成员国相互之间的平等关系。也就是说，不论是国土面积最大的俄罗斯与最小的塔吉克斯坦之间，也不论是人口数量最多的中国与最少的吉尔吉斯斯坦（恰好上海合作组织成员国中经济总量差别最大的也是在中国与吉尔吉斯斯坦）之间，在上海合作组织内的权利是平等的。这对刚刚获得主权独立后的中亚成员国尤为重要，以一个正式的国际政治主体应有的权力和尊严加入这个地区性合作平台，这对他们建立国际社会正常成员的自信心具有特殊意义。上海合作组织成立初期，当来自各方面的批评诟病这个组织的议事效率低下甚至预言它将步独联体后尘成为一个“清谈馆”时，他们恰恰忽略了这个重要的原则发挥着吸引和维护上海合作组织成员国同心同德、一路走来的凝聚作用。这也是“上海精神”的又一层地缘政治意义，它使上海合作组织历经风雨却永葆旺盛生命力。第三，共同发展的前景。与冷战结束几乎同步出现的经济全球化风险，是上海合作组织成员国面临的共同发展困境。同时，各成员国之间在经济上又存在着明显的互补性和区位差，通过有效务实的合作（首先是在能源资源、交通运输、信息通讯等领域），形成由中亚内陆到太平洋、从北冰洋到南海的共同经济区域，有利于克服全球化带来的风险和挑战，以互通、互惠、互利的精神促进经济的共同发展，对欧亚地区（尤其是中亚地区）的长期稳定和共同塑造良性的地缘政治环境具有重大意义。

从 1996 年开始不断加强的政治互信是上海合作组织的国际政治基础，各成员国平等相待、公平协商的态度是建立在尊重不同民族传统、不同宗教信仰开明态度上的组织文化，逐渐开展起来的经济上的互利互惠则是这个组织发展的前提，由此构成了推进地区发展与进步的地缘影响力。上海合作组织首任秘书长张德广在这个组织成立五周年之际曾指出，“早在上海合作组织的前身——‘上海五国’时期，各成员国就致力于探索超越冷战思维的新型国际关系准则，并且在实践中积累了宝贵经验，到 2001 年上海合作组织成立时，这些经验已经形成了一套相对完整的系统和理论并被正式写入《上海合作组织宣言》和《上海合作组织宪章》，这就是‘互信、互利、平等、协商、尊重多样文明、谋求共同发展’的‘上海精神’。尽管区区二十个字，但里面蕴含的意义却很深刻。认真研究‘上海精神’，有助于更好地了解上海合作组织的价值观，因为‘上海精神’所体现的新安全观、新文明观和新发展观对当今国际社会同样具有重要的启示意义”。“上海合作组织实践的意义不仅仅在于它开创了继欧盟、东盟之后又一种地区主义模式，在一个横跨欧亚的广袤而且多元的地区实现了区域合作的历史性突破，而且更重要的是，它开创了本地区地缘政治的新纪元，使长期以来陷于结盟或对抗怪圈的该地区国家从此走上了一条结伴而不结盟的崭新道路”。[①] 的确，本着“上海精神”，在互信、互利的基础上顺利解决历史遗留的边界安全问题，顺应了和平与发展的时代潮流。

在继续的实践中，“上海精神”拓展到地区安全、经济合作、文化交流等领域，推动区域性预防冲突机制的建立，制定了共同的措施，建立了地区性常设机构，对遏制三股势力的蔓延起到了有效震慑作用，有力维护了成员国各民族的团结与国家安全。“上海精神”的实践还反映了对新型国家关系的构建，以及推动新世纪公正合理的国际新秩序和世界多极化、国际关系民主化的探索。上海合作组织主张国家不论大小强弱一律平等，反对霸权主义和强权政治，倡导建立一种新型的国家关系。各国就共同关心的地区及全球性问题平等协商，共同制定解决方案和应对措施，在地区和国际政治生活中发挥了积极的作用。“上海精神”超越了传统大国关系中的战略博弈和冷战思维定式，打破了西方传统国际关系理论中大国确立世界和地区霸权的单向主导意义，以实际行动批判了国家间缺乏信任、大小国弱肉强食的“丛林法则”，在经营势力范围、军事结盟、政治对抗、军备竞赛等老路之外另辟蹊径，向世界展示了在民族文化传统和国家政治制度上存在极大差异的各国间合作谋求集体安全和共同发展的空前范例。

① 张德广：“上海合作组织与欧亚地缘政治变迁”，《俄罗斯研究》，2006 年第 2 期，第 2 页。

区域经济发展的发动机与粘合剂

从严格意义上讲，上海合作组织6个成员国的国家经济模式都脱胎于苏联式的计划经济体制。中国从20世纪70年代末开始了由经济体制入手的社会改革，35年后从经济水平到社会关系都发生了天翻地覆的变化。但是社会经济的基本转型仍未完成，而且已渐渐进入了社会改革的“深水区”。俄罗斯、哈萨克斯坦、乌兹别克斯坦、吉尔吉斯斯坦、塔吉克斯坦也同样面临社会经济转轨的问题，而且由于苏联时期曾经一度强大存在的计划经济体制，各国社会改革的难度要大得多。苏联解体后，各国经济体系处于破碎化、断裂化的困难时期，发展独立后的国家经济都是各自面临的紧迫问题。而根据各国经济地理位置和资源储备布局，建立符合自己国情的国民经济体系及与世界经济的有机联系，更是迫在眉睫的选择。上海合作组织推动成员国在经济领域中的合作，并将发展地区经济和促进成员国之间贸易便利化设定为这个地区性合作组织的主要任务之一。

上海合作组织与二战后地区主义盛行时期出现的多数国际组织不同，它并不是由于区域经济的高度依存而形成的功能性合作机制，而是首先以安全合作为建立政治信任的契机，在基本解决了地区的重大安全威胁之后，才将经济领域的合作列入上海合作组织的重要任务中。首先，这是由上海合作组织成员国核心地区——中亚地区在冷战后特殊的政治经济形势特点所决定的。苏联解体给中亚地区造成的重大地缘政治冲击，激活了长期蛰伏在政治高压下的地区性因素，来自于传统的和非传统的安全威胁因素使地区及各国社会面临重大安全风险。在这种形势之下，稳定不仅是各国经济发展的前提，也是新获得独立各国生存的重要条件。所以，无论从奠定经济发展基础的角度看，还是从取得成员国之间政治信任的角度看，卓有成效的安全合作必然是上海合作组织的优先领域。其次，在基本解决地区共同的重大安全威胁后，将上海合作组织的合作重心转向经济领域又是必然的历史过程。世界现代史上出现的国际组织，无论是以政治合作需求走到一起的，还是由于安全利益需求形成合作的，最终都将借助于初期形成的信任基础和组织机制，向经济领域的合作转化。因为，通过区域合作获得更广泛、更持久的经济利益才能转化为一个国际组织持续发展的动力。“政治的因素往往在最初是决定的因素，但随着区域一体化的发展，经济因素常常从作为一种维持、达到一体化的手段或工具转化为主要并决定其发展、稳定、功效、利益的关键因素”。[①] 所以，国内也有学者从这层意义上理解和引申，任何一个活跃的国际组织如果没有强大的经济基础都不可能顺利发展，上海合作组织将经济领域中的合作视为与安全合作同等重要的任务是具有历史意义的转变和深化。[②] 第三，上海合作组织成员国（主要是中亚成员国）经济发展对区域合作的需求度和依存度空前上升，本组织成员国间在能源、交通、贸易等领域中的合作，可以帮助各国突破苏联解体后带来的经济发展困境。这首先体现在了各成员国之间在地缘经济区位差异的互补性上。中亚国家均为内陆国，不仅没有海岸线和出海口，而且大都远离海洋。哈萨克斯坦的首都阿斯塔纳，东距太平洋（上海）4400 公里，南距印度洋（卡拉奇）3300 公里，西距黑海（新罗西斯克）3000 公里；乌兹别克斯坦的首都塔什干距上述三个重要港口城市分别为 4400 公里、2100 公里、2400 公里；吉尔吉斯斯坦的首都比什凯克距上述三地分别为 4000 公里、2300 公里、2800 公里；

① 张继康：“区域经济一体化的决定因素及形式比较”，《当代亚太》，1997 年第 6 期，第 17 页。

② 潘光主编：《稳步前进的上海合作组织》，时事出版社，2014 年 3 月版，第 58 页。

塔吉克斯坦首都杜尚别与这三个海边城市的距离分别是 4400 公里、1700 公里、2400 公里。[①] 这种地缘上的困难是中亚国家经济发展的瓶颈，而且仅靠自身的力量很难克服。

2003 年 9 月，上海合作组织总理会晤发表的《联合公报》指出，“在经济全球化和区域经济一体化背景下，深化上海合作组织成员国多边经济合作，有利于各国经济的发展和增强组织的凝聚力”。进而明确强调，“进一步加强贸易投资便利化是现阶段上海合作组织区域经济合作的主要任务，上海合作组织成员国将根据宪章的原则，在能源、信息、电信、环保和合理利用自然资源等领域采取措施促进多边合作，其中包括制定并实施在上述领域共同感兴趣的项目。与此同时，上海合作组织成员国将遵循多边经贸合作纲要中确定的区域经济合作的长期目标。”[②] 在这次总理会上，上海合作组织成员国领导人们还通过了《上海合作组织成员国多边经贸合作纲要》。虽然从“上海五国”时期就已经将经济合作定为多边对话的重要方面，并开始倡导各国积极开展在经济、人文等领域的合作，2001、2002 年的上海合作组织成员国国家元首会晤时也提出过关于“利用各成员国之间在经贸领域互利合作的巨大潜力和广泛机遇”、[③] “加快建立贸易和投资便利化及制定多边经贸合作长期纲要的谈判进程、在近期内确定在交通和能源设施建设、水利、能源开采和运输以及其它共同感兴趣的领

---

① 杨恕：《转型中的中亚与中国》，北京大学出版社，2006 年 6 月版，第 49 页。

② 《上海合作组织成员国政府首脑（总理）会晤联合公报》，2003 年 9 月 23 日，中华人民共和国外交部，http：//www. fmprc. gov. cn/mfa_ chn/gjhdq_ 603914/gjhdqzz_ 609676/lhg_ 610734/zywj_ 610746/t26259. shtml。

③ 《上海合作组织成立宣言》，2001 年 6 月 15 日，中华人民共和国外交部，http：//www. fmprc. gov. cn/mfa _ chn/gjhdq _ 603914/gjhdqzz _ 609676/lhg _ 610734/zywj _ 610746/t4499. shtml。

域开展具体协作的优先项目”① 等重要倡议，但从严格意义上讲，从各国领导人层面正式通过相关措施具体推动上海合作组织成员国间的经济合作，应该是在2003年以后。

上海合作组织在经济领域中合作的展开，体现出了这样几方面的地缘优势。首先，改善了成员国（首先是中亚成员国）封闭的地缘经济条件。多数的上海合作组织中亚成员国与中国有共同边境和陆路口岸，合作率先从贸易投资便利化和交通基础设施等具体项目展开，使中亚国家国际贸易方向和交通运输路径单一化的状况大大改观。尤其是哈萨克斯坦与中国之间的阿拉山口铁路口岸和霍尔果斯公路口岸、吉尔吉斯斯坦与中国之间的吐尔尕特和伊尔克什坦公路口岸、塔吉克斯坦与中国之间的卡拉苏公路口岸，使中亚国家与中国市场，特别是中国国内交通网连成一片。借助于这一新优势，在中亚各国的阿拉木图、比什凯克、奥什、杜尚别甚至塔什干等大中城市出现了若干商品转口贸易中心，大量来自中国或经过中国的商品在这些市场销向独联体各国。这一趋势的出现，也带动了中国西部地区西安、兰州、乌鲁木齐、伊宁、喀什等地经贸活动的发展。2013年11月，上海合作组织总理会晤时，各成员国集体强调“上合组织成员国间铁路货物运输量稳定增长，区域内铁路运载负荷日益增大，责成通过实施铁路基础设施建设共同项目并将其投入运营等方式，对交通运输基础设施建设的发展予以特别关注”，并提出“当前的关键任务之一，是尽快签署《上海合作组织成员国政府间国际道路运输便利化协定》”。② 随着上海合作组织框架内经贸合作不断深入发展，通过

① 《上海合作组织成员国元首宣言》，2002年6月7日，中华人民共和国外交部，http：//www. fmprc. gov. cn/mfa _ chn/gjhdq _ 603914/gjhdqzz _ 609676/lhg _ 610734/zywj _ 610746/t4509. shtml。

② 《上海合作组织成员国政府首脑（总理）关于进一步开展交通领域合作的联合声明》，2013年11月30日，中华人民共和国外交部，http：//www. fmprc. gov. cn/mfa_ chn/gjhdq_ 603914/gjhdqzz_ 609676/lhg_ 610734/zywj_ 610746/t1104126. shtml。

加强交通运输合作充分利用成员国共同区位优势的共识会进一步提高和强化。其次，能源领域合作使各国经济恢复与经济合作添加动力。上海合作组织成员国中，俄罗斯、哈萨克斯坦、乌兹别克斯坦等国都是能源资源丰富的国家。在独立初期，俄罗斯、哈萨克斯坦等国均利用自身优势，推出“能源富国”战略，以摆脱苏联解体后各国普遍遭受的严重经济下滑。但苏联时期形成的传统能源输出走向和路径是经俄罗斯通往欧洲方向，受到俄罗斯与西方关系的制约和国际能源价格波动影响，这一方向存在突出的地缘不确定性和国际政治风险。通过上海合作组织经济合作平台，中国的加盟使俄罗斯和中亚能源输出国改变了运输走廊和销售市场单一化的历史。以石油和天然气为主的能源资源，作为当今世界上的重要战略资源时常在大国战略博弈中成为工具和武器。上海合作组织内的能源合作也难免受到大国控制的国际能源市场的影响。为了建立一种稳定的供需关系和互利的合作网络，从2004年开始，中国就积极倡导建立上海合作组织能源俱乐部，希望借助于上海合作组织内的这样一个平台，协调能源合作中各国的经济利益与战略利益。2007年6月，上海合作组织能源部长会议在莫斯科召开，与会各成员国代表同意成立作为非政府商业机构的上海合作组织能源俱乐部，并通过了俱乐部章程。2011年，在中国西安举行的“欧亚经济论坛”上，召开了上海合作组织国家能源部长闭门会议、欧亚国家能源圆桌会议暨企业高峰会议等，中国、吉尔吉斯斯坦、俄罗斯、塔吉克斯坦4国共同发表《西安倡议》，内容包括“加快启动上合组织能源俱乐部，以扩大成员国能源战略、政策、安全问题交流，发展能源技术合作，培养能源专业人才，建议上合组织成员国成立能源俱乐部高级工作组”。2013年9月，中国国家主席习近平在上海合作组织国家元首理事会第十三次会议上发表题为“弘扬‘上海精神’促进共同发展”的讲话，其中再次强调应尽快“成立能源俱乐部，建立稳定供求关系，确保能源安全”。[①] 尽管各成员国在能源合作上还受到各自地缘政治利益和地缘经济利益的左右，对上海合作组织内部的能源合作还有所保留，但随着乌克兰危机后世界能源价格的大幅度下跌，各成员国对建立能源俱乐部的需求和热情正逐渐上升。第三，各种重要的行业协会和联合体根据需要逐步完善。随着上海合作组织成员国经贸合作规模的扩大，建立专门领域中协作平台的需求上升。2004 年 9 月，上海合作组织成员国经贸部长第三次会议上，一致同意建立本组织的实业家委员会。2005 年 10 月，在莫斯科召开的上海合作组织总理会议期间，举行了首届实业家委员会理事会会议。2006 年 6 月上海合作组织上海峰会期间，正式举行了实业家委员会成立大会，并在各成员国元首的共同见证下签署了《上合组织实业家委员会成立大会决议》。上海合作组织实业家委员会旨在促进本组织区域内经贸投资领域的合作，提供包括融资、信息等服务内容，帮助成员国企业间建立直接联系与合作关系，至今已发展成为连接各成员国经贸界的桥梁，为各成员国企业界与金融界的深入交流和务实合作搭建了有效的平台。在 2005 年 10 月举行的上海合作组织实业家委员会理事会首次会议上，成员国代表签署了《上海合作组织银行间合作（联合体）协议》。这个协议得到了上海合作组织总理会议的高度肯定，并有针对性地指出，“本组织成员国的实业界和金融界有必要更加积极地参与落实中亚地区的大型联合投资项目”。[②] 在 2011 年 11 月举行的上海合作组织总理会议第十次会议上，各国

---

① 习近平：“弘扬‘上海精神’促进共同发展——在上海合作组织成员国元首理事会第十三次会议上的讲话”，2013 年 9 月 13 日，中华人民共和国外交部，http：//www. fmprc. gov. cn/mfa _ chn/gjhdq _ 603914/gjhdqzz _ 609676/lhg _ 610734/zyjh _ 610744/t1076570. shtml。

② “上海合作组织成员国政府首脑（总理）理事会会议联合公报”，2005 年 11 月 16 日，中华人民共和国外交部，http：//www. fmprc. gov. cn/mfa _ chn/gjhdq _ 603914/gjhdqzz _ 609676/lhg_ 610734/zywj_ 610746/t221722. shtml。

领导人通过了“上海合作组织银行间合作（联合体）2012—2016年发展战略”。这一重要金融合作平台的搭建，开辟了上海合作组织大成员国政府间金融合作的新领域，显现出以开发性金融合作为特征的区域合作新格局。

经过多年的共同努力，上海合作组织成员国间的经济合作已经形成稳步发展势头。全球性金融风暴、乌克兰危机、世界能源价格下跌等近年世界政治、经济发生的一系列重大事件，对欧亚地区经济发展造成严重冲击。上海合作组织成员国虽均受到不同程度的影响，但借助于区域合作的集体效应，各成员国的经济都在较短时期内得到恢复。根据世界银行的数据，2012 年全球 GDP 增长 2.3%，发展中国家增长 5.1%，高收入国家的经济增长仅为 1.3%。而上海合作组织成员国当中，除了俄罗斯低于 4% 和吉尔吉斯斯坦为负增长外，其他四国的经济增长速度仍高于或接近发展中国家 5.1% 的平均增幅。在全球性的贸易困境中，上海合作组织成员国 2012 年对外贸易增速比 2011 年大大减缓，但与成员国之间的贸易水平却明显提升。2012 年中国与上海合作组织成员国的贸易额同比增长了 9.1%（同期中国对外贸易额增速为 6.2%），俄罗斯与成员国的贸易额增长了 5.5%（同期俄罗斯对外贸易额增速为 1.8%）。[①] 由此可见，上海合作组织区域经济合作发展已经给各成员国带来重大实惠。2014 年下半年以来，国际石油价格下跌 50% 左右，俄罗斯、哈萨克斯坦经济受到明显影响，吉尔吉斯斯坦、塔吉克斯坦也受到连带性影响。在这一形势下，上海合作组织成员国之间的能源产品贸易异军突起。中国从俄罗斯进口石油占货物进口总额的 70% 左右，由哈萨克斯坦进口的原油占进口总额的 47.03%。同时，成员国之间在投资领域、

① 刘华芹：“机遇与挑战并存——评上海合作组织区域经济合作”，中国社会科学院俄罗斯东欧中亚研究所、上海大学上海合作组织公共外交研究院：《上海合作组织发展报告》（2013 年），中国社会文献出版社，2013 年 9 月版，第 213—215 页。

金融领域和运输便利化方面的合作也取得重大进展。[①] 上海合作组织框架内的经济合作成果不断扩大，越来越明显地体现出区域合作在应对地区及全球性经济风险的优势。

上海合作组织的人文精神与欧亚文明的复兴

上海合作组织成员国所在的地区处于欧亚大陆多民族文化聚集地带，以俄罗斯文化为核心的斯拉夫文明、以中国文化为中心的东亚文明、以中亚文化为中心的内亚文明在这一区域交汇。上海合作组织所有成员国覆盖着广泛的文化区域，这就要求这个组织除了在政治、安全、经济等重要领域中开展有效的合作外，还必须在文化领域建立积极的交流与合作关系。换句话说，就是上海合作组织要实现政治、安全、经济领域务实合作的深入持续发展，必须将这种合作建立在对不同文化的包容性基础之上。“上海精神”中“尊重多样文明、谋求共同发展”的内涵，恰恰就体现在能将不同质文化的承载主体和谐地凝聚在同一个地区平台上，为解决共同关注的问题，或维护共同的利益协商合作。这体现了上海合作组织为这个广袤地区乃至整个世界的另一种贡献，就是对一种以理解、包容、共存为核心精神的新文明观的倡导与推广。

冷战结束后的世界恰逢全球化的浪潮席卷各地，资本、劳动力、技术在全球范围以追求利益最大化为目的的流动，在给世界经济带来前所未有快速增长的同时，也加剧了各地区、各国社会的发展不均衡。这种不均衡的发展趋势加剧了世界发达地区与欠

① 刘华芹：“2014 年上海合作组织区域经济合作”，中国社会科学院俄罗斯东欧中亚研究所、上海大学上海合作组织公共外交研究院：《上海合作组织发展报告》（2015 年），中国，社会文献出版社，2013 年 7 月版，第 129—134 页。

发达地区之间的矛盾，也加剧了处在这些不同地位上各族群间的矛盾。现代科技飞速发展引起人类社会关系的颠覆和国际关系格局的改变，大大超过了人们的心理预期。人类不同民族文化之间关系的变化让多数族群无法适应，不论是处在全球化进程中优势地位的民族，还是处在这一进程中弱势地位上的民族。这些难以适应的变化突出表现在这样几个方面：一是世界各族群之间的文化缓冲区基本荡然无存，不同质文化井水不犯河水式的相安无事局面已彻底改观；二是原有族群文化的区域概念已经打破，以固定的民族人口和传统的宗教信仰划分文化区域的定式受到挑战；三是不同质文化间的交融和冲突同时上升，而文化认同与对立背后起决定性作用的往往是全球化进程中的利益分配过程。在人类的大多数族群还不具备相互包容和彼此理解的自觉与能力时，“文明冲突”已远非危言耸听的炒作。2015 年 1 月发生在法国巴黎的《查理周刊》遇袭事件及其后续事态，典型地说明了两种完全不同的价值观和话语体系在欧洲这样一个被认为文明高度发达社会中难以对接的窘态。被西方一向推崇的言论自由与特定的民族、宗教感情在穆斯林人口与日俱增的欧洲发生了最直接的冲突，站在各自立场上的愤慨正酝酿着更加深化而尖锐的文化对立。[①] 虽然这种最极端的案例发生在欧洲，但欧亚地区尤其是中亚地区在世界整体政治文化格局大变革时代也受到了前所未有的影响。如何在上海合作组织内部体现对多元文化的尊重，使不同民族文明和睦相处、共同发展，也是上海合作组织巩固与发展需要解决的重要问题。

上海合作组织对这一问题始终有着明确的认识，早在 2001 年 6 月《上海合作组织成立宣言》发表时，在宣示“加强各成员国之间的相互信任与睦邻友好”的基本宗旨的同时，即提出了鼓励

① Charlie Hebdo вновь оказался в центре скандала, 14 января 2015, http://www.tvc.ru/news/show/id/59306.

成员国在包括文化领域在内的更广大的范畴中开展有效合作。[①]可以肯定的是，鉴于对欧亚地区民族文化关系的复杂性和重要性的认识，上海合作组织各成员国在这个问题上的行动是十分积极的。2002年4月，上海合作组织成员国文化部长会议在北京举行。六国文化部长在会上做了发言，并讨论了各成员国之间的文化交流与合作的现状和前景。时任中国文化部长孙家正认为，六国开展文化合作具有得天独厚的条件。第一，有着传统的睦邻友好关系，对进一步加强在上海合作组织框架内的文化交流与合作有高度的共识；第二，各自的民族文化是东、西方优秀文化的重要组成部分，在世界民族文化之林中具有鲜明的特色和独特的代表性；第三，六国山水相连，地缘相近，文化资源丰富，便于开展形式多样的多边和双边文化交流活动；第四，上海合作组织框架内的政治、安全、外交和经济等领域的密切合作为开展文化交流与合作奠定了坚实的基础。在这次会议上，各国文化部长共同签署的《联合声明》指出，各方一致主张在全球化过程中充分尊重不同民族和不同国家文化的多样性与差异性，提倡各种文明和平共处，平等交流，互相学习，互相借鉴，共同发展。[②] 在此后的6月上海合作组织元首峰会上，各成员国领导人又对各国政府文化部门间开展合作和建立相应的定期会议机制表示了明确的支持。[③]

在上海合作组织国家元首层面的重视和支持下，各成员国文化部门进行了一系列积极的合作实践活动。至今，人文合作成为

① 《上海合作组织成立宣言》，2001年6月22日，中华人民共和国外交部，http://www.fmprc.gov.cn/mfa_chn/gjhdq_603914/gjhdqzz_609676/lhg_610734/zywj_610746/t4636.shtml。

② “上海合作组织6个成员国文化部长在京首次会晤”，新华社，2002年4月12日，http://news.xinhuanet.com/newscenter/2002-04/12/content_356324.htm。

③ 《上海合作组织成员国元首宣言》，2002年6月8日，中华人民共和国外交部，http://www.fmprc.gov.cn/mfa_chn/gjhdq_603914/gjhdqzz_609676/lhg_610734/zywj_610746/t4509.shtml。

继上海合作组织安全、经济领域合作以外的第三大合作领域。在上海合作组织高层理事会的关注和推动下，先后通过了《上海合作组织成员国政府间教育合作协定》、《上海合作组织成员国政府间文化合作协定》、《上海合作组织成员国政府间救灾互助协定》、《上海合作组织成员国政府间卫生合作协定》和《上海合作组织成员国政府间科技合作协定》等文件，并举行了近百场次艺术节、运动会、冬令营、培训班等成员国广泛参与的活动。

随着上海合作组织的发展和各成员国在文化领域合作的深化，一些跟踪研究上海合作组织的学者也纷纷将人文合作的重要性提升到上海合作组织长远发展和区域合作质量提升的更高认识层面。在上海合作组织成立 5 年时，有中国学者提出了上海合作组织“文化交汇带”的概念，对成员国之间人文合作的健康发展具有指导意义。[①] 哈萨克斯坦学者也对上海合作组织人文合作予以充分肯定，认为能否在本组织框架内进行文化领域的有效合作不仅关系到安全、经济领域合作的成果的巩固，而且将决定上海合作组织未来发展的成败。[②] 还有学者认为，上海合作组织的文化领域合作是整个地区的软实力塑造过程。在这个过程中既包括了俄罗斯、中国等中亚地区周边地缘政治大国所代表的文化影响，也包括中亚各民族国家文化的成熟和对周边地区与国家（其中也包括中国与俄罗斯）的影响过程。在这一区域性文化的多元化发展过程中，像上海合作组织这样的地区性国际组织往往都扮演重要的角色。[③] 归纳起来，各国学者关于上海合作组织人文合

---

① 刘锦前、李立凡：“加强上海合作组织文化合作的思路与设想”，《上海市社会科学界第四届学术年会文集（2006 年度）世界经济·国际政治·国际关系学科卷》，上海人民出版社，2006 年 11 月版，第 135 页。

② ［哈］瓦·图尔绍夫：“上海合作组织的人文合作”，曲星主编、陈玉荣副主编：《庆祝〈上海合作组织成员国长期睦邻友好合作条约〉签署五周年国际学术研讨会论文集》，世界知识出版社，2013 年 9 月版，第 88 页。

③ 朱星光：《上海合作组织视角下的中亚地区治理理论与实践》，黑龙江人民出版社，2009 年 11 月版，第 86—89 页。

作的认知主要在于这几方面：第一，提高地区文化的包容性，防止极端主义的滋生，促进多民族文化共荣，这在有着300多个民族，古代希腊、波斯、匈奴、突厥、阿拉伯、蒙古、俄罗斯等重要民族文化留下深刻影响的欧亚地区具有特殊的地缘政治意义。第二，维护新独立国家和发展中国家民族文化安全，以“尊重多样文明”和“不同文化共鉴”的态度保护弱势族群文化的生存与发展，为打造新世纪区域文化创造重要政治条件。第三，通过交流发展各民族国家文化精髓，提高民族文化自信，防止文化和政治上的虚无主义侵蚀新生代，防范大国利用中亚国家社会对现存威权主义政治文化的现代性批判和不满挑起“改造后苏联空间”的“颜色革命”。

目前，上海合作组织人文合作正体现出这样的趋势：一是正在向教育领域深化，中国和俄罗斯与中亚国家在上海合作组织名义下的教育合作项目明显在增加，上海合作组织大学的建立更体现了这种向更高层次人文交流的机制化和制度化转变；二是形式更加多样化，各种文化周、文化月，甚至文化年以及旅游节、旅游年等活动层出不穷，主要由政府举办向民间机构、非政府组织、公益团体等多主体筹办的方向转变；三是面向长远的前瞻性和计划性越来越明显，2012年6月上海合作组织文化部长第九次会晤讨论“上海合作组织未来10年发展规划”，签署的《上海合作组织成员国文化部长会晤北京宣言》、《上海合作组织成员国文化部长第九次会晤纪要》、《上海合作组织成员国第九次文化部长会晤新闻公报》、《上海合作组织成员国政府间文化领域合作协定2012—2014年执行计划》等文件，都体现了面向未来、面向年轻一代的特点，[①] 使上海合作组织人文合作向更广泛、更深入的层

① 中国社会科学院俄罗斯东欧中亚研究所、上海大学上海合作组织公共外交研究院：《上海合作组织研究报告》（2013年），社会科学出版社，2013年9月版，第241页。

面发展；四是向文化产业[①]项目管理方向发展，使上海合作组织框架内的文化合作和发展与地区经济的现代化和服务业发展有机结合起来，特别是中国领导人提出构建“丝绸之路经济带”的倡议后，以丝绸之路文化为主题的旅游、影视、文学、出版、服装、工艺美术、网络传媒、民俗文化、演出会展等各种文化产业项目和产品层出不穷，为上海合作组织成员国文化振兴和政府间文化合作提供了历史机遇，也使文化产业与地区经济发展能够有机结合，并将为上海合作组织文化合作注入持续发展动力。为充分利用好这一重要的历史机遇，中国的中亚学者提出了系统的建议。首先是对中亚地区历史的文献资料的整理和沿丝绸之路的系统考古，这是当前世界东西文明交流史亟待启动的一项重要工程。因为中亚地区历史经历了周边各政治、军事、文化强权的征服，留下的文献资料和考古资料系统性与延续性均较差，不仅地域辽阔、地处边远、交通不便，而且受不同时期历史影响形成了明显的文化分割，如波斯时期、匈奴时期、突厥时期、阿拉伯时期等，留下的信息载体互有极大不同，而且在后来地缘政治版图变革中被不同的政治文化解读，靠单一国家无论从财力上还是从管理上都是难以完成的任务。而上海合作组织文化合作则可以担负起这一重要而复杂的文化工程，使古代丝绸之路留下的文化遗产焕发出新的生命。其次是由上海合作组织文化合作模式完成古代丝绸之路初始段成功申报世界文化遗产的后续工作，这对于将古代丝绸之路升华为全人类共享和共同关注的文明遗产，并由此

① 按照国家统计局《文化及其相关产业分类》的划分，文化产业包括：1. 文化服务（新闻、出版发行、版权管理）；2. 广播、电视、电影服务；3. 文化艺术服务（文化创作、表演及演出场所、文化保护和文化设施、群众文化、文化研究与文化社团等）；4. 网络文化服务；5. 文化休闲娱乐服务（旅游、娱乐、文化艺术商务代理、文化产品出租与拍卖、广告和会展等）；6. 文化用品、设备及相关文化产品的生产（文化用品、乐器、玩具、游艺器材及娱乐用品、机制纸和纸板、手工纸、信息化学品、照相机及器材、印刷专用设备、广播电视设备、电影机械、家用视听设备、复印和胶印设备、工艺美术品、摄影扩印、首饰、工艺品及收藏品批发、工艺美术品及收藏品零售等）。

得到世界最高水平的研究和保护具有重要意义。联合教科文组织从20世纪80年代即开始了对丝绸之路沿线历史遗址的文化价值认定，并多次组织了大规模的丝绸之路沿线的文化考察。2006年，由中国和中亚五国发起，将中国中原地区至中亚地区的丝绸之路核心地段上的重要历史遗址申报世界文化遗产。2011年12月，中国、哈萨克斯坦、吉尔吉斯斯坦三国签署申遗备忘录，确定申遗项目名称："丝绸之路：起始段和天山廊道的路网"。2013年6月，中、哈、吉三国向联合国提交了申遗文本，申报项目包括路线5000多公里、遗址33处。2014年5月，世界遗产大会决定将上述项目收入《世界遗产名录》。这一合作申遗的成功，是上海合作组织成员国间文化合作的成功，也是在丝绸之路文化遗产方面仍存在更大合作空间的证明。第三是营造丝绸之路文化旅游走廊，将这一地区多元民族文化作为发展文化产业的丰富资源。上海合作组织各成员国在借助于丝绸之路文化品牌促进本国旅游、服装、娱乐、休闲等文化产业的发展方面都有各自的策略，但针对国际文化市场的需求而言，这种各自为政的局面很不利于打造全球性的文化产业品牌，另一方面也会大大提高各国经营和管理成本。如何形成丝绸之路沿线各国间的相互协作与合理分工，塑造在全球文化市场中具有特色和竞争力的丝绸之路文化产业区，将是上海合作组织文化合作责无旁贷的职责。[①] 可喜的是，这些思路没有停留在设计、筹划阶段，中国、哈萨克斯坦、乌兹别克斯坦、吉尔吉斯斯坦等上海合作组织成员国的学者已和各国政府及实业界实现了初步的对接，将文化产业发展作为上海合作组织文化合作的一个重要方向积极推动前进。

---

① 中国社会科学院俄罗斯东欧中亚研究所、上海大学上海合作组织公共外交研究院：《上海合作组织发展报告》（2014年），社会科学文献出版社，2014年9月版，第209—213页。

质疑、探索和前景

从上海合作组织成立之日起，对这个年轻国际组织发展前景的评估就充满了重大分歧。但是，早期的西方分析界的观点基本以不看好为主要倾向，即认为这样一个将原苏联崩溃后的国家聚合起来的地区性松散组织，由于各自的利益牵制不可能在政治上形成相对一致的政策目标，因而也就不会在欧亚地区有多大建树。但是到2005年后，这种观念发生了重大的变化。于这一年的7月，在哈萨克斯坦首都阿斯塔纳召开的上海合作组织成员国元首理事会上，各国领导人讨论商定在这次会议的宣言中提出对阿富汗形势的重要立场："鉴于阿富汗反恐的大规模军事行动已经告一段落，上海合作组织成员国认为，反恐联盟有关各方有必要确定临时使用上海合作组织成员国上述基础设施及在这些国家驻军的最后期限"。[①] 随后，乌兹别克斯坦外交部即约见了美国驻乌大使，要求美国驻在汉纳巴德空军基地的军队和装备在年内撤出。此次六国元首集体发出的声音，让西方政界和媒体对上海合作组织的地缘政治影响力刮目相看。从此，西方对上海合作组织的认识从一片质疑声甚至唱衰声转向猜忌、戒备，以及随之而来的妖魔化。2006年1月，法国《现代价值》周刊发表了一篇分析上海合作组织的性质及其未来走向的文章。文章作者认为，面对北约，以俄罗斯和中国为首的两个大国拉住中亚国家成立了上海合作组织，并可能很快将印度和伊朗进一步拉入这个组织中，建立起一个强大的"欧亚军事联盟"，针对北约形成一个强大的对

① 《上海合作组织成员国元首宣言》，2005年7月5日，中华人民共和国外交部，http://www.fmprc.gov.cn/mfa_chn/gjhdq_603914/gjhdqzz_609676/lhg_610734/zywj_610746/t206068.shtml。

手。这对于西方人来说，将是未来10年的重大战略挑战。美国传统基金会学者也认为，在“9·11”之后美国和西方没有对上海合作组织予以及时的关注，这是“一个严重的错误”①。从这个对上海合作组织的认识思路的变化中我们可以很清楚地看出一种冷战思维的逻辑，即上海合作组织是在苏联解体后继续针对西方进行对抗的政治军事集团。如果从这个观察视角出发，将不可能对上海合作组织的性质、作用和发展前景做出客观的评价。

这种以西方学者观点为代表的认识，或多或少地也影响到了各成员国国内研究界甚至外交界对上海合作组织功能定位的认识。另外，上海合作组织作为一个通过协商妥善解决冷战遗留问题，以创新理念维护地区安全，以共同利益关注推动地区经济发展的新型合作组织，它的发展模式和发展路径没有可照搬的先例，这一状况也造成了上海合作组织成员国的官员和学者们难以摆脱旧式思维逻辑的历史原因。这种历史的局限性不仅俄罗斯、哈萨克斯坦、乌兹别克斯坦、吉尔吉斯斯坦等国的政治家们很难完全超越，中国的智库学者和政府官员们也常常深陷其中。特别是当成员国所在地区及世界发生某种性质的重大突发事件，或者上海合作组织某一成员国希望借助于这一地区性国际组织的政治信任平台推动某一种多边联合行动时，将不切合实际的功能赋予这一新型国际组织的事情就时有发生。这种来自上海合作组织内部的认识误区，导致了各成员国对这个组织在功能定位上的紊乱。这种功能上的紊乱归纳起来表现在这样几个方面。第一，将上海合作组织定位成国家政治联盟。这主要体现在各成员国都希望借助于这个国际组织的平台为自己的有关主权政治活动发出声音，这种主权活动既包括成员国内政方面的举措，也包括外交方面的行动。这种问题曾经多次困扰上海合作组织高层会晤机制和

① “法刊：上合组织是对西方挑战 印巴伊朗可能入盟”，新华社，2006年1月12日，http：//news. xinhuanet. com/world/2006 -01/12/content_ 4043693. htm。

秘书处的决策，甚至引起成员国内部屡次怀疑一向坚守的合作原则是否正确。例如，当2005年发生安集延事件以及2013年乌克兰危机全面爆发后，乌兹别克斯坦和俄罗斯都通过不同的渠道表示，希望由上海合作组织对发生在本国的事件表态，并能形成高调支持当事成员国政府的立场。结果却遭到各成员国的普遍反对，最终往往经过反复的磨合后提出一个表示关注和希望稳定的原则性表态。对于这一现象，俄罗斯科学院世界经济和国际关系研究所副所长丘夫林提出质疑，“未来在某成员国中发生内部冲突的情况下，上海合作组织究竟会采取什么立场？……上海合作组织不应该成为一个旁观者”。[①] 第二，将上海合作组织定位成军事俱乐部。尽管这个年轻的组织是从解决地区各国边境地区军事安全问题起家的，并由此建立了成员国间政治和军事互信关系。但是，上海合作组织却不同于世界上任何一个军事组织或军事联盟。国家间除了逐渐开始探索着开展的反恐、边防、禁毒等方面的合作外，并没有各国间对彼此国家安全和受到军事威胁时的承诺。上海合作组织成员国的武装力量除了在防范地区“三股势力”（极端主义、恐怖主义、分裂主义）威胁上深度合作保障地区安全外，并没有在任何情况下一成员国对另一成员国提供军事协助的法律基础。但是随着大国关系的变化，特别是俄罗斯不断受到美国主导下的北约集团在军事上的挤压和战略上的孤立时，一些俄罗斯学者将借上海合作组织建立一个反美、反西方的军事联盟作为破解这一困境的选项。俄罗斯学者马尔科夫认为，上海合作组织最重要的地缘政治特征就是把美国及其西方盟友排除在外，暗示其针对西方的潜在联盟性质，并正在考虑今后能否建成政治军事联盟。[②] 第三，将上海合作组织定位成某种经贸一体化

① 马振岗主编：《稳步向前的上海合作组织》，世界知识出版社，2006年版，第44页。

② Аркадий Дубнов: К чему стремится ШОС? http: //www. globalaffairs. ru/articles/5732. html 21-06-2006.

的制度性安排。在推动成员国间贸易和交通便利化的进程中，在2003年9月上海合作组织成员国总理会晤上，时任中国国家总理温家宝提出了“确立长远的区域经济合作目标，逐步建立上海合作组织自由贸易区”的倡议。随后包括中国在内的各成员国学术研究机构和国家职能部门对建立上海合作组织自由贸易区的建议开展了讨论和研究，然而这一可行性研究的过程却意想不到的漫长。在2006年9月的成员国元首理事会上海会议上，中国方面希望利用主场优势推动这一进程取得实质性进展。但在会议前的准备过程中却意外地遇到阻力，最终只是在峰会的联合公报中强调了“开展经济合作已具备法律基础和组织机制，多边经贸合作纲要及其落实措施计划的落实工作已经启动”。[①] 而在同时召开的上海合作组织成员国家首脑（总理）理事会上，提出了落实《上海合作组织成员国多边经贸合作纲要》的措施。[②] 尽管在上海合作组织后来的经济合作中，建立本组织框架下的自由经济贸易区的建议仍不断被提出，甚至一些中国学者将建成这样的自由贸易区当作上海合作组织经济合作的阶段性目标，但这种努力始终停留在可行性研究和规则制定上。而且，此后的上海合作组织经济合作出现了一个突出的现象，即双边的合作项目多于多边的合作项目。而且，双边合作的成功率也高于多边。

造成上海合作组织在自身定位上出现上述错位的原因，主要是由于这一地区性合作组织自身存在的与众不同的特殊性质。这些特殊的性质既是上海合作组织创新性的体现，也是其自身难以克服的重大弱点和缺陷。这一自身性质和结构上的基本特征，既

① 《上海合作组织成员国国家元首理事会会议联合公报》，2006年6月15日，http：//www.fmprc.gov.cn/mfa_chn/gjhdq_603914/gjhdqzz_609676/lhg_610734/zywj_610746/t346569.shtml。

② 《上海合作组织组织成员国政府首脑（总理）理事会会议联合公报》，2006年9月15日，http：//www.fmprc.gov.cn/mfa_chn/gjhdq_603914/gjhdqzz_609676/lhg_610734/zywj_610746/t272021.shtml。

给上海合作组织的诞生和发展带来了旺盛的生命力和强大的吸引力，同时也给自身的发展造成了一些不可逾越的障碍和难以摆脱的束缚。第一，自身结构中的突出差异性。上海合作组织“尊重多样文明、谋求共同发展”的开放、包容精神，凝聚了欧亚地区带有极大差异的国家主体形成制度性的合作机制。同时，这些巨大差异性的存在已制约着组织合作本身。对上海合作组织建设影响比较大的差异性因素主要有这样几个方面：1. 民族文化传统上的差异；2. 政治制度和社会意识形态上的差异；3. 社会经济结构和经济发展模式上的差异。所以，上海合作组织成立初期确实需要经过一个彼此适应不同政治文化的阶段。再者，这些突出的差异性势必造成各成员国在本组织内的政治利益和经济利益上的不同取向，而且往往这些文化的、政治的、经济的利益差异是相互连带或可以彼此转化的。例如，已有学者对中国推动建立上海合作组织自由贸易区的过程进行了反思，认为主要原因之一是忽视了影响地区经济合作的政治因素。[①] 第二，区域合作功能上的模糊性。一个地区性的合作组织，在它的战略目标和政策措施上含有一定的模糊性本身也不完全是件坏事，可以由此保持进退自如的主动性和灵活性。上海合作组织本身就是这样一个由地区性对话、磋商、协调的谈判平台和论坛机制逐步发展起来的，无论是在“上海五国”期间，还是到正式建立了上海合作组织，均没有从一开始就设定好这个国际合作组织在地区内发挥作用的领域，也没有规定好通过某种法定的合作方式（如政治、军事、经济上的结盟，或在结盟之外的某种具有法律权力效益的其他制度性安排）。这是上海合作组织作为新型的地区合作组织所具有的一种特性，它不同于冷战时期及其以前的所有以某一国家主体或国家集团为对手的结盟，以及这种旧式的结盟方式中以一个或数个强

① 王维然、陈彤：“关于建立上海合作组织自由贸易区的回顾与反思：2003—2013”，《俄罗斯东欧中亚研究》，2014 年第 6 期。

大国家主体作为决策核心的运行方式。上海合作组织以“互信互利、平等协商”的内部关系原则，团结各成员国通过协商合作的方式解决共同关心的问题，消除共同的安全威胁，克服共同的发展障碍，这是上海合作组织作为一个新型国际组织至今仍未解体，并继续保持强大生命力、凝聚力和吸引力的根本原因。但这种内部关系原则同时也带来了另外一个问题，即决策能力弱、办事效率低、缺乏行动能力。国际关系史上的任何一个国际组织，都会遇到因成员利益差异而在决策上发生分歧的情形。作为国际组织均不可能解决这些矛盾（多数也无此义务），但为了保证组织的运行和效率，必须设计一套相对合理的议事原则，以及建立在这些原则基础上的决策机制。而上海合作组织恰恰很难做到这一点，因为“平等协商”是“上海精神”的核心价值观，而“协商一致”又是建立在这一基础上的内部关系准则。这一基本的组织原则就确定了上海合作组织不可能像北约或华约那样，将成员国的利益依附在一个或几个大国、强国的身上，也不能像欧盟那样以经济体量决定在联盟组织中的话语权。显然，这将是一个无解的难题，这样的矛盾状态将长期伴随着上海合作组织的发展。第三，组织规模和区域的不确定性。上述两方面问题的存在（即各成员国参与区域合作的政策目标上的差异和对这一组织在功能与需求上的不明确），导致对上海合作组织发展规模和活动空间发展预期上的不一致和不确定。从“上海五国”时期的协商对话到上海合作组织正式成立，上海合作组织作为一个地区性合作组织的性质其实是很明确的，这在当时签署的一些文件中都有表述。但是随着地区及世界形势的发展，以及上海合作组织自身的发展壮大和影响力的增加，各成员国对上海合作组织的需求也发生了变化。让上海合作组织进一步发展成怎样的国际组织，让它为欧亚地区担负起怎样的地缘政治职责，对于这一问题的分歧首先就体现在了对这个组织未来规模的定位上。多数成员国认为上海合作组织应该继续保持欧亚地区的属性，即坚持一个地区性合作组织的性质和原则。但俄罗斯方面却力推上海合作组织扩大成员国队伍，首选的扩大对象就是它在亚洲的最大战略盟友、已经拥有上海合作组织观察员身份的印度。俄罗斯作为在欧亚地区影响力最强的大国，对其在上海合作组织内应发挥的作用自然有着合乎自身政治逻辑的考虑。尤其在2013年因乌克兰危机受到军事、经济、外交上的一系列战略挤压后，利用上海合作组织这个平台上战略盟友的加盟拓展有利外交活动空间，的确不失为一种明智的选择。同时，俄罗斯在“上海进程”中从解决了边境军事安全问题后的观望，到上海合作组织成立后一再显示自身的存在和影响，也醋意十足地表达出了对中国在欧亚地区影响力增长的不安。它希望通过将中国在亚洲最大的竞争对手拉入上海合作组织，平抑中国在这个地区合作机制中的影响力。就目前上海合作组织的自身结构和特性而言，成员国在组织内通过规则制定和影响发展方向实现各自地区利益也属正常。于是中国也积极推动在亚洲的“全天候战略伙伴”、已经有观察员身份的巴基斯坦加入上海合作组织，保持组织内成员国力量的平衡。同时，也希望借此淡化上海合作组织成立以来一直保留着的浓重“原苏联色彩”，更多地将发展路径向亚洲国家倾斜。还有中国学者撰文认为，首先将印度和巴基斯坦吸纳进上海合作组织，有利于加强与东盟的关系，对中国“有望以一种较为成熟的新型国际合作机制”打造出“U型睦邻友好合作带”，缓解美国战略重心东移、南海问题发酵、阿富汗后撤军时代等一系列可能发生的安全危机影响。[①]从2014年9月杜尚别元首理事会批准了《给予上海合作组织成员国地位程序》和《关于申请国加入上海合作组织义务的备忘录范

---

① 中国社会科学院俄罗斯东欧中亚研究所、上海大学上海合作组织公共外交研究院：《上海合作组织发展报告》（2014年），社会科学文献出版社，2014年9月版，第149—157页。

本》修订案时起，上海合作组织扩大成员国的法律基础开始完善。2015 年 7 月，上海合作组织成员国元首理事会第十五次会议在俄罗斯乌法召开，扩大成员国的法律程序正式启动。[①] 尽管上海合作组织秘书长梅津采夫和元首峰会新闻公报中并没有明确规定出扩员的时间表和路线图，但从应有的法律程序和正式成员候选国的实际状况来看，这将是一个长期的渐进过程。不过，上海合作组织毕竟走出了这关键性的一步，这一国际组织由此将发生哪些内容上和形式上的变化，国际社会已经拭目以待。

上海合作组织经历了十多年的发展后将发生重大变化，这一点是毫无疑问的。但是，上海合作组织将发生怎样的变化，对这个问题的回答却是困难的。就像上海合作组织刚刚诞生之日，又有几人能够想像得到今天的发展规模。纵观上海合作组织十多年的发展历程，新安全观、新发展观、新文明观是凝聚各成员国，吸引各观察员国和对话伙伴国精诚团结、积极参与、共商大事、协调立场的根基和动力。凭借这种创新的精神和能力，上海合作组织克服了无数困难，渡过了一场场危机，组织规模已经逐渐扩大，国际影响和威望不断提升。今后上海合作组织还将经受怎样的考验，就如欧亚地区及世界形势正在发生的巨变一样，是个不以人们意志为转移的过程。上海合作组织将坚持哪些基本的组织内部原则和对外关系原则才能永葆旺盛的生命力和凝聚力，前任中国驻上海合作组织秘书处副秘书长高玉生大使做出了精辟的归纳：第一，上海合作组织必须继续坚持“不结盟、不对抗、不会对第三国”的原则，这是上海合作组织对世界的宣言和承诺，是以一种全新的形象立足于国际社会的自我约束，是合作求安全、集体促发展的原则底线；第二，上海合作组织必须继续坚持“互信互利、平等协商”和“协商一致”的原则，这是上海合作组织

① 人民网：“上海合作组织秘书长：乌法峰会将作出扩员决定”，2015 年 2 月 10 日，http：//world. people. com. cn/n/2015/0210/c1002－26541169. html。

内部关系的基本准则，是产生组织凝聚力和向心力的源泉；第三，上海合作组织必须继续坚持不干涉成员国内政的原则，这一条原则其实是在上述两项原则基础上的逻辑延伸，上海合作组织以维护成员国所在地区的安全和促进社会经济发展为己任，但又充分尊重各成员国选择的政治制度、社会形态和经济模式。① 在今后复杂多变的地区局势及世界局势面前，只要能够始终不渝地坚持这三条根本原则，无论组织形式、成员数量、覆盖区域发生怎样的变化，上海合作组织都可以在国际社会中牢牢扎下根来，以不变应万变，巩固在欧亚地区的地缘政治影响，并随着地区和世界形势发展的需要不断发展壮大。

① 上述基本观点来自于高玉生大使在上海社会科学院、上海政法大学于 2015 年 9 月 18 日联合举办的第十二届中亚和上海合作组织国际学术研讨会开幕式上的演讲。

第十章　阿富汗：中亚的梦魇还是机遇

列强博弈的地缘政治遗产

位于亚洲中西部的阿富汗与中亚地区之间有着一种特殊的地缘联系，这不仅仅因为它与当代中亚的乌兹别克斯坦、塔吉克斯坦、土库曼斯坦三国互为近邻，并有着漫长的共同边境（阿富汗上述三国的共同边界，最长的是塔吉克斯坦，两国边境长达1206公里；其次是土库曼斯坦，有共同边境744公里；最短的是乌兹别克斯坦，与阿富汗有共同边境137公里），还在于它的历史和文化与中亚民族曾经有过的一种不可分割的（有相当部分可以认为是共同的）经历，以及由此产生的共性地区特征。19世纪德国学者亚历山大·冯·洪堡首次提出“中亚”（Central Asia）地理概念时，阿富汗也是包含在其中的（洪堡在世界地理学史上首次提出的中亚概念，南面的自然地理标志性界线是喜马拉雅山）。[①] 早期欧洲中亚学界将阿富汗作为中亚的一部分考察，其原因不仅仅由于这种毗邻的地缘关系。《大英百科全书》在对于中亚的定

① 马大正、冯锡时：《中亚五国史纲》，新疆人民出版社，2005年版，第2页。

义中直接将阿富汗纳入了这一地区内。[①] 塞族人、波斯人、突厥人在这里的早期活动，构成了阿富汗古代民族历史。由于现代中亚地区与阿富汗之间并没有重大的地理屏障，今天的阿富汗多数草原和山地与中亚地区同为古代各中亚游牧民族生存和活动的平台。在这个广袤的空间里，他们在创造各自独特文化的同时，也演绎着共同的历史。公元前 140 年，汉武帝为了抵御匈奴的军事压力，打算动员已经西迁的大月氏联合行动，在东西两个方向夹击匈奴，派出了张骞作为使者前往西域寻找大月氏部落，结果出了陇西进入匈奴领地不久就被俘了。经历了十年的囚禁生活，张骞逃离匈奴人控制地区后仍然执着地寻找大月氏人。经大宛（今费尔干纳盆地）和康居（约在今巴尔喀什湖和咸海之间），终于在大夏找到了安居乐业的大月氏部落。尽管大月氏国王的前辈曾被匈奴人杀害，并受驱赶一路行至大夏，但十多年过去后大月氏人找到了一片水草肥美之地，已无意东还，更不愿再与匈奴作战了。无奈之下，张骞第一次出使西域就只能无功而返。而这片吸引住大月氏人乐而忘返的地方，据专家考证就是现在的阿富汗北部的阿姆河流域。[②]

如果说古代历史上的阿富汗地区还是可以让一些西迁躲避战乱民族栖息的“世外桃园”，那么到了中世纪尤其近代时期，这里就完全是另外一种情形了。公元 7 世纪，阿拉伯人征服了中亚地区，伊斯兰教开始在阿富汗推广。随着阿拉伯人统治的逐渐衰落，公元 9 世纪的萨曼王朝和公元 10 世纪的加兹尼王朝，相继成为阿富汗地区的统治者。接着，13 世纪蒙古帝国西征，阿富汗与伊朗一并成为成吉思汗之孙旭列兀（成吉思汗四子拖雷之子）伊尔汗国的疆域。14 世纪帖木儿帝国兴起，阿富汗又被纳入了这个地跨欧亚大帝国的版图。15 世纪帖木儿帝国开始衰败，在渐渐强

① 《大不列颠新百科全书》，中国大百科全书出版社，1985 年版，第 3 卷，第 1119 页。
② 金宇飞：“西域大夏国各解析”，《欧亚研究》，2005 年 12 月。

大的乌兹别克人攻击下，帖木儿五世孙巴布尔难于维持以撒马尔罕为中心的河中地区统治，选择了南下喀布尔、坎大哈，并以阿富汗为跳板征服印度，建立了莫卧儿王朝。这时阿富汗普什图人渐渐完成了民族文化自觉过程，开始尝试建立自己的民族国家。18 世纪初，阿富汗独立的政权在波斯人和巴布尔帝国之间的夹缝中诞生。虽然尚未建立成统一的强大国家，但却巧妙利用两强之间的矛盾逐渐立足，并借波斯萨非王朝和莫卧儿王朝内讧衰落之机，于 1722 年攻入伊斯法罕，并多次远征印度击败莫卧儿王朝。在一次次对外战争的胜利中，阿富汗逐渐完成了国家统一。1747 年，阿富汗摆脱莫卧儿帝国和波斯萨非王朝统治获得独立。到 18 世纪下半叶时，阿富汗杜兰尼王国已经成为伊斯兰世界中疆域和势力仅次于奥斯曼帝国的强大政权。

进入 19 世纪后，一方面阿富汗地方部族势力坐大，杜兰尼王朝统治力下降，甚至出现内讧和分裂；另一方面英国殖民势力开始由印度向北渗透，并锁定了这个地理位置极其重要的羸弱王国。同时，俄罗斯向中亚地区的殖民征服进入全面推进阶段，尤其是在 1826—1828 年的第二次俄伊战争中打败了伊朗之后，阿富汗已经彻底暴露于沙俄在中亚地区大举南进的锋芒面前。但为了捍卫独立的国家地位，此后阿富汗的民族精英们与英、俄殖民者坚持了长达近两个世纪的斗争。在这一历史阶段中，发生了三次英阿战争（1838—1842 年、1878—1880 年、1919 年）。第一次英阿战争时，英国军队于 1839 年强势占领了坎大哈和加兹尼，并进逼喀布尔城下。阿富汗艾米尔（国王）多斯特·穆罕默德与英国人谈判破裂后，向沙俄的西伯利亚总督代表求助未果，就逃亡到了中亚的布哈拉。多斯特·穆罕默德不仅在布哈拉得到中亚各民族上层同情者的庇护，而且还遥控着国内的抗英活动，运用自己在中亚的人脉筹集资金和物资，继续资助着阿富汗抗英游击队。

而这时已经在中亚建立了殖民机构的沙俄帝国，则在阿富汗与英国人的抗争中扮演着一个暧昧的角色。一方面，沙俄政府向中亚地区的扩张正全力推进着，自然不愿看到在同一地域内出现一个当时堪称世界上最强大的对手。在这个处心积虑多年经营的殖民方向上，那怕是平分秋色也是不能接受的，更何况极可能出现不得不终止南进脚步的重大阻力。另一方面，英俄毕竟还没有在中亚地区发展成直接的冲突，所以俄罗斯还不必与大英帝国正面为敌。于是，沙俄首先通过中亚的一些封建政权和部族领袖有选择地支持阿富汗反英领袖多斯特·穆罕默德艾米尔。同时，挑唆伊朗派出军队进入赫拉特，与英国人正面对峙。1840 年，经过休养生息的多斯特·穆罕默德带领扩充后的部众从布哈拉返回阿富汗，继续领导自己的人民与英国军队作战。虽然英军设计诱捕了多斯特·穆罕默德艾米尔，但到 1841 年时，多斯特·穆罕默德的儿子组织了更大规模的反英起义，直至 1842 年英国军队从阿富汗撤回印度，并释放了多斯特·穆罕默德。第一次英阿战争以阿富汗人民的胜利告终，英国殖民当局不得不承认了阿富汗的独立。① 这场战争体现出了英国和俄罗斯分别通过支持不同的部族力量在阿富汗的战略博弈，阿富汗民族精英在这个过程中已经很难做出自主的选择或发挥独立的作用。

19 世纪 70 年代，英国与沙皇俄国在欧亚腹地的殖民争夺愈演愈烈。1876 年，沙俄在相继占领中亚的布哈拉、浩罕、希瓦三个汗国后，建立了突厥斯坦总督区和费尔干纳省，标志着对中亚的主要民族和汗国征服的基本完成。在这样咄咄逼人的气势之下，将下一步扩张的锋芒指向阿富汗也是顺理成章的事。这时，沙俄中亚当局派出以斯托莱伊托夫将军为首的军事代表团到喀布尔，企图劝说阿富汗国王希尔·阿里汗（1863—1879 年在位）与俄国结成同盟，共同抵制英国人的殖民要求。英国人得到消息后

① 孙壮志：《中亚安全与阿富汗问题》，世界知识出版社，2003 年 11 月版，第 7 页。

也派出了密使，要求希尔·阿里汗接待以张伯伦将军为首的英国代表团，但遭到了希尔·阿里汗的拒绝。英国遂以此为借口，对阿富汗发动了军事攻势，第二次英阿战争（1878—1880 年）由此爆发。当 1878 年 11 月，英军部队进入阿富汗后，希尔·阿里汗马上向曾经拉他结盟的俄国人求援。可俄罗斯在中亚的殖民当局仍然与 37 年前一样态度游离，委婉拒绝出兵援助的请求。希尔·阿里汗顿感被俄罗斯人出卖，竟郁愤身亡。他的王子耶古卜汗放弃抵抗，于 1879 年 5 月与英国签订《冈达马克条约》。这个条约严重约束了阿富汗的主权，规定阿富汗王室的外交要由英国人在喀布尔的代表掌控，而且将阿富汗部分领土和几个重要山口划归英属印度（今巴基斯坦）。丧权辱国的条约自然引起了阿富汗各民族的极大反感，条约签署后几个月内就在喀布尔等地爆发多处起义。在这一情形下，沙俄当局再次抓住机会，利用英国人遇到的困境对阿富汗形势施加影响。还是在俄罗斯人联合希尔·阿里汗抵制英国人的时候，沙俄中亚当局就对他在中亚流亡的侄子阿卜杜·拉赫曼下了一番功夫。1880 年，在俄罗斯人的支持下，阿卜杜·拉赫曼在中亚各地网罗亲近的部族势力，组成一支军队从中亚返回阿富汗，先是在北部扩充实力，接着就向喀布尔进军。英国人再次感到在阿富汗身陷困境，而且明知背后有俄罗斯人的支持和挑唆，却找不到与沙俄势力直接角力的抓手，于是也对阿富汗人采取了怀柔策略，通过与阿卜杜·拉赫曼谈判拉住阿富汗上层，正式承认其阿富汗国王地位，允诺在政治、财政和军事上支持阿卜杜·拉赫曼，而且拿出巨额金钱和赠送大批军火。交换条件则是要阿卜杜·拉赫曼承认《冈达马克条约》的基本内容，即认可英国对阿富汗外交权的控制权。

1884 年，沙皇俄罗斯占领了阿什哈巴德（今土库曼斯坦的首都），标志着从 18 世纪上半叶开始对中亚地区的兼并接近了尾声。而对于英国殖民者而言，阿富汗是从中亚地区通往印度的必经之地，控制阿富汗是英国殖民当局挡住沙俄继续南进的重要步骤。而此时沙俄当局想方设法向阿富汗渗透，最终采取了与波斯结盟制约阿富汗的措施。来自北方的俄罗斯帝国和来自南方的大英帝国（英属印度）两支殖民势力针锋相对地在阿富汗相遇，但这时他们谁都没有能力将对方的势头打压下去。俄罗斯刚刚结束了与土耳其持续长达二百多年的战争，虽然将黑海和小亚细亚方向的势力范围巩固住，但已经没有底气同英国人再打一场战争了。而英国则从第二次英阿战争败下阵来，眼看着新任埃米尔阿卜杜·拉赫曼整合阿富汗各大部族、统一全国版图却无可奈何。然而，英俄两国都担心对方趁自己在阿富汗力量虚弱时发起攻势，向自己的殖民势力范围继续蚕食。于是，英俄双方经过讨价还价的谈判后达成妥协，于 1887 年划定了阿富汗西北部与沙俄中亚总督区之间的分界线——“李奇微线”。1893 年又开始划分阿富汗与俄罗斯在帕米尔的分界线，直至 1895 年双方签署协定，依“杜兰线”把瓦汗地区作为缓冲地带划给阿富汗，借此将俄罗斯的版图（今塔吉克斯坦）与英属印度隔离开。

从阿富汗民族国家形成的历史看，英国与俄罗斯的地缘政治博弈发挥了重要的影响。就连国家版图、民族人口、对外关系等作为一个主权国家实体的所有基本要素，都渗透着英国、俄罗斯这两个大国战略力量竞争的利己打算。阿富汗民族国家进程受到了来自于英国和俄罗斯的强大政治干预，两大欧洲强权的争夺和妥协成为阿富汗现代国家形成的国际政治基础。强权大国这种不顾当事国本土政权成长和民族文化分布的人为划分，给阿富汗后来的发展进程带来了极大的麻烦甚至灾难。而在这个无奈的过程中，中亚各民族和各汗国也被动地扮演了各自的特殊地缘角色。

葬送昔日帝国的泥淖

在大国的支配和制衡下，阿富汗的民族命运虽然是悲惨的，但同时这种悲剧的命运也塑造了阿富汗独特的民族性。在大国的地缘争夺的夹缝中，阿富汗作为一个年轻的民族国家艰难地维持着自己在国际法意义上的独立，自然也不得不继续玩大国平衡的游戏。这种十分现实的恶劣周边环境和地缘政治形势，促使阿富汗内部的不同民族、部族、地方的政治权力意志同时增长、成熟起来，并通过与不同的大国势力的合作来强化自己的生存能力。进入20世纪后，英国和俄罗斯在中亚地区的争夺基本尘埃落定，阿富汗作为处于英俄之间缓冲区的地位也已经确定。面对英国将阿富汗纳入“被保护国”，俄罗斯也于巩固了在中亚的统治后原则上认可了这一格局。1907年，沙皇俄国与英国签署条约，以法律文件的方式承认阿富汗处于自己的势力范围之外。

20世纪初，阿富汗民族资产阶级渐渐发展起来，并且形成了一定的国内影响力。随着第一次世界大战后世界民族主义浪潮的兴起，阿富汗民族精英层再一次经历了民族自觉的过程。经过对自身民族国家历史的反思，阿富汗民族主义者对于处在英国“保护国”地位的现状十分不满。1919年2月，新任阿富汗艾米尔阿曼努拉（1919—1929年的阿富汗国王）在激进民族主义组织“青年阿富汗党”的支持下，借宣誓就职的场合宣布，阿富汗将在内外政策上实现完全的独立。对此，首先作出反应的是已经建立苏维埃政权的俄罗斯，苏俄率先宣布承认阿富汗的独立，并马上建立了正式外交关系。阿曼努拉利用印度民族解放运动高涨对英国在亚洲殖民势力的严重牵制，正式要求英国当局解除对阿富汗的“保护”。这一举动让英国殖民当局大为光火，当即由英属印度派出军队前往镇压，第三次英阿战争（1919 年 5 月—8 月）由此爆发。英国驻印度殖民当局派出 3.4 万人的军队，兵分三路入侵阿富汗。这时的英国仍是世界头号军事大国，军队训练有素，武器装备精良，并且还是世界上少数拥有装甲部队和空军的国家之一。而相比之下，阿富汗军队不仅数量少，而且装备落后，使用的大多是刀、矛等冷兵器。但由于当时的英属印度境内爆发了非暴力不合作运动，英国政府急于结束在阿富汗的战争。6 月双方缔结停战协定。8 月 8 日，英阿在拉瓦尔品第签订了《拉瓦尔品第条约》，英国正式承认阿富汗独立和自主的外交权。此后，英国仍然竭力维持其在阿富汗的剩余权益。在《拉瓦尔品第条约》签署后，1920 年英阿双方继续谈判，试图在与英属印度的领土分割问题上达成某种“彼此满意”的妥协。但阿富汗政府作为一个民族国家的代表，主权意识已逐渐成熟，并且在外交上与苏维埃俄国和凯末尔革命后的土耳其积极发展关系，甚至分别签署了友好条约。英国在阿富汗维持历史影响的努力越来越显得徒劳无益，1921 年 11 月，英阿双方签署了历史上的第一个平等条约，这标志着英国彻底放弃了在阿富汗的“特殊权力”和阿富汗的完全独立。虽然阿富汗在全球英属殖民地中占居着看似微不足道的比重，但是 19 世纪中叶到 20 世纪初的三次英阿战争（英军无奈撤出阿富汗以及不得不承认阿富汗独立地位的结局），与印度反英独立斗争一并大大支援了亚洲（尤其是南亚）地区的反殖民斗争。印度从英国殖民统治下获得独立比阿富汗晚近 40 年，可见阿富汗反英独立运动对印度民族独立不仅仅是一种呼应和互动，而且起到了重要的示范和感召作用。从这个意义上讲，一个由多民族组成、部族势力强大、政治权力分散的国家成了大英帝国亚洲殖民时代结束拐点的说法并不算过分。

由于处于大国势力影响的中间位置，阿富汗获得了全面独立后仍然采取与相关大国同时发展外交关系的政策。1936 年 10 月，与德国签署关于同意接受援助的文件。1937 年 7 月，又与土耳其、伊朗签署三国友好与互不侵犯条约。第二次世界大战爆发时，阿富汗与上一次世界大战时期一样仍然坚持中立。第二次世界大战结束后，阿富汗与国际社会的联系明显加强。1946 年 11 月，阿富汗加入了联合国。同时，继续与苏联、英国、伊朗、土耳其等传统友好国家保持密切关系。但随着原英属印度境内伊斯兰教徒和印度教徒间矛盾冲突加剧和 1947 年实行印巴分治，阿富汗与巴基斯坦之间出现了矛盾分歧。因为当年划定的“杜兰线”使作为阿富汗主体民族的普什图族人口被分割两地，而且留在巴基斯坦的普什图人反而比在阿富汗境内的还要多，造成阿富汗的普什图族人口只占全国人口总数的 42%，而中亚主要民族之一塔吉克族人口在阿富汗占到 27%，另一个中亚大民族乌兹别克族人口在阿富汗与哈扎拉族人口共居第三位，分别占到 9%，土库曼人也占了阿富汗人口总数的 3%。阿富汗方面认为这是当年由于英国方面施加政治压力形成的不合理历史现实，有必要进行重新谈判和划定。但是这一要求遭到了巴基斯坦方面的拒绝，两国关系由此开始紧张。1955 年 3 月，巴基斯坦宣布成立西巴基斯坦省，将在巴境内的普什图人纳入这个省中。阿富汗、巴基斯坦两国的普什图人认为这一做法严重损害了普什图民族的权益，在两国出现了抗议示威浪潮。阿富汗政府为此向巴基斯坦政府提出正式抗议，并于当年 5 月断绝了外交关系。至此，阿富汗与巴基斯坦双边关系全面恶化，阿富汗经巴基斯坦通向外部的路径也被封闭。1956 年，苏联与阿富汗签署货物过境运输条约，阿富汗 90% 以上的进出口物资从此经苏联转运。苏联领导人赫鲁晓夫、布尔加宁也在这一年同时访阿，并将《苏阿互不侵犯条约》延长十年（从 1931 年起生效）。[①] 在政治关系重组的同时，苏联在军事和经

① 马行汉主编：《外交官谈阿富汗》，世界知识出版社，2002 年 2 月版，第 122—123 页。

济上加大了对阿富汗的援助。通过这一时期采取的各方面措施，苏联将阿富汗打造成为冷战时期的一个特殊伙伴。[①]

阿富汗与苏联在政治上的密切关系到20世纪90年代末达到高峰期。1978年4月，阿富汗人民民主党领导人塔拉基在苏联的支持下率领年轻军官发动政变，推翻了对苏联干预不满的达乌德政权（达乌德也是在苏联支持下于1973年发动政变取得了政权），建立了亲苏的阿富汗民主共和国。塔拉基政权建立伊始，就采取了投靠苏联的一边倒政策，当年即邀请了4500名苏联专家来阿工作。12月，阿富汗又与苏联签署了睦邻友好条约。在这个条约中有专门的条款规定，在涉及阿富汗和苏联两国国家安全、主权独立和领土完整的重大问题上，双方均有义务进行磋商，“经双方同意后采取相应措施”。[②] 苏联在冷战时期对阿富汗在地缘战略上的关键性定位，尤其是通过这一睦邻友好条约留下的法律空间，为后来苏联入侵阿富汗埋下了重要伏笔。1979年9月，苏联原想帮助塔拉基策划一起清除以阿明总理为首的反苏势力的特别行动，结果被阿明察觉，反而至使塔拉基政权被推翻，塔拉基本人被处死，阿明取而代之成了阿富汗革命委员会主席。阿明一上台，马上采取了一系列反苏、排苏的政策。首先拒绝苏联外交部发出的访苏邀请，接着要求苏联政府撤回驻阿专家，进而开始驱逐苏联驻阿富汗外交官，阿富汗与苏联关系瞬间降至冰点。

对于阿富汗这个特殊战略盟友的突然反目，苏联领导人结合国际形势的变化做出了这样的判断：1979年4月发生的伊朗伊斯兰革命推翻了美国在亚洲的重要盟友巴列维国王，这使美国在亚洲乃至在中东的战略力量大大削弱，因此美国必然会在亚洲地区的另外一个国家寻找突破口，以挽回这种战略力量对比的失衡，

① 孙壮志：《中亚安全与阿富汗问题》，世界知识出版社，2003年11月版，第10页。

② 刘温国、郭辉：《强弩之末——前苏联入侵阿富汗秘闻》，社会科学文献出版社，2001年2月版，第31页。

阿富汗的阿明政权已经成为美国人培植的又一代理人，阿富汗已经成为美国亚洲战略的新支撑点。[①] 基于冷战时期习惯性思维的地缘战略博弈视角，苏联最高领导集团在做出如此判断后，很快下定了出动军队帮助阿富汗恢复亲苏政权的决心。1979 年 12 月，由苏共中央政治局通过决议，由苏联国防部、总参谋部和中亚军区制订了出兵阿富汗的方案，12 月中旬基本完成了战争动员和战役集结。到 12 月 24 日，苏联在邻近阿富汗的 3 个中亚共和国已经集结了 6 个摩托化步兵师、2 个空降师、3 个武装直升机团和 2 个运输直升机团，共 12.5 万人。重型武器装备包括 2000 多辆坦克、1000 多辆装甲步兵车、2000 多门各种口径的火炮、200 多架固定翼作战飞机、150 多架直升机、2500 多辆汽车。与此同时，苏军总参谋部还秘密派出了一支特种部队，提前进入了阿富汗首都喀布尔郊外的巴格拉姆空军基地。

冷战时期的美苏全球争霸，在开展全面军备竞赛的同时，对一些所谓"战略支轴"地区隐性的和公开的角逐，则更多地使用着无所不用其极的谋略手段和特种行动。其实苏联当局对阿富汗的事态早已有所准备，1979 年 5 月就决定组建一个特遣营。这个营的人员"全部都是土生土长的中亚人，后来正是这支部队同克格勃的一支特别分队一起在废黜阿明的行动中发挥了重要作用"。[②] 这支部队提前半年组建后，集中在乌兹别克斯坦共和国首都塔什干郊区进行针对性训练。冷战中大国对抗形势下，苏联对阿富汗国内事态采取的军事行动，再次将中亚地区与阿富汗之间的关系变得更加错综复杂。苏军总参谋部决定，主要的兵力动员在中亚军区进行。乌兹别克、塔吉克、土库曼三个与阿富汗有着共同边境的共和国首当其冲，哈萨克和吉尔吉斯共和国也承担了

---

① 孙壮志：《中亚安全与阿富汗问题》，世界知识出版社，2003 年 11 月版，第 14 页。

② ［俄］A·利亚霍夫斯基：《苏联入侵阿富汗》，刘宪平译，社会科学文献出版社，2004 年 4 月版，第 72 页。

同样的任务。苏联人在中亚地区的一系列军事准备活动被嗅觉灵敏的美国情报人员察觉，在1979年5月美国驻阿富汗临时代办阿姆斯通向国务院发回的报告（No3626/1、2）中写道，“虽然最近几个星期苏联在阿富汗的力量明显加强了，但还未达到新闻界夸大的那个程度。种种现象表明，苏联不愿卷入越南式的别国内战泥潭，但也不排除苏联军队介入阿富汗冲突的可能。同时，不排除1968年捷克斯洛伐克事件重演的可能性。苏联可能做出决定采取行动，因为‘阿富汗革命处于危急之中’。苏联也许下决心干涉，因为阿富汗与其接壤，它不同于安哥拉、埃塞俄比亚和也门。这个动荡不安的国家毗邻苏联中亚地区的几个敏感国家”。[①]从当年苏联对手近乎准确的分析中，我们也可以从另一个侧面看到苏联领导集团由对世界及地区形势判断，以及做出采取军事行动决定的地缘政治逻辑，尽管这一决定给这个末路帝国的寿命带来了致命损害。也正是出于这种冷战对抗的战略思维，苏联领导集团过分自信于强大军事实力和技术手段。苏联强力部门更热衷于使用各种常人意想不到的特殊行动，在干预“兄弟国家”的行动中出奇制胜，1956年的匈牙利事件、1968年的“布拉格之春”中苏联特种部门的作用均发挥得淋漓尽致。1979年12月27日，苏联驻阿富汗大使指挥3个营的内务部特种部队和伞兵向喀布尔达鲁拉曼宫发起进攻。虽然在苏联总参谋部周密的策划和苏军绝对的优势装备面前，这次突击行动仅用12分钟就解决了战斗，但却从此开启了这个超级大国的噩运。

1979年12月，苏联以1978年12月续签的《苏阿友好合作条约》中的条款为依据出兵阿富汗，这一事件引起了世界各国的强烈反应。1980年1月，联合国第六届特别会议以104票同意，18票反对和18票弃权的表决结果，通过了《要求外国军队无条

---

① ［俄］A·利亚霍夫斯基：《苏联入侵阿富汗》，刘宪平译，社会科学文献出版社，2004年4月版，第75页。

件和全部撤出阿富汗》的决议。2 月，美国政府宣布将开始为阿富汗抗击苏军的民兵组织提供各种轻型武器。12 月，埃及总统萨达特也宣布已为阿富汗游击队提供了武器。据后来公布的资料显示，美国仅在 1985 年就为阿富汗游击队提供了价值 2.8 亿美元的武器装备。本·拉登调动自己家族的资产，通过在中东、东南亚甚至高加索等地的秘密网络招募人员，并在美国中央情报局的协助下，将世界各地的游击战、山地战、暗杀、爆破和信息战专家招募至阿富汗。[①] 到 80 年代，在阿富汗已经形成了几十支抗击苏军的武装。原想速战速决的苏联领导集团在初战不利的情况下，试图靠不断增兵彻底解决阿富汗抵抗势力。但事与愿违，伤亡越来越大，进入阿富汗的苏军部队士气也每况愈下。在入侵阿富汗的苏军深深陷入泥潭不能自拔的同时，苏联在外交上也遭到全面孤立。中国、美国、联邦德国等国家共同抵制了 1980 年由苏联主办的莫斯科奥运会，使这一届奥运会实际上成为苏联—东欧国家的运动会。在整个 80 年代中，阿富汗问题成为联合国安理会上讨论最多的问题。

1985 年，戈尔巴乔夫担任苏联共产党中央委员会总书记后，为了树立苏联新的国际形象，更加急于结束这场战争，以改善与美国、欧洲及中国的关系。最初为了体面地从阿富汗收场，戈尔巴乔夫仍然寄希望于强大的军事优势，在当年发动了最猛烈的攻势，结果却是更加惨重的伤亡。随后，又试图以纳吉布拉取代卡尔迈勒，然而同样未能改变苏联在阿富汗政策的失败。1987 年 12 月，戈尔巴乔夫与美国总统里根在华盛顿会晤时，终于宣布苏联将从阿富汗撤军。1988 年 2 月，戈尔巴乔夫再次发表声明称，莫斯科已经与喀布尔就苏联撤军的问题达成协议。1988 年 4 月，在联合国主持下，阿富汗、巴基斯坦、苏联、美国四国共同签署政

① 石岚：《从千年第一战谈起》，新疆人民出版社，2003 年 10 月版，第 27 页。

治解决阿富汗问题的协议。5 月，首批苏军从阿富汗撤离，直到 1989 年 2 月，最后一支苏军部队撤出阿富汗。

苏联政府错误地发动了入侵阿富汗的战争，由此带来的军事、政治、外交上的困境，虽然不是引起苏联在十多年后解体的“最后一根稻草”，但将其归咎为导致这个超级大国瓦解的重要原因之一却毫不过分。首先，20 世纪 80 年代苏联与美国争霸已是强弩之末，入侵阿富汗的战争大大加重了国家经济负担。在 9 年 2 个月的侵阿战争中，耗资高达 500 多亿美元，使当时已经濒临困境的苏联经济雪上加霜。其次，外交上遇到空前的孤立，原来作为苏联盟友的阿拉伯国家、不结盟国家等，多与苏联反目，站到了西方反苏阵营之中，客观上迎合了美国分化苏东集团外围阵营的策略。第三，大大动摇了苏联的社会价值观，尤其在穆斯林集中的中亚各共和国，人们开始对自己的信仰和服务的国家产生怀疑。先后投入 70 万兵力，有 1.5 万人在阿富汗丧生、5 万人负伤，最终换来的是阿富汗各民族的仇恨和抵抗，而且结局是自己不得不承认的失败。这种失败感强烈地融进了解体前的苏联社会意识形态，最终构成了从上至下否定苏共的社会基础。这样的悲剧结局，是当时苏联领导集团策划和发动入侵阿富汗战争时无论如何也想不到的。

布热津斯基眼中的“死穴”

阿富汗是一个多民族国家，主要民族有普什图、俾路支、哈扎拉、埃玛克、土库曼、乌兹别克、塔吉克等。除了中心地区外，其他各区域都与周边国家相邻，而且有着共同的跨界民族在这些地区生活。例如：在阿富汗东北部的瓦罕走廊与塔吉克斯坦和中国毗邻，这里居住的主要是塔吉克族和吉尔吉斯族；以赫拉特和马扎里沙里夫为中心的西部和北部地区与伊朗、乌兹别克斯坦和塔吉克斯坦相邻，这里主要居住着乌兹别克族；由巴达赫尚向南至潘杰希尔谷地与中国、塔吉克斯坦、巴基斯坦邻近，主要是塔吉克族和普什图族人口在这里居住。[①] 正是由于这样复杂的民族分布格局，阿富汗与中亚地区相互影响深入到了社会政治、经济、文化等各个层面。19 世纪末，阿富汗民族国家的形成受到了中亚地区的深刻影响。同时，由于自然地理和地缘文化上的密切联系，阿富汗民族国家发展进程也反过来影响着中亚地区政治和经济的发展走势。加之阿富汗实现民族国家独立的时期正是沙俄帝国征服中亚及与英俄两大帝国争夺势力范围的时期，这种影响就更加包含了复杂的大国博弈的因素。阿富汗在俄罗斯和英国的势力范围角逐中作为妥协的产物，因成为这两大帝国之间避免直接冲突的缓冲区而得以获得名义上独立地位。

1919 年，“十月革命”后的苏维埃俄国承认了阿富汗的独立。但是这并没有使阿富汗与苏俄的中亚地区厘清干系，先是 1920 年阿富汗军队开进了土库曼的谋夫（马雷）地区，试图借外国干涉苏俄联合绞杀十月革命政权的机会，收回当年被沙皇俄国占领的土地，同时支持发生在中亚地区反布尔什维克革命的“巴斯马奇运动”。[②] 这时，“巴斯马奇运动”在中亚南部地区势力强大，已经组成了数万人的军队。后来在伏龙芝领导的红军部队军事打击下，许多“巴斯马奇运动”的首领和骨干部队的残部裹胁着部分难民逃亡到阿富汗（主要是乌兹别克人、塔吉克人和土库曼人），数量之多竟然超过 20 万人。这一部分人进入阿富汗后立即与沙俄

① 付小强：“阿富汗民族宗教概况”，《国际资料信息》，2002 年第 12 期，第 19 页。

② “巴斯马奇运动”是一起从第一次世界大战期间的 1916 年开始，由反沙皇和反俄的突厥语族民族部族势力组织的武装暴乱。在中亚“十月革命”政权建立后，又演变成反对苏维埃政权的内战。直到 20 世纪 20 年代晚期才开始渐渐平息，有的地区持续到 1933 年。现在中外对“巴斯马奇运动”的评价发生变化，而整个苏联时期一直用这个词来代表在俄国革命和 20 世纪 30 年代之间中亚活跃的穆斯林反革命分子。

占领中亚时期逃亡到阿富汗的中亚三汗国（布哈拉汗国、希瓦汗国、浩罕汗国）的贵族遗老们结合在一起，在阿富汗形成了反斯拉夫文化、反俄罗斯民族、反布尔什维克政权的民族主义和极端宗教势力，成为后来在阿富汗与苏俄（及后来苏联）关系中产生特殊影响的社会因素。[①]

20 世纪上半叶，大国的势力范围争夺和战略力量竞争主要集中在欧洲地区。尽管阿富汗在全面获得独立后开始积极的平衡外交，竭力与英国、苏俄、德国、美国保持一种等距离关系，包括在第一次和第二次世界大战期间保持中立地位，但是英国、苏联、美国等世界大国在谋求和巩固霸权地位的活动中，仍然调动着阿富汗这个 2000 多万人口的小国。阿富汗也不得不被动地不断调整与这些大国的关系，以求获得地缘政治利益的最大化。尤其在 20 世纪 20 年代阿富汗艾米尔阿曼努拉（1919—1929 年）执政期间，曾提出了“第三国主义”的外交政策方针，即“大力发展与在本地区没有殖民主义历史的西方大国的关系，以平衡英、苏两国的影响”。[②] 阿富汗开始推行的“第三国主义”外交，首选的对象就是未在中亚和南亚地区参加过殖民竞争的美国。1927 年 7 月，喀布尔第一次向华盛顿派出了代表团，一方面寻求建立正式外交关系的可能性，另一方面希望获得美国政府的经济支援。但是这一时期的美国尚未将苏联锁定为战略竞争对手，国家的海外利益也没有达到欧亚大陆的腹地。因而，面对阿富汗积极主动的表示，美国方面仅持“欣赏和慎重考虑”态度。[③]

第二次世界大战期间，美国的国家实力和大国野心迅速膨胀起来。除了与轴心国正面作战的主战场外，一些交战国之间的中

---

① 杨恕：《转型的中亚和中国》，北京大学出版社，2005 年 6 月版，第 82 页。

② 彭树智主编：《阿富汗史》，陕西人民出版社，1993 年版，第 257 页。

③ 张树明：“20 世纪上半期美国与阿富汗关系的演变”，《西亚非洲》，2011 年第 2 期，第 42 页。

间地带成为谋略策划、情报获取、暗箱交易等勾当的微妙地带。阿富汗、伊朗、巴基斯坦就属于这样的一个“三角地带”，在第二次大战中扮演着暧昧的角色。正是由于阿富汗能够发挥这种特殊的作用，美国与阿富汗的关系开始在二战中升级为正式的外交关系。而真正重视阿富汗的地缘战略意义，是二战结束后美国与苏联开始在地区和世界范围内霸权争夺的冷战时期。阿富汗与苏联最脆弱的部分——中亚地区各共和国在政治和文化上的微妙联系，是美国及欧洲国家最早发现并试图利用的薄弱环节。无论在历史上留下传统影响的英国，还是逐渐看好阿富汗重要战略位置的美国，均尝试利用阿富汗地缘政治影响力牵制苏联的方案。直至苏联草率地发动了入侵阿富汗的战争，美国战略家们一致认为，一个将阿富汗与苏联命运连在一起的重要历史机遇到来了。

美国前国务卿亨利·基辛格博士在他的著作《大外交》中写道，“这个傲慢的帝国主义（指苏联——作者注）有一致命缺陷，苏联的领袖一路推进下来竟然失去均衡感，过分高估苏联制度巩固、军事与经济成果的能力，忘记自己是站在非常薄弱的基础上，向所有大国挑战”。[①] 在事后看来，直接派出军队入侵阿富汗，这的确是苏联领导集团在冷战后期基于片面判断国内、地区、全球力量对比和形势发展做出的致命错误决定。所以，利用这一严重错误，调动阿富汗境内外所有对苏联不利的因素发挥独特作用，也是美国战略家们准确把握时机对苏联的致命一击。美国前国家安全事务助理兹比格纽·布热津斯基在回顾这一冷战态势关键性变化时写道，“在冷战的最后阶段，第三条‘防御战线’（第一条：日本、朝鲜半岛和第二条：欧洲。即在东西两个方向上挤压苏联的同时，发现了南方第三条战线），即南部战线在欧亚大陆的地图上出现了。苏联入侵阿富汗促使美国从两方面做出

① ［美］亨利·基辛格：《大外交》，顾淑馨、林添贵译，海南出版社，2012 年 2 月版，第 781 页。

反应：一是美国直接援助阿富汗的民族抵抗活动，使苏军陷入困境；二是在波斯湾建立美国的大规模军事存在，作为威慑力量，以阻遏苏联政治或军事任何进一步南下”。[①] 虽然布热津斯基在这里含蓄地使用了“防御战线”的概念，但时至今日明眼人都清楚地看到这“第三条防御战线”的开辟对结束苏联帝国寿命和终结冷战的关键性意义。尽管今天我们很难看到美国战略家们对利用阿富汗战争将苏联引入绝境的坦率评价和直观总结，但世人恐怕都认可了这样的事实，即当苏联人因错误发动阿富汗战争而在冷战针锋相对的时刻暴露出致命破绽时，美国人及时出手制住了对方的“死穴”，并以此为地缘战略、外交、意识形态等战线上的共同突破口，占领滩头、撕开两翼、挺进纵深，最终将战果扩大至全球范围。

“塔利班文化”的兴衰

1991 年底，苏联解体，原本在苏军撤离后还勉强进行的对阿富汗纳吉布拉政权的援助也难以继续下去。1992 年初，抵抗苏军的游击队进逼喀布尔，纳吉布拉发表声明，表示同意将权力交给即将组成的过渡政府。4 月，游击队不同派别进入喀布尔。随后，以希克马蒂亚尔为首的阿富汗伊斯兰党、以拉巴尼为首的伊斯兰促进会、以穆贾迪迪为首的阿富汗民族解放阵线等抗击苏军入侵时期形成的各地军阀和部族势力开始了争夺政权的内战。在各派军阀为夺取阿富汗新政权总统、总理、国防部长等要职打得不可开交时，另一支渐渐影响阿富汗国家政治进程的力量——“塔利班运动”却在悄然崛起。从 1994 年开始，这支宗教学生组织兴

① ［美］兹比格纽·布热津斯基：《大棋局：美国的首要地位及其地缘战略》，中国国际问题研究所译，上海人民出版社，1998 年 2 月版，第 9 页。

起于巴基斯坦难民营，最初的规模只有800多人，却在不到两年的时间里攻占了首都喀布尔，并且快速扩充着自己的军事实力和占领地区，于1997年5月控制了阿富汗33个省中的26个，占领了全国92%的领土。10月塔利班政权宣布成立“阿富汗伊斯兰酋长国”。1998年8月，在塔利班武装发起的夏季攻势中攻陷了北方反塔利班联盟占据的最后一座重镇——马扎里沙里夫，[①] 拉巴尼、杜斯塔姆等军阀纷纷逃亡国外，军阀马苏德进入潘捷西尔山区继续作战，向北通往中亚地区的边境和交通要道完全暴露在塔利班武装面前。

“塔利班运动”能够出乎人们意料地突然崛起，其背后有着深刻的国内和国际原因。首先，塔利班的政治主张体现了阿富汗年轻一代宗教精英的社会诉求。塔利班主张消灭军阀、严惩腐败，按伊斯兰教法建立社会管理体系，即推行政教合一的宗教国家制度。在独立以来一直饱受战乱、军阀横行、贪污腐败的阿富汗，这些政治主张具有极大的感召力。加之伊斯兰教对实现社会公平的主张，不仅赢得了大批学经年轻穆斯林的踊跃参与，也得到了阿富汗社会的广泛支持。例如，塔利班主张在占领地区依照伊斯兰教“沙里亚法”恢复正常社会秩序，严厉禁止毒品买卖和生产，结果在塔利班统治期间阿富汗禁毒成绩达到最好水平。其次，苏军撤离后，阿富汗政治上出现严重分裂，以不同派别军阀和各地部族武装为主的政治力量争权夺利，一方面引起阿富汗各族人民的极度反感，失去道义上的支持；另一方面各派军阀势力互不团结，在塔利班的军事攻势面前互相推诿、互不支持、勾心斗角，甚至为了保存实力还与塔利班暗中媾和，借塔利班力量打击对手，这也为塔利班势力由小到大快速发展提供了重要时机。

---

① 马扎里沙里夫是阿富汗北部最大城市（全国第四大城市）与交通枢纽，巴尔赫省省会，与土库曼斯坦以阿姆河为界相隔。1997年6月，阿富汗反塔利班联盟成立“拯救阿富汗伊斯兰联合阵线”政府，定都马扎里沙里夫，任命拉巴尼为总统，马苏德为国防部长。

第三，塔利班势力的快速膨胀还因为得到了外国势力的支持。塔利班成员基本为普什图族伊斯兰教学经青年，巴基斯坦利用普什图族在本国境内作为一大民族的社会资源，由三军情报局暗中插手，并通过普什图族这一跨界民族的特殊途径，试图操纵阿富汗政局向有利于巴基斯坦的方向发展。而美国在支持阿富汗反苏军入侵时已经构建成一张武装反抗网，在苏军撤离后，因为担心俄罗斯和伊朗在阿富汗的影响力增强，与沙特等中东国家一起继续支持塔利班，竭力遏制与中亚及与俄罗斯有秘密联系的北方乌兹别克、塔吉克民兵势力向全阿富汗扩张。这样几个重要因素在阿富汗内战错综复杂的政治局面中，终于使“塔利班运动”作为一支政治军事集团在这个连年战乱的国家异军突起。

对于塔利班势力的最初崛起，国际社会普遍是感到突然的。由于缺乏必要的信息支持以及对阿富汗战乱的心理排斥，一些国际媒体甚至将结束军阀割据和长期内战的希望寄托在塔利班的身上。而且，依据少数媒体对塔利班组织反贪污、反军阀主张和平民化形象的渲染，部分分析人士甚至对塔利班产生了“公平”和“正义”的错觉，中国媒体还曾经一度将塔利班运动翻译成“大学生运动”。这种认识倾向在国际社会出现，除了具体信息不足之外，最关键的问题是忽略了对塔利班宗教极端主义性质的判定。1997 年 10 月，塔利班宣布建立“阿富汗伊斯兰酋长国”后，在被其占领的区域强力推行伊斯兰教法，宣称要使阿富汗成为世界上最纯洁的伊斯兰国家。首先，塔利班当局在占领地区禁止一切娱乐活动，下令关闭电视台、电影院，禁止播放一切歌曲和音乐，甚至禁止使用互联网，销毁大批印有妇女和其他人像的照片与图片。其次，要求妇女蒙面并穿着肥大罩袍，禁止穿显露腰身的紧身服装和暴露身体、头发，禁止妇女上学和工作。要求男人蓄留胡须，按时到清真寺祷告。对通奸的男女要处以石刑（组织众人投掷石块将犯事者活活砸死），犯偷盗罪要砍掉双手，酗酒者要处以鞭刑。第三，对非伊斯兰教采取极端的排斥和压制政策，要求在塔利班统治区生活的非伊斯兰教徒佩戴黄色标志，下令对皈依其他宗教的原穆斯林一律处以死刑。2001 年 2 月，塔利班当局下令在统治区内进行“灭佛”行动，从存留上千年、高达 50 多米的巴米扬大佛，到一些小型寺院的土木佛像，均未能逃过这场浩劫。

巴基斯坦出于自身地缘政治利益需要，对塔利班掌握阿富汗政权表示欢迎，并派出外长到塔利班占领的喀布尔访问，还承诺向阿富汗出口 600 多吨小麦，因此遭到国际社会的普遍谴责。俄罗斯则因为塔利班与车臣非法武装的联系（在俄罗斯忙于国内、国际两条战线上与车臣反政府分裂势力作斗争时，塔利班竟然邀请车臣非法武装的代表在坎大哈建立代表处），很快明确了坚决反对的态度。而且，塔利班势力的崛起对中亚各国南部边界的威胁，也促使俄罗斯捐弃前嫌，接受了曾是抗苏领袖的北方联盟领导人提出的援助请求。美国对待塔利班的态度变化，主要取决于其与美国当代重要国家敌人本·拉登的关系。2000 年 9 月，美国一艘停泊在亚丁湾的驱逐舰遭到自杀式袭击。美国方面怀疑这起恐怖主义袭击是由本·拉登策划，故要求塔利班交出本·拉登。遭到拒绝后，美国将塔利班列为支持恐怖主义的组织。但担心军事打击可能引起更加严重的战乱，只是采取了经济上的制裁。使美国终于下决心对塔利班进行军事打击的是“9·11”事件，这不仅使美国，而且使全世界重新认识非国家主体发动不对称战争的破坏力和杀伤力。但是以塔利班为主要目标的反恐战争，并没有彻底摧毁塔利班势力。以至于到了反恐战争结束的十多年后，塔利班力量不仅死灰复燃，而且发展到相当的规模。据联合国估计，截至 2010 年 3 月，“约有 25000 至 36000 名塔利班武装分子在阿富汗活动。”① 美国的情报机构同期也曾做出近似的评估，认

① Report of the Secretary－General on Children and Armed Conflict in Afghanistan，Feb. 3，2011.

为塔利班大约已有25000人左右的武装。尽管大家公认的是这个数字不可能十分确切，因为经过2001年后的北约联合军事打击后，塔利班已经发生分化，不仅组织上各不统属，而且更像是一种藏兵于民的民间武装，在需要时或实现快速的兵力集结，或从有影响力、有民间基础的部族地区招募战斗人员，甚至从巴基斯坦招募。而在平时，人数极少的塔利班核心组织在策划着这个组织的生存和发展，也在影响着阿富汗及周边国家的安全形势。

观察阿富汗塔利班（当然，因为阿富汗和巴基斯坦之间存在普什图跨界民族因素，也包括巴基斯坦塔利班）兴衰过程，在世界最强大的军事联盟打击下没有就此销声匿迹，而经过某种组织形式上的整合之后又东山再起，继续在阿富汗国内政治发展和南亚地区安全当中扮演不可忽略的角色，进而成为构建中亚地区地缘政治格局的重要条件之一，其中关键性的因素是塔利班在阿富汗已经逐渐转变为一种特殊的政治、宗教、军事、部族四位一体的意识形态和地缘文化。早在塔利班兴起时，这个激进的青年宗教学生组织就将强烈的意识形态色彩作为醒目旗帜充分张扬。尽管这个意识形态的思想和理论根源是复杂的，甚至是混乱的，但是却很实用地在阿富汗宗教青年这个阶层中普遍而成功地实现了社会动员。有学者认为，这种特殊的意识形态大致可以概括为“结合普什图部族律法——普什图瓦里（Pushtun wail，以荣誉守则为中心）的沙里亚法规（Sharia）的创新形式”。而且由于许多骨干成员在巴基斯坦的宗教学校学习过，塔利班的指导思想也深受巴基斯坦激进的德奥班迪教派（Deobandi）和瓦哈比教派的影响。塔利班的许多领导人，包括奥马尔及其追随者，都曾是以前“反苏圣战运动”的指挥官，这就使得塔利班运动在诞生之初就具有一定的“圣战”色彩。甚至有人认为，塔利班就是另一场“新圣战运动”。尤其在美国发动阿富汗战争之后，塔利班开始更加有意识地把自己包装成一场“新圣战运动”的领导者，这也是塔利班之所以受到普什图人（包括巴基斯坦普什图人）支持的原因。阿富汗反恐战争后，塔利班的意识形态化主要体现在理念的意识形态化和抗争形式的意识形态化。塔利班虽然在美国及北约的军事打击下丧失了控制阿富汗政局的能力，但是在此后的阿富汗却涌现出各种各样的运动和组织，或冒以塔利班名义进行活动，或干脆自称塔利班。这一现象的背后，除了借用塔利班的声势外，在一定程度上也是塔利班多年意识形态化的社会影响。① 当2009年12月奥巴马宣布从阿富汗撤军的计划时，塔利班就开始设计自己在“后美军时代”的新形象。他们一方面避免与美军正面冲突以保存实力，同时有选择地继续开展有限的军事行动，造成必要的影响以显示其存在；另一方面在部族控制地区有意充当调解争议的仲裁人，借以树立威信，造成“塔利班影子政府”与喀布尔当局分庭抗礼的既成事实。② 长期游走于阿富汗部族地区的外国记者和学者往往都会接到一个善意的警告，在一个村落的采访或调研尽量不要超过一个小时，因为在这个短短的一小时里，必定会有塔利班的“眼线”将你的行踪报告给“上级组织”。尽管你并没有散布对塔利班不利的言论，但因为你是个外国人就足够了。

2015年9月，一位阿富汗官员证实，塔利班武装当天袭击了阿富汗东部加兹尼省的一座监狱，释放了350余名囚犯，并打死4名狱警。③ 又据美国福克斯新闻网9月18日报道，一伙武装分子于当天早晨袭击了巴基斯坦北部城市白沙瓦郊区的一处空军基地，至少6名袭击者被击毙，另有20人受伤。巴基斯坦塔利班已

① 朱永彪：“阿富汗塔利班的现状与困境”，《东南亚南亚研究》，2013年第4期，第36页。

② 胡仕胜、王世达、杜冰：“南亚：阿巴困局难解”，《亚非纵横》，2011年第2期，第16、17页。

③ 中国网：“塔利班袭击阿富汗一监狱释放数百囚犯”，http：//news. china. com. cn/roll-news/news/live/2015－09/14/content_ 34248283. htm。

宣称对此次袭击负责。[①] 同月据英国路透社报道，阿富汗塔利班武装分子称，他们控制了北部城市昆都士的一处医院。塔利班武装组织发言人穆贾希德（Zabihullah Mujahid）在其推特上发文称，他们已经占据了昆都士南部一处拥有200个床位的医院。后据卡塔尔半岛电视台报道，武装分子已经封锁了当地的道路，并包围了几处警察局。[②] 至今，经过蜕变的塔利班文化仍然在阿富汗及巴基斯坦部族地区发酵，尤其在美国及北约于2014年基本将作战部队撤出阿富汗后，这种根植于本土的极端主义意识形态又进入了一个新的生长机遇期。阿富汗国内政治的派别之争和经济重建的步履艰难，中东“伊斯兰国”（IS）掀起“9·11”后的又一波国际极端主义浪潮，国际社会对中东、南亚极端主义影响全球局势的不同认知，以及在这些表象之后的大国利益博弈，都将在不同方式和程度上为“现代塔利班运动”的生存与发展提供条件，并使之作为继续影响中亚地区地缘政治环境一个特殊因素存在下去。

极端主义势力的庇护所

历史上形成的跨界民族和共同宗教门派，使中亚地区与阿富汗之间形成了很强的民族文化认同。如同19世纪末至20世纪初中亚汗国收容流亡的阿富汗民族精英一样，当代中亚各国民族、宗教的制度外人物也往往将阿富汗当作理想的栖身之地。与英国、苏联多年抗争形成了阿富汗各民族强悍的特性，同时也使这个在人为干预下畸形发展的民族国家走入了歧途。在阿富汗的社

① 中国经济网：“塔利班袭击巴基斯坦空军基地，6人被击毙20人受伤”，http://intl.ce.cn/intlpic/gd/201509/20/t20150920_6529241.shtml。

② 中国新闻网：“塔利班武装袭击阿富汗北部城市，抢占一处政府医院”，http://news.chinanews.com/gj/2015/09-28/7548643.shtml。

会政治生活中，部族认同、民族认同、地域认同均高于国家认同。即使在大规模战乱结束了十多年后，靠西方强势军事、政治力量扶植起来的阿富汗政府对全国的控制力也是有限的。这种特殊的社会政治状况，更使包括来自中亚各国的外国宗教极端主义势力将阿富汗作为政治庇护首选之地。早在中亚国家刚刚获得独立时，在乌兹别克斯坦和塔吉克斯坦等国兴起了严重威胁国家安全的“伊斯兰复兴党”，在遭受各国强力部门打击后即逃亡阿富汗。在塔吉克斯坦5年的内战中，“伊斯兰复兴党”也是以阿富汗为后援基地才获得与塔吉克斯坦政府分庭抗礼的实力。1999—2000年，“乌兹别克斯坦伊斯兰运动”在阿富汗的营地中经过集结和训练后进入中亚，经塔吉克斯坦潜入三国交界的山区，制造了引发中亚各国政府极度不安的“巴特肯事件”。美国驻肯尼亚和坦桑尼亚使馆遭遇爆炸袭击后，美国政府要求塔利班交出本·拉登。1999年10月，联合国安理会一致通过决议，要求塔利班将本·拉登交给对其提出起诉的国家（即美国），否则将对塔利班控制的阿富汗实施航空管制和经济制裁。无论对美国政府的警告，还是对联合国的决议，塔利班方面都采取了断然拒绝的态度。除了辩称美国和联合国关于本·拉登在阿富汗塔利班控制区的证据不足外，更让塔利班理直气壮的理由是，本·拉登是阿富汗的客人，如果将其交给他的敌人，将严重违背伊斯兰精神。

阿富汗塔利班正是使用这种政治逻辑决定着与各种地区角色和世界各国的关系。直到2001年遭受了美国率领北约盟国发动的“持久自由行动”军事打击之后，仍然与中亚各路宗教极端主义势力维持和发展着关系。2002年7月，哈萨克斯坦总统纳扎尔巴耶夫曾在一个公开场合强调说，当时在阿富汗还存在着8万左右的塔利班残余武装分子，和他们在一起的还有一些国际恐怖分子。[1] 在美国主导的阿富汗反恐战争中受到重创的“乌兹别克斯坦伊斯兰运动”残余势力，也与塔利班一起继续活动在阿富汗西南部地区。据俄罗斯情报部门公布的数字，在阿富汗有数百名“乌兹别克斯坦伊斯兰运动”的成员，在邻近的塔吉克斯坦山区可能达到上千人。[2] 经过阿富汗反恐战争的军事打击之后，原来藏匿在阿富汗的中亚籍宗教极端主义组织虽然力量被大大削弱，但是这些组织进行了一定形式上的重组，尤其是早已被阿富汗宗教极端主义势力及部族武装接纳的“伊斯兰复兴党”和“乌兹别克斯坦伊斯兰运动”，残余人员继续以推翻中亚世俗政权为目的，借阿富汗与巴基斯坦交界的部族控制区躲避打击，休养生息，伺机发动新的攻势。[3]

2008 年以来，“阿拉伯之春”搅乱中东政局，极端主义势力纷纷参与各国政治洗牌。中亚各国在宗教意识形态、社会发展阶段、国家政治体制等诸多方面与“阿拉伯之春”中发生政治动荡的中东国家有近似之处，一方面，各国政府纷纷采取措施加强防范；另一方面，中亚宗教极端主义势力也认为迎来了全球性的机遇，积极迎合国际极端主义思潮在中亚的推广。由于中亚各国采取严厉措施打击国内宗教极端主义活动，受到国际极端主义思潮影响（特别是中东“伊斯兰国”出现后），中亚各国宗教极端主义分子选择了“出境圣战”和“迁徙圣战”（“伊吉拉特”）的方式，他们分别经由土耳其、马来西亚辗转前往中东进入叙利亚、伊拉克参加“圣战”，也有相当一部分直接进入阿富汗、巴基斯坦，投奔塔利班、“乌兹别克斯坦伊斯兰运动”等极端主义组织。2013 年 10 月，哈萨克斯坦媒体援引 BBC 消息称，就连依靠能源经济使 GDP 明显高于周边国家的哈萨克斯坦和土库曼斯坦，居然

---

① 新华社哈萨克斯坦阿克套 7 月 6 日电，《人民日报》，2002 年 7 月 8 日。

② Перед геостратегической развилкой，《Независимое военое обозрение》，№ 14，2002.

③ 孙壮志：《中亚安全与阿富汗问题》，世界知识出版社，2003 年 11 月版，第 172 页。

也发现有公民辗转进入叙利亚参加反政府“圣战”，还有上百人潜入阿富汗，加入塔利班、“乌兹别克斯坦伊斯兰运动”、“基地”组织阵营。[①] 而且，很快这种渗透就形成了一种双向互动模式，一些在阿富汗武装训练营地中接受过训练甚至在战场上获得实战经验的极端主义分子，接受任务后返回自己的祖国，从事恐怖暴力活动。塔吉克斯坦官方媒体2013年9月报道，塔吉克斯坦内务部当月抓获10名密谋在首都杜尚别进行破坏活动的恐怖分子。这个小组的领导人曾在巴基斯坦属于“乌兹别克斯坦伊斯兰运动”组织的训练营地内接受过恐怖行动训练，他们计划由巴基斯坦经阿富汗潜入塔吉克斯坦后，制造一系列恐怖袭击行动，以达到破坏11月举行的塔吉克斯坦总统选举的目的。这个恐怖主义小组潜入塔吉克斯坦时不仅携带了枪支和爆炸物，而且还将大量宗教极端主义内容的宣传品夹带入境。[②] “乌兹别克斯坦伊斯兰运动”在阿富汗战争中遭到北约联军重创后，残余势力一直蛰伏于阿富汗、巴基斯坦的部族地区，经过组织上的分化组合，其运动方向仍是将回流中亚作为首选目标。

目前，尽管实际上分化严重的阿富汗塔利班与“伊斯兰国”之间的关系表现复杂，但是这股外来的宗教极端主义政治力量大大激活了阿富汗境内的极端主义势力，其中也包括来自中亚各国的“乌兹别克斯坦伊斯兰运动”、“伊斯兰复兴党”等极端主义组织。2015年8月，阿富汗第一副总统阿卜杜勒·拉希德·杜斯塔姆通过媒体向外界呼吁，“伊斯兰国”不仅威胁到阿富汗，还威

① Аскар МУМИНОВ：Казахстанские боевики замечены в афганском Бадахшане，http：//www. kursiv. kz/news/details/vlast1/Kazahstanskie – boeviki – zamecheny – v – afganskom – Badahshane1/.

② Задержанные террористы планировали взорвать несколько госучреждений Таджикистана，/23/09/2013/，http：//news. tj/ru/print/171786.

胁到整个中亚地区。[①] 中亚各国领导人对阿富汗安全影响的担忧由来已久，但近十多年来这种心态渐渐由笼统地担忧阿富汗局势恶化，细化为针对失控的部族武装和割据一地的军阀、不同政治主张和派别的塔利班东山再起、藏匿于阿富汗的中亚籍极端主义势力这三个层面的具体因素。随着全球性极端主义思潮在中亚地区引起的社会反应和中亚籍极端主义分子在中东“伊斯兰国”及阿富汗“圣战”战场上的“突出表现”，中亚各国对阿富汗安全关注的具体因素在持续不断变化。目前，中亚各国活跃在阿富汗的极端主义分子动向问题引起各国职能部门的关注，不论他们参与的“圣战”在阿富汗取得“重大胜利”，还是作为他们庇护所的阿富汗塔利班再次遭到毁灭性打击，中亚籍宗教极端势力的前景与去向都将是中亚各国不能忽视的一股危险力量。为此，中亚国家领导人及强力部门负责人多次向国际社会呼吁，并警告地区相关国家，成百上千的中亚国家公民前往阿富汗参加“圣战”后迟早要返回祖国，[②] 届时必将是对中亚各国维护国家安全能力的一次严峻检验。

“失败国家”的重建困境

连年的外来入侵和国内战乱严重破坏了阿富汗的国民经济体系，社会经济的衰退导致各民族居民生活水准维持在极其低下的水平。发展甚至生存的艰难成为威胁阿富汗社会稳定的重要因素，贫困的生存状态也为宗教极端主义的滋生提供了丰厚的民间土壤。协助阿富汗拯救濒临崩溃的社会经济，改善阿富汗各民族

① Afghanistan's National Directorate of Security（NDS） on Monday announced they had arrested 30 militants associated with the Haqqani terror network who were allegedly involved in the recent airport and Macrorayan suicide attacks in Kabul.

② http：//www. akipress. com/news：564020/.

生存状况，帮助阿富汗世俗政权逐渐生成自我管理和自我救济的能力，均已成为国际社会的基本共识。2001 年年底，反恐战争基本摧毁了塔利班的社会政治体系后，国际社会对阿富汗国家重建的援助即已开始。但是，对一个国家形态几乎被彻底摧毁的社会进行国际援助也并非易事。阿富汗从独立以来就遭受外部势力干预甚至侵略和宰割，多年各民族（部族）势力和地方势力与国家权力分庭抗礼，因统一的国家权力难以行使而被一些大国称为“失败国家”。可是在另外一方面，阿富汗各民族在多年的战乱中又养成了彪悍、顽强、不屈不挠，甚至体现出某种程度上排外性格。阿富汗民族国家进程的曲折和社会发展水平与地区乃至世界的差距，注定了这个国家独立完成战后社会政治与经济重建的难度极大，由此也使国际社会提供帮助的必要性凸显出来。

然而，无论作为阿富汗周边国家还是利益相关联的大国，对这个积贫积弱的国家实施援助却有着各自的打算。美国作为在阿富汗反恐战争中付出代价最高的国家，急于从这场打了十几年的战争中尽快退步抽身，希望包括俄罗斯、中国等主要国际政治主体积极参与阿富汗的战后重建工作，同时要继续对阿富汗今后国家重建模式和社会发展方向保留重要话语权。美国在阿富汗打击“基地”组织和塔利班为主的宗教极端主义势力，使其不能继续以阿富汗为基地威胁美国本土安全与海外利益的战略目标基本完成，阿富汗所处的贯通中亚南亚的重要地缘地位已经突显出来。所以，在美国作战部队全面撤出之前，让继续留驻阿富汗的美军取得安全和法律上的特殊地位被美国方面看得格外重要。[①] 这一重要转变决定了美国在阿富汗力量存在方式上的调整：保障和协

① 在美国政府宣布将由阿富汗撤军之后，美方就积极与卡尔扎伊当局商谈签署美阿《双边安全协定》的问题，以期尽早确定美国继续留驻阿富汗人员的法律地位。参见：США и Афганистан не договорились по соглашению в сфере безопасности，http：//www. rg. ru/2013/10/13/dogovor – anons. html。

调阿富汗与中亚、南亚建立起积极的经济联系，以通畅的经贸走廊带动阿富汗经济，同时使中亚地区进一步摆脱俄罗斯经济和政治的影响，为实现“大中亚伙伴计划”打通阿富汗这个重要结点。但是，美国在阿富汗的力量存在与其全球性战略收缩是一致的，十多年的战争消耗，美国用于阿富汗重建上的花费达1030亿美元，已经超过二战后英国和德国的重建费用。从阿富汗撤出战斗部队后，美国将不会在阿富汗重建上继续如此规模的投入，可能保持在每年60至100亿美元之间。[①] 同时，更多做的是敦促国际社会在援助阿富汗的问题上“责任共担”。

俄罗斯对于阿富汗形势发展的利益诉求主要有三方面：一是防止南亚地区宗教极端主义势力北上影响中亚地区各国，进而威胁俄罗斯本土的北高加索、阿斯特拉罕、喀山等穆斯林聚居地区社会稳定，这一基本政策目标在苏联解体以来总体是具有沿续性的，只是在2001年阿富汗国际反恐战争后，这一政策目标中不得已掺杂进了更多的大国博弈的因素。在美军将要撤出阿富汗的决定使这个国家的安全前景不明朗时，俄罗斯与塔吉克斯坦签署协议，使曾在20世纪90年代遏制阿富汗宗教极端主义势力渗透中亚发挥重要作用的俄军201基地（即前201摩托化步兵师）的俄方驻守和使用期限延长30年（至2042年）。[②] 二是在协助中亚国家筑起一道安全屏障的同时，也努力帮助中亚各国拓展经济发展空间，使中亚国家在自身经济恢复和发展进程中寻找到实现能源、交通等方面优势的市场。尤其在俄罗斯自身处于经济发展困境难以对中亚经济发展施加有效影响的情况下，以欧亚经济联盟

① “Special Inspector General for Afghanistan Reconstruction”, Quarterly Report to the United States Congress, April 30, 2014, http://www.sigar.mil/pdf/quarterlyreports/2014 – 04 – 30 qr – intro – section1.pdf, accessed on May 9, 2014.

② Россия продлила аренду военной базы в Таджикистане до 2042 года, /05/10/2013/, http://www.km.ru/world/2012/10/05/vladimir – putin/694094 – rossiya – i – tadzhikistan – podpisali – dogovor – o – statuse – 201 – i – voen.

引导哈萨克斯坦、吉尔吉斯斯坦、塔吉克斯坦等中亚国家经济基本发展走向，同时帮助它们在阿富汗经济重建中发挥积极作用和实现各自价值，[①] 对俄罗斯而言也是在美军撤出阿富汗后的一个明智选择。三是以参与的方式防止美国利用阿富汗重建向中亚地区继续渗透，尤其是阻止美国通过以实现“大中亚伙伴计划”的方式削弱俄罗斯在中亚地区的传统影响。

中亚各国对阿富汗国家重建的态度与俄罗斯比较接近，因为地缘关系上更加直接的利益，中亚各国的态度也比俄罗斯更加积极一些。首先，阿富汗的安全形势是中亚国家（尤其是塔吉克斯坦、乌兹别克斯坦、土库曼斯坦三个与阿富汗有共同边境的国家）最关注的问题。漫长的共同边境、众多的跨界民族人口、共同的历史经历和文化传统，使中亚地区的安全和稳定与阿富汗的局势紧密地联系在一起。在以积极配合的姿态、以提供军事基地和领空通道等方式参与了阿富汗反恐战争后（哈萨克斯坦还向阿富汗派出了工兵部队），阿富汗的安全形势发展趋势就更加现实地成为影响中亚地区安全的重要因素之一。当北约安全援助部队（ISAF）撤出阿富汗进入倒计时后，中亚各国政要和学者不断利用各种国际场合强调阿富汗发生安全危机的可能性，其中既有对阿富汗局势的现实担忧，也有刻意渲染以引起国际社会关注并在支援阿富汗国家重建中加大投入的用意。其次，通过有选择的经济援助预防各种“次生性安全威胁因素”影响中亚地区。例如，因内战爆发而引起的大量难民涌入中亚国家；又例如，因社会正常经济生活恢复艰难，“毒品经济”继续以中亚国家为走私通道和销售市场；再例如，因阿富汗经济恢复困难而产生大批失业人

① 2013 年，俄罗斯向吉尔吉斯斯坦承诺提供 11 亿美元更新吉军装备，并在吉政府决定为阿富汗经济重建提供电能后，表示参与卡姆巴拉金 1 号水电站和纳伦河上游电站的建设，Кыргызстан и Россия подписали 9 договоров，/23/09/2013/，http：//www. trend. az/regions/casia/kyrgyzstan/2193300. htm。

口非法流入中亚国家，带来社会治安管理问题等等。这些因素促使中亚国家愿意由自身优势出发对阿富汗的经济重建发挥一些力所能及的作用，如塔吉克斯坦、土库曼斯坦和吉尔吉斯斯坦可单独或合作向阿富汗输送电能，解决阿富汗正常社会运转的燃眉之急。[①] 第三，通过参与阿富汗重建体现中亚国家的地缘地位，由此拓展大国平衡外交的新领域。阿富汗经济重建最现实的路径是开发矿产资源，并作为国际贸易的主要商品销往国际市场。在北约联军撤出前，美国地质专家曾对阿富汗的矿产资源进行过普查，调查的结果称阿富汗矿产资源储量价值超过 3 万亿美元，若按储量排序分别为铜、铁、黄金、锂、石油、煤炭、天然气、铀等。[②] 实现阿富汗丰富资源的价值，解决通道问题是至关重要的条件。在这一问题上，中亚国家有着得天独厚的优势。尤其是乌兹别克斯坦，不仅积极参与修复马扎里沙里夫至喀布尔的铁路及其沿线 11 座桥梁工程项目，而且乌兹别克斯坦国家铁路公司还于 2011 年修通了从阿富汗边境城市海拉通（毗邻乌兹别克斯坦边境城市铁尔梅兹）到马扎里沙里夫的 75 公里长的铁路线，使这条铁路成为国际社会援助阿富汗经济重建的重要物资通道。其实，中亚国家在阿富汗重建中刻意体现自己的地缘优势，与其当年对北约在阿富汗开展联合军事行动时采取的合作政策一脉相承。无论是美国还是俄罗斯，要在阿富汗战后重建中实现自己的政策目标，中亚各国所处的中间地位甚至可能起到的支轴作用是绕不过去的。

印度对阿富汗形势的发展和国家重建进程也十分关注。由于在南亚地区与巴基斯坦的竞争关系和巴基斯坦与以普什图族的特殊关系，印度最担心的是阿富汗的政局受巴基斯坦的影响甚至控制。如

① 吴大辉：“后反恐时代阿富汗的重建：关于中亚国家作用的探讨”，《俄罗斯研究》，2014 年第 2 期。

② J. Edward Conway, “How Afghanistan Can Escape the Resource Curse”, February 29, 2012, http://www.foreignaffairs.com/articles/137306/j - edward - conway/how - afghanistan - can - escape - the - resource - curse, accessed on April 4, 2014.

果以普什图人为主的塔利班重新取得政权，或通过政治和解控制阿富汗大部分地区，印度担心的情形将难免发生。所以，支持阿富汗世俗政权的巩固，并通过援助阿富汗社会经济重建，巩固与阿富汗政府的战略协作关系，防止阿富汗蜕变成为亲巴基斯坦的政权，使阿富汗成为遏制巴基斯坦的南亚盟友，这些将是印度积极参与阿富汗国家重建的真实目的。在实现这一政策目标的基础上，通过阿富汗与中亚地区各国建立地缘上的联系，进一步解决印度自身的能源需求问题，以及疏通通向中亚、中东地区的交通走廊。出于这些考虑，印度积极参与阿富汗经济重建，并与阿富汗签署了“战略伙伴协定”和两项涉及能源开发问题的文件。[1]

这样看来，中亚地区在阿富汗重建进程中将发挥关键作用。一方面，这取决于中亚地区与阿富汗之间的地缘政治和地缘文化上的密切联系，与阿富汗利益相关的国家均视中亚为实现各自利益的重要途径；另一方面，中亚各国自身安全与稳定受到阿富汗局势发展的制约，维护阿富汗政权稳定和经济逐渐恢复，有利于中亚地区的整体安全形势。如此一来，国际社会通过援助对阿富汗施加影响的活动在中亚交叉，这种绝非偶然的巧合将中亚地区的战略地位再次提升。为了有效影响阿富汗国家重建进程，国际社会及相关大国再次将中亚地区与这个被贬称为“失败国家”的命运联系在一起，福兮祸兮，只能让阿富汗的国家重建进程和中亚民族自己来回答了。

“鸦片之路”对中亚社会的侵蚀

有数据表明，从21世纪初开始，亚洲最大毒品生产与扩散中

① 李燕青：“阿富汗重建搅动地区安全局势”，《当代世界》，2013年第5期，第56页。

心的地位就逐渐由泰国、老挝、缅甸三国交界的“金三角”地区向阿富汗、巴基斯坦交界的“金新月”地带转移。连年的战乱，使阿富汗古老的农田水利灌溉系统遭到严重破坏，现有的灌溉农田面积仅相当于20世纪80年代的一半。[①] 正常的农作物生产难以维持下去，但是适宜的气候和独特的土壤却成为毒品犯罪集团和贫困的阿富汗农民种植鸦片的绝佳条件。在农田遭到严重破坏且恢复艰难的情况下，鸦片的种植面积却逐年上升，在最高的年份竟达到耕地面积的8%，甚至接近10%。在20世纪90年代塔利班控制阿富汗大部分地区时，按照伊斯兰教法建立起来的宗教政权曾强令禁毒，使阿富汗鸦片种植面积达到历史上较低水平。但是，在2001年年底，美国主导北约发动联合军事行动后，这一曾经有效的禁毒模式就此中止，阿富汗全境的鸦片种植面积开始呈持续上升趋势。尤其当美国总统奥巴马正式宣布美军作战部队撤出阿富汗的时间表后，阿富汗的鸦片种植面积在短短几年内不仅很快就超过了反恐战争结束时的水平，而且达到前所未有的最高峰值。2014年阿富汗的鸦片种植面积已接近反恐战争前塔利班实行禁毒时的30倍。

2001年反恐战争以来阿富汗鸦片种植面积[②]

年份	面积（公顷）
2001	7606
2002	
2003	

① 中华人民共和国商务部：“阿富汗农业和农村经济现状及发展战略”，2009年9月21日，http://www.thldl.org.cn/news/0909/21075.html。

② 刘向阳：“当前阿富汗毒品问题及其影响”，《现代国际关系》，2011年第12期，第35页，http://www.doc88.com/p-1854789951261.html；United Nations Office on Drugs and Crime，‘Afghanistan opium survey 2013’，November，2013；Рекордный урожай опийного мака вырастили в Афганистане в 2014 году，12. 11. 2014，http://www.stanradar.com/news/full/13677-rekordnyj-urozhaj-opijnogo-maka-vyrastili-v-afganistane-v-2014-godu.html。

续表

年份	面积（公顷）
2004	131000
2005	104000
2006	165000
2007	193000
2008	157000
2009	123000
2010	123000
2011	131000
2012	154000
2013	209000
2014	224000

在进入新世纪后，国际社会介入阿富汗经济重建。这时造成阿富汗鸦片种植面积不降反升的原因十分复杂，其中既有阿富汗社会文化和传统经济的因素，也有地区及国际因素影响的作用。而在目前及今后相当长一个时期中起主要作用的，则包括以下几个主要原因：第一，阿富汗民间有长期种植和吸食鸦片、大麻等毒品的传统，尤其在一些偏远山区和部族控制区，种植和吸食毒品基本上没有道德和法律上的障碍。在阿富汗大部分缺医少药的穷乡僻壤，鸦片甚至被当作日常生活中常用的必备药物。这种古老的习俗使鸦片、大麻等毒品在阿富汗民间被视为家庭经济作物，尤其在多年战争使社会正常经济难以恢复、广大偏远山区居民生存条件难以保障的前提下，在阿富汗全面禁绝鸦片、大麻等毒品种植，被国际社会视为不可能完成的工作。许多阿富汗农村居民将种植和出卖鸦片初加工成品当作渡过经济困难时期的手段，认为出售鸦片的价格高于粮食等农作物，从而不愿听从政府

铲除鸦片改种农作物的号召。2013—2014 年阿富汗鸦片种植面积快速扩大，有民调显示其原因竟是担心北约国际安全援助部队撤离后阿富汗经济彻底崩溃，多数民众为应对风险将鸦片作为可交换其他商品的等价物贮存。俄罗斯有关部门认为，阿富汗国内除了每年几千吨的鸦片产量外，至少还囤积着 1.5 万吨的鸦片“库存”。[①] 第二，塔利班、“基地”组织等宗教极端主义、恐怖主义团伙与国际毒品犯罪集团的结合，在阿富汗、中亚、俄罗斯、欧洲连接成毒品生产、走私、销售的完整利益链条，高额犯罪利润形成强大利益驱动，在阿富汗政府部门内部、部族地区、社会各阶层形成一股抵制禁毒的合力，使阿富汗政府数次禁毒行动无果而终。在 2001 年以前，塔利班与“乌兹别克斯坦伊斯兰运动”、“东突厥斯坦伊斯兰运动”等宗教极端主义组织把持了阿富汗 50% 以上的毒品出口，并利用垄断毒品贸易获得的巨额暴利作为从事恐怖活动的资金来源。在阿富汗反恐战争结束多年后，这些宗教极端主义组织为显示存在而恢复活动，并将毒品经济作为继续从事恐怖活动和东山再起的重要本钱。2005 年，阿富汗毒品出口获利相当于国内生产总值（不含毒品贸易）的 36.3% 。但是，毒品贸易收入的大部分被犯罪集团占有，而这些集团大多又都与塔利班、“乌兹别克斯坦伊斯兰运动”等极端主义组织有着千丝万缕的联系。2006 年以来阿富汗安全形势持续恶化，猖獗的毒品贸易活动与恐怖主义袭击相互间密切互动、彼此支撑，对阿富汗稳定和经济重建构成严重挑战。第三，美国主导北约联军在阿富汗驻扎 13 年之久，但并未将包括禁毒在内的阿富汗社会秩序重建作为主要任务之一。来自美国国会和公众舆论的压力，使美军在阿富汗连打击塔利班和“基地”组织的军事行动都大大压缩，对于在阿富汗全境禁毒的问题也只有推出没有完全控制权的阿富汗

---

① Виктор Иванов: Противодействие незаконному обороту наркотиков в акватории Каспийского моря. 13 октября 2010 года, http: //www. narkotiki. ru/5_ 6842. htm.

政府做做表面文章。而阿富汗严酷的社会现实显示着一个谁都看得明白的道理，没有强大军事实力作后盾的禁毒行动，其结果必然是无功而返。美国在阿富汗的首要目标均与本土安全挂钩，换言之，阿富汗的毒品问题并没有涉及美国国家安全，美国驻阿富汗的部队、装备、设施都不会全力投入到打击毒品非法种植、生产和走私当中去，因此也曾多次受到被阿富汗毒品直接戕害的中亚国家和俄罗斯的尖锐批评。①

阿富汗“毒品经济”的最大受害者就是中亚地区，首当其冲的自然是与阿富汗有着共同边界的塔吉克斯坦、乌兹别克斯坦和土库曼斯坦三国。2009 年，阿富汗生产的毒品达到全世界毒品总产量的 93%，占据着欧洲毒品市场的 95%。② 而如此大批量的毒品贸易途径主要是经中亚地区实现，这必然给中亚地区各国安全带来十分现实的威胁和影响。首先，非法的毒品走私活动向来与极端主义、恐怖主义组织密切相关，经营毒品的非法收入是支持上述组织生存与活动的重要资金来源。目前，藏匿在阿富汗部族地区的中亚极端主义组织，除“乌兹别克斯坦伊斯兰运动”、“突厥斯坦伊斯兰运动”等老牌的极端主义组织外，又出现了诸如“伊斯兰圣战联盟”（Союз “Исламский Джихад”）、“安拉使者”（Джамаат Ансаруллах）、“伊斯兰军”（Лашкари Ислом）、“真主战士”（Солдат Аллаха）等大小十多个组织，它们全部以向中亚渗透极端主义思想和恐怖活动为目的，也同样藏身于阿富汗与巴基斯坦交界处的部族控制区，尽管规模和形式各有不同，但几

---

① 杨恕、张雪宁：“阿富汗鸦片种植及毒品现状”，《兰州大学学报（社会科学版）》，2011 年第 3 期，第 5 页。

② United Nations Office on Drugs and Crime，“Afghanistan Opium Survey 2013”，November 2013，p. 4.

乎都与“毒品经济”有染。[①] 阿富汗毒品形势的恶化，为这些组织提供了更多的生存条件和发展空间。其次，阿富汗毒品无论是流入还是流经中亚地区，都给中亚各国社会稳定带来严重负面影响。这种影响一方面是对中亚各国社会治安上的负面影响，中亚各国吸食毒品的人数在不断上升，与毒品相关的刑事犯罪数量也在上升。尤其是有组织犯罪集团参与“毒品经济”活动，其社会危害被放大至国家政治稳定层面。如2010年6月吉尔吉斯斯坦南部骚乱和同年“乌兹别克斯坦伊斯兰运动”越过喷赤河对塔吉克斯坦发动恐怖袭击，以及2012年塔吉克斯坦霍罗格冲突事件中，都有毒品武装集团参与的背景。[②] 另一方面，毒品交易作为一种有组织性、集团性犯罪活动，对中亚各国国家机器有关部门的腐蚀作用十分严重。经过多年的经营，操控毒品的阿富汗军阀、部族首领和毒品犯罪集团与中亚各国的贩毒集团已经联合建立起完备的“护送体系”，拥有现代化的通讯和交通工具，并配备精良的武器装备。他们甚至在一些国家的缉毒部门和国家机关有自己的“眼线”和保护网，使中亚各国经历了无数次禁毒行动后毒品走私依然猖獗。[③] 第三，阻碍着中亚国家社会经济的正常发展。虽然这一方面的影响远不如在阿富汗本土那么严重，但在资源相对贫乏和经济发展缓慢的中亚国家，如塔吉克斯坦和吉尔吉斯斯坦，这种影响也是相当严重的。尤其当国家经济萧条直接影响社会就业形势时，往往在中亚国家就会出现一个毒品走私和贸易的高峰期。

---

① Никита Мендкович：эксперт Центра изучения современного Афганистана，эксперт РСМД，Постсоветские террористические группировки могут стать непосредственной угрозой для стран СНГ，http：//russiancouncil. ru/blogs/debate/？ id_ 4 =920.

② Глава Киркизской спцслужбы рассквзало о создании Исламского движения Киргызстана. （обновлено），02. 05. 2011，http：//www. fergananews. com/news. php？ id = 16680&mode = snews.

③ 吴大辉：“后反恐时代阿富汗的重建：关于中亚国家作用的探讨”，《俄罗斯研究》，2014年第2期。

受到阿富汗毒品问题影响的不仅是中亚地区，邻近的南亚、西亚乃至北方的俄罗斯都以不同的方式、不同的程度受到影响。巴基斯坦是阿富汗毒品流入国际毒品市场的另一条重要通道，同时也是阿富汗制造毒品所需化学药剂主要供应地。由于巴基斯坦政府对邻近边境的部族地区长期难以实现有效控制，加之边境地区官员的低收入和严重腐败现象，禁毒与管控制毒化学制剂都仅能浮在表面。伊朗则是阿富汗毒品另一个方向的受害者，2008 年联合国毒品与犯罪问题办公室提供的报告显示，在伊朗截获的毒品数量占全球总量的 37%，其中截获的鸦片数量占到 81%。尽管目前的调查和研究尚不能确定这些数量的毒品与阿富汗毒品的准确联系，但从已经查获的毒品走私案件来看，伊朗是阿富汗毒品向外输出的又一重要通道是可以肯定的。根据已有资料和线索分析，阿富汗流经伊朗的毒品多数从巴基斯坦过境，然后经伊朗跨里海运往俄罗斯黑海地区，或者是通过波斯湾周边国家贩运至非洲。[①] 而俄罗斯既是阿富汗毒品的欧洲第一目的地和重要中转站，也是一个巨大的集散市场。2010 年 1 月，俄罗斯联邦毒品监督局局长伊万诺夫在一次记者招待会上介绍，俄罗斯缉毒部门在 2009 年查禁的毒品数量比 2008 年增加了 1/3，而且捣毁了 7500 个毒品窝点。由于俄罗斯的毒品主要来自阿富汗，所以伊万诺夫强调，“应把阿富汗毒品问题提高到对国际和平与安全构成威胁的高度上来，必须刻不容缓地彻底解决阿富汗的毒品问题”。为此，伊万诺夫专门就采取措施解决阿富汗毒品问题提出建议：第一，通过联合国安理会，把阿富汗毒品问题提高到对国际和平与安全构成威胁的水平上来认识；第二，制定和落实阿富汗经济发展计划，包括发展能源和电力基础设施，设立足够就业岗位等；第三，集中销毁阿富汗土地上的罂粟；第四，培训阿富汗缉毒警

① 王鹏：“阿富汗毒品问题及其对地区安全的挑战”，新疆哲学社会科学网，2010 年 11 月 30 日，http：//www. xjass. com/zy/content/2010 – 11/30/content_ 178072. htm。

察；第五，根据俄罗斯和欧盟建议，设立一个国际委员会，专门负责阿富汗毒品问题。[①]

阿富汗毒品问题与极端主义、经济困难等突出问题成为影响中亚地区稳定和安全的共生因素，并形成一种综合性外溢效应，借助于地缘条件向周边更大的区域产生影响，由此构成了21世纪初以来迟迟难以消除的欧亚地区安全热点。中亚地区不仅因此受到最直接的影响，而且由于地缘上的密切关系也因阿富汗毒品大量流向欧洲及世界而倍受关注和指责。中亚地区将在未来欧亚社会发展中扮演怎样的角色，在阿富汗毒品问题上将发挥什么样的作用，都将是国际社会评价中亚地区安全与发展水平的重要指标之一。

地缘条件决定下的宿命与机缘

阿富汗从2014年以后即进入“后反恐时代”，世界各国学者均依据各自的立场和视角描绘着这个时代的特点。俄罗斯学者对这个时代到来后的阿富汗国内局势评估颇不乐观，他们对在这个国家可能出现的前景做出了条理清晰的预测。其中，有人将可能出现的状况分为四类：第一，“巴尔干化”的趋势。即北约联军撤离前仍未能形成对塔利班在军事上的决定性胜利，喀布尔政权也未能和塔利班在原则上达成划分控制地域的协议，于是阿富汗境内将存在大量不受控制的领土，却失去了能够整合这种分裂状态的力量中心。第二，“中东化”的趋势。即“阿拉伯之春”在阿富汗重演，阿富汗境内宗教极端势力借助于来自中东的宗教极端主义渗透和宣传，组织并挑起旨在夺取国家政权的全面内战。

① 新华社：“俄罗斯希望彻底解决阿富汗毒品问题”，新华网，2010年1月19日，http：//news. xinhuanet. com/world/2010－01/19/content_ 12836537. htm。

第三，形成“分裂国家”。即在美国默许下，喀布尔政权与塔利班及部族势力就控制区域达成协议，喀布尔当局控制北部和西部，塔利班控制东部和南部。第四，维持“脆弱平衡”。即在美国继续于阿富汗保留一定形式的军事存在前提下，主导喀布尔政权与塔利班温和派及国内大部分政治领袖达成协议，保持阿富汗的基本政治平衡。最终无论是哪一种局面在阿富汗出现，对中亚地区构成的影响都是很现实的问题。①

因而，对阿富汗形势发展不确定性前景最担心的还是中亚各国。中亚的乌兹别克斯坦、塔吉克斯坦、土库曼斯坦三国不仅与阿富汗有着2000多公里的共同边境，而且生活在边境两侧的大量跨界民族人口更使彼此间的人文联系难以阻隔。乌兹别克斯坦总统伊斯兰·卡里莫夫曾于2012年10月指出，阿富汗的持续内战、国际恐怖主义的存在与扩散、不断扩大的毒品生产，是中亚各国实现和平与繁荣的重大障碍。② 而能够通过上述地缘联系对中亚地区产生影响的阿富汗国内因素，也有中亚学者概括为以下三个前提：一是阿富汗国内自主维护安全与稳定能力的构建能否成功；二是喀布尔当局与塔利班组织的政治谈判取得怎样的成果；三是正常经济的重建能否成功取代长期存在的“毒品经济”。③ 按照这个思路对阿富汗形势的发展进行考察和分析，人们现在完全可以理解中亚国家领导人和学者们的担心。首先，人们看到阿富汗独立后的国家机器建设并不尽如人意。按照国际安全援助部队的计划，到2014年初将组建训练26万人的阿富汗国家安全部队。

① Морозов Юрий Васильевич：Афганистан после 2014 года：стабильносиь для государств ШОС или новый виток напряженности в Центрально – Азиатском регионе，《Проблемы Дальнего Востока》№ 2，2013г. Стр. 103 – 104.

② Ислам Каримов и Гурбангулы Бердымухамедов рассмотрели《афганскую проблему》，/03/10/2012/，http：//www. afghanistan. ru/doc/52361. html.

③ Олимов Музаффар Абдуваккосович：Таджикские трудовые мигранты во время кризиса，http：//www. polit. ru/article/2010/04/26/demoscope415/.

虽然在2013年这支军队已经拥有了15万的兵员，但据国际安全援助部队提供的资料显示，依照阿富汗宪法招募起来的合同制军人每年竟以34.8%的比例减员，除了战争因素外，大部分是因为开小差。据四川大学著名南亚及阿富汗问题专家陈继东教授解读，阿富汗国民卫队和警察部队如此之高的“非战斗减员”率并非习惯意义上的“开小差”，而是因为应征入伍者多为阿富汗农民，种田收入有限，参军不过为领取一份军饷，一到农忙时节还要顾及家里的庄稼。[①] 可以想象，这样组织状态和纪律水平的军队能否形成足够的战斗力与塔利班或其他激进势力作战。在北约国际安全援助部队尚未宣布撤离的2013年，曾不断爆出阿富汗军警袭击北约联军和政府部门的报道。[②] 而美国军方早已发现，当把一批较新的武器装备提供给阿富汗政府军后，很快就可以在塔利班的武装分子手中看到这些装备。因此，美军撤离阿富汗时，宁可将一些重型装备送给乌兹别克斯坦等中亚国家做个顺水人情，也不愿留给阿富汗政府。从这些现象和指标中，不能不让人质疑这支用10多年建立起来的部队能否胜任北约撤军后的国家安全使命。其次，阿富汗政府与塔利班组织的政治和解进程不仅十分不顺利，而且前景极不乐观。当2013年10月美国国务卿克里与汗卡尔扎伊总统就签署《双边安全协议》会谈时，公布了将在2014年后的阿富汗仍保留5000—10000名美国军人的决定。之后，奥马尔立即做出了塔利班将继续战斗，直至赶走最后一名美国军人的激烈反应。[③] 同时，喀布尔当局试图拉塔利班重返阿富

---

① 陈继东：“美国撤军对阿富汗及阿周边地区反恐形势的影响与中国的应对”，在新疆大学中亚地缘政治研究中心“美国从阿富汗撤军后中亚形势研讨会”上的发言，2014年4月19—20日，乌鲁木齐。

② Бобкин Николай: Будущее Афганистана（I），http://www.fondsk.ru/news/2013/10/04/buduschee-afganistan-i-23230.html.

③ США и Афганистан не договорились по соглашению в сфере безопасности，http://www.rg.ru/2013/10/13/dogovor-anons.html.

汗社会的做法并未受到多数民众拥护，在民族认同和部族认同高于国家认同的社会氛围里，多数非普什图族群是不愿看到塔利班进入国家政权的。2014 年 9 月，阿富汗完成新一轮总统选举，阿什拉夫·加尼当选就职后，马上与美国签署了拖延已久的《双边安全协议》，确定了继续留存驻阿富汗美军的法律地位。对此，塔利班立即发表声明，拒绝承认阿富汗新总统和新政府，并称阿美《双边安全协议》是一份“奴隶文件”，再次表示将继续斗争直至外国军队完全撤出。① 塔利班的不合作态度明确意味着，北约撤军后阿富汗国内的政治和解进程不会乐观。第三，2014 年后阿富汗局势的不确定性增大，中亚地区政治、经济形势进入微妙时期，内外宗教极端主义势力将看好这一时机，以此作为在中亚地区确立影响的重要机遇期。而且，一旦美国撤军后阿富汗各派势力围绕政治权力开始内斗，中亚籍的宗教极端主义分子自知已成局外人，返回中亚继续传播极端主义思想必然是其最终选择。已有中亚学者指出，2014 年北约联军从阿富汗撤出后，对中亚地区安全构成威胁的不一定是塔利班，而更可能是“萨拉菲主义”和“伊斯兰解放党”。② 2015 年，阿富汗塔利班活跃区开始向北方推进，与塔吉克斯坦、土库曼斯坦邻近的地区一再出现武装袭击事件：3 月塔利班武装分子进入土库曼斯坦领土，袭击边防军造成 3 人死亡；③ 9 月，塔利班武装分子又在法利亚布省对邻近的土库曼斯坦边防哨所发动袭击；④ 11 月，塔利班武装分子袭击了位于阿富汗和塔吉克斯坦交界处的昆都士省舍尔汗—邦达尔

① 陈汉琪、陈杉：“阿美签署《双边安全协议》有何影响”，2014 年 9 月 30 日，新华网，http：//news. xinhuanet. com/world/2014 - 09/30/c_ 1112697724. htm。

② Акталов Аскар：С 2014 года главной угрозой для Центральной Азии станут не талибы，а интернациональный джихад – эксперт，/10/10/2013/，http：//www. kyrtag. kg. /?q = ru/top_ news/50057.

③ http：//www. eng. 24. kg/community/172248 – news24. html.

④ http：//www. akipress. com/news：547169/.

（Шерхан Бандар）阿姆河大桥阿富汗一侧海关，劫持了 16 名人质。这座大桥是美国于 2007 年援建的，是目前国际社会通过塔吉克斯坦援助阿富汗的重要通道。① 这一系列的恐怖袭击构成的动向，不仅使阿富汗当局感到无奈，更令中亚各国政府确认了自己的担心。

早在苏联解体后，中亚地区的历史即开始向多元力量构建的地缘政治格局演变。2001 年的阿富汗战争客观上也加速了这一进程，而且成为一个阶段性的标志。阿富汗从 19 世纪开始被大国当作缓冲区的历史已经成为过去，这个命运多舛的国家正以独立的国际政治角色参与到中亚地缘政治格局构建之中。但囿于自身的发展状态，这种参与仍带有极大的被动成分，因而影响力还是有限的。不论是美军撤出阿富汗，还是阿富汗局势发生动荡，都不会对中亚地区形势发展总趋势产生决定性影响。况且反恐战争近 15 年后，阿富汗和中亚地区的形势均已发生了根本性变化。塔利班控制阿富汗 95% 以上领土和“乌兹别克斯坦伊斯兰运动”制造大规模恐怖袭击的力量和条件不再，因政治和解破裂而引发全面内战几无可能，由局部冲突造成的难民规模更不会严重于内战时期。尤其在中亚各国及国际社会针对阿富汗后撤军时代变局制定了充分政策准备的前提下，要全面考量影响地区安全各要素及权重变化，应当对阿富汗可能带来的客观风险因素予以重视，同时也有充分理由认为新的阿富汗对于中亚也意味着更多的机遇。

---

① Афганистан заявил, что к похищению сотрудников поста《Шерхан - Бандар》причастны таджикистанцы, 27. 11. 2014, http: //www. ca - news. org/news: 1132777/.

第十一章　历史的轮回：新利益共同体的构建

古代“丝绸之路”的地缘要素

古代“丝绸之路”既是东西方交通史上的奇迹，也是人类不同地区、不同民族间文明共鉴的重要历史文化工程。因为这条东起中国长城以内、西达地中海彼岸的商贸大通道（后期学者对“丝绸之路”的研究又将这个东西方交通史上重要通道的外延也列入了这个概念之中，提出了北线、南线、“草原丝绸之路”、“海上丝绸之路”、“高原丝绸之路”等派生路线，使“丝绸之路”实际上成为了一个集合名词），不仅将古代中国各民族物质生活产品以现代人难以想象的方式传输到数千公里之外的欧洲大陆，同时又将欧洲各民族的物质文明带回东方。与其说古代“丝绸之路”是一条商业贸易之路，不如说是一条物化的东西方文化交流纽带。但是，这条商贸通道的开创者和文化交流平台上扮演主角的中国人，当年却并没有意识到自己正创造着一个奇迹。当中国及东亚各民族平静地享受着“丝绸之路”这条重要的人类文明交流通道带来实惠的时候，生活在遥远欧洲的西方人却对它带来难以计数的财富和无限想象的文明成就予以高度关注。当这条古老的商贸通道存在了近2000年的时候，欧洲工业时代的到来唤醒了这些也曾保守封闭民族对古老东方的浓厚兴趣。这种全民族和全社会的强大动力催生了各种门类的自然科学和社会科学的发展，也激励着无数探险者纷纷走向世界的各个角落，去寻找被西方人认为有价值的东西，不论是物质领域中的还是精神范畴内的。同时，恰恰由于近代东西方文明发展已经出现的重大差异，包括中国在内的东方民族被排斥在这一波现代化浪潮之外。近代中国封闭的自然经济社会基础上的学术观，与工业化和全球视野下的西方学术观发生了碰撞，结果一向以历史悠久和源远流长自居的中国文化失去了一次重要的冠名机会。19世纪70年代，一位德国地理学家费尔南德·冯·李希霍芬（Ferdinand Freiherr von Richthofen），在他的考察活动中发现了这个贯通东方与西方世界的经贸大通道。当他根据自己的强烈感觉将它命名为“丝绸之路”之后，马上就得到了世界地理学界和历史学界的认同。

公元前后一千年左右，以中国为中心的东亚农业文明得到充分发展。秦代中国的中原地区实现了政治上的统一，由此带动了经济上的稳定发展。强大的中央集权体制按照国家全面治理的需要调动各种资源的能力大大增加，运用举国体制兴修水利，建设军事防御设施，修建四通八达的交通干线，为可能发生的战争和自然灾害做好粮食和财物上的准备，使中国成为世界上不多的具备这种能力和水平的强大国家之一。同一时期，欧洲的罗马帝国、中东的古巴比伦、南亚次大陆上的印度、西亚的波斯帝国也先后崛起。然而人类社会科技水平的发展程度尚难以克服这些文明板块之间存在的地理阻碍，相互之间信息的获取都是通过有限距离的战争、通商、传教等方式，辗转地、间接地实现。而且，由于这时各大强权中心对外部世界了解的需求并不十分迫切，这种信息传递是一种被动的实现过程，因此带有很大的偶然性。加之自然地理因素（如高大山脉、浩瀚海洋、漫漫戈壁等）的严重分割和人文地理因素（如不同民族间在语言、文化、宗教和政治上的重大差异）的隔离作用，各大文明板块最终获得的彼此之间的信息往往是不完整的、不准确的，甚至是严重失真的。同时，世界古代历史上曾经并存的这些伟大文明中心彼此间存在的重大差异性，恰恰又是推动相互之间实现接触和交流的强大动力，就像不同高度的水体之间能够相互流动。但是，差异的存在仅仅是实现交流的外力条件，由于历史的局限性尚不可能在各大文明主体内生成互动的主观动机，所以实现这种充满偶然性接触和交流的历史机缘往往是一些非文化和非商业的政治性（其中也包括军事性的）历史契机。例如，亚历山大马其顿的东征、伊斯兰教兴起后向阿拉伯半岛以外的宗教战争、成吉思汗蒙古汗国的西征等。“丝绸之路”最初的开通和形成，也是沿着这样的一种历史逻辑实现的，最初它所追求的并不是通过商品交换所能获得的高额利润，也不是差异性文化可能给各地、各民族带来的生气，而是政治和安全的考量。

公元前140年，中国的西汉王朝受到了北方强大游牧民族政权——匈奴的军事威胁。汉武帝刘彻一改中原农业文化的传统对外关系，将广泛、积极的西域外交活动作为抵御匈奴袭扰和战胜匈奴汗国的策略之一。联合曾经是匈奴夙敌的大月氏与汉朝共同抗击匈奴，成为此时汉朝国家外交的具体措施。张骞忠实地履行了汉武帝的旨意，经历了大漠戈壁上的艰辛跋涉。但途中的险恶还是出乎意料的，他一出河西走廊就被匈奴人俘获，后苟活于匈奴穹庐中十数载，这在当时中国人看来都是难以想象的困难。当他辗转来到大夏国的属地找到了已经偏安一隅的大月氏部落时，大月氏人的首领似乎已经忘却了匈奴弑父弑君的旧仇，并不愿响应汉朝皇帝关于“共击匈奴”的建议。尽管从军事意义上这次出使西域的外交活动并没有达到汉朝政府层面的目的，但却从此打开了中原地区与西域相互了解和往来的大门。虽然，今天已经有许多学者用后来发现的材料证明，早在张骞“凿空西域”之前就已经有零星的中原商旅进入了西域，甚至提出“丝绸之路”在张骞进行西域探险之前就已经存在。但是应该肯定的是，张骞这次代表中国汉朝政府的外交活动使这条东西方交通孔道的合法性和安全性大大改善。此外，张骞被封为“博望侯”后几次更大规模的外交活动，西汉政府组织强大军力打击匈奴，还有为保证汉朝军队及官员在西域有效履行职责而调动大批人力向西域运送粮食等战略物资，这些活动无疑对“丝绸之路”形成规模创造并提供了最重要的条件。换言之，汉朝政府当年基于国家安全和地缘战略考虑采取的外交与军事行动，为古代“丝绸之路”的早期构建奠定了政治基础和安全保障。

当古代中国政府动用强大政治和军事力量，基本实现了北部和西部边陲的安全稳定后（如汉代和唐代），软实力的影响也开始向这些方向扩张。原来在中国北方强大游牧民族政权统治下或势力范围影响下的各民族，往往在这些历史时刻体现出运用地缘政治平衡的技巧，纷纷与已将强大影响力深入北方和西域的中原王朝建立良性关系。而强盛一时的中原王朝一般也都能把握住时机，积极地与周边各中小民族和城邦小国发展政治合作关系，继续按照古代中国人的“天下”观打造一个相对安全的中央王朝周边地缘政治版图。西周时设计的“天下”蓝图过于理想化，[①] 经过了秦汉时期的实践逐渐转化成相对务实的“边政”方略。古代中国的中原王朝整合周边地缘政治版图的策略主要有这样几个方面。第一，册封。即在名义上将边疆少数民族或部族的首领纳入

① 据《书·益稷》记载，周天子据天下之中，称“京畿”。周边领地按血缘亲疏关系分封给自己的子弟，京畿外五百里为“侯服”，再向外五百里为“甸服”，再向外五百里为“绥服”，再向外五百里为“要服”，再向外五百里为“荒服”，是为“五服”。五服之外即为“蛮夷”。服即服侍天子之意，“五服”即因与天子亲疏关系不同而享有不同级别的权利，同时也负有程度不同的供奉和拱卫天子及京畿的职责。

中央王朝的政治体系之内，给予一些象征意义上的“王”、“侯”等皇家身份的册封。只要这个少数民族的领袖表示臣服于中央政府，愿意享有中国皇帝臣子的名分，他就可以继续保留对自己原有的领土和部众的统治权，包括继续行使部族的习惯法（与中原王朝不同的法律和法规）、继续按以往的标准征收赋税而不用上缴中央政府、根据本部的需要征派劳役而中央政府基本不过问。第二，和亲。往往是根据边疆少数民族首领主动提出的请求，中原王朝选择皇室内的“宗室女”以公主身份远嫁边疆，由此建立起传统伦理观念上的“翁婿”关系，靠这种由政治联姻建立起来的血缘关系构成中原王朝封建体系的外延空间，形成农业文明区在游牧文明区的军事安全和文化安全缓冲地带。第三，岁币。定期或不定期地向边疆主要少数民族首领或地位重要的部族上层输送中原农业地区特有的社会物质产品，如丝绸、瓷器、金银制品（这些产品都是在游牧状态下难以生产的），以满足这些少数民族首领的贵族式奢侈需求和与中原皇家生活攀比的虚荣心。事实上利用中原农业文明的优势，促使边疆少数民族由上至下发生“感化”和“风化”。中原王朝的统治者及其御用的文化精英，以他们的主观视角设计的这样一套处理与周边少数民族政权关系的方案，能否达到其预期的目标已经有历史做出了公正而充分的回答。但也恰恰因为曾经有过这样一种基于中原文化主观视角的关系定位，以及由此形成的边政方案，构建出了古代中国中原王朝与周边民族的关系体系。

这就是古代中国以中央王朝为权力核心，与周边少数民族分散权力中心通过多年磨合建成的一种典型的关系框架，后来的中国学者将其称为“朝贡体系”。[①] 关于古代中国朝贡体系的研究已

① 权赫秀：“中国古代朝贡关系研究综述”，《中国边疆史地研究》，2005 年 9 月版，第 125 页；梁伯华：《近代中国外资的巨变——外资制度与中外关系的研究》，台北商务印书馆，1980 年版，第 6 页；李云泉：《古代朝贡制度史论：中国古代对外关系体制研究》，新华出版社，2004 年版。

经有许多当代中国学者从不同角度进行了分析，如国家的边疆治理、中原民族与边疆诸民族的关系、中央王朝的政权体系构建等。其中也有关于中国古代朝贡体系文化传播意义的研究，这里既涉及了精神文化的传播，也涉及了物质文化的交流。可以说，在朝贡体系的强大政治和经济力量的支持下，为了完成册封、和亲、岁币等边政措施，事实上形成了中原与中亚地区（甚至更远的西亚、南亚、东欧）物质文化和精神文化的交流通道。客观讲，为达到“朝贡体系”的远程效果，经过最初开启的东西方交通走廊流入西域的中原奢侈品并非追求商业价值的经济活动，充其量只是中原王朝边政和外交的副产品。但是这种数量有限的副产品如同在一个刚刚修通渠道中注入的试水水流，流量虽然不大，却测试出了不同地段之间的水位差和基本走向。

随着东西方这一难得形成的交通走廊疏通，一部分为西部周边民族和部族首领们准备的奢侈品经各种不同的渠道流向欧洲，结果却实现了令人难以置信的超额价值。这样一来，原本不是商品的中原地区物产，从大量被赋予政治使命的礼品流中无意间分出一部分变成了商品。而这一过程和结果产生的强大示范效应，向这个呈现出极大地缘经济差异和文化差异的两端及沿途揭示了一个创造价值的机会。尤其是丝绸制品，以其特有的商品特质和使用价值，在偶然（或者可以认为并不是偶然）流入欧洲后竟产生了意想不到的市场效应。东西方审美观和价值观差异，更使丝绸这种特殊的商品变成了带有超高附加值的财产和地位的象征。当欧洲的贵州们将丝绸制品当作贵族的象征而使之充斥上流社交场合时，已经开始活跃在这个初见规模的商道上寻找商机的行贾们及时捕捉到了这个信息。丝绸产品极轻的重量、占据极少空间的商品特质，又使长距离、大批量运输成为了有暴利可图的商业活动。但是由于沿途自然条件和人文环境的复杂和恶劣，这种商业活动实际上也成为了一种与国家政治（主要是中国的中央政权与边疆地方民族政权间政治关系的构建）紧密捆绑在一起的商业冒险。

由此可以看到，“丝绸之路”的形成并不是建立在市场经济原则基础上的，而是借助于国家政治、军事、经济政策的有力推动得以实现的。这一特殊的性质注定了这条古老商业通道的兴衰与沿途国家（首先是中国历代中央政权）的政治、经济和军事实力，以及对外政策和相互间关系紧密联系在一起。当这些重要的人为因素依据地缘政治环境变化而发生重大调整时（在历史上更多的是被动改变，甚至是放弃），“丝绸之路”的运转必然也会出现重大的变化。轻则改道、分割，重则中断甚至消失。而每当这些沿途条件恶化的时刻到来时，欧亚两地市场需求的吸引力、地缘经济“水位差”带来的动力、丝绸产品超高附加值的刺激，都将成为微不足道的条件。这样的话，对古代“丝绸之路”存在的条件就可以做出判断：第一，促成古代“丝绸之路”形成东西方畅通的商路的关键性条件是源自国家层面的政策性因素；第二，经济和文化的因素是促成“丝绸之路”进一步繁荣的重要条件，但却不是影响其存亡兴衰的决定性条件；第三，古代中国周边，尤其是西部地缘政治形势的变化，是生成古代“丝绸之路”所需条件的重要外部环境。

当代中亚民族的“丝绸之路”情结

“丝绸之路”对于古代中国人来说，似乎并不是一个本民族生存和发展历史中的必须社会产品，它的出现和消失都介于古代中国人的有意和无意之间。因此也就难怪历史上无论中国的民间文化还是御用学术的视野中都没有过“丝绸之路”的地位，无论是“正史”作者还是文人骚客也都不太在意它的存在意义，古代中国学者们的关注点大多集中在了西域的风土人情和发生在这条古老商路上的故事。究其原因，尽管“丝绸之路”曾经在东西方文明交流的历史上扮演过举足轻重的角色，但是它本身对中国经济的发展并未起到实质性的改观和拉动作用。当然在文化上的影响是重大的，但却是一个潜移默化的过程。而且这个影响过程在以“风化蛮夷”为已任的“泱泱大国”中央集权下的文化观中，是难登大雅之堂的，甚至根本不会进入主流文化。然而，这个从公元前一直存在到16世纪的商贸走廊，却对沿途各地带来了深刻的历史性变化。尤其对于处在欧亚大陆中心长期封闭地缘环境中的中亚地区，“丝绸之路”对这里各民族的社会经济和文化发展带来的影响力却是非同小可的。时至今日，中亚地区各民族仍然对“丝绸之路”保留着一种珍视、缅怀，甚至崇拜的情感，他们以曾经是“丝绸之路”的一部分而骄傲，他们津津乐道当年中亚各地处处开设着“丝绸之路”驿站、货栈、茶肆和集市的盛况，中亚人现在仍以“丝绸之路”的历史元素（例如驿站、商队和商品的名称等）命名着民族特色餐厅、旅游胜地的旅馆，甚至是现代化的星级酒店、公司、企业、街道等。客观地讲，“丝绸之路”作为一个文化符号在中亚地区留下的影响力远远大于在中国。这就显现出了一个很有意思的现象，“丝绸之路”的存在历史在起点、途中和终点地区保留着不同的社会影响力，作为同样的一种历史遗产，它却在不同的国度和民族中占据着很不一样的社会文化地位。这一现象不仅是由于各国、各民族曾处在不同社会发展阶段而出现的文化认知和文化自觉的差异，这条古代商路在欧亚大陆各主要路段上不同的地缘文化条件也发挥了重要的作用。

处在地理上相对封闭的“内亚”中心，同时又居于欧洲、亚洲、非洲等大陆板块的交通要冲和世界三大古代文明十字路口的特殊位置，构成了中亚地区的基本地缘文化特征。在中亚地区的文明史上，每当一个外来强权中心的影响力波及这里的时候，随着政治、经济、军事等强大影响进入中亚地区各民族的社会生活，同样丰富的文化因素也积极地渗入这一地区。汉唐时期中国中央政权的强大，将以中原地区为中心的东亚农业文化圈向北、向西大大推进，经过中亚地区通向四方的商路繁荣兴盛了相当长的一个时期。汉朝时的中亚（西域）多是分散状态的城邦小国，政治上的独立性和经济上的完整性都处于较低下的水平。来自于蒙古高原的强大游牧部落联盟经常性的侵扰，使建立在中亚地区的中小政权连正常社会发展条件都难以保障。战乱频仍使西域小国民不聊生，生命和财产都得不到保障的状态下，更谈不上与遥远的东西方国度发展贸易往来了。当负有外交使命的张骞在经历了千难万险进入了中亚，将这里的风土人情、社会概况传递到中原王朝统治阶层后，在汉朝主流社会中引起了一次对西域持续关注的高潮期。当然这里面有为“断匈奴右臂”，联合大宛、乌孙等西域诸国战胜北方劲敌的地缘战略需要，也有获得西域良马改善汉朝军队快速反应和远程投送能力的军事安全需要，却基本未见到为了商品的升值在这条刚刚开通不久的东西交通走廊上进行大规模贸易活动的记载。路途中自然环境的恶劣和战乱频仍带来的风险，足以使民间商贾们望而却步。张骞第一次出使西域归来后被汉武帝封为“博望候”，即因为他能“知水草处，军得以不乏”。可见当时连汉朝的正规军队也是不敢轻易进入西域采取行动的，更何况数十人，哪怕上百人的商贸之旅。远离自己熟悉的文化和自然环境，深入数千里之外进行商业活动，其风险是可想而知的。然而，恰恰由于政治和军事原因，举国体制下疏通中国中原地区进入“西域”的国家行为，不仅将这条此前支离破碎、若即若离的地理通道整合起来，而且带来了这条交通走廊的第一次繁荣盛况。据史料记载，张骞第二次出使西域后，出于各种目的的汉朝中央政府使团纷纷出动，进入中亚地区各城邦小国。有为建立军事政治联盟关系与西域贵族“和亲”而奔走的，也有因为汉朝天子喜好西域良马而前往交易的，“使者相望于道”，“多者十余，少者五六辈，远者八九岁，近者数岁而反”。[①] 从这条史料反映的情况中我们可以看出，这时的中亚交通走廊首先是十分安全的。十几个人，甚至五六个人就可以结伴上路，说明汉朝政府在“西域”下的功夫是相当有效的。持续数年的军事行动不仅将匈奴人的军事威胁排斥在汉朝“西域”的势力范围之外，而且将这条商道上的安全隐患基本清除。与这一努力和变化相比，贯通“西域”交通走廊自然条件的改善却要困难得多。除了在大规模行动中刻意培养出如张骞一样熟悉“西域”地理形势“知水草”的将领和军士外，在沿途驻扎之地和交通要冲开凿水井、囤积粮草也是十分实用的措施。据《史记》记载，西汉贰师将军李广利曾率兵攻打大宛国，采用了切断水源的方式围困这个绿洲上的城邦小国。然而“宛城中新得汉人知穿井”，使得大宛人在失去地表水源的情况下又坚持了很长时间。[②] 美国著名东方学家欧文·拉铁摩尔（Owen Lattimore）在20世纪20年代游历考察这条商道时，曾注意观察了沿途的给水条件。他在考察备忘录中写道，“沿途饮料，完全取给于井”，“通常谐隔一二日始遇井泉，井的距离最远的，两井之间的相距约100里”。[③] 拉铁摩尔做了个初步的测算：他们的驼队在有水草保障条件下一天行进15、16里，而在沙漠戈壁中要昼夜兼程，一天行进30里。驼队自带的人畜用水可备3天左右，沿途可供补给的井泉地大体保障在平均100里内能有一处，基本构成了“丝绸之路”上的基础性保障体系。当然，年代久远、世事沧桑，拉铁摩尔沿着古丝路看到的水井等设施可能已不是当年留下来的旧址，但是这样的格局和规模

---

① 司马迁：《史记·大宛传》，中华书局，1959年9月版，第3170页。

② 司马迁：《史记·大宛传》，中华书局，1959年9月版，第3173页。

③［美］拉铁摩尔：“亚洲腹地之商路”（田嘉绩译），载于魏长洪、何汉民主编：《外国探险家西域游记》，新疆美术摄影出版社，1994年9月版，第113页。

却在汉唐强盛时开创出来。

不论是出于政治目的还是军事的目标，当强大的国家行为使中国通往“西域”的道路具备了安全上的充分保障和物质上的基本条件后，古代中亚的地缘形势发生了重大的变化。如果说张骞出使西域的意义在于中国与中亚地区之间交通上“凿空”的话，汉唐动用国家力量疏通了这条交通走廊的几支主要干线的作用，是完成了古代中国与中亚地区的规模化地缘连接。这就使中亚长年与周边发达文明地区相隔绝的状态被再一次打破，并开启了一个与强大政治、经济中心非破坏性互动的时期。尽管这种互动仍然是以中亚各民族处于被动地位开始的，但是随着这种互动带来的现实利益，中亚各民族的主动性很快成为建立和维持这条伟大交通走廊的强大动力之一。

当得知月氏贵族已经淡忘了当年匈奴人亡族灭祖的世仇、安居大夏之地不愿响应汉朝东西夹击匈奴的消息后，汉武帝采用了张骞的建议，决定与乌孙人结盟。这一次刘彻选择了“和亲”的策略，命江都王刘建的女儿细君公主“下嫁”乌孙首领昆莫。虽然细君公主并非皇室嫡亲，但为了汉朝天子的颜面和中央帝国的威严，西汉朝廷向西域派出了以张骞为首的空前庞大使团，携带厚重的嫁妆和礼品前往乌孙。据记载，“拜骞为中郎将，将三百人，马各二匹，牛羊以万数，济金币帛值数千百万，多持节副使，道可便使遣之他旁国”。[1] 这是由中国通往中亚地区空前的物流量，尽管属于国家行为，并没有直接流向古代中亚各城邦国家的民间，但是这种持续多年的“朝贡体系”外交行动，向中亚各民族揭示了一种不同的物质文明和生活方式，在这个长期闭塞地域空间上的游牧社会中引起了强烈反响。与以往的强大政治文化（如希腊马其顿、波斯帝国、匈奴汗国等）进入中亚不同，中国

① 司马迁：《史记·大宛传》，中华书局，1959 年 9 月版，第 3168 页。

封建王朝的势力范围扩张不仅仅是军事征服。中国政治哲学中的“霸道”与“王道”在“朝贡体系”中实现了完美的结合。这种构建中央王朝势力范围的特殊方式，与历史上曾经介入古代中亚社会政治和文化生活的方式有着极大的不同。因而，古代中亚各民族对来自东方汉唐政治、经济、文化影响的反应也与以往不同，这主要体现在：一是互动方式上的非对抗性，“和亲”也好，“岁贡”也好，彼此间主动地采取了相互都愿意接受的形式进行接触与交流，尽管在此期间也有“谋略外交”和震慑性军事行动，但彼此均未将对方设定为敌人；二是政治关系构建的非强制性，汉唐政府对西域民族政权的“册封”并不强求他们成为中原王朝政治体系的一部分，允许他们仍然保留着原有的权力结构和赋税制度，避免了强力“文明介入”的过程；三是文明互鉴的民间自发性，以国家政治和军事行为的力量疏通东西交通走廊，带动了中原与西域在明显的文明差异下实现民间交流，农业文明的物化形式成为游牧民族十分乐于获得和接受的内容，双向的文化互动丰富，甚至改变着古“西域”诸民族的社会生活方式。丝绸、茶叶、瓷器等中国农业标志性产品不仅承担了中原王朝与“西域”诸国建立“朝贡体系”关系的政治使命，而且渐渐进入古代“西域”诸民族社会生活之中，成为中亚作为世界文明交流中间地带的重要文化符号。

当以丝绸为主的中原物产作为奢侈品经过这条依靠举国体制构建成的通道进入欧洲上流社会，并产生数百倍甚至数千倍价值的时候，居住在古代中亚各绿洲上的一些刚刚脱离了传统游牧方式的农业城邦也发现了这一重大的商机。从各绿洲间的短途物资倒卖发展成东西交通走廊上的长途贩运，从单纯的货物贩运到逐步形成运输、客栈、货栈、补给等构成的繁忙商业交通体系，古代中亚各民族表现出了高度的文化热情和精明的商业秉赋，并为这条古老商路的形成和发展做出了重大贡献。当然，世界历史上的文化传播都不可能是单向的，古代中亚各民族丰富的物质文化和精神文化元素也顺着这条通畅的交通走廊进入了中国农业民族的社会生活中。胡椒、胡萝卜、胡豆、核桃（胡桃）、黄瓜（胡瓜）、芝麻（胡麻）、葡萄、波菜（波斯菜）、石榴等作物进入了中原农业物产之中，胡琴、洋琴、笛子、唢呐等中亚民族传统乐器也加入了中国民间音乐的行列。① 李希霍芬在 19 世纪考察这条古老商路时，他在中亚地区的考古发现中，强烈地感受到了这种以丝绸为代表的文化元素，使他以“丝绸之路”首次命名这条商路，并很快得到了全世界同行的一致认同。这一中西交通史和中亚学史上的重大事件，同样也是值得让当今中亚各民族自豪的原因。尽管中亚地区在这条全长达 7000 多公里的商路上只占据一部分，但它的核心位置和枢纽作用足以成为今天中亚各民族以“丝绸之路民族”自称的理由。

“丝路精神”的历史传承与文化创新

古代“丝绸之路”的繁荣，除了基于欧亚非地域间强烈的文化差异外，丝绸等特殊商品经过千万里流通产生的超值利润也是支撑这条商路存在了近千年的原因之一。汉唐中原王朝与“西域”及沿途各城邦国家在政治上建立的友好关系和以军事手段形成的安全保障，为延续这条商路的通畅提供了重要条件。汉代以后的南北朝时期和唐代以后的五代十国时期，中国北方割据政权林立，战乱攻伐不断，中原地区与“西域”的政治、经济联系受阻，“丝绸之路”因受到严重的冲击而萧条、中断。到 13 世纪

① 唐代笛子由中亚地区传入中国时称羌笛；今天中亚的乌兹别克族、塔吉克族的传统乐器中仍有一种形状、构造类似于唢呐的管乐器，称 Сурнай，应为传入中原前的原始形制和名称，流传至今未变。

时，蒙古汗国崛起，成吉思汗及其子孙发动多次对中亚的宏大西征行动，使这条古老的商道再次被疏通。出于保障西征行动胜利和蒙古汗国经济繁荣的需要，蒙古贵族同样重视这条商路的高效畅通。欧亚大部分地区被征服后，“丝绸之路”沿途各民族置于蒙古汗国的控制下，商路安全不仅有了保障，而且因各地政权割据而形成的众多关卡也被清除。将中亚大部、东欧部分地区纳入版图后，蒙古汗国为保障统治系统的有效运转和新建汗国物资、人员流向蒙古大帐，不仅鼓励东西贸易活动，而且建立了空前完备的驿站制度，使中断了数百年的“丝绸之路”又一次繁荣起来。当长春真人丘处机应召经撒马尔罕前往阿姆河附近成吉思汗的行营所在地时，沿路见到了“丝绸之路”上驼队、车队相接的盛况。[①]“丝绸之路”在蒙古汗国时期的复兴不仅是简单的恢复和巩固的过程，而且体现出了在东西商业交通和文化交流上更加丰富的多样性。

1260 年忽必烈即大汗位之后，用了近 20 年的时间统一了中国。同为成吉思汗的子孙，忽必烈与窝阔台汗国、察合台汗国、金帐汗国保持着密切的联系。元朝统治者在加强传统“丝绸之路”的安全和效率的同时，将蒙古汗国西征后掠夺的财富、技术、工匠大批遣送回中国内地，天文术、蒸馏制酒技术、玻璃制造技术等都在这时传入中国。另外，作为来自草原游牧贵族的蒙元统治者，深知中原农业文明区特有物产的意义。在蒙古汗国控制了漠南、中亚和东欧草原后，在军事和行政力量的推动下，中原的特产由阴山山脉向西，经阿尔泰山、额尔齐斯河、巴尔喀什湖，进入哈萨克草原，向北绕经咸海、里海抵达阿斯特拉罕，沿伏尔加河北上进入东欧草原。这条后来被称作“草原丝绸之路”的商道，以丝马贸易和茶马贸易为主，成为传统的“沙漠丝绸之

① 田卫疆：《丝绸之路与东察合台汗国史研究》，新疆人民出版社，1997 年版，第 137 页。

路”（又被称作“绿洲丝绸之路”）的重要补充。蒙古汗国称霸欧亚后对世界东西方文明交流的另一大贡献，是对起始于汉晋、繁荣于唐宋的“海上丝绸之路”的重大推动。因元朝疆域远至黑海、波斯湾地区，元代陆上“丝绸之路”路途虽然遥远，但沿途十分畅通。1279 年，元朝攻灭了南宋。强大的蒙古帝国将中国作为其中一个汗国统一起来，并实施政治和经济上的集权统治。这不仅意味着扩张中的蒙古贵族从此占有了中国丰富的社会资源，同时也意味着一个游牧帝国对中原农业文明的接纳。元朝兼并了南宋统治区域还有一层重要意义，就是接管了沿海诸港口城市，使拓展“海上丝绸之路”与陆上西征占领的欧亚濒海城市相连接成为可能。

蒙元帝国的统治者以草原民族的开放胸襟带来了“丝绸之路”的又一次繁荣，地跨欧亚大帝国容纳了多元文明的丰富文化内涵，使元朝的对外经济活动和文化活动达到中国历史上的新高峰。元代凭借强大的军事、政治力量不仅疏通和拓展了陆上“丝绸之路”，而且唐宋时期兴盛起来的“海上丝绸之路”也得到空前的发展。中国航海业在元朝时已经具有了很高水平，海上商业活动也十分活跃。据这一时期到过中国的著名摩洛哥旅行家伊本·巴都达（Ibn Battutah，亦被译为“伊本·巴都他”、“伊本·巴图塔”、“伊本·巴杜达”等）的游记记载，福建泉州已经成为世界上最大规模的商业码头，丝绸、瓷器等商品，各地商家开设的店铺，来自世界各国的商船云集泉州。伊本·巴都达在记述这些让他感到震撼的盛况同时，他还注意到了这样一个细节：他看到在中国丝绸已经成了普通人的衣料，如果没有商人将中国盛产的丝绸贩运出去，“丝绸在这里就一钱不值”。[①] 这个细节可能说明了两方面的问题：一方面是伊本·巴都达虽然在世界漂泊异乡 30

① ［摩］伊本·巴杜達（苑默文译）：《伊本·巴杜達遊記：給未來的心靈旅人》，台湾商务印书馆，2015 年 4 月版，第 216 页。

多年，是个见多识广、阅历丰富的旅行家。但是他在中国的行迹主要集中在沿海商业城市，广大农村他不仅没有涉足，而且作为一个虔诚的穆斯林，伊本·巴都达在他的游记中流露出了生活上的不适和文化上的抵触，[①] 所以他在中国的游历由于主客观因素影响并不是十分深入和广泛的。另一方面，是伊本·巴都达的观察确实反映了当时元朝社会兴起的与南亚、欧洲甚至非洲交通贩运的商业热。从汉代开始，儒学独尊的地位使中国士大夫阶层“重耕读”的风气成为社会中具有导向性的价值取向，以“天下熙熙皆为利来、天下攘攘皆为利往”为职业的商贾阶层被视为“末业”。而蒙古贵族入主中国后，以游牧民族的传统习俗和伦理观有力冲击了建立在农业文明基础上僵化、迂腐的中原封建文化传统，堪称一场古代中国社会受压抑的商业能量释放。

已经将势力范围确立在欧亚大陆上的蒙古帝国统治者们，对世界上这个最大陆地的地缘形势和各地特产也有了基本的了解。开放商业不仅能够给进入中国农业地区的蒙元王朝带来巨大的经济利益，而且在占领了中国南方后，将江浙、两湖地区的丝绸、瓷器、茶叶等丰富物资作为重要资源，用来与统治欧亚的其他蒙古汗国进行利益交换。在吸收了大量外来的文化元素的同时，也在扩大着蒙元王朝的影响。举国体制和国家垄断，无论是在海上，还是在陆地，都是元代“丝绸之路”通商的一大特点。元朝对外贸易实行的是“官船贸易”，以国家的名义与海外国家签订商约，然后发出商船按期将生丝、绸缎、瓷器、茶叶运到各国。元代中国与世界通商范围空前广泛，东面到达菲律宾及印尼各岛，西方可至印度的科泽科特、伊朗的霍尔木兹、伊拉克的巴士拉、也门的亚丁、沙特阿伯的麦加、埃及的杜米亚特，甚至抵达大西洋沿岸摩洛哥的丹吉尔，南方可远航至马里的摩加迪沙、坦

---

① 罗俊杰：“再现：《伊本·巴图塔游记》里的中国”，《安徽文学》，2009 年第 5 期，第 168 页。

桑尼亚的基尔瓦等地。元代在泉州、庆元（今天的宁波）、上海、澉浦、温州、广州、杭州设立了七处市舶司，管理着各地的对外贸易。

有研究者认为，航海技术的发展和海上经商能力的增强挑战了陆路“丝绸之路”的存在。也有更多的学者不同意这种观点，认为元代“海上丝绸之路”兴起的同时并没有影响“陆上丝绸之路”的存在与发展。元代“海上丝绸之路”的兴起完全是在当时科技水平提高和商运能力发展前提下的观念和方式创新。蒙古汗国广大的统治区域和通商范围内巨大的物流需求，已是传统的“陆上丝绸之路”远远不能满足的了。而且，蒙古贵族及欧亚各国消费水平的提升，仅仅靠质轻价高而畅行东西陆路交通干线上的丝绸及其产品来满足，已经不单单是数量上供不应求，品种上的单一也是传统“丝绸之路”受到挑战的重要原因。海上运输能力的提高和蒙古汗国征服地域的扩大，都为实现这种质和量上同时提升的需求提供了政治上和技术上的条件与可能。

但是，“海上丝绸之路”兴起并不意味着“陆上丝绸之路”的衰落。元代的“陆上丝绸之路”不仅没有因海路商贸业的活跃而被挤垮，反而因商品交流的需要而向北、向南拓展，形成了通向哈萨克草原、俄罗斯、东欧地区以茶马贸易为主的“草原丝绸之路”和通向阿富汗、印度、缅甸等地以玉石、宝石为主的“玉石丝绸之路”（亦称“南方丝绸之路”）。而且近期有学者认为，“陆上丝绸之路”的存在历史远比人们想像的时间要长得多。不仅没有在唐朝后的五代时期因缺少中央统一政权的保障能力和行政能力的鞭长莫及而中断，而且在明朝航海技术发达和地理发现后新海路开通后，也没有因此使“陆上丝绸之路”一蹶不振。[①]当海路商业活动兴起并对陆路构成挑战时，古代中亚各民族和各

① 荣新江、朱丽双：《从进贡到私易：10—11 世纪于阗玉的东渐敦煌与中原》，《敦煌研究》，2014 年第 3 期，第 193—199 页。

城邦国家仍然执着于东西交通的活跃与发展。因为，地处封闭“内亚”的居民与外部世界联系的冲动，不仅激励着古代中亚民族走出绿洲和戈壁，也诱使他们将外来丰富的文化内容吸收到本地文明之中。

中亚民族文化自觉与欧亚文明中枢的重建

由于蒙古游牧贵族特有的国家观和地域观，蒙古帝国的统治者们并没有建立起联系紧密、系统完善的中央集权体系。在蒙古帝国统治过的辽阔疆域上，最终并没有形成统一的行政管理区域。但恰恰是在这样一种相对松散的政治、经济联系的地缘政治条件下，蒙古汗国征服和统治中亚的历史却成就了“丝绸之路”在这个欧亚内陆地区的再次繁荣。部分中亚史学家认为，这与蒙古贵族对草原大漠游牧经济以外物产的需求有关。在蒙古汗国对中亚和东欧发动军事征伐之前，成吉思汗就曾多次了解到这样一种情形：经过中亚地区通往欧洲和西亚的“丝绸之路”沿途各城邦国家设立关卡盘剥过往商人。而且途中险要地段常有盗寇作乱，商队人员和货物的安全没有保障。13 世纪初，统一了蒙古诸部的成吉思汗派出 450 人和 500 头骆驼组成的庞大使团前往花剌子模，向花剌子模苏丹木哈马特示好。因为此前不久，木哈马特曾表示愿与蒙古人联合起来对付占据东喀喇汗王朝都城喀什噶尔的乃蛮王子屈出律（屈出律于 1211 年篡夺了西辽王朝的汗位）。在使团到达花剌子模的边城讹答剌时，守城的花剌子模军人亦难赤把大部分使者杀掉，将货物全部吞没。消息传到蒙古大帐后，此前在与木哈马特往来书信中还被称作“儿子”的成吉思汗震怒，开始了大规模的西征。① 作为这次宏大军事征服的副产品，蒙古帝国清除了此前在“丝绸之路”上的无数关卡和支撑它们的地方割据政权。蒙古人对中亚各城邦国家的军事征服给这里的各民族带来了毁灭性的灾难，屠杀顽强抵抗的城镇、平毁古老的城池，后来的学者和文人们对这些史实都曾经给予了公允的评价和批判。但是在今天的中亚地区却有一个极有意思的现象：无论是在学术著作中还是在文学作品里，中亚各民族对这一段历史的记述让人几乎感觉不到仇恨的感情成分。而且在与他们谈起这段久远的往事时，却似乎可以看出他们对这段历史自然而然流露出的几分自豪。其实这并不是不合乎逻辑的，蒙古汗国在构建它的庞大军事强权过程中将交通建设放在首要地位上。蒙元时代的“丝绸之路”甚至比历代更通畅一些，这在成吉思汗下决心惩戒花剌子模苏丹时就注定了未来帝国的统治特征。蒙古汗国强大军事政治力量覆盖了中亚各民族传统的领地，与外界交往的加强给中亚各民族带来了丰富的文化元素。这些元素在中亚各民族形成的过程中产生了至关重要的历史影响，对哈萨克、乌兹别克、吉尔吉斯等近代民族的最终形成起到了文化凝聚作用。

成吉思汗分封给次子的察合台汗国，将中亚统一成同一个文化区。察合台汗国的统治者在用阿拉伯字母书写的蒙古文基础上创立了察合台文，成为了当时和后来在蒙古诸汗国中颇具影响力的文化工程。如此跨度的文化对接和融合的实现，除了有赖于地域广大的权力体系外，东西方交通走廊的空前通达也是一个重要条件。英国著名考古学家马尔克·奥莱尔·斯坦因（Marc Aurel Stein）在20世纪初为英国皇家地理学会作报告时曾感慨道，“13世纪初期，蒙古成吉思汗崛起，使亚洲政治发生绝大变化”。“蒙古政策，公然鼓励东西交通，因此遂开东西方在商业上、艺术

① ［苏］维·维·巴尔托里德：《中亚简史》，耿世民译，新疆人民出版社，1980年6月版，第38—41页。

上、知识上自由交流的新纪元，实是世界上前所不知的”。[①] 他认为，蒙古帝国统治中亚时，对“丝绸之路”的管理和维护达到了历史上最好的水平。蒙古贵族不仅重视从遥远的阿拉伯半岛和欧洲运输不同物产，而且对差异极大的文化也报以开放的态度。来自阿拉伯的伊斯兰教僧侣不仅成为察合台汗国的座上宾，而且以“国师”的身份策划了这个汗国的文字改革。元朝建立后，蒙古人在中国各地派驻的行政官吏中有许多是来自阿拉伯和欧洲的“色目人”。可以想像这时的“丝绸之路”，它所承载的丰富内容已经远远不仅仅是单一的商业通道所能胜任的了。

察合台汗国衰落后，帖木儿帝国由中亚兴起。虽然关于帖木儿的身世至今仍有分歧：俄罗斯史学家认为他是“突厥化”了的巴鲁剌思部（蒙古一古老部落）蒙古人，祖上是察合台汗国的高层官吏；[②] 而今天的乌兹别克斯坦学者则坚持他是本土的突厥人，因此也就是现在乌兹别克人的祖先，只是为了扩大自己的影响和实力，娶了东察合台汗的女儿、艾米尔胡赛因的寡妻。[③] 不论帖木儿是蒙古人（或是有着蒙古人血统），还是为了依靠“黄金家族”在察合台汗国权力竞争中快速崛起，他出生在撒马尔罕附近的沙赫里萨巴兹（Шахрисабз，中文史籍中称“碣石”）却是无可争议的事实，而且他以撒马尔罕为中心东征西讨、建立强大帝国却是在世界史学界得到普遍认同的事实。14、15 世纪在中亚出现的帖木儿帝国对欧亚非大陆的政治格局产生了深刻的影响，也成为当时世界文化交汇和聚集的中心。尽管这种交汇的方式主要是以武力征伐和野蛮掠夺为主的，而且伴随着对世界各大文化中心的严重破坏，但在客观上却起到了推动东西方文明互动的作

① ［英］马尔克·奥莱尔·斯坦因：“亚洲腹地”，孙守先译，魏长洪、何汉民主编：《外国探险家西域游记》，新疆美术摄影出版社，1994 年 9 月版，第 181 页。

② ［苏］维·维·巴尔托里德：《中亚简史》，耿世民译，新疆人民出版社，1980 年 6 月版，第 63 页。

③ Амир Тимур，http：//uzb. ucoz. ru/index/amir_ temur/0 – 30.

用。虽然这种方式与“丝绸之路”存在和繁荣的意义不可同日而语，但帖木儿帝国在强盛时期对东西商路的保护曾与蒙古帝国时一样下了相当大的精力和功夫。帖木儿在攻占大马士革、开罗、巴格达等当时已经很发达的城市时，将这些城市的文化精华掠回中亚，其中包括各种书籍和学者、工匠，在帝都撒马尔罕和他的家乡沙赫里萨巴兹建立起豪华的宫殿和宗教学校，尽管按照后来研究者的说法，帖木儿除了善于作战外甚至连字都不识。在帖木儿的孙子乌鲁格别克（Улугбек，亦译为“兀鲁伯”）继承了帖木儿帝国的统治后，这位被后人称作“学者帝王”的君主将他的主要精力放在了学术研究上。这与他的祖父仅仅附庸风雅和贪婪各地文化精品不一样，让乌鲁格别克着迷的是真正意义上的文化。他利用了帖木儿开拓的空间和丰富资源，将各地天文学、数学、绘画艺术方面的学者网罗到撒马尔罕，将撒马尔罕建成了当时世界上东西方闻名的文化之都。在乌鲁格别克当政的40多年中，他致力于帖木儿帝国科学文化发展也是有着重要的国家政治目标的，那就是努力扭转他的前任沙赫鲁赫统治时期的伊斯兰教国家化、政治化的倾向。著名的撒马尔罕天文台，完成了在当时世界上处于领先地位的研究成果；列吉斯坦神学院成为传授自然科学的讲坛；撒马尔罕的城市规模在乌鲁格别克时期有规划地扩大。来自阿拉伯、波斯、印度和中国的工匠和艺人云集撒马尔罕，同时又从撒马尔罕派往帝国的其他地方。①

帖木儿帝国保持了蒙古汗国统治中亚时期的传统，对通往西亚、阿拉伯半岛、东欧、印度的交通路线实施有效控制，保障“丝绸之路”上的大小驿站正常运转仍是各地方官员的职责之一。帖木儿帝国对这条四通八达交通走廊的重视与维护，让世界各地前往帝国中心的学者与商人一同在“丝绸之路”上结伴而行，为

① ［苏］维·维·巴尔托里德：《中亚简史》，耿世民译，新疆人民出版社，1980年6月版，第70页。

自己成为当时欧亚大陆的文化中心发挥了关键作用。即使是在帖木儿刚刚建立帝国并急于向四方发兵扩大战果时，这位试图取代察合台蒙古王族的年轻人（帖木儿推翻西察合台汗胡赛因建立自己的帝国时才 33 岁）也十分重视对这条传统商路的保护，尤其是“丝绸之路”通往中原的东段部分。首先，他集中兵力向盘踞在蒙兀尔斯坦阿力麻里（今天新疆伊犁霍城）的察合台后汗秃黑鲁帖木儿发动攻势，打算在第一时间消灭察合台汗国的最后一任统治者。即使是在这样重大的政治、军事任务之下，帖木儿也没有忽略疏通和维护“丝绸之路”的战略意义。据俄罗斯学者巴尔托里德的研究观察，“当时，在中亚和中国之间存在着活跃的商队贸易”，“尽管在混乱时期，同东方的贸易关系也是没有断绝的”。[①] 帖木儿将“丝绸之路”东段投入力量保护和经营起来，不仅仅是出于商业的考虑。在向伊朗、印度、土耳其几个方向用兵的同时，帖木儿选择了与明朝建立友好关系的外交策略。14 世纪末，正在伊朗西部、伊拉克、阿塞拜疆等地作战的帖木儿，几乎年年向中国派出使臣，携带大量礼品晋见明朝皇帝朱元璋。虽然是出于战略平衡和政治结盟的需求，但这样的频繁往来对此时中亚与中国之间的文化交流起到了重要的推动作用。1388 年，帖木儿派出使臣马沙亦黑马哈麻、温尔里赴南京谒见明太祖朱元璋。恰在明朝建立之初，明将徐达进入元大都（北京）后得到一批阿拉伯文的书籍，因无人能读懂这些书的内容，朱元璋就将这批书籍收藏起来。当帖木儿帝国的使者来到后，朱元璋就把这些书拿出来请他们解读。“释之数月，所译之理，知上下，察幽微。其测天之理，甚是精详”。于是，大喜过望的朱元璋就将这两位使臣留在了南京，任马沙亦黑马哈麻为翰林院编修（正七品），温

① ［苏］维·维·巴尔托里德：《巴尔托里德文集》，莫斯科东方文献出版社，1968 年版，第二卷第一分册，第 84 页；第二分册，第 67 页。

尔里为钦天监副监（正六品）。[①] 数月后经帖木儿同意，马沙亦黑马哈麻、温尔里二人就正式成为明朝的官员定居南京，并娶妻生子，世世代代生活在中国。[②] 据中文史料记载，类似马沙亦黑马哈麻、温尔里的经历留在中国的中亚人在明朝并不少见。他们的职业涉及得也非常广泛，有官员、学者、艺术家，也有军人、工匠等。[③] 虽然当帖木儿帝国在征服伊朗、伊拉克、印度、金帐汗国的战争取得胜利后，他也开始策划对明朝的军事行动，但整个帖木儿帝国时期中亚与中国的经济往来和文化交流应是主要趋势。在持续了数百年的和平交往中，由中亚地区经"丝绸之路"传入中原的大量文化元素，逐渐融入到中国的各民族文化发展之中。促成这种文化交流格局的原因：一是中原地区在元末的长年战乱后不仅亟需休养生息的和平年代，也需要汲取大量的文化营养；二是中亚地区在蒙古察合台汗国统治结束后，帖木儿帝国的崛起带来了经济和文化的繁荣期，形成了以撒马尔罕为中心的政治和文化中心；三是明朝和帖木儿帝国都十分重视彼此间的商业和文化交往，均付出了相当的成本维护"丝绸之路"的畅通和安全，使这条东西商业走廊突出地担负起了中亚和中国文化交流的使命。

中亚帖木儿帝国自14世纪下半叶兴起后的130多年中，不仅成为了欧亚地区在政治、经济、军事等主要领域中产生强大影响力的王朝，也形成了一个向周边大陆广泛辐射的次区域文明中心。在这一时期中，中亚游牧文化与蒙古游牧文化紧密融合，吸收阿拉伯、波斯、印度文化，形成了近代中亚文化的雏形。在文

① 《明实录·太祖实录》，洪武二十五年十一月。

② 温尔尼定居南京后，渐渐衍生出庞大温氏家族。后温氏家族的一个分支定居重庆，成为清朝和民国时期当地著名世族。曾任新疆大学党委书记的温厚华即出身于这一家族，1984年新疆大学中亚文化研究所成立时，他向该所资料室捐赠了《金陵温氏家谱》。

③ 冯锡时："由《金陵温氏家谱》看明初帖木儿帝国与明的友好交往"，《民族研究》，1990年第5期，第58页。

学、诗歌、绘画、建筑、史学、天文学、语言学等方面，都出现了与强大的帖木儿帝国相匹配的伟大建树。著名的诗人哈菲兹、贾米、纳瓦伊，著名的乌鲁格别克天文台和《乌鲁格别克天文表》，著名的列吉斯坦神学院、比比汗努姆清真寺、古尔·艾米尔陵墓等恢宏建筑，著名的哈菲兹·拉卜鲁《历史精华》、阿卜杜·拉扎克《沙哈鲁史》等史学作品，均在各自的领域中达到当时最高水平。而且在许多学术领域中形成了著名的“撒马尔罕流派”，在欧亚地区文明发展史上占据不可替代的地位。16 世纪初，当乌兹别克汗国兴起导致帖木儿帝国解体时，在这个曾经强盛的帝国废墟上发生了重要的地缘政治变化。这一重大变化的几个标志性事件有：第一，小亚细亚失去帖木儿帝国强权的控制，土耳其民族主义势力迅速膨胀，最终使奥斯曼帝国兴起；第二，乌兹别克汗国和哈萨克汗国出现，并在这两个民族权力中心的凝聚下形成了早期乌兹别克民族和哈萨克民族；第三，原游牧于蒙兀尔汗国旧地的西部蒙古（卫拉特蒙古）失去制约很快强大起来，并分成准噶尔、和硕特、杜尔伯特、吐尔扈特四部，尤其是准噶尔部的势力快速发展起来。这些显著的变化奠定了沙俄入侵中亚前的中亚地缘政治格局，也决定了近代中亚民族文化分布的基本大势。这完全可以从另外一个角度说明帖木儿帝国时期的文化繁盛对近代中亚民族形成和发展的重要影响，而这一民族文化分布的趋势和分野却又与“丝绸之路”的几条主干线连接的文化区域相吻合。一个强大权力中心的形成和影响开启了近代中亚地区民族分布的格局，从而也奠定了此后地缘政治构建的文化前提。在这一过程中，对欧亚商业交通和文化融合起了突出促进作用的“丝绸之路”功不可没。

从“经济共同体”“安全共同体”到“命运共同体”

2013 年 9 月，中国国家主席习近平在访问哈萨克斯坦时，在哈萨克斯坦纳扎尔巴耶夫大学发表题为《弘扬人民友谊，共创美好未来》的演讲。在这次演讲中，习近平提出了创新合作模式、共同构建“丝绸之路经济带”的倡议。这一倡议在中亚地区引起强烈反响，各国政府、智库、学者纷纷发表见解。同时，中国国内政府各部门、各科研院所、各高校也掀起了一股研究“丝绸之路”和“丝绸之路经济带”的热潮。应该承认的是，这一重大战略性倡议的出台有别于了我国传统的外交决策和政策宣示的方式，体现了新一代中国领导人外交风格的与众不同。另一方面，也引起了中国学术研究相关领域的空前活跃——在没有既定概念框架和政策原则事先规定的情境下，中国学术界和政策研究界出现了空前主动精神，大家根据各自的理解踊跃地诠释着“丝绸之路经济带”这个概念的内涵和外延。有的学者从“丝绸之路经济带”的战略内涵、政策定位和实现路径阐述自己的理解，[①] 有的官员从中国经济走出去的角度理解“丝绸之路经济带”的经济发展意义，[②] 还有一些地方政府主动将本地区命名为“丝绸之路经济带”的“黄金地段”、“核心区”、“桥头堡”、“战略支点”等特殊的功能区。[③] 同时，以“丝绸之路经济带”冠名的研究院所、商业开发实体、政府协调部门也如雨后春笋一样在全国各地

① 胡鞍钢、马伟、鄢一龙：“‘丝绸之路经济带’：战略内涵、定位和实现路径”，《新疆师范大学学报》（哲学社会科学版），2014 年第 4 期，第 1 页。

② 中国网：“陈克恭代表：丝绸之路经济带非西部大开发升级版”，中国网，中国新闻，2014 年 3 月 6 日，http：//news. china. com. cn/txt/2014 – 03/06/content_ 31696949. htm。

③ “甘肃：向西开放 建设丝绸之路经济带黄金段”，人民网 – 《人民日报》，2014 年 5 月 28 日，http：//gs. people. com. cn/n/2014/0528/c358184 – 21300005. html。

出现。

其实，自冷战结束前后，希望借助于古代“丝绸之路”历史文化资源推动中亚地区（或可表述为欧亚大陆内陆地区）地缘文化、地缘经济乃至地缘政治格局发生改变的尝试几乎没有中断过。早在1988年，联合国教科文组织曾宣布启动为期10年的“综合研究丝绸之路——对话之路”项目，旨在促进东西方之间的文化交流，改善欧亚大陆各国人民之间的关系。联合国教科文组织在乌兹别克斯坦首都塔什干设立了项目总部，围绕“丝绸之路”问题举办各类活动，诸如科学考察、国际学术研讨会、有关文物展览会、“丝绸之路”旅游推介会等，中国社会科学院俄罗斯东欧中亚研究所、考古研究所曾代表中方参加活动。2004年，日本政府提出将中亚五国及外高加索三国定为“丝绸之路地区”，并将这两个区域置于日本新外交战略的重要地位。根据“丝绸之路外交”的构想，日本将从地缘政治考虑着眼，谋求在中亚和外高加索这两个冷战后出现的重要战略区域站住脚，企图通过施加文化影响和经济渗透来争取这两个地区能源开发及国际贸易的主导权。2008年，联合国开发计划署再次发起“丝绸之路复兴计划”，拟于2008—2014年期间，完成改善古“丝绸之路”上欧亚大陆通道的公路、铁路、港口、通关等基础设施项目230个，总投资额430亿美元，有俄罗斯、伊朗、土耳其、中国等19国参加，计划建成中国至欧洲、俄罗斯至南亚，以及中东铁路和公路等6条运输走廊。2011年，美国约翰·霍普金斯大学中亚高加索研究所所长弗雷德里克·斯塔尔继2005年提出“大中亚伙伴计划”后，趁奥巴马希望在任期内结束阿富汗战争，又提出了“新丝绸之路战略”的构想。这一构想的核心是，以阿富汗为中心，连接中亚、南亚，建立一个区域性地缘政治、经济结构。“新丝绸之路战略”计划建设既包括贸易自由化、减少贸易壁垒、完善管理制度、简化过境程序、加快通关速度、克服官僚作风、消除贪污腐败、改善投资环境等制度性项目，也包括修建连接中亚、阿富汗和南亚的铁路、公路、电网、油气管道等基础设施。2011年，伊朗宣称开始启动将伊朗铁路线通过阿富汗、塔吉克斯坦和吉尔吉斯斯坦三国同中国铁路线连通的计划。这条铁路线被外界称为“铁道丝绸之路”，或“丝绸铁路”。2012 年，哈萨克斯坦总统纳扎尔巴耶夫在外国投资者理事会第25 次全体会议上宣布开始实施“新丝绸之路”项目，提出哈萨克斯坦应恢复自己的历史地位，成为中亚地区最大的物流过境中心，联通欧亚两大洲的重要桥梁，并计划在哈萨克斯坦主要的运输走廊上建立起具有世界水平的贸易物流、金融商务、工艺创新和旅游中心。①

综合观察上述这些项目和计划，基本都具有这样几个共同特征：第一，都借用了古代“丝绸之路”的名义，体现了对这条沟通东西方文明和联通欧亚非之间历史交通走廊的文化认同，尤其针对冷战结束前后的中亚地区，强调了对话、交流、合作等积极意义的主题；第二，均高度重视中亚地区处于欧亚非三个大陆板块之间地理优势，试图推动中亚、南亚以及更广泛地域间的经济、文化联系，改变中亚地区历史上形成的闭塞、单一的地缘格局；第三，多数以改善公路、铁路、桥梁等交通基础设施为切入点，进而促进运输、贸易、金融、旅游等行业在中亚地区产生效益，并逐步影响流通中的程序、规则、制度乃至投资环境的变化。这一共性的设计可以视为中亚地区特定地缘条件下的选择，然而这些不同的方案却都隐喻着各自不言而喻的政策目标。

即便不算中亚各国独立前联合国教科文组织推动的文化项目，从日本开始所谓“丝绸之路外交”至今也已经 20 多年过去了。无论是日本还是美国，经济实力不可谓不雄厚，但在中亚地区的推动效果和产生的影响与预期目标相去甚远。制约这一类计

---

① 李建民：“‘丝路精神’下的区域合作创新模式”，《人民论坛·学术前沿》，2013 年 12 月（上）。

划实现的原因是复杂的，有来自地区之外的大国战略博弈的因素（如俄罗斯、印度、伊朗等），也有周边地区安全威胁外溢的因素（如阿富汗、巴基斯坦等），但最重要的还是地区内的因素。刚刚获得独立不久的中亚各国最担心的是主权受到外来威胁和国内社会稳定遭到冲击，在欢迎外来经济援助项目和各类投资的同时，十分敏感地对这些外援项目背后的政治意图和附带条件保持着高度警惕，尽管这些项目均被冠以了“丝绸之路”的名义。尤其当某些计划带有着针对第三国的明确战略博弈意图时，这就使谨慎奉行平衡外交的中亚国家在难以接受的同时又心生反感了。①

中国领导人提出构建“丝绸之路经济带”在形式上和基本路径上与中亚地区历次出现的以“丝绸之路”为主题的项目和计划相似，例如也使用了“丝绸之路”这个古代东西交通的历史概念，并且提出了“政策沟通”、“道路联通”、“贸易畅通”、“货币流通”、“民心相通”这五个领域形成区域交通合作的具体建议。② 有学者侧重于中国国内经济发展和改革深入的角度解读习近平主席构建“丝绸之路经济带”的倡议，认为这是中国“集向西开放和西部开发为一体的政策综合版”，是通过“从消极性战略防御到主动性战略进取”、“从单一性边疆安全到多维度全面合作”、“从内政外交相分离到内政外交一体化”，解决中国经济安全、地区稳定、区域发展的“国家安全战略和经济战略的当代升级版”。③ 这一看法基于中国国内经济发展和经济安全的需求，强调了构建“丝绸之路经济带”倡议作为国家发展战略的内生性特

① 韩隽、郭沅鑫：“‘新丝绸之路愿景’——‘大中亚计划’的2011版?”，《新疆大学学报（哲学、人文社会科学版）》，2012年9月版，第95页。

② 新华社：“在哈萨克斯坦纳扎尔巴耶夫大学发表重要演讲：习近平倡议共建‘丝绸之路经济带’”，新华社每日电讯，2013年09月08日，http：//news. xinhuanet. com/mrdx/2013－09/08/c_ 132701675. htm。

③ 胡鞍钢、马伟、鄢一龙：“‘丝绸之路经济带’：战略内涵、定位和实现路径”，《新疆师范大学学报》（哲学社会科学版），2014年第4期，第4—5页。

征。其实，“丝绸之路经济带”倡议更具深意的内涵，在于对“命运共同体”理念在当今世界上的丰富和实践。

2013 年 3 月，习近平在莫斯科国际关系学院发表题为《顺应时代前进潮流，促进世界和平发展》的演讲。在这次演讲中他指出，“这个世界，各国相互联系、相互依存的程度空前加深，人类生活在同一个地球村里，生活在历史和现实交汇的同一个时空里，越来越成为你中有我、我中有你的命运共同体。”① 这是中国领导人第一次提出“命运共同体”这个理念，这一对中国新时期外交核心思想的诠释引起了国际社会的关注。此后的两年中，习近平又在不同的场合继续强调和进一步系统阐述了关于命运共同体理念的基本内涵：2013 年 10 月，在印尼国会发表题为《携手建设中国—东盟命运共同体》的演讲时，提出携手建设中国—东盟命运共同体的战略构想，建议双方共建 21 世纪“海上丝绸之路”；② 同月，在中国共产党中央周边外交工作座谈会上，提出“把中国梦同周边各国人民过上美好生活的愿望、同地区发展前景对接起来，让命运共同体意识在周边国家落地生根”的指导性工作思路；③ 4 年 3 月，习近平在联合国教科文组织总部发表的演讲中，认为当今“人类生活在不同文化、种族、肤色、宗教和不同社会制度所组成的世界里，各国人民形成了你中有我、我中有你的命运共同体”；④ 2014 年 6 月，在中国—阿拉伯国家合作论坛第六届部长级会议开幕式上的讲话中，提出“坚持共商、共建、

---

① 习近平：“顺应时代前进潮流促进世界和平发展”，2013 年 3 月 24 日，在莫斯科国际关系学院的演讲。中国网新闻中心，http：//www. china. com. cn/news/txt/2013 - 03/24/content_ 28342193. htm。

② 习近平：“携手建设中国—东盟命运共同体”，人民网，2013 年 10 月 4 日，http：//finance. people. com. cn/n/2013/1004/c1004 - 23103077. html。

③ 习近平在周边外交工作座谈会上发表重要讲话，中国网新闻中心，2013 年 10 月 25 日，http：//www. china. com. cn/news/2013 - 10/25/content_ 30407793. htm。

④ 习近平：“在联合国教科文组织总部的演讲（全文）”，中国网新闻中心，2014 年 3 月 28 日，http：//www. china. com. cn/news/world/2014 - 03/28/content_ 31926955. htm。

共享原则”，“打造中阿利益共同体和命运共同体”倡议；[①] 2014年11月，在二十国集团领导人第九次峰会第一阶段会议上的发言中指出，“二十国集团成员要树立利益共同体和命运共同体意识，坚持做好朋友、好伙伴，积极协调宏观经济政策，努力形成各国增长相互促进、相得益彰的合作共赢格局”；[②] 2015年1月，在中国—拉丁美洲共同体论坛首届部长级会议开幕式的致辞中再次提到，“中拉双方对互为发展机遇共识更加清晰，对构建中拉命运共同体愿望更加强烈”；[③] 2015年3月，在博鳌亚洲论坛2015年年会上的主旨演讲中又指出，“亚洲要迈向命运共同体、开创亚洲新未来，必须在世界前进的步伐中前进、在世界发展的潮流中发展”；[④] 同年4月，在巴基斯坦议会发表的题为《构建中巴命运共同体，开辟合作共赢新征程》的演讲中，认为中巴“比以往任何时候都更需要紧密携手合作，发挥两国传统友好优势、地缘毗邻优势、经济互补优势，共享机遇，共迎挑战，共谋发展，不断充实中巴命运共同体的内涵，更好造福两国人民，促进地区稳定和繁荣、为打造亚洲命运共同体发挥示范作用”；[⑤] 同月，在亚非领导人会议上的讲话继续强调，“要大力弘扬万隆精神，不断赋

① 习近平：“弘扬丝路精神，深化中阿合作——在中阿合作论坛第六届部长级会议开幕式上的讲话”，《人民日报》，2014年6月6日，http：//paper. people. com. cn/rmrb/html/2014-06/06/nw. D110000renmrb_ 20140606_ 1-02. htm。

② 习近平：“创新增长路径，共享发展成果——在二十国集团领导人第十次峰会第一阶段会议上关于世界经济形势的发言”，新华网，2014年11月16日，http：//news. xinhuanet. com/world/2015-11/16/c_ 1117147101. htm。

③ 习近平：“共同谱写中拉全面合作伙伴关系新篇章——在中国—拉共体论坛首届部长级会议开幕式上的致辞”，《人民日报》，2015年1月8日，http：//paper. people. com. cn/rmrb/html/2015-01/09/nw. D110000renmrb_ 20150109_ 1-02. htm。

④ 习近平：“迈向命运共同体，开创亚洲新未来——在博鳌亚洲论坛2015年年会上的主旨演讲”，中华人民共和国政府网，2015年3月29日，http：//www. gov. cn/xinwen/2015-03/29/content_ 2839796. htm。

⑤ 习近平：“构建中巴命运共同体，开辟合作共赢新征程——在巴基斯坦议会的演讲”，中华人民共和国外交部，2015年4月21日，http：//www. fmprc. gov. cn/web/gjhdq_ 676201/gj_ 676203/yz_ 676205/1206_ 676308/1209_ 676318/t1256641. shtml。

予其新的时代内涵，推动构建以合作共赢为核心的新型国际关系，推动国际秩序和国际体系朝着更加公正合理的方向发展，推动建设人类命运共同体，更好造福亚非人民及其他地区人民”。[①]有国内媒体做了初步统计，在2013年到2015年的两年多时间里，习近平主席在国内、国际的不同场合多次提到了“命运共同体”的主张，频率高达60多次。[②] 从国与国之间的命运共同体，区域内命运共同体，到人类命运共同体，新世纪中国外交指导思想的内涵被精辟提炼出来。

建立命运共同体的外交理念，是将2002年在中国共产党第十六次代表大会上首次提出“与邻居为善、以邻居为伴”思想的理论化、系统化，是中国周边外交指导方针向新世纪中国外交思想的重要升华。这种将与周边国家和地区建立良性关系作为自身安全与发展重要条件的思路，经历了冷战结束后中国外交实践的检验和丰富。2003年10月，时任中国国务院总理温家宝在参加东盟与中日韩（10+3）领导人会议期间，向亚洲邻国全面介绍了中国致力于“睦邻、安邻、富邻”的周边外交政策，对“与邻为善、以邻为伴”思想进行了具体阐述。中国领导人向亚洲邻国和世界宣示了这样的重要原理：中国的发展同亚洲的振兴与和平是分不开的。也是在这次会议的讲话中，温家宝首次提出了将东盟建成“经济共同体”和“安全共同体”的倡议。[③] 2013年10月，习近平主席在中央周边外交工作座谈会上发表的讲话中强调，“我国周边外交的基本方针就是坚持与邻为善、以邻为伴，坚持

① 习近平：“弘扬万隆精神，推进合作共赢——在亚非领导人会议上的讲话”，中国网新闻中心，2015年4月22日，http://www.china.com.cn/news/2015-04/23/content_35394906.htm。

② “习近平频提命运共同体，提交思考未来‘中国方略’”，中国共产党新闻，2015年5月19日，http://www.china.com.cn/guoqing/2015-05/19/content_35602687_2.htm

③ 温家宝：“共同谱写东亚合作的新篇章——温家宝总理在第七次东盟与中日韩领导人会议上的讲话”，2003年10月7日，中华人民共和国外交部网，http://www.fmprc.gov.cn/web/gjhdq_676201/gjhdqzz_681964/lhg_682542/zyjh_682552/t27172.shtml。

睦邻、安邻、富邻，突出体现亲、诚、惠、容的理念”，对中国改革开放以来逐渐形成的周边外交思想进一步予以完善。习近平还强调，“本着互惠互利的原则同周边国家开展合作，把双方利益融合提升到更高水平，让周边国家得益于我国发展，使我国也从周边国家共同发展中获得裨益和助力。要倡导包容的思想，以更加开放的胸襟和更加积极的态度促进地区合作”。[①] 基于对这种由经济共同体、安全共同体深化为命运共同体的认识，也就不难理解构建连接欧亚非广大地区的“丝绸之路经济带”倡议的特定内涵与时代意义了。

由“丝绸之路”复兴看中亚民族的复兴

尽管国内外对“丝绸之路经济带”倡议出现了各种各样的解读，尽管中亚国家一些学者仍然对中国政府的真实意图有着这样那样的猜测，但毋庸置疑的是，“丝绸之路”在新的世纪里以新的方式复兴，将为处在民族国家发展关键期的中亚各国提供一个重要机遇。看好这一点的不仅是中亚各国领导人，也有越来越多的学者和官员。

哈萨克斯坦是中国在中亚最大的邻国，有着 1533 公里的漫长边境，而且在独立后已经建成全中亚与中国最通畅、最完备的经贸基础设施。2013 年 9 月，习近平主席特意选择在哈萨克斯坦纳扎尔巴耶夫大学演讲时提出构建“丝绸之路经济带”的构想和倡议，这本身已经说明了这个国家在未来“丝绸之路经济带”建设中的重要地位。2014 年 5 月，哈萨克斯坦总统纳扎尔巴耶夫在中国访问期间，与中国国家主席共同签署联合宣言，表示哈萨克斯

① “习近平在周边外交工作座谈会上发表重要讲话”，中国网新闻中心，2013 年 10 月 25 日，http：//www. china. com. cn/news/2013 - 10/25/content_ 30407793. htm。

坦方面将积极参与“丝绸之路经济带”范围内的经贸、运输、投资、金融和文化项目。[①] 同年 11 月，哈萨克斯坦总统纳扎尔巴耶夫提出了“光明之路”新经济政策，致力于推动国内基础设施建设，主要涉及交通、工业、能源、社会和文化等领域，并准备在 2015 年到 2017 年期间投资 90 亿美元用于这一计划的实施，打破中亚地区经济发展环境闭塞的困境，从基础设施入手建立与世界经济通畅的联系。哈萨克斯坦作为一个中亚大国的重要选择，从地区层面印证了中国领导人提出“丝绸之路经济带”倡议的现实需要和长远意义，双方在发展思路上不谋而合。2015 年 4 月，新任哈萨克斯坦驻中国大使努雷舍夫在北京举行的记者见面会上表示，哈萨克斯坦方面提出的“光明之路”经济发展政策与中国政府倡议的“丝绸之路经济带”建设非常契合，而且互补性很强，哈中双方应加强合作，实现共同目标。努雷舍夫大使高度评价中方发起成立的亚洲投资银行和“丝绸之路基金”，并呼吁两国有关部门为顺利实施这两项计划加强合作，通过合作完善基础设施，实现共同的发展目标。[②] 同年 5 月，各国领导人齐聚莫斯科参加反法西斯战争胜利 70 周年庆典时，纳扎尔巴耶夫总统向习近平主席明确表示，哈萨克斯坦方面支持习主席提出的建设亚洲命运共同体主张，认为这既符合时代潮流，也符合本地区国家利益；哈萨克斯坦支持中国方面提出的建设“丝绸之路经济带”倡议，而且愿意成为“丝绸之路经济带”建设的重要伙伴，并将做好“丝绸之路经济带”建设与“光明之路”经济发展战略的对

① “中哈签署联合宣言和一系列合作协议”，中华人民共和国驻哈萨克斯坦共和国大使馆经济商务参赞处网站，2014 年 4 月 23 日，http：//kz. mofcom. gov. cn/article/jmxw/201405/20140500598519. shtml。

② “哈萨克斯坦驻华大使：‘光明之路’计划与丝绸之路经济带建设契合互补”，新华社，2015 年 4 月 16 日，http：//news. xinhuanet. com/world/2015 －04/16/c_ 1114996805. htm。

接。[1] 同月，在阿斯塔纳经济论坛上，纳扎尔巴耶夫总统提议建立连接亚洲和欧洲的“欧亚洲际走廊”，并特意强调，“中国领导人在阿斯塔纳首次提出的‘丝绸之路经济带’的倡议具有特别重大的意义。我们率先支持这一倡议并做出自己的贡献……，我们的第一个项目是‘欧洲西部—中国西部’公路哈萨克斯坦段建设项目，公路全长8000公里，其中3000公里贯穿哈萨克斯坦，这条公路将不仅连接中国和哈萨克斯坦、俄罗斯和欧洲，中亚国家也可以使用。”[2] 同年9月，中国赴哈萨克斯坦任职的张汉晖大使会见前来调研和采访的新华社“中国梦、丝路梦——互联互通丝路行车队”成员时表示，“丝绸之路经济带”的倡议与纳扎尔巴耶夫总统提出的“光明之路”新经济政策可谓不谋而合，“中哈开展大规模产能合作，不仅能够使中国的‘一带一路’同哈萨克斯坦的‘光明之路’相衔接，助力各自经济发展，还可以为相关国家开展产业产能合作提供示范。”张汉晖还介绍说，现在哈萨克斯坦有许多专家学者专门研究中国的发展战略、重要规划、中国领导人的重要言论和指示等，中方同样在认真研究纳扎尔巴耶夫总统提出的战略和理论，这是一个很好的局面，从学术交流和政策沟通上为双方战略对接打下良好基础。[3] 的确，哈萨克斯坦学术界对中国领导人关于构建“丝绸之路经济带”的倡议展开了热烈的讨论，特别是针对本国领导人提出的“哈萨克斯坦—新丝绸之路”、“光明之路”新经济政策的关系等问题，涌现出各种各样的观点。认为“丝绸之路经济带”建设与中亚各国经济利益吻

---

① “出席俄纪念卫国战争胜利70周年庆典并访俄哈白，习近平主席同哈萨克斯坦总统纳扎尔巴耶夫举行会谈‘丝绸之路’与‘光明之路’对接”，《解放日报》，2015年5月6日。

② “哈萨克斯坦总统提出建立欧亚洲际走廊”，中华人民共和国驻哈萨克斯坦共和国大使馆经济商务参赞处网站，2015年5月21日，http：//kz. mofcom. gov. cn/article/jmxw/201505/20150500987431. shtml。

③ “‘光明之路’与‘丝绸之路经济带’不谋而合”，《新华社每日电讯》，2015年9月11日，http：//news. xinhuanet. com/mrdx/2015 -09/11/c_ 134615309. htm。

合并有利于各国发展的，在所有观点中占据主流。[1]

乌兹别克斯坦地处中亚地区的中心位置，还曾经是古代“丝绸之路”的重要交通枢纽地区。塔什干、撒马尔罕、布哈拉、乌尔根奇等古老城市，都在古代“丝绸之路”上担当过人员和货物的重要集散地，驿站、货栈、客栈、茶棚遍布在古老的商路两侧。中国领导人关于构建“丝绸之路经济带”的倡议提出后，在这个历史悠久的国度也引起了强烈的回应。从高层领导到普通民众，从政府部门到智库学者，乌兹别克斯坦兴起了一股研究和宣传“丝绸之路”的热潮。2014 年 5 月，赴上海参加亚信会议的乌兹别克斯坦总统卡里莫夫在与习近平主席会谈时表示，乌兹别克斯坦方面愿意积极参与建设“丝绸之路经济带”，促进经贸往来和互联互通，把乌兹别克斯坦的发展同中国的繁荣更紧密联系在一起。[2] 同年 6 月，中国驻乌兹别克斯坦大使孙立杰在接受“中国媒体丝路行”记者团采访时介绍，习近平主席提出建设“丝绸之路经济带”的重大倡议后，立即得到乌兹别克斯坦总统卡里莫夫和社会各界的支持。中乌需要继续拓宽新的合作领域，扩大合作范畴，改善投资环境，重点将非资源领域合作作为未来着力推动的重点方向，扩大并深化贸易、投资、交通、金融、科技和农业等各领域合作。中乌各领域务实合作的快速发展，必将有效带动“丝绸之路经济带”经贸网络的构建。[3] 乌兹别克斯坦学者对构建“丝绸之路经济带”的现实性和可行性进行了专门研究，并

---

① Каковы интересы стран Центральной Азии в китайском проекте《Экономического пояса Шелкового пути》? - политолог, 17. 11. 2015, http://www.ca - news. org/news: 1170009.

② “习近平会见乌兹别克斯坦总统卡里莫夫”，新华社，2014 年 5 月 20 日，http://news. xinhuanet. com/world/2014 - 05/20/c_ 1110772608. htm。

③ “乌兹别克斯坦是丝路经济带建设重要参与方——访中国驻乌兹别克斯坦大使孙立杰”，新华社，2014 年 6 月 6 日，http://news. xinhuanet. com/world/2014 - 06/06/c_ 1111022006. htm。

得出了肯定的结果。[①] 这一年的 11 月，乌兹别克斯坦塔什干国立东方学院举办“第 11 届汉学暨‘丝绸之路经济带’国际学术研讨会”，中乌 50 多名学者参加了研讨会并深入讨论了乌兹别克斯坦参与“丝绸之路经济带”建设和中乌在各领域合作问题。[②] 2015 年 6 月，中国与乌兹别克斯坦政府间合作委员会第三次会议在山东日照举行，中国商务部国际贸易谈判代表兼副部长钟山与乌兹别克斯坦对外经济关系、投资与贸易部部长加尼耶夫共同签署了《关于在落实建设“丝绸之路经济带”倡议框架下扩大互利经贸合作的议定书》，拟进一步全面深化和拓展中乌两国在贸易、投资、金融和交通通信等领域的互利合作，打造“丝绸之路经济带”中亚核心区的早期试验田。[③] 乌兹别克民族和乌兹别克斯坦独特的历史记忆，使这里的传统文化中保留着强烈的“丝绸之路”情结。这种情结甚至被乌兹别克人看作是自己民族文化中的一部分，并至今对此保持着一种自豪的心态，任其渗透在自己的日常生活和价值观念当中。尽管乌兹别克斯坦因“丝绸之路”而自豪的历史已经成为过去，但是以一种全新的方式复兴“丝绸之路”一直是乌兹别克人的梦想。这不仅仅是一种重归历史辉煌的精神徜徉，而且是在“内亚”腹地的特殊地缘条件下改变本民族与世界联系困境的冲动。尤其在苏联解体后，乌兹别克斯坦作为中亚地区中心大国几乎被同样处于低下发展水平的中亚国家包围着，如何与世界经济建立既安全又通畅的联系通道，一直是困扰乌兹别克斯坦领导人的难题。在乌兹别克斯坦第一个建立乌中友好网站的“扎洪”通讯社前主编谢尔盖·库尔班诺夫在接受中国

---

① Узбекистан и《Экономический пояс Шелкового пути》, https: //rpg15. wordpress. com/2015/08/07/6042/.

② “乌兹别克斯坦举行‘丝绸之路经济带’研讨会”，中国经济网，2014 年 11 月 13 日，http: //intl. ce. cn/specials/zxgjzh/201411/13/t20141113_ 3894499. shtm。

③ “中国与乌兹别克斯坦签署共建‘丝绸之路经济带’合作文件”，中华人民共和国政府网，2015 年 6 月 17 日，http: //www. gov. cn/xinwen/2015 -06/17/content_ 2880628. htm。

中央电视台采访时，坦率地认为建设“丝绸之路经济带”的倡议使乌兹别克斯坦恢复欧亚交通中心地位成为可能，而这一倡议核心的创新意义在于重建中亚“内陆交通运输生命线”，它将能够把沿线各国的经济发展优势聚集起来，实现乌兹别克民族和中亚各民族振兴“丝绸之路”的梦想，造福沿线各族人民。[①]

吉尔吉斯斯坦是中亚地区资源相对贫乏的国家，也正由于此长期选择了地缘政治上的大国平衡的外交战略。独立后，吉尔吉斯斯坦经济发展与外部联系逐渐密切，2013 年 1 月通过的《2013—2017 年国家可持续发展战略》中确立了 5 大重点行业领域：农业、交通运输、能源、采掘业、旅游业，其中 4 个行业对国际贸易和跨国交通高度依赖。在中亚地区独立后，不同背景的区域经济一体化方案频频刺激着中亚国家打破封闭地缘环境的渴望。一方面，大国制定中亚战略的不同动机和改变中亚各国社会政治文化的尝试令各国戒心重重。另一方面，服务于大国扩大利益存在的不同一体化方案并未将促进中亚地区及各国经济发展作为首要目标。即使将开放性作为对外政策突出特色的吉尔吉斯斯坦，也一直没能遇到可以给本国经济发展带来实质性拉动的真正机遇。由此来看，吉尔吉斯斯坦对“丝绸之路经济带”的积极反应就完全可以理解了。吉尔吉斯斯坦首都比什凯克市市长库拉马托夫在接受记者采访时表示，“丝绸之路经济带”将会推动吉尔吉斯斯坦未来的发展。他认为“所有人都被这个经济区域内的发展计划所吸引，因为这个区域（中亚）是一个商品生产与销售的巨大市场。我们各国之间关系越紧密，就越能在‘丝绸之路经济带’的连接下更好的利用自然与人力资源，从而让所有参与国都达到互惠互利。”库拉马托夫认为，吉尔吉斯斯坦在“丝绸之路

① 中国中央电视台《新闻直播间》，“乌兹别克斯坦：丝绸之路经济带将造福中乌人民”，http：//video. sina. com. cn/p/news/v/2013 - 09 - 12/200362901943. html？ sudaref = www. haosou. com.

经济带”中占有重要位置。由于历史和地理原因，对于两个重要邻国——中国和俄罗斯，吉尔吉斯斯坦占据着特殊地位。正因如此，吉尔吉斯斯坦是“丝绸之路”不可分割的一部分。[①] 2015 年 8 月，吉尔吉斯斯坦正式加入欧亚经济联盟。在此之前分析界有所担心，这一进程将影响吉尔吉斯斯坦参与“丝绸之路经济带”建设的积极性。对此，阿坦巴耶夫总统明确表示，吉尔吉斯斯坦仍将全力支持中国提出的共建“丝绸之路经济带”倡议。他还强调，加入欧亚经济联盟绝对不会对吉中的合作关系造成负面影响，而且两国企业界将从吉尔吉斯斯坦加入欧亚经济联盟中获得共赢。[②] 吉尔吉斯斯坦所处的地缘位置决定了它将继续奉行大国平衡的外交政策，但其内生性的发展愿望和需求也促使着这个中亚内陆小国对“丝绸之路经济带”的现实期冀。

中国领导人关于构建“丝绸之路经济带”倡议的提出，采取了一种中国对外关系史上前所未有的方式。这既标志着中国自身发展进入了一个全新的阶段，也标志着中国对周边和世界形势的认识达到了一个全新水平。对此，中亚各国难免会产生一些困惑和担忧：或担心民族经济能否继续保持应有的独立性，是否会从此成为中国经济的附庸；或担心在经济上实现成功合作后，中国在文化上和政治上将对中亚地区提出更高的一体化要求。然而中亚国家地缘特征决定的民族复兴路径，与这一世纪工程前景之间高度吻合，越来越促使对“丝绸之路经济带”的理性研究在中亚各国成为主流。哈萨克斯坦的“光明之路”计划、乌兹别克斯坦《2015—2019 年近期和长期发展纲要》、吉尔吉斯斯坦《2013—2017 年经济发展五年规划》等中亚各国经济发展战略，显示出与

---

① “吉尔吉斯斯坦首都比什凯克市市长专访：‘丝绸之路经济带将推动吉尔吉斯的发展’”，人民网，2014 年 12 月 27 日，http://bbs1.people.com.cn/post/129/1/2/142341421.html。

② “吉尔吉斯斯坦总统表示全力支持丝绸之路经济带建设”，新华社每日电讯，2014 年 12 月 27 日，http://news.xinhuanet.com/world/2014-12/27/c_1113799545.htm。

“丝绸之路经济带”充分互补和对接的可能性。[①] 完全有理由相信，建立在互利共赢基础上打造跨地区命运共同体的长期努力，带来的不仅仅是各国经济的更大发展空间，还将是古老中亚各民族走向现代国家行列的重要机遇期。

① 张宁：“‘丝绸之路经济带’在中亚的愿景与行动”，《俄罗斯学刊》，2015 年第 5 期，第 54 页。

第十二章　基于历史与现实的思考

系统考察中亚地缘政治沿革的历史过程，是归纳当今这一地区政治、经济、文化特点和预测其未来发展走势不可或缺的基本路径。美国著名地缘政治学家约瑟夫·奈曾以伯罗奔尼撒战争为例，说明历史线索指导人们对国际政治规律认知的意义。他认为，“我们需要同时关注不变的因素和可变的因素。国际政治的某些结构性因素，预先限定了事态发展的方向”。[①] 在按照历史的方法和逻辑系统回顾中亚地缘政治变革的主要过程后，本书对地区现状中所谓“不变的因素”和“可变的因素”做了细密分析，经总结和归纳得出几条粗浅心得愿与同行和读者分享。

第一，地缘因素与人文因素相结合的视角至今仍然是观察中亚地缘政治格局变化的有效方法。人类社会活动的特征依赖于，并受制于包括地理条件在内的特定环境，这是个亘古难变的基本规律。如果说在人类社会不断进步的前提下，对客观世界的认知能力和支配能力提高到能使这一重要关系发生什么改变的话，充其量也只是量上的变化。所以，人类不同族群在各自特定自然区域内的生存和发展过程中形成了各自独特的文化，其中既包括这

① ［美］约瑟夫·奈：《理解国际冲突：理论与历史》，张小明译，上海世纪出版集团，2005 年 10 月版，第 22 页。

些族群内部的关系模式，也包括与外部的关系模式。当这种独特的人文因素形成后，又构成另一种对这些族群社会发展能够施加影响的重要塑造力。在汲取世界各国中亚学家研究成果和治学心得的基础上，中国中亚学于初步形成时已经比较理性地接受了上述基本原则，并逐渐总结出具有自己特色且能为我所用的中亚地缘观。在对中亚地区进行学术性考察时，首先要将中亚看作一个自然地理和人文地理相结合的综合性区域概念，也就是面对这一特殊的地缘空间，既要以一个自然地理的视角去观察，还要以人文地理的视角来考量；其次是将历史文化范畴的中亚与当代国际政治意义上的中亚既相区分，同时又注重前者对后者产生的深刻影响；第三是承认中亚自然地理因素和人文地理因素对中亚地缘政治构建的交互作用，这两种不同性质的因素有时是相对立的两股作用力，有时又体现在同一阶段的历史进程中。正如兰州大学中亚学家马曼丽教授所总结的，“中亚是历史上形成的综合概念，它并不是单纯的地理概念，它在很大程度上还是亚洲中部民族政权的历史、类同文化的地域和民族渊源关系发展而形成的一个特定的历史文化区域”。如何认识“中亚，即人们对这一特定历史文化区域的习惯指称。所以，要比较科学地回答什么是中亚，主要应该是以中亚历史上大一统民族政权的基本活动地域，现代五国和有关民族无法割裂的活动地区为出发点，再结合文化类同等旁证，综合界定”。[①] 新疆大学著名中亚学家潘志平教授也曾明确地指出，“文明的发展、扩散，文化的传播、交流，既依赖于时间的流逝，又凭借空间的转移，脱离历史和地理因素的文明或文化，都是不可想象的”。[②] 中国中亚学的发展历史虽然不算长久，但是获得这样一个认识成果却是难能可贵的。将基于自然地理的

---

① 马曼丽主编：《中亚研究——中亚与中国同源跨国民族卷》，民族出版社，1995 年版，第 9 页。

② 潘志平：《中亚的地缘政治文化》，新疆人民出版社，2003 年 10 月版，第 18 页。

地缘因素与产生人类活动的人文因素相结合，至今对中亚问题研究（尤其是中亚地缘政治问题研究）仍然具有重要的指导意义。中亚地缘特性对这一地区人类社会发展的影响因素规定了它地缘政治沿革的历史脉络，而且将继续制约它未来的发展走向。

第二，中亚的内陆封闭性地理结构与文明交汇中心的人文地理特点在地缘政治发展过程中共同发挥作用。这一地区特性在中亚历史发展进程中表现为两种相对的力，使中亚社会的文明发育与地缘政治格局构建往往会出现一种矛盾的状态。这一地区特性恰恰来自于特殊的“内亚”封闭型地理环境和各大文明板块之间交通要冲的枢纽地位，由此产生两种相对的力长期交织、交汇、互动，支配着中亚社会内陆文明及与周边世界开放性关系的发展路径。英国著名中亚学家加文·汉布里在他的著作《中亚史纲》中指出：“中亚在人类历史上起了两个独特的、从某种程度上说是矛盾的作用：一方面，由于中亚大部分地区的干旱以及缺乏交通上的自然凭借（中亚多数大河都向北流入北冰洋）的结果，中亚的主要作用是隔离开了其周围的中国、印度、伊朗、俄国等文明；但是从另一方面讲，中亚的古代商路，也为中亚周围的诸文明提供了一条细弱的，但又绵绵不绝的联系渠道。正是依靠这些渠道，中亚周围诸文明在各自得到一些重要商品之外，还得到了一些对方的有限的知识”。[①] 正是这两种“独特的、某种程度上是矛盾的”力在中亚地区历史上的时强时弱，交替作用，构成了中亚各民族文明进步的曲折过程。前者的强大影响保留了中亚地区与周边世界在地缘文化上明显不同的差异性，在此基础上形成中亚地区与众不同的地缘政治特色。后者在不同时期断断续续、“绵绵不绝”的作用，成为来自地区以外政治文化对中亚施加影响力的重要途径。把握中亚地处欧亚内陆的封闭腹地及与各大文

---

① ［英］加文·汉布里：《中亚史纲要》，吴云贵译，商务印书馆，1994年版，第7页。

明板块间交通枢纽两者间的辩证关系，是解读中亚社会发展史复杂过程和观察当今中亚地缘政治现状及未来发展的重要途径。用这种辩证的历史观考察中亚地缘政治发展过程和纷繁现状，有助于理解中亚历史上总是在外力进入时发生变革和进步的特殊意义。由此可以看到，历史上几乎所有的域外强权中心对中亚社会政治、经济、文化以及对外关系的影响方式，基本都是从打破这里地缘上的封闭性入手，进而改变地区政治和文化格局的。亚历山大东征、西汉“凿空”西域、阿拉伯帝国征服、蒙古汗国设官疏通“丝绸之路”、沙俄修建中亚大铁路、甚至美国推动“大中亚计划”和“新丝绸之路战略”，都是在不同的时代背景下将改变中亚地缘结构作为首要政策目标，也都在自觉或不自觉地遵循着这一规律。

第三，中亚各民族社会发展的内生动力与域外强权中心的影响同时构建着中亚地缘政治格局。中亚地区自然地理环境的封闭性尽管在一定程度上保护了本土文化的一些基本特征，同时也阻碍着中亚民族与世界上其他民族在文化上的交流。在中亚的历史上，凭借本土文化的张力往往不足以突破这种因地缘条件而形成的发展困境，而来自地区外的强大权力中心却成为超越这些地理障碍的重要推手和动力。从公元前2000纪中期开始持续了3、4个世纪的雅利安人向伊朗高原和南亚次大陆的漫长迁徙过程，由此开启了中亚人类社会的文明时期，也从此注定了域外强权和文明中心的不断干预中亚社会发展方向和主导地缘政治文化的命运。继雅利安人之后，波斯阿契美尼德王朝、希腊马其顿帝国、贵霜王朝、匈奴帝国、突厥汗国、阿拉伯帝国、蒙古汗国、沙俄帝国等，都是中亚历史上外部强势影响的主要代表。在这些域外强权和文明中心对中亚社会发展方向产生作用的同时，另一种地缘政治构建过程也在同时发生：来自中亚以外的强势文化进入这个地区后，很快适应了这里的地缘环境和文化氛围，从而顺利地完成了本土化过程，或作为跨地区庞大帝国的一部分（如阿契美尼德王朝、希腊马其顿帝国、阿拉伯帝国、蒙古汗国、沙俄帝国等），或独立成为一个强大权力中心（如西突厥汗国、西辽王朝、喀喇汗王朝、帖木儿帝国等）。这些建立在不同质文明本土化基础上的新权力中心，将中亚特色的地缘政治文化整合吸收且充分演绎，并对周边地区产生深刻影响。俄苏著名中亚学家巴尔托里德在论述突厥人进入中亚地区的历史时指出，“通常在中亚游牧民对文明区进行新的征服之前，有一个他们被吸入文明影响范围内的时期”。“虽然七河南部和新疆南部西北方之间隔有终年积雪的高大山脉，但这并不妨碍在游牧民统治下属于同一国家或甚至属于同一领地”。[①] 从巴尔托里德对突厥人改写中亚文明史的解读中，大概可以理解到这样几个历史观层面的内涵：一是由于封闭的地理条件限制，中亚式的内陆文明往往难以发育成长至足以突破地缘环境制约的强权中心；二是能够改变中亚地缘发展困境的力量，大多是来自地区之外的政治和文化影响；三是当代表某一强大域外权力中心的政治文化影响力进入中亚之后，基本都在不算长久的时间里完成了本土化过程，并由此形成了一种新的、中亚地区特色的政治和文化中心，而且能够对周边地区和民族施加或强或弱的影响。不仅中亚的历史多次重复过这样的特殊逻辑，今天的中亚地缘政治格局也仍然在显示和强调着这些规律。

第四，在全球化强劲影响下，参与中亚地缘政治新格局塑造的力量将通过不同以往的方式和路径发挥作用。20 世纪 90 年代初，在苏联解体的背景下中亚各国实现了主权独立。这是中亚各主要族群在国际法意义上推动现代民族国家进程的开始，也是地区或次区域权力中心独立构建的起步，因此可以看作是中亚地缘政治格局发生质变的重要标志。这一意义上的中亚民族国家进程

① ［苏］维·维·巴尔托里德：《中亚简史》，耿世民译，新疆人民出版社，1980 年 6 月版，第 21、23 页。

经过了1/4世纪的历史，至今已经成为国家领土和主权巩固、国民经济体系基本健全、独立自主外交逐渐形成的正常国际政治主体。作为地区内具有自主国家行为能力的独立权力中心，5个日渐成熟的民族国家在二十多年的探索中已经具有了自主构建地缘政治环境的愿望和能力。中国著名中亚学家、国务院发展研究中心欧亚社会发展研究所副所长赵常庆教授在他的专著《中亚五国新论》中指出，“学界论述大国中亚博弈，通常是以大国参与博弈的意图为出发点，而对中亚国家的立场有所忽视。事实上，中亚国家作为独立主权国家，并非像棋子一样完全被动地任大国摆布。大国之所以能够较中亚国家独立前顺利进入中亚，与中亚国家实行对外开放政策有关，或者说，在一定程度上也是中亚国家出于自身需要主动配合大国的结果。由于中亚国家对外开放程度不同，大国进入中亚各国的情况也有所不同。大国博弈中亚并非毫无阻力、毫无区别，可以随心所欲地进行”。[①] 这是与历史上任何一个时期相比最大的不同点，中亚民族国家进程内生性动力的成长使周边地区乃至世界所有强权中心都不能忽略其存在。尽管这一来自地区内的力量尚不足以独立改变中亚稳定与发展所需要的地缘环境，但与中亚各国独立初期相比，即便在继续奉行大国平衡外交政策过程当中，也已经表现出了明显的自主能力和主动意识。同时，在全球化背景下，国际政治格局和各大战略力量正在发生重大调整。以世界金融海啸、乌克兰危机、“伊斯兰国崛起”、美国从阿富汗撤军等全球、欧亚和地区性重大事件为标志，影响中亚的域外大国博弈方式也在发生变化：一是在不发生重大突发性事件的前提下，扩大新的直接军事存在已不再是主要的博弈手段；二是表现为经济、安全、文化合作的软实力竞争将成为继续博弈的主要领域；三是博弈的焦点将集中在区域合作的规则

① 赵常庆：《中亚五国新论》，昆仑出版社，2014年5月版，第280—281页。

制定与地区一体化的模式、标准和方向选择上。

第五，不同矢量的地缘政治影响力进入中亚渐成常态，地区发展方向以维持动态平衡为基线呈多元化趋势。如果上述几个观点能够成立，则可以进一步推论出今后中亚地缘政治发展的基本方向和主要特点。一方面是中亚地区内的各个新生权力中心之间将体现出更加鲜明的多元特色，其中包括民族国家建设的模式，也包括对外政策的设计。目前，中亚各国分别选择了不尽相同的国家发展模式。吉尔吉斯斯坦从2010年以来，基本完成了从总统制向议会制的过渡。继续奉行总统制政体的国家间也表现出权力建设上的差异：乌兹别克斯坦于2014年扩大了议会的权限，总统下放了任命政府首脑和内阁的审批权。土库曼斯坦在2015年放弃了长期坚持的一党执政的格局，向多党政治走出了一步（哪怕是形式上的）。塔吉克斯坦在2015年完成了议会选举，总统议会制政权获得了进一步充实。在对外政策方面，中亚各国虽然大多继续奉行大国平衡外交，但是各自选择的砝码已经开始显现出方向和分量上的不同。土库曼斯坦坚持中立政策，哈萨克斯坦、吉尔吉斯斯坦与俄罗斯保持特殊关系，乌兹别克斯坦在与印度走近，塔吉克斯坦借民族文化认同感与伊朗发展双边关系等，这种对外关系发展的多向性在外交制衡意义上形成了有条件稳定架构的同时，也给中亚地缘政治发展方向带来更多变数。另一方面，在当前全球力量大变革、大调整背景下，大国们仍然看好中亚地区的地缘战略潜力，来自不同方向的权力中心均继续加大渗透力度。2015年的中亚地区舞台上演了密集的外交游戏，美国、日本、印度、巴基斯坦、伊朗等国家纷纷以前所未有的规格表现出对中亚的兴趣。中亚各国与周边及世界发展关系的多样性选择，域外大国影响力的多样性作用，交织构建着中亚未来地缘政治的多元化的前景。尽管这种特征仍将是一个动态的、变化的过程，但将其作为一种总体性趋势对于认识中亚地缘政治前景应有一定意义：

其一，将中亚继续作为一个具有共性地缘特征的区域考察的话，恐怕很难包含所有地区成员的典型政治特征，“中亚地区”也好，“中亚五国”也好，如仅作为一个地缘政治概念，其内涵的精准度会相对下降；其二，中亚地区自身存在的地缘政治要素发挥的作用越来越重要，尤其是一些历史传统中的政治文化要素对各个独立民族国家进程产生着关键性的影响，并与多元化的外来影响力共同塑造地区政治和安全形势；其三，改变中亚地缘政治环境仍然是域外强权中心施加影响的基本方式，而且服务于各自不同战略目标的政策措施产生着不同方向的影响力，由此构成中亚地缘政治发展的多向性前景。

回顾中亚地缘政治发展的历史脉络，稍作深入反思后即可强烈感受到两股不同方向的力贯穿其历史过程之中。一种是由内向外的张力，它既生成于中亚特殊的地缘环境，又受到这一环境的严重制约。另一种是由外向内的渗透力，它的作用同样基于中亚所扮演的特殊地缘角色，不论来自于什么地理方向或属于什么文化背景，一旦足够强大便对这片内陆上的草原和绿洲施加影响。这两种不同方向的力是相互抵牾的，给中亚各民族文化自觉历史带来的心理过程是纠结的。同样，它们对中亚地缘政治的塑造也是在此消彼长的对冲中曲折进行、反复完成的。中亚地缘政治的沿革史就是这样，未来这一地区的地缘政治发展趋势依然摆脱不了这一由特殊地缘环境造就的“宿命”。有所不同的是，作为国际法意义上的各民族国家主体的出现，使中亚地区经营有利地缘环境的自主性渐渐成长起来，并逐步具备了在利用外来影响力的同时又能够规避可能带来风险的能力。这一根本性的变化，是中亚地缘政治沿革史上任何一个时期都不曾有过的。从 25 年前开始，中亚民族国家的构建过程已经历了一系列的考验。这一时间段对于任何国家的历史来说毕竟太短暂，但是中亚各国在此期间遇到了许多机遇，也经历了反复和曲折，更获得了足够的自信。

尽管未来中亚地缘政治格局的发展仍会受到来自域外的强大影响，这种影响有时甚至会成为左右地区发展方向的重要变量。但是，从25年前开启的中亚民族国家构建进程正在强化成为国际社会所不容忽视的趋势，从而也将逐渐成为学术界考察中亚地缘政治衍变的重要坐标体系。

参考文献

一、中文著作

包毅：《中亚国家的政治转型》，社会科学文献出版社，2015年3月版。

柴莉：《中国与中亚国家能源合作对策研究》，社会科学文献出版社，2013年7月版。

陈继东：《中亚—南亚的恐怖主义与地区安全》，四川巴蜀书社有限公司，2013年7月版。

陈联壁、刘庚岑、吴宏伟：《中亚民族与宗教问题》，中央民族大学出版社，2002年12月版。

宫少朋等：《冷战后国际关系史》，世界知识出版社，1999年1月版。

古丽阿扎提·吐尔逊、阿地力江·阿布来提：《中亚跨国犯罪研究》，中央民族大学出版社，2013年8月版。

国务院：《能源发展战略行动计划（2014—2020年）》，新华出版社，2014年11月版。

胡振华：《中亚五国志》，中央民族大学出版社，2006年1月版。

金熙德：《日本政府开发援助》，社会科学文献出版社，2000年版。

金熙德：《日美基轴与经济外交：日本外交的转型》，中国社会科学出版社，2000年版。

李云泉：《古代朝贡制度史论：中国古代对外关系体制研

究》，新华出版社，2004 年版。

梁伯华：《近代中国外资的巨变——外资制度与中外关系的研究》，台北商务印书馆，1980 年版。

梁超主编：《中亚博弈新视角》，社会科学文献出版社，2011 年 12 月版。

柳丰华：《俄罗斯与中亚》，经济管理出版社，2010 年 7 月版。

刘温国、郭辉：《强弩之末——前苏联入侵阿富汗秘闻》，社会科学文献出版社，2001 年 2 月版。

陆忠伟主编：《非传统安全论》，时事出版社，2003 年 11 月版。

马大正、冯锡时：《中亚五国史纲》，新疆人民出版社，2005 年 8 月版。

马行汉主编：《外交官谈阿富汗》，世界出版社，2002 年 2 月版。

孟楠：《俄国统治中亚政策研究》，新疆大学出版社，2000 年 7 月版。

毛泽东：《毛泽东军事文集》，军事科学出版社、中央文献出版社，1993 年版。

潘光主编：《稳步前进的上海合作组织》，时事出版社，2014 年 3 月版。

潘志平：《浩罕国与西域政治》，新疆人民出版社，2006 年 5 月版。

潘志平主编：《民族自决还是民族分裂》，新疆人民出版社，1999 年 4 月版。

潘志平：《亚洲腹地地缘政治文化研究文集》，新疆人民出版社，2011 年 7 月版。

潘志平：《中南亚的民族宗教冲突》，新疆人民出版社，2003

年1月版。

潘志平：《中亚的地缘政治文化》，新疆人民出版社，2003年10月版。

潘志平主编：《中亚的民族关系——历史与现状》，新疆人民出版社，2003年10月版。

潘志平：《中亚浩罕国与清代新疆》，中国社会科学出版社，1991年9月版。

彭树智主编：《阿富汗史》，陕西人民出版社，1993年版。

秦放鸣：《中国与中亚国家区域经济合作研究》，科学出版社，2010年6月版。

司马迁：《史记》，中华书局，1959年9月版。

沈伟烈、陆俊元：《国家安全地理》，时事出版社，2001年9月版。

沈志华编译：《俄国解密档案：新疆问题》，新疆人民出版社，2013年1月版。

石岚：《从千年第一战谈起》，新疆人民出版社，2003年10月版。

苏畅：《中亚宗教极端势力研究》，社会科学文献出版社，2009年6月。

孙壮志、苏畅、吴宏伟：《乌兹别克斯坦》，社会科学文献出版社，2004年3月版。

孙壮志：《中亚新格局与地区安全》，中国社会科学出版社，2001年7月。

孙壮志：《中亚安全与阿富汗问题》，世界知识出版社，2003年11月版。

孙壮志：《中亚五国对外关系》，当代世界出版社，1999年4月版。

孙壮志：《中亚国家的跨境合作研究》，上海大学出版社，

2014 年 1 月版。

田卫疆：《丝绸之路与东察合台汗国史研究》，新疆人民出版社，1997 年版。

王桂芳：《中亚战略格局与中国安全》，军事科学出版社，2004 年 12 月版。

王柯：《东突厥斯坦独立运动：1930 年代至 1940 年代》，香港中文大学出版社，2013 年版。

王沛：《中亚五国概况》，新疆人民出版社，2006 年 8 月版。

王鸣野：《美国的欧亚战略与中南亚五国》，新疆人民出版社，2003 年 10 月版。

王维然：《中亚区域经济一体化研究》，知识产权出版社，2014 年 12 月版。

王志来、丁笃本：《中亚通史》，新疆人民出版社，2007 年 4 月版。

魏长洪、何汉民主编：《外国探险家西域游记》，新疆美术摄影出版社，1994 年 9 月。

《卫拉特蒙古简史》编写组：《卫拉特蒙古简史》（上册、下册），新疆人民出版社，1992 年 6 月版。

吴宏伟：《中亚人口问题研究》，中央民族大学出版社，2004 年 7 月版。

吴宏伟：《中亚地区发展与国际合作机制》，社会科学文献出版社，2011 年 9 月版。

新疆军区编辑委员会：《人民军队在新疆》，新疆人民出版社，1987 年版。

邢广程：《崛起的中亚》，三联书店（香港）有限公司，1993 年 1 月版。

邢广程、孙壮志：《上海合作组织研究》，长春出版社，2007 年 4 月版。

徐洪峰、李林河：《美国的中亚能源外交》，知识产权出版社，2010 年 1 月版。

许利平主编：《亚洲极端势力》，社会科学文献出版社，2007 年 1 月。

许勤华：《新地缘政治：中亚能源与中国》，当代世界出版社，2007 年 2 月版。

杨鸿玺：《美国中亚政策 20 年：螺旋式演进》，社会科学文献出版社，2012 年 9 月版。

杨恕主编：《聚集中亚——中亚国家的转型及其国际环境》，中国社会科学出版社，2013 年 7 月版。

杨恕：《转型的中亚与中国》，北京大学出版社，2006 年 6 月版。

余泰山：《西域通史》，中州古籍出版社，1996 年 11 月版。

曾向红：《遏制、整合与塑造：美国中亚政策二十年》，兰州大学出版社，2014 年 10 月版。

张宏莉：《当代哈萨克斯坦民族关系研究》，世界知识出版社，2007 年 12 月版。

张宁：《中亚能源与大国博弈》，长春出版社，2009 年 4 月版。

张锡模：《中亚区域安全净评估》，台湾远景出版事业有限公司，2007 年 8 月版。

赵常庆：《哈萨克斯坦》，社会科学出版社，2004 年 1 月版。

赵常庆：《中亚五国概论》，经济日报出版社，1999 年 9 月版。

赵常庆：《中亚五国新论》，昆仑出版社，2014 年 5 月版。

赵常庆：《颜色革命在中亚》，社会科学文献出版社，2011 年版。

赵常庆：《中国与中亚国家合作析论》，社会科学文献出版社，2012 年 6 月版。

赵常庆主编：《中亚五国与中国西部大开发》，昆仑出版社，2004 年 12 月版。

赵常庆主编：《十年巨变·中亚和外高加索卷》，东方出版社，2003 年 1 月版。

赵华胜：《中国的中亚外交》，时事出版社，2008 年 11 月版。

赵华胜：《上海合作组织评析和展望》，时事出版社，2012 年 6 月 版。

赵会荣：《大国博弈：乌兹别克斯坦外交战略设计》，光大出版社，2007 年 1 月版。

郑羽主编：《中俄美在中亚：合作与竞争（1991—2007 年)》，世界知识出版社，2007 年 12 月版。

中国现代国际关系研究所民族与宗教研究中心：《上海合作组织——新安全观与新机制》，时事出版社，2002 年 2 月版。

中国现代国际关系研究所民族与宗教研究中心：《全球民族问题大聚焦》，时事出版社，2001 年 5 月版。

周晓沛：《中苏中俄关系亲历记》，世界知识出版社，2010 年 9 月版。

朱星光：《上海合作组织视角下的中亚地区治理理论与实践》，黑龙江人民出版社，2009 年 11 月版。

［波斯］米儿咱·马黑麻·海答儿：《中亚蒙兀儿史——拉失德史》（第一编），新疆社会科学院民族研究所译，王治来校注，新疆人民出版社，1983 年 6 月版。

［俄］M. A. 捷连季耶夫：《征服中亚史》，武汉大学外文系译，商务印书馆，1980 年 6 月版，第一卷、第二卷。

［俄］波克罗夫斯基：《中亚细亚》，郑绍钦译，载于新疆社会科学院民族研究所《苏联历史论文集》。

［哈］卡·托卡耶夫：《中亚之鹰的外交战略》，赛·纳雷索

夫译，新华出版社，2002 年 10 月版。

［哈］克拉拉·哈菲佐娃：《十四—十九世纪中国在中央亚细亚的外交》，杨恕、王尚达译，兰州大学出版社，2002 年 12 月版。

［哈］努尔苏丹·纳扎尔巴耶夫：《站在 21 世纪门槛上——总统手记》，陆兵、王嘉琳、李正乐译，时事出版社，1997 年 7 月版。

［哈］努尔苏丹·纳扎尔巴耶夫：《时代 命运 个人》，陆兵、王沛译，人民文学出版社，2003 年 3 月版。

［哈］努尔苏丹·纳扎尔巴耶夫：《关键的十年》，曹特金等译，民族出版社，2004 年 4 月版。

［哈］努尔苏丹·纳扎尔巴耶夫：《哈萨克斯坦之路》，徐葵等译，民族出版社，2007 年版。

［哈］C. M. 阿基姆别科夫：《阿富汗焦点和中亚安全》，杨恕、汪金国译，兰州大学出版社，2002 年版。

［吉］阿斯卡尔·阿卡耶夫：《难忘的十年》，武柳、雅思、远方译，世界知识出版社，2002 年 6 月版。

［美］兹比格涅夫·布热津斯基：《战略远见——美国与全球权力危机》，洪温、于卉芹、何卫宁译，新华出版社，2012 年 7 月版。

［美］兹比格纽·布热津斯基：《大棋局：美国的首要地位及其地缘战略》，中国国际问题研究所译，上海人民出版社，1998 年 2 月版。

［美］克里斯托弗：《美国的新外交：经济、防务、民主——美国前国务卿克里斯托弗回忆录（国家问题参考丛书）》，苏广辉等译，新华出版社，1999 年 9 月版。

［美］玛莎·布瑞尔·奥卡特：《中亚的第二次机会》，李维建译，时事出版社，2007 年 12 月版。

［美］约瑟夫·奈：《理解国际冲突：理论与历史》，张小明译，世纪出版集团，2005 年 10 月版。

［美］丹尼斯·塞诺：《丹尼斯·塞诺内亚研究文选》，北京大学历史系民族史教研室译，中华书局，2006 年 10 月版。

［美］亨利·基辛格：《大外交》，顾淑馨、林添贵译，海南出版社，2012 年 2 月版。

［摩洛哥］伊本·巴杜达：《伊本·巴杜达游記：给未来的心灵旅人》，苑默文译，台湾商务印书馆，2015 年 4 月版。

［瑞士］安托万·佩库、［荷］保罗·德·古赫特奈尔：《无国界移民》，武云译，译林出版社，2011 年 9 月版。

［苏］维·维·巴尔托里德：《中亚简史》，耿世民译，新疆人民出版社，1980 年 6 月版。

［苏］威廉·巴尔托里德：《中亚突厥史十二讲》，罗致平译，中国社会科学出版社，1984 年 8 月版。

［苏］斯大林：《马克思主义和民族问题》，《斯大林选集》上卷，人民出版社，1979 年 12 月版。

［乌］伊斯拉姆·卡里莫夫：《乌兹别克斯坦人民从来不依赖任何人》，刘显忠、白晓红、张文联、高丽丽、毛远臻、杨莉、杨进、苏畅等译，刘庚岑、刘显忠校，时事出版社，2006 年 5 月版。

［英］加文·汉布里（Hambly Gavin）：《中亚史纲要》，吴云贵译，商务印书馆，1994 年 6 月版。

二、外文著作

Академия Наук СССР Институт востоковедения, И. С. Брагисктй: Проблемы востоковедения, издательство《Наука》Главная редакция восточной литературы, Москва 1974 г.

Академия Наук СССР Ордена Трудового Красного Знамееи Институт востоковедении: История отечественного востоковедения, до серединыXIX века, Москва《Наука》, Главная редакция восточной литературы, 1990 г.

Академия Наук СССР Сибирское отделение Институт истории филологии и философии, А. Г. Малявкин: Уйгурские государства вIX – XII вв. , издательство《Наука》Сибирское отделение, Ногосибирск, 1983 г.

А. К. Слтангалиева: Ислам в Казахстане: история, этничность и общество, Алматы, 1998г.

ГУГК при СМ СССРК: Атлас мира, Масква, 1974 г.

К. А. Сыроежкин: Мифы и реальность этничского сепаратизма и Китае и безопасность Центральной Азии, Адматы "Дайк – Просс" 2003 г.

История СССР, с древнейших времен до концаXVIII в. , под редакцией Академика Б. А. Рыбакова, Москва《Высшая школа》1983 г.

К. Л. Сыроежкин:《Проблемы современного Китая и Центральной Азии》, Алматы, 2006 г.

Советский Энциклопедический Словарь, Москва, 1980 г.

Л. Н. Гумилев: Хунну, Степная трилопия, ТАЙМ – АУТ – КАМПАС, Санкт – Петербург, 1993 г.

Л. Н. Гумилев: Гунну в Китае, три века вайны со степными народами, Санкт – Петербург, 1994 г.

Л. С. Васильев: История Аостока, Москва《Высшая школа》1983 г. , т. 1, 2.

Edited by S. Cross and M. A. Oborotova, The Chapter inUnited States – Russian Relations, London.

Halford J. Mackinder, Democratic Ideals and Reality, London, 1919.

Halford J. Mackinder, The Geographical Pivot of History, Geographical Journal XXIII (1904).

Humboldt A.: sie centrale, Paris, 1843, Vol. 1.

Jim Nichol, Central Asia: Regional Developments and Implications for U. S. Interests, CRS Issue Brief for Congress, Updated May 9, 2003, PDF File.

三、中文论文

常玢："地缘政治和宗教因素在国家间关系中的作用——试析土耳其、伊朗对中亚地区的影响"，《世界经济与政治》，2001年第3期。

常玢："苏联解体前后的中亚国家伊斯兰教状况"，《俄罗斯东欧中亚研究》，2001年第5期。

冯锡时："由《金陵温氏家谱》看明初帖木儿帝国与明的友好交往"，《民族研究》，1990年第5期。

冯玉军等："俄罗斯新能源外交及其影响"，《现代国际关系》，2002年第9期。

高永久、徐亚清："论中亚的民族主义问题"，《中国边疆史地研究》，2003年第4期。

龚猎夫："积极中立 世代安宁——透视土库曼斯坦的中立政策"，《国际问题研究》，2008年第2期。

韩隽："'安集延事件'后美国中亚政策的调整及影响分析"，《新疆社会科学》，2008年第11期。

韩隽、郭沅鑫："'新丝绸之路愿景'——'大中亚计划'的2011版?"，《新疆大学学报（哲学、人文社会科学版）》，2012年9月。

胡鞍钢、马伟、鄢一龙："'丝绸之路经济带'：战略内涵、定位和实现路径"，《新疆师范大学学报（哲学社会科学版）》，

2014 年第 4 期。

胡仕胜、王世达、杜冰："南亚：阿巴困局难解"，《亚非纵横》，2011 年第 2 期。

黄陵渝："塔吉克斯坦的伊斯兰教"，《东欧中亚研究》，1997 年第 1 期。

季志业："中亚民族问题及其趋势"，《现代国际关系》，1995 年第 10 期。

李建民、李永全、陈玉荣、王宪举、盛世良、王树春、万青松、李东等："欧亚经济联盟：理想与现实"，《欧亚经济》，2015 年第 3 期。

李建民："欧亚经济联盟面临的困难与挑战"，《欧亚经济》，2015 年第 3 期。

李建民："'丝路精神'下的区域合作创新模式"，《人民论坛·学术前沿》，2013 年第 23 期。

李建民："丝绸之路经济带、欧亚经济联盟与中俄合作"，《俄罗斯学刊》，2014 年第 5 期。

李立凡："论上海合作组织经济与贸易合作——兼论中国对推动上合组织经贸一体化的设想"，《世界经济研究》，2007 年第 4 期。

李琪："中亚的民族关系与地区安全"，《中国边疆史地研究》，2007 年 2 期。

李青燕："阿富汗重建搅动地区安全局势"，《当代世界》，2013 后第 5 期。

李新："普京关于欧亚联盟的设想：背景、目标及其可能性"，《现代国际关系》，2011 年第 11 期。

李兴、牛义臣："上海合作组织为何不足以支撑中国西北周边安全战略"，《国际安全研究》，2013 年第 4 期。

李自国："国际金融海啸的冲击与哈萨克斯坦的对策"，《国际问题研究》，2009 年第 1 期。

李自国："上海合作组织文化合作"，《上海合作组织研究报告》（2013），社会科学出版社，2013 年 9 月版。

陆俊元："中亚地缘政治新格局及其对中国的战略影响"，《世界地理研究》，2011 年第 2 期。

刘庚岑："吉尔吉斯斯坦对外关系：历史、现状与前景"，《东欧中亚研究》，1996 年第 5 期。

刘锦前、李立凡："加强上海合作组织文化合作的思路与设想"，《上海市社会科学界第四届学术年会文集（2006 年度）世界经济·国际政治·国际关系学科卷》。

罗俊杰："再现：《伊本·巴图塔游记》里的中国"，《安徽文学》，2009 年第 5 期。

牛新春："集体性失明：反思中国学界对伊战、阿战的预测"，《现代国际关系》，2014 年第 4 期。

潘光、张屹峰："'大中亚计划'：美国摆脱全球困境的重要战略步骤"，《外交评论》，2008 年第 2 期。

潘志平："'东突厥斯坦共和国'：一个批判性的评估"，香港中文大学《21 世纪》，2014 年第 12 月号。

潘志平："中亚：地缘政治、经济、文化思考"，载于作者著《亚洲腹地地缘政治文化研究文集》，新疆人民出版社，2011 年版。

庞昌伟："里海石油出口大动脉——巴库—第比利斯—杰伊汉输油管道贯通"，《国际石油经济》，2007 年第 1 期。

蒲开夫、王雅静："中亚地区生态环境问题及其出路"，《新疆大学学报（哲学、人文社会科学版）》，2008 年第 1 期。

秦放鸣、杨冬雷："国际金融危机对中亚各国经济社会发展的影响分析"，《特区经济》，2011 年第 12 期。

秦放鸣、冀晓刚："丝绸之路经济带建设与欧亚经济联盟对接合作研究”，《俄罗斯东欧中亚研究》，2015 年第 4 期。

秦放鸣：“中亚经济联盟的进程与前景”，《东欧中亚研究》，1999 年第 4 期。

权赫秀：“中国古代朝贡关系研究综述”，《中国边疆史地研究》，2005 年 9 月。

荣新江、朱丽双：“从进贡到私易：10—11 世纪于阗玉的东渐敦煌与中原”，《敦煌研究》，2014 年第 3 期。

商务部欧洲司与国际贸易经济合作研究院联合课题组：“上海合作组织区域经济合作研究”，《俄罗斯东欧中亚研究》，2004 年第 1 期。

邵育群：“欧盟新中亚政策评述”，《欧洲研究》，2008 年第 3 期。

沈旭辉、刘鹏：“从援助型外交走向战略型外交——日本中亚外交政策的演变浅析”，《日本学刊》，2007 年第 2 期。

万雪玉：“中亚民族国家划界的提出与实施”，《西北民族研究》，1998 年第 1 期。

王郦久：“俄‘欧亚联盟’战略及其对中俄关系的影响”，《现代国际关系》，2012 年第 4 期。

王明昌、吴宏伟：“乌兹别克斯坦传统社会组织马哈拉探析”，《世界民族》，2013 年第 5 期。

王鹏：“阿富汗毒品问题及其对地区安全的挑战”，新疆哲学社会科学网，2010 年 11 月 30 日。

王逸：“日本能源问题综述”，《中国煤炭》，2005 年第 4 期。

王治来：“论中亚的突厥化与伊斯兰化”，《西域研究》，1997 年第 4 期。

吴大辉：“后反恐时代阿富汗的重建：关于中亚国家作用的探讨”，《俄罗斯研究》，2014 年 2 月。

吴宏伟：“中亚国家政党体制的形成与发展”，《俄罗斯东欧中亚研究》，2006 年第 4 期。

肖斌、张晓慧：“俄罗斯民族主义者的中亚观”，《世界民族》，2010 年第 2 期。

萧净宇：“俄罗斯东正教在中亚五国”，《俄罗斯研究》，2009 年第 6 期。

徐建华：“日本的中亚战略——基于地缘政治经济学的分析”，《深圳大学学报（人文社会科学版）》，2007 年 3 月。

袁政：“俄罗斯驻吉尔吉斯斯坦坎特空军基地正式启用”，《中亚信息》，2003 年第 11 期。

岳书光：“试论哈萨克族习惯法文化对构建民族地区和谐社会的影响”，《新疆社科论坛》，2009 年第 3 期。

张德广：“上海合作组织与欧亚地缘政治变迁”，《俄罗斯研究》，2006 年第 2 期。

张建军：“关于斯大林民族定义及其相关问题的思考”，《广西民族研究》，1981 年第 1 期。

张继康：“区域经济一体化的决定因素及形式比较”，《当代亚太》，1997 年第 6 期。

张来仪：“塔吉克斯坦的伊斯兰复兴党”，《东欧中亚研究》，1999 年第 4 期。

张磊、[哈] 库阿内什：“中亚国家对外战略及其地缘政治动因”，《国际论坛》，2009 年 5 月。

张娜：“中亚‘民族划界’及民族共和国的建立”，《世界民族》，2008 年第 2 期。

张宁：“北约与中亚国家的‘和平伙伴关系计划’”，《国际资料信息》，2009 年第 3 期。

张宁：“‘丝绸之路经济带’在中亚的愿景与行动”，《俄罗斯学刊》，2015 年第 5 期。

张文敬：“费琴科冰川是中亚最大的河流——阿姆河的主要

源流，它的地位堪称中亚的母亲冰川”，《中国国家地理》，2015年第10期。

张树明：“20世纪上半期美国与阿富汗关系的演变”，《西亚非洲》，2011年第2期。

张雪宁、林恕：“塔吉克斯坦禁毒斗争简述”，《兰州大学学报》，2011年第5期。

赵常庆：“论影响中国和中亚关系的俄罗斯因素及中俄关系的中亚因素”，《新疆大学学报（哲学社会科学版）》，2011年第3期。

赵常庆：“中亚五国政治体制改革与评价”，《新疆大学学报（哲学社会科学版）》，2002年第10期。

赵华胜：“浅评中俄美三大战略在中亚的共处”，《国际观察》，2014年第1期。

赵会荣：“欧盟的中亚政策”，《俄罗斯东欧中亚研究》，2008年第6期。

赵会荣：“论影响乌兹别克斯坦外交决策的因素”，《俄罗斯中亚东欧研究》，2007年第1期。

赵龙庚：“中亚五国多元务实的特色外交”，《亚非纵横》，2007年第6期。

赵臻：“美国‘新丝绸之路’战略简析”，《佳木斯教育学院学报》，2012年第10期。

郑羽：“苏联解体以来美国对中亚政策的演变”，《俄罗斯东欧中亚研究》，2007年第4。

周洪波：“日本对中亚外交的历史考察与现实分析”，《日本研究》，2007年第2期。

朱永彪、尹舒阳：“美国大中亚战略进入新阶段”，《国际观察》，2010年第5期。

朱永彪：“阿富汗塔利班的现状与困境”，《东南亚南亚研究》，2013 年第 4 期。

杨洁勉：“浅析奥巴马政府的全球战略调整”，《国际问题研究》，2011 年第 2 期。

杨鲁慧：“地缘政治演变与中国新安全观——以上海合作组织新机制为视角”，《社会科学》，2007 年第 3 期。

杨恕、蒋海蛟：“伊斯兰复兴和伊斯兰极端主义”，《新疆师范大学学报（哲学社会科学版）》，2014 年第 2 期。

杨恕、张雪宁：“阿富汗鸦片种植及毒品现状”，《兰州大学学报（社会科学版）》，2011 年第 3 期。

于树一：“国际金融危机对对中亚国家经济影响的宏观分析”，《俄罗斯中亚东欧研究》，2010 年第 1 期。

［俄］丘夫林：“作为地区秩序新因素的上海合作组织”，马振岗主编：《稳步向前的上海合作组织》，世界知识出版社，2006 年版。

［哈］奥利格・西多罗夫：“上海合作组织成员国的地缘政治利益与前景”，《国际问题研究》，2006 年第 3 期。

［哈］卡・托卡耶夫：“哈萨克斯坦对外政策”，《外交学院学报》，2002 年第 3 期。

［哈］瓦・图尔绍夫：“上海合作组织的人文合作”，曲星主编、陈玉荣副主编：《庆祝〈上海合作组织成员国长期睦邻友好合作条约〉签署五周年国际学术研讨会论文集》，世界知识出版社，2013 年 9 月版。

［法］拉菲尔・柔松、夏荷乐・波穹：“疯狂的棉田灌溉让咸海变成‘咸沙漠’”，《中国国家地理》，2015 年第 10 期。

［美］拉铁摩尔：“亚洲腹地之商路”（田嘉绩译），载于魏长洪、何汉民主编《外国探险家西域游记》，新疆美术摄影出版社，1994 年 9 月版。

四、外文论文

Абдугани Мамадазинов: Проблемы обеспечения нациянальной безопасности Таджикстана,《Центральная Азия и Кавказ》, Швецаля, 2004, №2.

Айгуль Рыскулова стала и. о. вице – мэра Бишкека по социальным вопросам, http: //www. vb. kg/doc/269215_ aygyl_ ryskylova_ stala_ i. _ o. _ vice_ mera_ bishkeka_ po_ socialnym_ voprosam. html

Воробьев В.: О китайской идее построения экномического пояса Шелскового пути, 《Россия в глобальной политике》, 2014, №3.

Давид Бабаян: Поднебесная и Центральная Азия, 《Свободная мысль》, 2006, № 11.

Карбанова Назир: Исламское образование в Кыргызстане, 《Центральная Азия и Кавказ》, Швецаля, 2014, №1.

Кнобель А.: Евразийский экномический союз: перспективы развития и возможноые припятствия, 《Вопросы экномики》, 2015, №3.

К. П. Дударев: Туркмения, Постсоветская Центральная Азияпотерииобретения, Москва, 1998.

Нурсултан Назарбанв: Евразийский союз: от идеи к истории будущего,《Известия》23, октября, 2011 г.

Сакеева Венера: Укрепление безопасности человека как инструмент предотвращения водных войн в ферганской анской долине,《Центральная Азия и Кавказ》, Швецаля, 2013, №4.

Сергей КАМЕНЕВ: СОВРЕМЕННОЕ СОЦИАЛЬНО – ПОЛИТИЧЕСКОЕ ПОЛОЖЕНИЕ ТУРКМЕНИСТАНА, 《Центральная

Азия и Кавказ》№ 2 （20） 2002 г.

Смагулов Агыбай： Вооруженное противостояние в Афганистане и плиитико – экономическое развитие Центральной Азии，《Центральная Азия и Кавказ》№ 2， Том 16， 2013.

Формирование Евразийского экономического союза： риски ишансы. Ежегодный доклад интеграционного клуба при председателе совета федерациифедерального собрания Российской Федерации за 2014 год.

Янукович божится， что Таможеный соююз не встанет между Украиной и ЕС. 02 апреля 2012， http：//podmbnjsti. ua/power/2012/04/02/829251. html.

Путин В. В. ： Новый интеграционный проект для Евразии – будущее， которое рождается сегодня. 《 Известия 》， 02， октября， 2011 г.

Frederick Starr. A Partnership forCentral Asia ［N］ . Foreign Affairs， July – August， 2005.

Secretary Condoleezza Rice. Remarks atEurasian National University， Astana， Kazakhstan， October 13， 2005.

Meena Singh Roy， "India's Interest in Central Asia"， Strategic Analysis， Monthly Journal of IDSA， March 2001.

Edited by Economic Cooperation Bureau， Ministry of Foreign Affairs， Japan's ODA International Cooperation.

"Remarks By The President On A New Strategy For Afghanistan And Pakistan"， March 27， 2009， http：//www. whitehouse. gov/ / Remarks – by – the – President – on – a – New – Strategy – for – Afghanistan – and – Pakistan/

"Remarks at the State Department Correspondents Association's Inaugural Newsmaker Breakfast" January 5， 2006.

后　记

记得留学归来刚刚进入中国现代国际关系研究院（当时还是中国现代国际关系研究所）工作时，我被分配与顾关福老师在同一间办公室。那时基本的办公条件就是一张俗称“两头沉”的写字台，桌面上铺一块玻璃板，下面压着些照片、电话号码表之类的东西。我和顾老师的办公桌对靠在一起。这样一起工作的时间并不长，顾老师退休了，被返聘到编辑部工作。在我帮助他收拾东西时，顾老师对我说了这样一番语重心长的话：“中亚这个地区对于中国很重要。中亚这个地区早晚会成为热点。你的条件不错，好好干吧”。这是 1997 年的事情，当时的中亚的确不像今天这样成为中国周边外交的重要方向之一，没有现在媒体和民众如此高的关注度。这已经是近二十年前的事了，现在大院里见到顾老师时，这一情景仍会在我记忆中清晰再现。

还是在读大学的时候，魏良弢老师曾向我们揭示了中亚学研究这样一个新鲜的学术领域。但是作为未来职业尚不明朗的学生，恐怕没谁有胆略下决心投入到这个未知的领域中。当然，更多的还是对自身知识积累、理论水平、语言能力等必备素质的不自信。毕业留校后，我从事的教学工作虽然属于中国古代史范畴，但是在冯锡时老师的指导下，我参加了国家教委支持的课题——《二十四史中亚历史资料辑译》，从此算是开始了我的中亚研究生涯。回想起来，如果没有魏、冯两位老师的指导、点拨和鼓励，以我当时个人的状态是很难义无反顾地走上中亚研究这条道路的。从中国驻乌兹别克斯坦使馆卸任回国后，得到院出版基金支持，于是产生了将三十多年从事中亚问题研究心得进行总结、梳理的冲动，以此向帮助过我的老师们致敬，向今天同样跋涉在中亚研究漫漫途中的同行们致敬。

本书从立项到出版得到了中国现代国际关系研究院徐学群和时事出版社王基建、苏绣芳、王力等热心帮助，在此特向他们表示感谢！

许　涛

2016 年 3 月于海淀万寿山庄

图书在版编目（CIP）数据

中亚地缘政治沿革：历史、现状与未来/许涛著．—北京：时事出版社，2016.6（2025.10重印）
ISBN 978-7-80232-972-0

Ⅰ．①中…　Ⅱ．①许…　Ⅲ．①地缘政治学—研究—中亚
Ⅳ．①D736

中国版本图书馆CIP数据核字（2016）第074949号

出版发行：时事出版社
地　　址：北京市海淀区彰化路138号西荣阁B座G2层
邮　　编：100097
发行热线：（010）88869831　88869832
传　　真：（010）88869875
电子邮箱：shishichubanshe@sina.com
印　　刷：北京世纪优彩科技有限公司

开本：787×1092　1/16　印张：30　字数：376千字
2016年6月第1版　2025年10月第5次印刷
定价：120.00元